돈의 물리학

돈이 움직이는 방향과 속도를 예측하다

THE
PHYSICS OF
WALL
STREET

돈의 물리학

제임스 오언 웨더롤 지음 | 이충호 옮김 | 문병로 추천

에프엔미디어

시장에 깃든 수리적 메커니즘을 파악하고자
청춘을 불사른 영웅들의 이야기

문병로
서울대 컴퓨터공학부 교수 | (주)옵투스자산운용 대표

　책 중에는 품질 이상으로 시장에서 성공하는 책이 있고 합당한 평가를 받지 못하는 책도 있다. 이 책은 후자의 대표적인 예다. 필자는 이 책 《돈의 물리학》 첫 판이 나온 직후 구입해서 읽었었는데 저자의 통찰력과 글솜씨에 감탄한 바 있다. 절판되었다가 이번에 에프엔미디어에서 재출간되었다. 이렇게 뛰어난 책이 시장에서 제대로 안착하지 못했다는 사실을 듣고 좀 놀랐다.

　이 책은 주식과 파생상품 시장에 기념비적인 족적을 남긴 물리학자들과 수학자들 이야기다. 시장에 깃든 수리적 메커니즘을 파악하고자 청춘을 불사른 영웅들의 이야기다. 이 책의 주연급 배우는 루이 바슐리에, 모리 오스본, 브누아 망델브로, 에드워드 소프, 피셔 블랙과 마이런 숄스, 도인 파머와 노먼 패커드, 디디에 소르네트, 에릭 와인스틴이다. 조연급 배우는 더 화려하다. 앙리 푸앵카레, 알베르트 아인슈타인, 폴 새뮤얼슨, 로버트 오펜하이머, 빌프레도 파레토, 클로드 섀넌, 존 켈리, 로버트 머턴, 이매뉴얼 더먼, 에드워드 로렌츠, 헤르만 바일 등이다. 쟁쟁하다. 바슐리에는 노벨경제학상 수상자이면서 20세기의 대표적 경제학자인 MIT 경제학부 교수 폴 새뮤얼슨의 대표적 업적의 기반을 제공한 사람이다. 무명의 수학자로 삶을 마감한 사람이다. 이 책의 첫 장 주인공이 바슐리에다. 오스본은 주가의 분포가 정규분포가 아니라 로그 정규분포라고 최초로 주장한 사람이다. 망델브로는 프랙털 이론으로 유명한 스타 과학자다. 소프는 퀀트의 아버지다. 블랙과 숄스는 그들의 이름을 딴 옵션 가격 결정 모델로 유명하고 숄스와 머턴은 롱텀캐피털 매니지먼트Long Term Capital Management, LTCM에서 활약하는데 노벨상을 받고 이듬해에 LTCM은 사실상 망한다. 파머와 패커드는 복잡계 연구의 본산인 샌타페이연구소에서 유명한 석학이다. 앞에 나열된 이름들 가운데 노벨상 수상자가 적어도 4명 포함되어 있다. 필자의 복잡계 연구와 관련이 있어 알고 있던 도인 파머와 노먼 패커드가 금융 투자 회사를 차렸었다는 사실을 이 책을 통해서 처음 알았다. 프랙털 이론으로 과학계의 록스타 같은 인물인 망델브로가 상품 가격의 분포에 관한 연구를 했다는 사실도 이 책에서 처음 알았다. 얼핏 전혀 다른 주제로 유명한 사람들이 금융 투자라는 장 위에서 다른 관점으로 치열하게 매달린 역사를 본다. 우리가 단편적으로 알고 있던 선배 과학자들의 뒷이야기가 흥미진진하다.

이 책은 수리적 금융 투자의 미니 삼국지 같은 느낌의 책이다. 확률론, 통계적 분포, 정보 이론, 복잡계 등의 공간을 투자의 공간과 연결시킨 영웅들의 춤을 흥미진진하게 그린다. 저자는 천재 물리학자답게 깊은 이해에 바탕하여 깔끔하고 간소하게 이야기를 전개한다. 핵심을 깊이 이해한 사람만이 이처럼 평이한 용어로 설명할 수 있다.

저자 제임스 웨더롤은 하버드대학 물리학과를 수석 졸업한 후 7년 만에 하버드대학, 스티븐스 공대, 캘리포니아대학 어바인캠퍼스에서 물리학, 수학, 철학 박사 학위를 받은 천재다. 현재 캘리포니아대학 어바인캠퍼스에서 과학논리 및 철학 교수로 재직 중이다. 다양한 재능을 가진 사람답게 박식하고 글의 흐름도 유려하다. 여러 권의 책을 쓴 필자로서 본받고 싶은 저자이기도 하다.

이 책은 우리가 시중에서 흔히 보는 투자나 경제 대중서들에 비하면 한 체급 높은 책이다. 쉽게 설명할 수 없는 내용을 쉽게 설명한다. 일반 독자에게는 투자 분야의 핵심적 줄기를 알 수 있게 하는 재미있는 책이 될 것이고, 투자 분야에 종사하는 사람에게는 투자 아이디어를 궁리하는 데 자극을 줄 책이다. 투자 분야 종사자들이나 일반 대중 모두 투자 관련 필독서로 포함시켜야 할 책이다.

차례

돈 너머에는 물리학이 있다

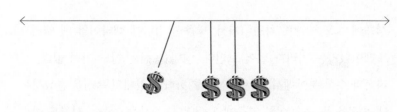

　세계에서 최고로 돈을 잘 굴리는 사람은 워런 버핏Warren Buffett이 아니다. 조지 소로스George Soros도 빌 그로스Bill Gross도 아니다. 그 이름은 한 번도 들어보지 못한 사람이 많을 것이다(여러분이 물리학자가 아닌 이상 말이다. 물리학자라면 그의 이름을 즉각 떠올렸을 테지만). 짐 사이먼스Jim Simons는 끈 이론에서 중요한 부분을 차지하는 수학인 천–사이먼스 형식Chern-Simons form을 공동 발견했다. 이것은 추상적이고 난해한 수학이지만(어떤 사람들은 '너무' 추상적이고 사변적이라고 말한다), 이 연구로 사이먼스는 살아 있는 전설이 되었다. 하버드와 프린스턴의 물리학과 사람들은 그의 이름을 말할 때 목소리를 낮출 정도로 그를 과학자로서 크게 존경한다.

　성긴 백발에 듬성듬성 난 턱수염을 기른 사이먼스는 전형적인 교수처럼 보인다.[1] 공식 석상에 드물게 모습을 드러낼 때에는 구겨진 와이

셔츠에 스포츠 재킷 차림이어서, 말쑥한 정장에 넥타이를 맨 엘리트 트레이더와는 거리가 멀어 보인다. 양말을 신는 일도 거의 없다. 물리학과 수학 분야에서 그는 복잡한 기하학적 형태의 특징을 분류하는 데 중점을 둔 순수 이론 연구에 치중했다. 계산을 잘하는 사람도 아닌데, 일단 사이먼스 정도의 추상화 수준에 도달하면, 계산을 비롯해 그밖의 전통적인 수학은 모두 아득한 추억 같은 것이 되고 만다. 어느 모로 보더라도 그는 헤지펀드 관리의 격류 속으로 뛰어들 부류로는 절대로 보이지 않는다.

그런데도 사이먼스는 예외적으로 큰 성공을 거둔 헤지펀드 회사 르네상스 테크놀로지스를 세웠다. 그리고 1988년에 제임스 액스James Ax라는 수학자와 함께 르네상스의 대표 펀드를 만들었다. 펀드의 이름은 액스와 사이먼스가 1960년대와 1970년대에 수상한 유명한 수학상의 이름을 따 메달리온Medallion이라고 지었다.[2] 그 후 10년 동안 이 펀드는 2478.6%라는 경이로운 수익률을 기록해 전 세계 모든 헤지펀드의 코를 납작하게 했다.[3] 이것이 얼마나 놀라운 수익률인지 감을 잡기 위해 다른 펀드의 수익률과 비교해보자. 같은 기간에 두 번째로 높은 수익률을 기록한 조지 소로스의 퀀텀 펀드 수익률은 그보다 훨씬 낮은 1710.1%였다. 메달리온의 성공은 비단 그 10년에만 그치지 않았다. 그 펀드가 지속한 기간 내내 업계 평균보다 최고 두 배나 높은 수수료를 제한 후의 평균 수익률은 연 40%에 육박했다(이에 비해 버핏이 1967년에 투자회사로 전환한 버크셔 해서웨이의 평균 수익률은 2010년까지 20%였다).[4] 오늘날 사이먼스는 전 세계에서 손꼽는 부자이다. 2011년에 발표된 〈포브스〉 부자 순위에서는 그의 순자산이 106억 달러라고 하는데, 그렇다면 그의 당좌 예금 계좌 금액은 큰 투자회사의 그것과 비슷한 셈이다.[5]

르네상스에서 근무하는 직원은 약 200명(2012년 기준, 2020년 현재 약 300명)으로, 대부분 뉴욕시 롱아일랜드의 이스트 세타우켓에 위치한 요새 같은 본부에서 일한다. 그중 3분의 1은 박사 학위 소지자인데, 금융 부문이 아니라 사이먼스처럼 물리학이나 수학, 통계학 분야의 박사들이다. MIT의 수학자 이사도어 싱어Isadore Singer는 르네상스가 세계 최고의 물리학과와 수학과라고 말하는데, 사이먼스를 포함해 여러 사람은 르네상스가 큰 성공을 거둔 이유가 바로 여기에 있다고 말한다.[6] 사실 르네상스는 전형적인 월스트리트맨의 분위기를 조금이라도 풍기는 사람은 채용하길 꺼린다. 금융 부문 박사 학위 소지자는 아예 지원할 필요가 없다. 전통적인 투자은행이나 심지어 다른 헤지펀드에서 경력을 시작한 트레이더도 마찬가지다. 지금까지 사이먼스가 성공을 거둔 비결은 바로 금융 전문가를 배제한 데 있었다. 그 판단은 옳은 것처럼 보인다. 금융 전문가의 시각에 따르면 사이먼스 같은 사람은 세상에 존재할 수가 없다. 이론적으로 그는 불가능한 일을 해냈기 때문이다. 그는 예측 불가능한 것을 예측했고, 그걸로 큰돈을 벌었다.

***

헤지펀드는 위험을 상쇄하는 쪽으로 포트폴리오를 짬으로써 돈을 버는 방법으로 알려져 있다.[7] 가장 간단한 예는 어떤 자산을 사들이는 동시에 일종의 보험으로 다른 자산을 파는 것이다. 그런 자산에는 대개 파생상품이 포함된다. 파생상품은 주식이나 채권, 상품처럼 다른 종류의 유가 증권에 기초한 계약을 말한다. 예를 들면 선물 계약이라 부르는 파생상품이 있다. 만약 곡물의 선물 계약을 샀다면, 미래의 정해진 어느 날에 그 곡물을 오늘 합의한 가격에 사기로 동의한 셈이다. 그 곡물의 선물 가치는 곡물의 가치에 달려 있다. 만약 곡물 가격이 올라간다면 여러분이 산 곡물의 선물 가치도 올라갈 것이다. 왜냐하면 그 곡물을 사서 보유하는 동안 가격이 올라가기 때문이다. 하지만 곡물 가격이 떨어지면, 선물 계약이 종료되는 시점의 시장 가격보다 더 높은 가격을 지불해야 한다. 많은 경우(전부는 아니지만), 계약이 종료될 때 실제로 곡물이 거래되는 것은 아니다. 대신에 여러분이 지불하기로 동의한 가격과 현재의 시장 가격 사이의 차액에 해당하는 현금만 왔다 갔다 할 뿐이다.

파생상품은 최근에 큰 주목을 받았는데, 부정적으로 바라보는 시선이 훨씬 많다. 하지만 파생상품은 새로운 것이 아니다. 파생상품이 처음 나타난 것은 적어도 4000년이 넘었다.[8] 고대 메소포타미아(오늘날의 이라크 지역)의 점토판에 기록돼 있는 선물 거래 내용이 그 증거이다. 이런 계약은 왜 하는 것일까? 목적은 아주 단순한데, 선물 계약이 불확실성을 줄여주기 때문이다. 시니디아남의 두 아들 아눔피샤와 남란 샤루르가 수메르에서 곡물을 재배하는 농부라고 하자. 두 사람은 밭에 보리를 심어야 할지 밀을 심어야 할지 결정해야 한다. 한편 여사제

16

일타니는 가을에 보리가 필요하리란 사실을 알고, 또 보리 가격이 예측할 수 없을 만큼 요동칠 수 있다는 사실도 안다. 현지 상인에게서 소중한 정보를 얻은 아눔피샤와 남란샤루르는 일타니에게 접근하여 자신들이 수확할 보리를 사전에 거래하는 선물 계약을 맺자고 제안한다. 그래서 그들은 추수가 끝난 뒤에 일정량의 보리를 사전에 합의한 가격에 일타니에게 넘기기로 계약했다. 이제 아눔피샤와 남란샤루르는 자신들의 보리를 사줄 사람을 확보했으므로 아무 걱정 없이 보리를 심을 수 있다. 한편 일타니는 충분한 양의 보리를 정해진 가격에 미리 확보했다. 이 경우, 파생상품은 판매자에게 상품 생산에 따르는 위험을 줄여주는 동시에 구매자에게는 가격 변동의 불확실성이라는 위험을 피하게 해준다. 물론 시니디아남의 두 아들이 약속한 상품을 제때 인도할 수 없는 상황이 발생할 위험(가뭄이나 병충해 같은)은 항상 있으며, 그럴 경우 두 사람은 다른 사람에게서 곡물을 사다가 일타니에게 정해진 가격에 넘겨야 한다.

헤지펀드가 파생상품을 이용하는 방법도 고대 메소포타미아인과 비슷하다. 주식을 사고 선물을 파는 것은 보리를 심고 보리 선물을 파는 것과 같다. 선물은 주식 가치가 떨어질 경우를 대비한 일종의 보험을 제공한다.

하지만 2000년대에 성숙한 단계에 접어든 헤지펀드는 시니디아남의 두 아들보다 유리한 점이 한 가지 더 있다. 이 펀드들은 월스트리트의 새로운 엘리트를 대표하는 퀀트quant라는 트레이더들이 운영했다. 많은 퀀트는 금융 부문 박사 학위 소지자들로, 대학원에서 최신 이론들을 배운 사람들이었다. 이전에는 월스트리트에서 일하는 데 이런 자격이 필수 조건이 된 적이 결코 없었다. 그 밖에 수학이나 물리학을 전공한 아웃사이더도 있었다. 그들은 파생상품 가격이 그 파생상품의 기초가 되는 유가 증권과 정확하게 어떤 관계가 있는지 알려주는 공식으로 무장했다. 그들은 세상에서 가장 빠르고 정교한 컴퓨터 시스템을 사용했는데, 컴퓨터 시스템은 이 방정식들을 풀고 해당 펀드가 당면한 위험이 어느 정도인지 계산하도록 프로그래밍이 돼 있었다. 그러면 그 결과를 바탕으로 완벽하게 균형 잡힌 포트폴리오를 짤 수 있었다. 이 펀드들의 전략은 어떤 일이 일어나더라도 약간의 이익을 남길 수 있게(그리고 큰 손실을 볼 가능성이 사실상 전혀 없게) 짜여 있었다. 적어도 이론상으로는 그랬다.

하지만 2007년 8월 6일 월요일, 시장이 개장하자마자 아수라장 같은 상황이 벌어졌다.[9] 어떤 일이 일어나더라도 이익을 얻게끔 설계된 헤지펀드 포트폴리오들은 큰 손실을 입었다. 올라가리라 예상했던 포지션들은 모두 하락했다. 기묘하게도, 모든 것이 하락할 경우 상승하리라 예상했던 포지션들 역시 하락했다. 사실상 주요 퀀트 펀드는 모두 심각한 손실을 입었다. 주식, 채권, 통화, 상품 등 모든 부문에서 그들이 사용한 모든 전략이 갑자기 취약점을 드러냈다. 수억 달러가 공중으로 증발했다.

그 주일이 지나가는 동안 기묘한 위기는 더 악화되었다. 고도의 훈련과 전문 지식에도 불구하고, 퀀트 펀드를 담당하는 트레이더들은 무슨 일이 일어나는지 전혀 영문을 알 수 없었다. 수요일이 되자 상황은 절망적으로 변했다. 모건 스탠리의 대형 펀드인 프로세스 드리븐 트레이딩은 그날 하루에만 3억 달러를 날렸다. 또 다른 펀드인 어플라이드 퀀터티브 리서치 캐피털 매니지먼트는 5억 달러를 잃었다. 골드만삭스의 비밀스러운 대형 펀드인 글로벌 알파는 같은 달 그 시점까지 15억 달러나 가치가 하락했다. 반면에 다우존스 지수는 150포인트나 상승했는데, 퀀트 펀드들이 하락하는 쪽에 걸었던 주식들이 모두 상승했기 때문이다. 뭔가 잘못된 게 분명했다. 그것도 아주 크게.

시장의 혼란은 주말까지 계속되었다. 주말이 지나 골드만삭스가 자사 펀드 상품을 안정시키기 위해 30억 달러를 새로 투입하면서 혼란이 진정되었다. 이 조처는 출혈이 지속되는 것을 멈춤으로써 당장의 공황 상태를 진정시키는 데 도움을 주었다. 최소한 8월 말까지는 그랬다. 하지만 경제 전문 기자들 사이에 펀드 손실에 대한 소문이 퍼져나갔다. 몇몇 기자는 퀀트 위기라 불리게 된 그 사건의 원인을 추측하는 기사를 썼다. 비록 골드만삭스의 응급 처방 덕분에 위기를 넘기긴 했지만 왜 그런 일이 일어났는지 설명하기는 어려웠다. 펀드 매니저들은 지옥 같았던 일주일이 어쩌다 일어난 기묘한 사건, 그저 한 번 쏟아지고 지나가는 소나기이길 간절히 바라면서 일상으로 돌아갔다. 많은 사람은 오래전에 어느 물리학자가 했던 말을 떠올렸다. 17세기에 아이작 뉴턴Isaac Newton은 영국의 주식시장 폭락으로 실패를 경험한 뒤에 좌절하여 "나는 별들의 움직임은 계산할 수 있지만, 사람들의 광기는 도저히 계산할 수가 없다"라고 말했다.[10]

퀀트 펀드들은 연말까지 부진을 면치 못했고, 11월과 12월에 8월

재앙의 유령이 또다시 찾아와 큰 타격을 입었다. 그래도 그중 일부 펀드는 연말까지 손실을 만회했다. 2007년에 헤지펀드들의 수익률 은 평균적으로 약 10%로, 덜 정교하게 설계된 것으로 보이는 많은 펀 드보다 훨씬 낮았다.[11] 반면에 짐 사이먼스의 메달리온 펀드 수익률 은 73.7%였다. 하지만 메달리온조차도 8월의 혼란에 영향을 받았다. 2008년이 다가오자, 퀀트들은 이제 최악의 위기는 지나갔다고 생각 했다. 하지만 그렇지 않았다.

* * *

내가 이 책을 쓰려고 생각한 때는 2008년 가을 무렵이다. 퀀트 위 기 이후 미국 경제는 시장 붕괴와 함께 베어스턴스와 리먼 브러더스 를 비롯해 100년 이상의 전통을 자랑하는 투자은행들이 파산으로 내 몰리면서 죽음의 소용돌이로 휘말려 들었다. 많은 사람과 마찬가지 로 나도 주가 대폭락 소식에 관심이 많았다. 신문 기사들 사이에서 그 소식을 열심히 찾아 읽었다. 그런데 그중에서 특별히 눈길을 끄는 내 용이 있었다. 기사마다 많은 퀀트가 등장했다. 월스트리트로 와서 전 통적인 거래 관행을 돌이킬 수 없게 바꿔놓은 물리학자들과 수학자들 말이다. 그런 기사에 함축된 의미는 명백했다. 시장 붕괴의 원인이 바 로 월스트리트의 물리학자들에게 있다는 것이었다. 그들은 그리스 신 화에 나오는 이카로스처럼 너무 높이 날아오르다가 추락하고 말았다. 밀랍으로 붙인 그들의 날개는 물리학에서 빌려온 '복잡한 수학적 모형'이었다. 그것은 학문의 전당에서는 무한한 부를 약속한 도구였지만, 월스트리트의 현실에 맞닥뜨리자 녹아내리고 말았다. 우리 모두 지금 그 대가를 치르고 있는 것이다.

나는 당시 물리학과 수학 박사 과정을 막 끝마칠 무렵이어서 주식시장의 붕괴 배후에 물리학자들이 있다는 주장이 특별히 큰 충격으로 다가왔다. 고등학교와 대학교에서 물리학이나 수학을 전공한 뒤에 투자은행으로 간 사람들이 있다는 사실은 나도 알고 있었다. 심지어 월스트리트에서 큰돈을 벌 수 있다는 유혹에 넘어가 학계를 떠난 대학원생들 이야기도 들었다. 하지만 은행 직원 중에는 철학이나 영어를 전공한 사람들도 있다. 나는 물리학이나 수학을 전공하면 논리와 수에 밝기 때문에 투자은행에서 일하는 데 유리한 점이 있으리라고만 짐작했다. 물리학자가 특별한 물리학 지식 때문에 월스트리트에서 특별 대우를 받으리라곤 꿈에도 생각지 않았다.

그것은 불가사의해 보였다. 물리학이 금융과 도대체 무슨 관계가 있단 말인가? 주가 대폭락을 다룬 기사 중에서 물리학과 물리학자가 왜 금융계에서 그토록 중요한 존재가 되었는지, 혹은 왜 물리학에서 빌려온 개념이 시장에 영향을 미친다고 생각하는지 자세히 설명한 것은 하나도 없었다. 오히려 정교한 모형을 사용해 시장을 예측하려는 시도는 어리석은 짓이라는 것이 당시 통용되던 상식(행동경제학을 지지하는 일부 사람들과 《블랙 스완》의 저자인 나심 탈레브Nassim Taleb가 널리 퍼뜨린)이었다.[12] 사실 사람은 쿼크가 아니지 않은가. 하지만 이런 이야기에 나는 오히려 더 혼란스러웠다. 모건 스탠리와 골드만삭스 같은 월스트리트의 은행들이 계산기를 휘두르는 천 명의 사기꾼에게 속아 넘어갔단 말인가? 기사들은 물리학자들과 그 밖의 퀀트들이 수백억 달러의 펀드를 운용하는 것이 문제라고 가정했다. 하지만 그런 노력이 어리석은 짓이 명백하다면, 애초에 왜 그들에게 돈을 맡겼다는 말인가? 특별한 비즈니스 감각을 가진 사람이 퀀트들이 뭔가를 알아냈다는 확신이 있었기 때문에 그런 일이 일어났을 것이다. 신문에서는 바로 이 부분에 관한 이야기가 누락되어 있었다. 나는 진상을 알고 싶었다.

그래서 조사를 시작했다. 물리학자인 나는 물리학을 사용해 시장을 이해할 수 있다는 개념을 처음 주장한 사람들을 추적하는 작업부터 시작하기로 마음먹었다. 나는 물리학과 금융 사이에 어떤 관계가 있는지 알고 싶었지만, 그와 함께 그 개념이 어떻게 해서 금융계에 뿌리를 내렸고, 물리학자들이 어떻게 월스트리트의 주역이 되었는지도 알고 싶었다. 그렇게 해서 밝혀낸 이야기는 19세기에서 20세기로 넘어올 무렵의 파리에서 시작하여 제2차 세계대전 당시의 정부 연구소들, 라스베이거스의 블랙잭 테이블, 태평양 연안의 이피Yippie(히피와 신좌파의 중간 노선을 추구한 미국 젊은이들) 공동체로 이어진다. 물리학과 현대 금융(그리고 더 넓게는 경제) 이론 사이의 관계는 뿌리가 놀랍도록 깊다.

이 책은 금융계로 뛰어든 물리학자들 이야기를 다룬다. 최근의 금융위기도 이 이야기의 일부이지만, 그것은 사소한 부분에 지나지 않는다. 이 책은 금융위기를 다루는 책이 아니다. 그런 책은 이미 많이 나와 있고, 심지어 퀀트들이 담당한 역할과 위기가 그들에게 미친 영향에 초점을 맞춘 책도 있다. 이 책은 그것보다 좀 더 큰 주제를 다루려고 한다. 그러니까 퀀트들이 중요한 역할을 떠맡게 된 과정과, 현대 금융에서 핵심을 차지하는 '복잡한 수학적 모형'을 이해하는 방법을 알아본다. 그보다 더 중요한 사실은 금융의 미래를 이야기한다는 점이다. 이 책은 전 세계의 모든 나라가 늘 직면하는 경제 문제를 해결하려면 왜 물리학과 관련 분야에서 나온 새로운 개념들에 관심을 가져야 하는지 이야기한다. 이것은 경제 정책에 대한 우리의 생각을 확 바꾸어놓을 이야기이다.

나는 이 책에 소개된 그 역사를 살펴보고 나서 현재의 경제 문제를 물리학자들과 그들의 모형 탓으로 돌려서는 안 된다는 확신을 얻었는데, 여러분도 그런 확신이 들길 바란다. 그렇다고 해서 금융 부문에서 수학적 모형이 담당하는 역할에 만족하라는 것은 아니다. 최근의 금융시장 붕괴를 피하는 데 도움을 준 것으로 보이는 개념들은 위기가 발생하기 오래전에 개발되었다(나는 그중 두 가지를 이 책에서 소개할 것이다). 하지만 은행이나 헤지펀드나 정부의 규제 기관 가운데 물리학자들의 주장에 귀를 기울인 곳이 있었다는 증거는 거의 찾아보기 어렵다. 만약 귀를 기울였더라면 그 후에 벌어진 상황에 큰 차이가 있었을 것이다. 3세대와 4세대 기술이 이미 개발돼 있었는데도, 가장 정교하다는 퀀트 펀드들조차 1세대와 2세대 기술에 의존하고 있었다. 지난 30년 동안 그래 온 것처럼 만약 월스트리트에서 물리학을 이용하려고 한다면 현재의 도구가 실패한 지점과 현재 우리가 하는 일을 개선할 새로운 도구에 매우 민감해야 한다. 만약 우리가 금융 모형을 도입한 물리학자들과 똑같이 생각한다면 이 점은 명백하다. 사실 금융 부문이라고 해서 특별한 게 있는 것은 아니다. 모든 엔지니어링 과학과 마찬가지로 현재의 모형이 실패하는 지점에 주의를 기울이는 것이 중요하다. 위험은 우리가 물리학에서 빌려온 개념을 사용하되, 물리학자처럼 생각하지 않을 때 닥친다.

　뉴욕에는 자신의 뿌리를 잊지 않고 기억하는 금융회사가 하나 있다. 그것은 금융 전문가를 채용하지 않는 금융자산 관리회사인 르네상스다. 2008년에는 많은 은행과 펀드가 큰 타격을 입었다. 베어스턴스와 리먼 브러더스, 거대 보험회사인 AIG를 비롯해 헤지펀드 수십 군데와 은행 수백 군데가 문을 닫거나 벼랑 끝으로 내몰렸다. 수백억 달러의 자산을 자랑하던 퀀트 펀드 거대 기업인 시타델 투자 그룹도 그중 하나였다. 전통적인 투자회사들도 고전을 면치 못했다.[13] 버크셔 해서웨이는 주당 순자산(기업의 순자산 가치를 발행 주식 수로 나눈 것)이 10% 하락해 사상 최악의 손실률을 기록했다(한편, 주식 자체의 가치는 반토막이 났다). 하지만 그해에 모두가 실패한 것은 아니었다. 주변의 금융 산업 전체가 휘청거리는 가운데에서도 사이먼스의 메달리온 펀드는 80%의 수익률을 기록했다.[14] 어떻게 했는지는 몰라도, 물리학자들이 일을 제대로 한 게 분명하다.

1   나는 이 책을 쓰기 위해 사이먼스에게 인터뷰를 요청했지만 거절당했다. 사이먼스
    와 르네상스의 역사에 관한 자료는 Peltz(2008), Greer(1996), 잡지 〈시드^{Seed}〉(2006),
    Zuckerman(2005), Lux(2000), Patterson(2010)을 포함해 여러 곳에서 얻었다. 2010년
    에 MIT에서 대중을 대상으로 한 강연에서 사이먼스는 자신이 어떻게 수학자가 되었
    으며, 수학과 물리학에서 어떻게 금융 부문으로 옮겨갔는지에 대해서 특이하게도(평
    소의 과묵함과는 대조적으로) 자세하게 이야기했다(Simons 2010). 수리물리학과 기하학 분
    야에서 초기에 그가 한 기여에 대해서는 Zimmerman(2009)에서 밝혔다.
2   액스는 1967년에 콜상을, 사이먼스는 1976년에 베블런상을 받았다.
3   메달리온의 과거 수익률에 관한 수치는 Lux(2000)와 Zuckerman(2005)에서 인용했
    다.
4   이 수치는 2010년 버크셔 해서웨이 연례 보고서(Buffett, 2010)에서 인용했다.
5   Forbes(2011)
6   싱어는 2010년에 MIT에서 사이먼스가 대중을 대상으로 강연했을 때 소개말에서 이
    이야기를 했다(Simons, 2010).
7   2008년 금융위기에 헤지펀드가 담당한 역할과 헤지펀드의 역사에 대해 더 자세한 이
    야기는 Mallaby(2010)를 보라. 금융 기관의 운용 방식에 대한 배경 지식을 더 일반적
    으로 다룬 책은 Mishkin and Eakins(2009)를 참고하라.
8   파생상품 거래의 초기 역사에 관한 자세한 이야기는 Swan(2000)에서 인용했다. 본문
    중에 나오는 이름들은 메소포타미아의 점토판에 적힌 것들이다.

9 아래에 인용한 수치들을 포함해 2007년 퀀트 위기에 관한 자료는 Patterson(2010), 2008년 8월과 9월의 뉴스 기사(Patterson and Raghavan 2007; Lahart 2007; Nocera 2007; Ahrens 2007), 이 주제를 다룬 학계의 연구(Gorton 2010; Khandani and Lo 2011)에서 얻었다.

10 뉴턴이 남해회사South Seas 버블로 손해를 보았다는 사실은 잘 알려져 있지만, 이 인용 부분은 가끔 논란이 된다. 출처는 Spence(1820, p. 368)로 보인다.

11 이 수치들은 Sourd(2008)에서 인용했다. 메달리온의 수익률은 Willoughby(2008)에서 인용했다. 다른 퀀트 펀드들과 비슷한 전략을 쓰면서 메달리온 펀드보다 더 많은 투자를 하도록 설계된 르네상스의 다른 주요 펀드인 르네상스 인스티튜셔널 에쿼티 펀드는 2007년에 약 1%의 손실을 기록했다(Strasburg and Burton 2008).

12 Taleb(2004, 2007a) 참고.

13 이 수치는 2010년 버크셔 해서웨이 연례 보고서(Buffett, 2010)에서 인용했다.

14 메달리온에 관한 수치는 Willoughby(2008)에서 인용했다.

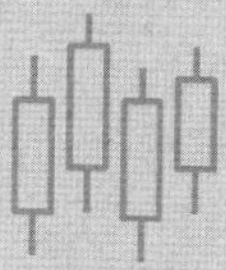

1장

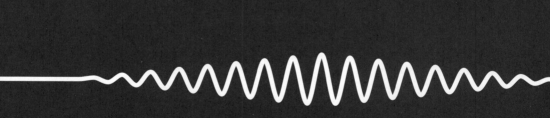

퀸트의 씨앗

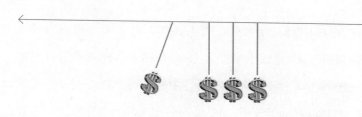

세기말과 벨 에포크Belle Epoque('좋은 시대'란 뜻으로, 19세기 말부터 20세기 초까지 프랑스 문화와 패션이 전성기를 누리던 시절—옮긴이)의 파리는 나날이 발전하면서 활기가 넘쳤다. 서쪽 지역에는 1889년 세계 박람회장 자리에 귀스타브 에펠Gustave Eiffel이 세운 탑이 우뚝 솟아올랐다—그 그림자 때문에 일조권을 침해당한 파리 시민들은 여전히 에펠 탑을 눈엣가시처럼 여기지만. 북쪽 지역에는 몽마르트르 언덕 밑에 물랭 루주라는 새 카바레가 문을 열고 대대적인 축하 공연을 했다. 그 화려한 쇼를 보려고 영국 왕세자도 해협을 건너왔다. 도시 중심부에서는 지은 지 얼마 안 된 웅장한 오페라하우스 팔레 가르니에에서 일어난 불가사의한 사고에 대한 소문이 퍼져나갔다. 샹들리에 일부가 떨어지면서 최소한 한 명이 사망했다. 그 건물에 유령이 나타났다는 소문이 나돌았다.

팔레 가르니에에서 동쪽으로 몇 블록 떨어진 곳에 프랑스 제국의 심장인 파리증권거래소가 있었다. 증권거래소는 나폴레옹의 지시로 지은 궁전인 팔레 브롱냐르 안에 있었다. 바깥쪽 계단 양옆에는 정의의 신, 상업의 신, 농업의 신, 산업의 신을 상징하는 조각상들이 서 있고, 웅장한 신고전주의 양식의 기둥들이 문들 앞에 우뚝 솟아 있었다. 내부의 메인홀은 수백 명의 브로커와 직원을 충분히 수용할 만큼 넓었다. 그들은 우아하게 조각된 돋을새김 작품과 거대한 채광창 아래에서 매일 한 시간 동안 만나 '랑트rente'라고 부르던 무기한 국채를 거래했다. 랑트는 그때까지 100년 동안 프랑스가 전 세계에서 수행하던 야심적인 일들을 뒷받침하는 자금줄 역할을 해왔다. 제국적이고 위풍당당한 파리증권거래소는 세계의 중심에 위치한 파리의 중심이었다.

1892년에 그곳을 처음 방문한 루이 바슐리에Louis Bachelier에게는 적어도 그렇게 보였다.[1] 지방 출신인 그는 그때 20대 초반이었는데, 부모는 이미 세상을 떠나고 없었다. 군 복무를 마친 그는 파리대학에서 공부를 계속하려고 파리에 막 온 참이었다. 무슨 일이 있더라도 수학자나 물리학자가 되겠다고 결심했지만, 부양해야 할 누나와 어린 남동생이 고향에 남아 있었다. 얼마 전에 가업을 정리해 당분간은 여유가 있었지만, 그 돈이 계속 남아 있을 리 만무했다. 그래서 급우들이 공부에 전념하는 동안 바슐리에는 일을 해야 했다. 다행히도 훌륭한 수학 실력과 어렵게 얻은 사업 경험 덕분에 파리증권거래소에서 일자리를 얻을 수 있었다. 하지만 그 일에 전념할 생각은 없었다. 낮에는 금융 일을 하지만, 밤에는 물리학을 공부하려고 했다. 바슐리에는 그렇게 각오를 다지면서 파리증권거래소 기둥들이 서 있는 곳을 향해 계단을 올라갔다.

그 안은 완전히 아수라장이었다.[2] 거래는 기본적으로 공개 호가 방식으로 체결되었다. 트레이더와 브로커가 메인홀에서 만나 큰 소리를 지르며 매수 주문이나 매도 주문을 냈고, 그 방법이 실패하면 수신호를 사용했다. 방은 거래를 체결하고, 계약서와 대금을 전달하고, 주식과 랑트를 사려고 이리저리 뛰어다니는 사람들로 넘쳐났다. 바슐리에는 프랑스 금융 시스템의 기초는 대략 알았지만, 더 자세한 것은 몰랐다. 파리증권거래소는 학자 기질의 조용한 수학자에게 어울리는 장소로 보이지 않았다. 하지만 그냥 물러설 수는 없었다. 이것은 그저 게임일 뿐이야, 자신에게 이렇게 속삭이며 마음을 다잡았다. 바슐리에는 전부터 우연(그리고 그 연장선상에 있는 도박)을 다루는 수학인 확률론에 큰 흥미를 느꼈다. 만약 프랑스 금융시장이 카지노를 미화한 것에 불과하다고 상상한다면, 즉 자신이 그 규칙을 배우려는 게임이라고 상상한다면, 그렇게 불안에 떨 이유가 없을 것 같았다.

그는 군중 속으로 뛰어들면서 그 주문을 반복했다. 이것은 그저 우아한 확률 게임일 뿐이야.

***

"이자는 대체 누구지?" 폴 새뮤얼슨Paul Samuelson은 2분 만에 두 번째로 같은 질문을 중얼거렸다. 그곳은 MIT 경제학과의 자기 연구실이었다. 때는 1955년 혹은 그 언저리였을 것이다. 앞에 놓인 것은 50년쯤 전에 어느 프랑스 사람이 쓴 박사 학위 논문이었는데, 그 이름을 전혀 들어본 적이 없는 사람이었다.[3] 배철러? 배셜러? 어쨌거나 그 비슷한 이름이었다. 논문 표지를 다시 살펴보았다. Louis Bachelier. 전혀 기억에 없는 이름이었다.[4]

새뮤얼슨의 책상 위에 놓인 논문은 무명의 저자가 쓴 것인데도 불구하고, 아주 놀라운 내용을 담고 있었다. 이미 55년 전에 바슐리에는 금융시장의 수학을 파악해 잘 정리해놓았다. 그것을 보고서 새뮤얼슨이 처음 생각한 것은 지난 수년 동안 같은 주제에 매달려 진행한 자신의 연구(자기 제자들의 학위 논문 중 하나로 탄생하게 될 연구)에 독창성을 주장할 수 없게 되었다는 사실이었다. 하지만 놀라운 점은 그뿐만이 아니었다. 바슐리에라는 이 친구는 새뮤얼슨과 그 제자들이 이제 막 경제학에 응용하려던 수학 중 상당 부분을 이미 1900년 무렵에 알아낸 게 분명했다. 새뮤얼슨은 그 수학은 얼마 전에야 개발된 것으로 알고 있었고, 그것을 개발한 수학자들의 이름까지 외우고 있었는데, 그 수학 개념에 수학자의 이름이 붙어 있었기 때문이다. 그것은 위너 과정 Wiener process, 콜모고로프 방정식Kolmogorov's equation, 두브 마틴게일Doob's martingale이었다. 새뮤얼슨은 이 수학 개념들이 나온 지 20년도 채 안된 최신 개념인 줄 알고 있었다. 그런데 이 모든 것이 바슐리에의 논문에 들어 있는 게 아닌가! 그런데 왜 그동안 이 사람의 이름을 전혀 들어본 적이 없었을까?

바슐리에에 대한 관심은 며칠 전에 친구인 시카고대학 통계학 교수 레너드 '지미' 새비지Leonard 'Jimmie' Savage가 보낸 엽서에서 시작되었다. 새비지는 확률과 통계 교과서 집필을 막 끝낸 터라, 확률론의 역사에 큰 흥미를 느꼈다. 대학 도서관에서 20세기 초의 확률 연구 자료를 뒤지다가 1914년에 출판된 교재를 발견했는데, 이전에 전혀 본 적이 없는 책이었다.[5] 책장을 넘기다가 새비지는 그 책에 확률에 관한 선구적인 연구 내용이 포함돼 있을 뿐만 아니라, 몇 장은 저자가 '투기speculation'라 부른 내용을 다룬다는 사실을 발견했다. 그것은 확률론을 적용해 시장을 예측하는 방법이었다. 새비지는 만약 자신이 이 연구를 전에 본 적이 없다면, 경제학과의 자기 친구들도 보지 못했을 가능성이 높다고 판단하고서(이 판단은 옳았다) 바슐리에를 아는 사람이 있는지 친구들에게 엽서를 보냈다.

새뮤얼슨은 그 이름조차 들어본 적이 없었다. 하지만 수리금융(자신이 막 만들고 있는 분야라고 생각했던)에 관심이 컸던 그는 이 프랑스인이 어떤 연구를 했는지 알고 싶었다. MIT의 수학 도서관은 방대한 장서를 자랑했지만, 1914년에 출판된 그 교재는 없었다. 하지만 새뮤얼슨은 바슐리에의 다른 자료 중에서 자신의 흥미를 자극하는 자료를 발견했다. 그것은 바로 '투기 이론'이라는 제목으로 발표된 바슐리에의 박사 학위 논문이었다. 새뮤얼슨은 그 논문을 대출해 연구실로 가져왔다.

***

물론 우연의 게임에 수학적 관심을 보인 사람은 바슐리에가 처음은 아니었다. 그 영예는 이탈리아의 르네상스 교양인 지롤라모 카르다노 Girolamo Cardano에게 돌아간다.[6] 1501년에 밀라노에서 태어난 카르다노는 교황들과 왕들도 그에게 의학적 조언을 구할 정도로 당대 최고의 의사로 활동했다. 그는 의학뿐만 아니라 수학과 신비주의에 이르기까지 광범위한 주제로 수백 편의 글을 썼다. 하지만 정말로 큰 열정을 쏟아부은 일은 도박이었다. 그는 주사위, 카드, 체스 게임 등으로 늘 도박을 했다. 실제로 그는 자서전에서 매일 도박을 하느라 많은 세월을 보냈다고 털어놓았다. 중세와 르네상스 시대에 도박은 대략적인 배당률과 지불 개념을 중심으로 진행되었다. 그것은 오늘날의 경마 도박과 비슷한 구조였다. 마권을 파는 마권업자는 '10 대 1' 또는 '3 대 2' 같은 숫자의 형태로 배당률을 제시한다. 배당률에는 내기를 거는 쪽의 승산이 어느 정도인지 반영돼 있다(배당률이 10대 1이라면, 1달러를 걸어서 이길 경우 걸었던 돈에 더해 10달러를 받는다는 뜻이다. 질 경우에는 걸었던 돈을 전부 잃는다). 하지만 배당률은 대체로 승산에 대한 물주의 직감을 바탕으로 정해졌다. 카르다노는 최소한 일부 단순한 게임에서는 이길 확률을 좀 더 엄밀하게 계산하는 방법이 있을 것이라고 생각했다. 시대정신에 맞게 그는 자신이 좋아하는 분야에 수학을 적용하려고 했다.

카르다노는 아직 20대 시절이던 1526년에 체계적인 확률론을 세우려고 시도한 첫 번째 책을 썼다.[7] 그는 주사위를 사용하는 게임에 초점을 맞추었다. 만약 주사위의 한 면이 나올 확률이 다른 면이 나올 확률과 똑같다고 가정한다면, 일어날 수 있는 온갖 종류의 조합에 대한 확률을 정확하게 알아낼 수 있다고(본질적으로 수를 세는 방법으로) 생각했다. 예를 들면, 표준적인 주사위를 던질 때 나오는 결과는 여섯 가지가 있는데, 5가 나오는 것은 그중 한 가지이다. 따라서 5가 나올 수학적 확률은 6분의 1이다(5 대 1의 배당률에 해당). 하지만 두 주사위를 던져 두 눈의 합이 10이 될 확률은 얼마일까? 주사위 2개를 던질 때 발생하는 경우의 수는 6×6=36가지이다. 그중에서 두 눈의 합이 10이 되는 경우는 세 가지(4와 6, 5와 5, 6과 4)뿐이다. 따라서 두 눈의 합이 10이 될 확률은 36분의 3(배당률은 33 대 3)이다. 오늘날에는 이 계산은 아주 간단해 보일 것이고, 16세기에도 이 결과는 그리 놀랍지 않았겠지만(도박에 충분히 오랜 시간을 보낸 사람은 주사위 게임의 확률에 대해 직관적 감각이 발달했을 것이다), 카르다노는 왜 그 확률이 많은 사람이 이미 알고 있는 것과 같은지 수학적으로 처음 설명했다.

카르다노는 이 내용을 발표한 적이 없지만(하기야 고급 도박 비법을 공짜로 공개할 이유가 없었을 것이다), 그가 죽은 뒤 유고 중에서 그 논문이 발견되었고, 그것을 쓴 지 100여 년이 지난 1663년에 마침내 출판되었다. 그 무렵에는 다른 사람들도 독자적 연구를 통해 확률론을 상당히 발전시켰다. 그중에서 가장 유명한 연구는 어느 도박사의 부탁을 받은 수학자가 흥미를 느껴 한 것이다. 그 도박사는 슈발리에 드 메레 Chevalier de Méré라는 필명으로 널리 알려진 프랑스 작가였다(본명은 앙투안 공보Antoine Gombaud).[8] 드 메레는 여러 가지 질문에 흥미를 느꼈는데, 그중에서 가장 중요한 것은 자신이 좋아한 주사위 게임에서 택해야 할 전략에 관한 것이었다. 그 게임은 주사위를 잇달아 여러 번 던져서 나오는 결과로 승부를 겨루었다. 도박사는 자신이 던지는 주사위의 눈이 어떻게 나올지 예측하고 거기에 돈을 걸었다. 예를 들면, 주사위를 네 번 던질 경우, 6이 최소한 한 번 나온다는 데 돈을 걸 수 있다. 사람들은 이것은 공평한 내기라고 판단했기 때문에, 그 결과는 순전히 운에 달려 있다고 생각했다. 하지만 드 메레는 만약 게임을 할 때마다 여기에 돈을 건다면, 따는 횟수가 잃는 횟수보다 조금 더 많을 것이라는 생각이 직감적으로 들었다. 그래서 이것을 기본 전략으로 채택해 돈을 많이 땄다. 그런데 그는 그에 못지않게 훌륭하다고 판단한 두 번째 전략도 사용했는데, 무슨 이유에서인지 그 전략은 번번이 실패했다. 두 번째 전략은 주사위 2개를 24번 던질 때 더블 식스(둘 다 6이 나오는 것 – 옮긴이)가 최소한 한 번은 나온다는 데 항상 돈을 거는 것이었다. 하지만 이 전략은 통하지 않았는데, 드 메레는 그 이유가 궁금했다.

작가였던 드 메레는 프랑스 지식인 사이에서 인기 있는 만남의 장소인 파리 살롱계의 단골이었다. 살롱은 칵테일파티와 학계 모임의 중간쯤 되는 사교 분위기를 제공했다. 살롱에는 온갖 분야의 파리 지식인이 들락거렸는데, 그중에는 수학자도 있었다. 드 메레는 만나는 수학자마다 붙잡고 자신의 문제를 정중하게 물어보았다. 하지만 답을 내놓거나 관심을 가지고 연구하려는 수학자는 아무도 없었다. 그러다가 어느 날, 블레즈 파스칼Blaise Pascal을 만났다. 파스칼은 어릴 때부터 신동 소리를 들으면서 자랐고, 스스로 그림을 그려가며 고전 기하학을 대부분 깨쳤다. 파스칼은 십 대 후반부터 예수회원인 마랭 메르센Marin Mersenne이 운영하던 중요한 살롱의 단골이 되었는데, 드 메레를 만난 곳도 바로 이곳이었다. 파스칼은 즉각 답을 알아내지는 못했지만, 그 문제에 큰 흥미를 느꼈다. 특히 그 문제에는 수학적 해가 있을 것이라는 드 메레의 판단에 동의했다.

파스칼은 드 메레의 문제를 푸는 데 착수했다. 또 다른 수학자 피에르 드 페르마Pierre de Fermat에게도 도움을 청했다. 페르마는 변호사이자 박학다식한 사람으로, 6개 국어에 능통했고, 당대 최고의 수학자 중 한 명이었다. 페르마는 파리에서 남쪽으로 600여 km 떨어진 툴루즈에 살았기 때문에 파스칼은 그를 직접 알지는 못했지만, 메르센의 살롱에 드나드는 지인들을 통해 그에 대한 이야기를 들었다. 1654년에 많은 편지를 주고받은 끝에 파스칼과 페르마는 드 메레의 문제에 대한 답을 찾아냈다. 그 과정에서 두 사람은 현대 확률론의 기초를 세웠다.

파스칼과 페르마의 편지가 낳은 결과 중 하나는 드 메레에게 어려움을 안겨주었던 종류의 주사위 게임에서 이길 확률을 정확하게 계산하는 방법이었다(카르다노의 체계도 이런 종류의 주사위 게임을 설명했지만, 드 메레가 이 문제에 관심을 가졌을 무렵에는 그의 연구를 아는 사람이 아무도 없었다). 두 사람은 드 메레의 첫 번째 전략이 효과가 있음을 증명했는데, 주사위를 네 번 던져 6이 한 번 이상 나올 확률은 50%가 조금 넘었다(좀 더 정확하게는 51.7747%). 하지만 두 번째 전략은 실패할 수밖에 없었는데, 주사위 2개를 24번 던져 더블 식스가 한 번 이상 나올 확률은 50%보다 작은 49.14%였기 때문이다. 따라서 두 번째 전략은 돈을 딸 확률보다는 잃을 확률이 조금 더 높은 반면, 첫 번째 전략은 돈을 딸 확률이 조금 더 높았다. 드 메레는 위대한 두 수학자의 통찰에 감탄하면서 그 이후로는 첫 번째 전략만 사용했다.

　파스칼과 페르마의 증명이 무엇을 의미하는지는 명백했다. 최소한 드 메레의 관점에서는 그랬다. 하지만 이 수치들이 정말로 의미하는 것은 무엇일까? 많은 사람들은 확률이 정해진 사건에서 이 수치들이 무엇을 의미하는지 직관적으로 이해하지만, 사실 여기에는 심오한 철학적 질문이 숨어 있다.[9] 동전을 던져 앞면이 나올 확률이 50%라고 하자. 이것은 동전을 충분히 많이 던지면 그중 약 절반은 앞면이 나온다는 뜻이다. 하지만 전체 시행 횟수 중 앞면이 나오는 횟수가 정확하게 절반이라는 뜻은 아니다. 만약 동전을 100번 던진다면, 앞면이 나오는 것은 51번이 될 수도 있고, 75번이 될 수도 있고, 100번이 될 수도 있다. 어떤 경우든 일어날 가능성이 있다. 그렇다면 왜 드 메레는 파스칼과 페르마의 계산에 주목했던 것일까? 그 계산은 첫 번째 전략도 반드시 성공한다고 보장하진 않았다. 확률 계산이야 그렇다 치더라도, 드 메레는 상대가 주사위를 네 번 던질 때마다 6이 한 번 이상 나올 것이라는 데 평생 돈을 걸고서도 한 번도 이기지 못할 가능성도 있다. 이것은 아주 기묘한 이야기처럼 들리겠지만, 확률론(혹은 물리학)에서 그 가능성을 배제하는 것은 아무것도 없다.

　그렇다면 만약 어떤 일이 얼마나 자주 일어날지 아무것도 확실하게 보장할 수 없다면, 확률이 우리에게 말해주는 것은 도대체 무엇이란 말인가? 만약 드 메레가 이 질문을 던졌더라면, 그 답을 듣기까지 아주 오래 기다려야 했을 것이다. 정확하게는 약 50년을 기다려야 했다. 확률과 사건 발생 빈도 사이의 관계에 대해 생각하는 방법을 최초로 고안한 사람은 야코프 베르누이Jacob Bernoulli라는 스위스 수학자였다. 그는 죽기 직전인 1705년에 그것을 고안했다. 베르누이는 만약 앞면이 나올 확률이 50%라면, 실제로 앞면이 나오는 비율이 50%와 차이가 날 확률은 시행 횟수를 늘려갈수록 점점 작아진다는 사실을 입증했다. 즉, 앞면이 나오는 비율은 동전을 두 번 던질 때보다는 100번 던질 때 50%에 더 가까워진다. 그런데 이 답에는 의심스러운 구석이 있다. 확률이 무엇을 의미하느냐는 질문에 대해 확률의 개념을 이용해 그 답을 내놓기 때문이다. 베르누이는 다음 사실을 몰랐지만(이것은 20세기가 되어서야 완전한 증명이 나왔다), 동전을 던져 앞면이 나올 확률이 50%일 때 동전을 '무한한' 횟수만큼 던진다면 그중 절반은 앞면이 나온다는 사실을 증명할 수 있다. 혹은 드 메레의 전략을 예로 들어 설명하자면, 모든 게임에서 6이 나온다는 데 돈을 걸면서 주사위 게임을 무한히 많이 한다면, 그는 사실상 전체 게임 중 51.7477%에서 돈을 딸 것이다. 이 결과를 '큰 수의 법칙law of large numbers'(대수의 법칙이라고도 함)이라 부른다.[10] 이것은 확률론의 중요한 해석 중 하나이다.

파스칼 자신은 도박을 즐기지 않았기 때문에, 그가 수학 분야에 기여한 주요 업적이 도박과 관련된 연구라는 사실은 아이러니처럼 보인다. 심지어 그의 이름이 붙어 있는 유명한 내기도 있다. 1654년 말에 파스칼은 신비적 경험을 하고 나서 인생이 확 바뀌었다. 그는 수학 연구를 그만두고 17세기에 프랑스를 중심으로 일어나 큰 논란이 된 기독교 운동인 얀센주의에 푹 빠졌다. 그래서 신학적 문제에 대한 글을 광범위하게 쓰기 시작했다. 오늘날 '파스칼의 내기'라고 불리는 것도 바로 그가 쓴 종교적 글의 주석에 나타난다. 그는 하느님을 믿느냐 마느냐 하는 선택을 일종의 도박으로 생각할 수 있다고 주장했다. 기독교의 하느님은 존재하거나 존재하지 않거나 둘 중 하나인데, 각자는 자신의 믿음에 따라 어느 한쪽에 내기를 거는 셈이다. 하지만 내기를 걸기 전에 이길 확률과 질 확률이 얼마이며, 이길 경우와 질 경우 각각 어떤 일이 일어날지 알고 싶은 것은 인지상정이다. 파스칼은 이렇게 추론했다. 만약 하느님이 존재한다는 쪽에 내기를 걸고 그에 따라 바른 삶을 살다가 내기에 이긴다면, 천국에서 영생을 누리며 살 것이다. 만약 내기에 진다면, 그냥 죽을 뿐 아무 일도 일어나지 않는다. 만약 하느님이 존재하지 않는다는 쪽에 내기를 걸었다가 이긴다면, 역시 그냥 죽을 뿐 아무 일도 일어나지 않는다. 하지만 만약 하느님이 존재하지 않는다는 쪽에 내기를 걸었다가 진다면, 지옥에 떨어지는 형벌을 받게 될 것이다. 파스칼은 이런 식으로 생각한다면, 마음을 결정하기가 아주 쉽다고 결론 내렸다. 무신론을 신봉했다가 실패할 경우 치러야 할 대가가 너무 혹독하기 때문이다.

***

　루이 바슐리에는 우연에 큰 관심을 쏟았지만, 정작 그의 삶 자체는 운이 별로 좋지 못했다. 그가 한 연구 중에는 물리학, 금융, 수학 분야에 획기적인 기여를 한 것도 있었지만, 그는 끝까지 학계에서 주목받는 위치에 오르지 못했다. 행운이 찾아오는가 싶다가도 마지막 순간에 무산되곤 했다. 1870년에 프랑스 북서부의 활기찬 항구 도시 르아 브르에서 태어난 바슐리에는 어린 시절부터 장래가 촉망되는 학생이 었다. 우리나라의 고등학교에 해당하는 리세를 다닐 때에는 수학 성 적이 뛰어났으며, 1888년 10월에 과학 영역 바칼로레아 시험을 통과 했다. 그는 프랑스의 아이비리그라 할 수 있는 그랑제콜grandes ecoles (높은 경쟁률의 엄격한 선발 과정을 거쳐 소수 정예의 신입생을 선발하고, 각 분야 에서 최고 수준의 교육을 통해 프랑스 사회의 엘리트를 양성하는 전통적인 엘리 트 고등 교육 연구 기관 – 옮긴이) 중 하나에 들어갈 만큼 성적이 아주 좋았 다. 프랑스에서 공무원이나 지식인으로 살아가려면 그런 엘리트 대학 을 나오는 것이 필수 조건이었다. 바슐리에는 아마추어 학자와 예술 가가 많은 중산층 상인 집안에서 태어났다. 그랑제콜에 들어가면 학 계에서나 직업 세계에서나 부모나 조부모가 가지 못했던 길을 갈 수 있었다.

하지만 대학에 지원하기도 전에 부모가 모두 세상을 떠났다. 부양 해야 할 미혼의 누나와 세 살배기 남동생만 남았다. 그래서 바슐리에 는 2년 동안 집안의 와인 사업을 맡아서 하다가 1891년에 영장이 나 오는 바람에 군에 입대했다. 그 때문에 일 년 뒤 제대할 때까지 공부 를 전혀 할 수 없었다. 가족의 지원을 전혀 기대할 수 없는 상황에서 20대 초반에 학계로 돌아온 바슐리에가 선택할 수 있는 길은 제한돼 있었다. 그랑제콜에 들어가기에는 나이가 너무 많아 할 수 없이 그랑 제콜보다 명성이 좀 떨어지는 파리대학에 들어갔다.

하지만 교수 중에는 파리에서 뛰어난 지성을 자랑하는 사람들이 일

퀀트의 씨앗

43

부 있었고(파리대학은 교수가 수업보다 연구에 전념할 수 있는 몇 안 되는 프랑스 대학 중 하나였다), 소르본의 강의실에서도 훌륭한 교육을 얼마든지 받을 수 있었다. 바슐리에는 학생들 사이에서 금방 두각을 나타냈다. 그의 성적은 전체 수석까지는 아니었지만, 폴 랑주뱅Paul Langevin과 알프레드-마리 리에나르Alfred-Marie Lienard를 비롯해 그보다 성적이 앞섰던 몇몇 학생은 오늘날 수학자들 사이에서는 적어도 바슐리에만큼 유명하다. 이처럼 급우 중에도 쟁쟁한 인물이 많았다. 대학을 졸업한 뒤 바슐리에는 파리대학에 계속 머물며 박사 과정을 밟았다. 그의 연구는 당대 최고 과학자들의 관심을 끌었고, 그는 프랑스에서 가장 유명했던 수학자이자 물리학자인 앙리 푸앵카레Henri Poincaré 밑에서 논문(새뮤얼슨이 훗날 발견한 바로 그 논문)을 쓸 준비를 했다.

푸앵카레는 바슐리에의 지도 교수로 아주 이상적인 사람이었다.[11] 그는 순수 수학, 천문학, 물리학, 공학을 비롯해 손댄 분야마다 중요한 업적을 남겼다. 대학은 그랑제콜을 나왔지만, 대학원 과정은 바슐리에처럼 파리대학에서 마쳤다. 또한 학계를 떠나 광산 감독관으로 일한 적도 있었다. 사실, 그는 거의 평생 전문 광산공학자로 계속 일했고, 결국 프랑스 광산청의 수석 공학자가 되었기 때문에, 금융처럼 아주 특이한(그 당시에는) 분야에서도 응용수학 연구가 얼마나 중요하게 쓰일 수 있는지 잘 알고 있었다. 푸앵카레만큼 광범위한 지식 배경을 가진 지도 교수를 만나지 않았더라면, 바슐리에는 그 논문을 쓰지도 못했을 것이다. 게다가 푸앵카레는 큰 성공을 거두어 프랑스에서 문화적으로나 정치적으로 중요한 인물이었기 때문에, 당시의 학계에서 자리를 잡기 어려웠던 제자를 강력하게 옹호할 영향력이 있었다.

바슐리에는 논문을 쓰기 시작해 1900년에 마쳤다. 기본 개념은 16세기와 17세기에 카르다노와 파스칼, 페르마가 발명한 수학 분야인 확률론을 활용해 금융시장을 이해할 수 있다는 것이었다. 다시 말해서, 금융시장을 거대한 확률 게임으로 볼 수 있다는 것이었다. 지금은 주식시장을 카지노에 비유하는 게 상식으로 자리 잡았는데, 이것은 바슐리에의 개념이 얼마나 대단한 것인지 입증한다.

어떤 지적 기준으로 판단하더라도 바슐리에의 논문은 큰 성공작이었다. 그리고 그다음에 일어난 일과 상관없이 바슐리에는 이미 많은 것을 알고 있었던 것으로 보인다. 하지만 학계에서는 그의 논문은 실패작이었다. 문제는 그의 논문을 평가하는 사람들에게 있었다. 바슐리에는 다가오는 혁명의 선봉에 서 있었지만(그는 수리금융을 막 발명한 참이었다), 동시대 사람 중 그의 연구를 제대로 평가할 만한 위치에 있는 사람이 아무도 없었다. 바슐리에를 평가한 사람들은 비슷한 생각을 가진 학자 집단이 아니라, 수학자와 수학을 중시하는 물리학자였다. 물론 세월이 한참 흐른 뒤라면 이들도 바슐리에의 연구에 동정적인 반응을 보였을 것이다. 하지만 1900년 당시 유럽 대륙의 수학은 내향적 성향이 강해 자기 분야 밖의 문제에는 별로 관심을 보이지 않았다. 그 당시 수학자들은 일반적으로 수학이 1860년 무렵부터 구체화되기 시작된 위기에서 이제 막 벗어나고 있다고 생각했다. 위기는 유명한 정리 중 많은 것에 오류가 있다는 사실이 밝혀지면서 시작되었는데, 수학자들은 자신들이 종사하는 학문의 기반이 와르르 무너지는 게 아닐까 전전긍긍했다. 특히 쟁점이 된 문제는 어떤 체계가 정말로 엄밀한지 아닌지 확인하는 게 가능한가 하는 것이었다. 엄밀하다고 확인되어야 학술지에 쏟아져 나오는 새로운 결과들이 이전의 결과들처럼 오류가 있는지 없는지 판단할 수 있을 게 아닌가! 엄밀성과 형식적 체계를 요구하는 경향이 수학계의 우물에 독처럼 퍼져, 주류 수학자들은 응용수학과 심지어 수리물리학까지 의심의 눈초리로 바라보았다. 그들은 수학을 새로운 분야에 적용하려는 시도, 심지어 더 나아가 금융 분야의 통찰을 바탕으로 새로운 수학을 개발하려는 시도에 혐오와 공포의 반응을 보였다.

푸앵카레의 영향력은 바슐리에가 논문 심사를 무사히 통과하도록 인도하기에는 충분했지만, 그조차도 프랑스 주류 수학에서 너무 벗어난 이 논문에 최우수 등급은 줄 수 없다고 판단했다.[12] 바슐리에의 논문은 최우수 등급 대신에 우수 등급을 받았다. 푸앵카레가 쓴 심사위원회 보고서는 바슐리에의 연구에 대한 깊은 이해를 담고 있는데, 그것이 새로운 수학일 뿐만 아니라 금융시장이 굴러가는 방식을 꿰뚫어 보는 통찰을 포함하고 있다고 인정했다. 하지만 그 당시의 기준으로는 정식 수학 분야에 속하지 않는 주제를 다룬 그 논문에 최고 등급을 줄 수는 없었다. 최우수 등급을 받지 못한 이상 학계에서 수학자로 일할 기회도 사라지고 말았다. 바슐리에는 푸앵카레의 도움을 받아 파리에 계속 머물렀다. 파리대학과 여러 재단에서 소액의 지원금을 받아 검소한 생계를 근근이 꾸려나갔다. 1909년부터 파리대학에서 강의를 했지만, 봉급은 없었다.

가장 가혹한 반전은 1914년에 일어났다. 그해 초에 파리대학 협의회는 과학부 학과장에게 바슐리에를 위해 정식 교직원 자리를 마련해도 좋다고 승인했다. 마침내 그토록 바라던 기회가 눈앞에 다가온 것 같았다. 하지만 그 자리가 정식으로 생기기 전에 운명의 여신은 다시 바슐리에를 버렸다. 그해 8월, 독일군이 벨기에를 거쳐 프랑스를 침공했다. 프랑스도 이에 대응하여 동원령을 내렸다. 9월 9일, 아무도 눈치채지 못하는 사이에 금융 부문에 혁명을 일으킨 44세의 수학자는 또다시 프랑스군에 징집되었다.

* * *

먼지 쌓인 다락방 창문을 통해 햇빛이 들어오는 광경을 상상해보라. 눈의 초점을 제대로 맞추기만 한다면, 빛줄기 속에 떠다니는 미세한 먼지 입자들이 보일 것이다. 먼지 입자들은 움직이지 않고 공중에 떠 있는 것처럼 보인다. 자세히 관찰하면, 먼지 입자들이 가끔 경련하듯이 급작스럽게 방향을 바꾸면서 위쪽 혹은 아래쪽으로 움직이는 것이 보인다. 아주 자세히 관찰한다면, 예컨대 현미경으로 관찰한다면, 먼지 입자들이 늘 그런 식으로 방향을 휙휙 바꾸며 움직이는 것을 볼 수 있다. 로마 시대의 시인 티투스 루크레티우스Titus Lucretius는 기원전 60년경에 쓴 글에서, 겉으로는 무작위적으로 보이는 먼지 입자들의 이 움직임은 보이지 않을 만큼 아주 작은 입자들(그는 그것을 '원초적 알갱이'라 불렀다)이 사방에서 먼지 입자에 충돌하면서 생겨난다고 했다.[13]

2000여 년 뒤, 알베르트 아인슈타인Albert Einstein도 비슷한 주장을 하면서 이 현상은 원자의 존재를 뒷받침하는 증거라고 말했다. 다만 아인슈타인의 주장에는 루크레티우스의 주장보다 나은 점이 한 가지 있었다. 만약 먼지 입자의 불규칙한 움직임이 정말로 더 작은 입자들과의 충돌에서 나오는 것이라면 그 입자가 어떤 궤적을 그릴지 정확하게 기술하는 수학적 틀을 개발한 것이다. 프랑스 물리학자 장-바티스트 페랭Jean-Baptist Perrin은 그 후 6년 동안 액체 위에 떠 있는 입자들이 정말로 아인슈타인이 예측한 것과 같은 궤적을 그리는지 실험을 통해 아주 정확하게 추적하는 방법을 개발했다. 이 실험 결과는 원자의 존재를 의심하던 사람들을 완전히 설득할 만큼 훌륭한 증거가 되었다. 하지만 루크레티우스의 기여는 제대로 인정받지 못했다.[14]

아인슈타인이 흥미를 느낀 것과 같은 입자의 궤적을 브라운 운동이라 부른다. 브라운 운동이란 용어는 1826년에 물 위에 떠 있는 꽃가루의 무작위적 움직임을 관찰한 스코틀랜드 식물학자 로버트 브라운 Robert Brown의 이름을 딴 것이다.[15] 브라운 운동을 수학적으로 다루는 방법을 흔히 '무작위 행보random walk'라 부른다(가끔 그런 상황의 연상을 돕기 위해 '주정뱅이 걸음'이라고도 부른다).[16] 술집에서 한 남자가 나오는 장면을 상상해보라. 뒷주머니에 꽂은 자외선 차단제 병은 마개가 열려 액체가 주르르 흘러나온다. 그는 앞으로 몇 걸음 걸어가다가 이쪽 아니면 저쪽으로 비틀거리며 방향을 바꿀 가능성이 매우 높다. 그랬다가 몸을 다시 가누고 한 걸음 내디딘 다음, 다시 비틀거린다. 남자가 비틀거리며 걸음을 내딛는 방향은 기본적으로 무작위적이다. 최소한 그것은 그가 가고자 하는 목적지하고는 아무 상관이 없다. 만약 남자가 충분히 자주 비틀거리며 방향을 바꾼다면, 목적지인 호텔까지 가는 동안 땅 위에 흘린 자외선 차단제의 궤적은 공중에 떠다니는 먼지 입자의 궤적과 비슷할 것이다.

물리학계와 화학계에서 아인슈타인은 브라운 운동을 수학적으로 완벽하게 설명한 사람으로 인정받는데, 1905년에 쓴 그의 논문이 페랭의 눈에 띄었기 때문이다.[17] 하지만 사실은 아인슈타인보다 5년 먼저 그것을 제대로 설명한 사람이 있었다. 바슐리에는 1900년에 이미 박사 학위 논문에서 무작위 행보의 수학을 기술했다. 그는 아인슈타인과 달리 먼지 입자들이 원자들과 충돌하면서 나타내는 무작위적 운동에는 관심이 없었다. 그가 관심을 가진 것은 주가의 무작위적 움직임이었다.

주정뱅이 남자가 호텔에 도착한 상황을 상상해보라. 엘리베이터에서 내린 그는 왼쪽과 오른쪽 양쪽으로 길게 뻗어 있는 복도를 지나가야 한다. 한쪽 복도 끝에는 700호실이 있고, 반대쪽 복도 끝에는 799호실이 있다. 그는 지금 중간 어딘가에 서 있지만, 자기 방을 찾아가려면 어느 쪽으로 가야 할지 전혀 모른다. 그는 앞으로 갔다 뒤로 갔다 하며 걸음을 내딛는데, 전체 걸음 중 절반은 복도에서 이쪽으로 가고 나머지 절반은 저쪽으로 간다. 무작위 행보에 관한 수학 이론은 다음 질문에 답을 제공할 수 있다. "주정뱅이가 한 걸음 내디딜 때마다 긴 복도 한쪽 끝에 위치한 700호실에 조금 더 가까워질 확률이 50%이고, 799호실에 조금 더 가까워질 확률도 50%라고 한다면, 100걸음 혹은 1000걸음 뒤에 그가 특정 방 앞에 서 있을 확률은 얼마일까?"

이런 종류의 수학이 금융시장을 이해하는 데 어떤 도움을 줄 수 있는지 이해하려면, 주가 변동 양상이 주정뱅이의 걸음과 같다는 걸 깨닫는 게 중요하다. 어느 순간, 주가는 상승할 가능성도 있고 하락할 가능성도 있다. 이 두 가지 가능성은 주정뱅이가 700호실이나 799호실을 향해 비틀거리며 걸어가는 상황과 비슷하다. 따라서 이 경우에 수학은 다음과 같은 질문에 답할 수 있다. "만약 주가가 어느 가격에서 시작하여 무작위 행보를 한다면, 일정 시간 뒤에 특정 가격에 이를 확률은 얼마인가?" 다시 말해서, 주가가 비틀거리며 100번 혹은 1000번의 무작위 행보를 한 뒤에 도달하는 문은 어디인가 하는 것이다.

바슐리에가 논문에서 답을 제시한 질문이 바로 이것이었다. 그는 만약 주가가 무작위 행보를 한다면, 일정 시간 뒤에 특정 가격에 이를 확률은 정규분포곡선 혹은 종형 곡선이라 부르는 곡선으로 나타난다는 사실을 보여주었다.[18] 그 이름이 시사하듯이 이 곡선은 꼭대기 부분에서 양쪽으로 둥글게 퍼져나가는 좌우 대칭의 종 모양이다. 이 곡선에서 꼭대기 부분은 출발점의 주가에 중심을 두고 있는데, 이것은 주가가 출발점 근처에 이르는 것이 가장 가능성이 높은 시나리오임을 의미한다. 이 중심점에서 멀어질수록 곡선은 가파르게 하락하는데, 이것은 주가가 크게 변할 가능성이 작음을 의미한다. 하지만 주가가 무작위 행보를 하면서 더 많은 걸음을 뗄수록 곡선은 점점 폭이 넓어지면서 전체적인 높이가 낮아지는데, 이것은 시간이 지나면 주가가 출발점에서 벗어날 가능성이 커짐을 의미한다. 이것은 그림으로 보는 편이 이해하기가 훨씬 쉬우니, '그림 1'을 참고하라.

바슐리에의 모형이 보여주는 확률

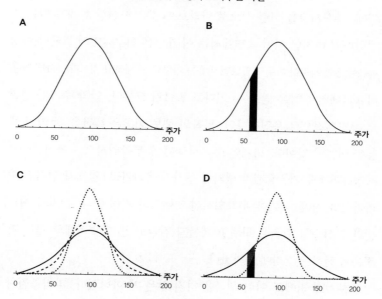

그림 1 바슐리에는 만약 주가가 무작위 행보를 한다면, 미래에 그 주가가 특정 가격에 이를 확률은 정규분포곡선을 사용해 계산할 수 있음을 보여주었다. 이 그래프들은 현재 주가가 100달러인 주식을 예로 들어 그것을 어떻게 계산할 수 있는지 보여준다. 그래프 A는 미래의 특정 시점, 예컨대 앞으로 5년 후의 시점에 대해 계산한 정규분포곡선의 예이다. 5년 뒤에 주가가 어느 범위 내에 있을 확률은 곡선 아랫부분의 면적으로 주어진다. 예를 들면, 그래프 B에서 짙은 부분의 면적은 5년 뒤에 주가가 60달러에서 70달러 사이에 있을 확률에 해당한다. 그래프의 모양은 주가를 알고 싶은 시점까지의 기간에 따라 달라진다. 그래프 C에서 점선 부분은 1년 후의 주가를, 파선 부분은 3년 후의 주가를, 실선 부분은 5년 후의 주가를 나타내는 그래프이다. 시간이 지날수록 그래프의 높이는 낮아지고 밑부분은 넓어진다는 걸 알 수 있다. 이것은 그래프 D에서 보는 것처럼 시간이 지날수록 주가가 최초 가격인 100달러에서 크게 벗어날 확률이 점점 커진다는 걸 의미한다. 실선 아래에 있는 짙은 부분의 면적(5년 뒤에 주가가 60달러에서 70달러 사이에 있을 확률)이 점선 아래에 있는 짙은 부분의 면적(1년 뒤에 주가가 60달러에서 70달러 사이에 있을 확률)보다 훨씬 큰 것을 볼 수 있다.

주가의 흐름을 무작위 행보로 생각한 것은 놀랍도록 현대적인 발상인데, 주식시장을 이런 식으로 바라보는 것은 사실상 유례가 없는 일이었다.[19] 하지만 어떤 측면에서는 이 개념은 터무니없어 보인다(이 관점을 수용한 사람이 아무도 없었던 이유는 아마도 이 때문일 것이다). 사람들은 바슐리에의 수학은 믿을 수 있다고 말할지 모른다. 만약 주가가 정말로 무작위적으로 움직인다면, 무작위 행보 이론은 흠잡을 데 없이 훌륭한 이론일 것이다. 하지만 주식시장이 왜 무작위적으로 움직인다고 가정해야 하는가? 호재가 생기면 주가가 올라가고, 악재가 생기면 주가가 떨어진다. 여기에 무작위적인 것이라곤 전혀 없다. 주가가 어느 순간에 상승할 확률은 하락할 확률과 같다고 본 바슐리에의 기본 가정은 순전히 헛소리에 불과하다.

물론 바슐리에도 이런 생각을 하지 않은 게 아니었다. 파리증권거래소가 돌아가는 사정을 잘 아는 바슐리에는 정보가 주가에 미치는 효과가 얼마나 큰지 잘 알고 있었다. 그리고 어느 시점을 기준으로 그 이전의 상황을 돌아보면, 시장의 흐름을 설명하는 호재와 악재를 쉽게 파악할 수 있었다. 하지만 바슐리에는 어떤 뉴스가 터져 나올지 알 수 없는 '미래'에 주가가 어떻게 변할지 알려주는 확률을 이해하는 데 관심이 있었다. 미래의 일부 뉴스는 이미 알려진 사건들을 바탕으로 예측할 수도 있다. 도박사들은 스포츠 경기나 선거 결과에 내기를 걸어 정확하게 알아맞히는 데 아주 뛰어나다. 이런 내기는 우연한 사건들의 다양한 결과들에 대해 그 확률을 예측하는 것과 같다고 볼 수 있다. 하지만 이런 예측 가능성이 시장의 행동에 어떤 영향을 미칠까?

바슐리에는 예측 가능한 사건은 모두 이미 주식이나 채권의 현재 가격에 반영돼 있으리라 추측했다. 다시 말해서, 만약 여러분이 마이크로소프트 주식의 가치를 높일 가능성이 있는 사건(예컨대 마이크로소프트가 새로운 종류의 컴퓨터를 만든다든가 큰 소송에서 이긴다든가 하는)이 장차 일어날 것이라고 믿을 만한 이유가 있다면, 그런 호재가 일어나지 않으리라 생각하는 사람보다 더 높은 가격에 마이크로소프트 주식을 사려고 할 텐데, 그것은 장래에 마이크로소프트 주가가 오를 것이라고 믿을 만한 이유가 충분히 있기 때문이다. 미래의 호재를 알려주는 정보는 현재의 주가를 상승시키는 반면, 미래의 악재를 알려주는 정보는 현재의 주가를 떨어뜨리는 것처럼 보인다.

하지만 바슐리에는 만약 이 추론이 옳다면, 주가는 무작위적이어야 한다고 주장했다. 특정 가격에서 거래가 체결될 때 어떤 일이 일어나는지 생각해보자. 이것은 시장에서 어떤 사건이 본격적으로 일어나는 순간이다. 거래란 두 사람(매수자와 매도자)이 특정 가격에 합의할 때 일어난다. 매수자와 매도자는 입수 가능한 정보를 모두 참고한 뒤에 얼마가 적정 가격인지 판단하지만, 유의해야 할 점이 하나 있다. 최소한 바슐리에의 논리에 따르면, 매수자가 어떤 가격에 주식을 사는 것은 장차 그 주가가 오르리라고 생각하기 때문이다. 반면에 매도자가 주식을 파는 것은 장차 주가가 내리리라고 생각하기 때문이다. 이 논리를 한 단계 더 확장해, 만약 시장이 필요한 정보를 충분히 가진 다수의 투자자로 이루어져 있고, 그들이 거래하는 주가에 늘 합의한다면, 어떤 주식의 현재 주가는 가능한 정보를 모두 고려하여 나온 가격이라고 해석할 수 있다. 그것은 근거 있는 정보를 바탕으로 장차 그 주가가 올라간다는 데 내기를 거는 사람의 수와 내려간다는 데 내기를 거는 사람의 수가 비슷한 상태에서 결정된 가격이다. 다시 말해서, 어느 순간의 주가는 입수 가능한 모든 정보를 바탕으로 추정해서 주가가 올라갈 확률과 내려갈 확률이 모두 50%로 판단될 때의 주가이다. 만약 시장이 바슐리에가 반드시 그럴 것이라고 주장한 이런 방식으로 움직인다면, 무작위 행보 가설은 터무니없는 것이 아니다. 그것은 시장을 움직이는 필수 요소라고 보아야 한다.

시장을 이런 시각으로 보는 방식을 '효율적 시장 가설'이라 부른다. 그 기본 개념은 시장 가격에는 항상 거래 품목의 진짜 가치가 반영돼 있다는 것인데, 시장 가격은 이용 가능한 정보를 모두 고려해 결정되기 때문이다. 이 가설은 바슐리에가 맨 처음 주장했지만, 금융시장에 대한 그의 심오한 통찰 중 많은 것과 마찬가지로 그 중요성을 알아챈 독자는 거의 없었다. 효율적 시장 가설은 훗날 1965년에 시카고대학의 경제학자 유진 파마Eugene Fama가 다시 발견해 큰 환호를 받았다.[20] 물론 지금은 이 가설이 큰 논란의 대상이 되고 있다. 일부 경제학자들, 특히 소위 시카고학파에 속한 경제학자들은 여전히 이 가설이 필수적이고 이론의 여지가 없는 진실이라고 주장한다. 하지만 깊이 생각하지 않더라도, 이 가설에는 의심스러운 구석이 있다는 걸 알 수 있다. 예를 들면, 이 가설의 한 가지 결과는 투기 버블 현상이 일어날 수 없다고 말하는데, 버블은 어떤 품목의 시장 가격이 그 실제 가치와 동떨어질 때에만 일어날 수 있기 때문이라고 설명한다. 하지만 1990년대 후반과 2000년대 초반에 닷컴회사들이 큰 호황을 누리다가 금방 나락으로 떨어진 일을 기억하거나 2006년 이후에 집을 팔려고 시도한 사람이라면, 시장이 시카고학파가 우리에게 믿으라고 하는 것처럼 합리적으로만 움직이는 게 아니라는 사실을 잘 알 것이다. 실제로 나와 대화를 나눈 트레이더들은 대부분 이 가설을 우습게 여길 것이다.

하지만 설사 시장이 늘 효율적이진 않다고 하더라도, 그리고 가격이 거래되는 품목의 실제 가치에서 크게 벗어나는 일이 종종 있다 해도, 효율적 시장 가설은 시장이 어떻게 움직이는지 추측하려는 사람에게 발판을 제공한다. 이것은 하나의 가설, 즉 이상적인 조건을 가정한 이론이다. 이것은 마찰과 중력이 전혀 없다고 가정하고서 계산하는 고등학교 물리학에 비유할 수 있다. 물론 실제로는 그런 조건을 갖춘 세계는 없다. 하지만 이렇게 조건을 단순화한 가정을 몇 가지 함으로써 다른 방법으로는 도저히 풀 수 없는 문제의 답에 가까이 다가갈 수 있다. 그리고 단순화한 문제를 일단 풀고 나서 이번에는 단순화 가정이 정답을 얼마나 훼손했는지 평가하면 된다. 아이스링크에서 두 하키 퍽이 충돌할 때 어떤 일이 일어나는지 이해하려고 할 때, 마찰이 전혀 없다고 가정해도 그다지 큰 문제는 없다. 반면에 자전거에서 굴러떨어질 때 마찰이 전혀 없다고 가정하고서 대처한다면, 큰 찰과상을 입을 것이다. 금융시장 모형을 만들려고 하는 상황도 이와 비슷하다. 바슐리에는 효율적 시장 가설과 비슷한 것을 가정하는 것으로 시작하여 놀라운 진전을 보여주었다. 그다음 단계는 바슐리에가 금융을 이해하려고 노력하는 후세대 사람들을 위해 남겨두었는데, 바로 효율적 시장 가설이 실패할 때가 언제인지 알아내고, 그럴 때 시장을 이해하는 새로운 방법을 찾아내는 것이다.

* * *

새비지의 엽서를 받은 사람 중에서 바슐리에의 연구를 찾아보려고 시도한 사람은 새뮤얼슨뿐이었던 것으로 보인다. 하지만 바슐리에의 연구에 크게 감탄한 새뮤얼슨은 자신의 큰 영향력 덕분에 자신이 알아낸 것을 널리 퍼뜨릴 수 있었다. 주식시장 예측에 관한 바슐리에의 논문은 새뮤얼슨 밑에서 배우던 MIT 학생들 사이에서 필독 논문이 되었고, 학생들은 바슐리에의 이름을 세계 곳곳에 퍼뜨렸다. 1964년에 MIT에서 새뮤얼슨의 동료로 근무하던 폴 쿠트너Paul Cootner가 자신이 편집한 책《The Random Character of Stock Market Prices(주가의 무작위적 특성)》에 바슐리에의 논문을 영어로 번역해서 맨 앞에 실음으로써 마침내 바슐리에의 업적은 공식적으로 인정받았다.[21] 이 책이 나올 무렵에는 이미 많은 사람이 무작위 행보 가설을 독자적으로 개발하고 개선했지만, 쿠트너는 그 개념의 창안자가 바슐리에임을 분명히 했다. 쿠트너는 "바슐리에의 연구는 너무나도 훌륭하여 주가 예측 연구는 그 개념을 처음 생각하는 순간에 영광의 순간을 맞이했다고 말할 수 있다"라고 썼다.[22]

바슐리에를 발견하고 그의 개념을 널리 확산시키는 데에는 새뮤얼슨이 많은 점에서 가장 이상적인 인물이었다고 할 수 있다. 새뮤얼슨은 20세기에 큰 영향력을 떨친 경제학자 중 한 명이다. 그는 1970년에 "경제학에서 분석의 수준을 끌어올린" 공로로 노벨 경제학상을 수상했다. 노벨상 심사위원회는 "경제학을 수학 분야로 바꾼" 공로라는 표현을 썼다. 사실, 새뮤얼슨은 시카고대학에서 보낸 대학생 시절과 하버드대학에서 보낸 대학원 시절에 모두 경제학을 전공했지만, 수리물리학자이자 통계학자인 윌슨E. B. Wilson에게 큰 영향을 받았다.[23] 그 당시 윌슨은 하버드 공중보건대학원에서 인구동태통계학을 가르치고 있었지만, 전체 경력 중 처음 20년은 MIT에서 물리학자 겸 공학자로 보냈다. 1863년에 예일대학에서 미국 최초로 공학 박사 학위를 받고 미국 최초의 위대한 수리물리학자로 꼽히는 기브스J. W. Gibbs의 마지막 제자가 윌슨이다.

기브스가 한 연구 중에서는 열역학과 통계역학의 기초를 다지는 데 도움을 준 연구가 가장 유명한데, 이 분야들은 욕조에 든 물과 자동차 엔진 같은 일상적인 물체의 행동을 그것을 이루는 미소 입자들의 행동으로 설명한다.[24] 열역학의 중심 목표 중 하나는 물질의 기본 구성요소인 입자들의 행동이 어떻게 합쳐져서 거시 세계에서 물체의 행동으로 나타나는지 설명하는 것이다. 이 분석에서는 온도나 압력처럼 개개 입자의 행동과는 별 관계가 없지만, 집단 행동의 특징을 기술하는 데에는 아주 중요한 변수를 확인하는 것이 중요한 부분을 차지한다. 새뮤얼슨은 경제학도 본질적으로 똑같은 방식으로 생각할 수 있다고 지적했다. 경제는 일상생활 속에서 경제적 판단을 하면서 돌아다니는 사람들로 이루어져 있다. 대규모 경제학(거시경제학)을 이해하는 비결은 전체 경제를 특징짓는 변수들(예컨대 물가 상승률 같은)을 확인하고, 이 변수들과 경제를 구성하는 개인들 사이의 관계를 밝혀내는 데 있다. 1947년, 새뮤얼슨은 하버드대학에서 쓴 박사 학위 논문을 바탕으로 《Foundations of Economic Analysis(경제 분석의 기초)》라는 책을 출판했다.[25]

새뮤얼슨의 책은 바슐리에의 논문과는 달리 아주 큰 반향을 불러일으켰다. 바슐리에가 공부하던 시절은 경제학이 독립적인 전문 분야로 막 인정받기 시작한 단계였다. 19세기에는 경제학은 사실상 정치철학의 하위 분야로 취급받았다. 1880년대까지 숫자는 경제학에서 거의 아무 역할도 하지 못했고, 1880년대에도 일부 철학자가 비교를 위해 세계 각국의 경제를 측정하는 데 관심을 보인 덕분에 겨우 주목을 받는 정도에 그쳤다. 바슐리에가 논문을 쓰던 무렵에는 경제학에서 혁명을 일으켜야 할 부문 자체가 사실상 없었다. 그리고 그 당시 활동하던 극소수 경제학자 중에서 바슐리에가 사용한 수학을 이해하고 진가를 인정할 만한 사람은 사실상 한 명도 없었다.

그 후 40년이라는 세월이 흐르는 동안 경제학은 하나의 과학 분야로 발전했다.[26] 경제적 양을 측정하려는 초기의 시도는 서로 다른 경제적 양들의 관계를 밝혀내는 더 정교한 도구들로 대체되었다(여기에는 미국 최초의 경제학자이자 예일대학에서 기브스의 제자였던 어빙 피셔Irving Fisher의 연구가 중요한 역할을 했다).[27] 20세기의 처음 10년 동안 경제학 부문의 연구는 산발적으로 일어나는 데 그쳤다. 제1차 세계대전 때 유럽 정부들이 지원을 약간 했는데, 각국 정부는 전쟁의 필요 때문에 생산을 증대시키는 정책을 시행하려고 노력했기 때문이다.

하지만 경제학이 완전히 독립적인 학문 분야로 우뚝 선 시기는 대공황이 시작된 1930년대 전반이었다. 유럽과 미국의 정치 지도자들은 세계 경제에 뭔가 크게 잘못된 일이 일어났다고 믿고서 그것을 바로잡기 위해 전문가의 조언을 구하려고 했다. 갑자기 경제학 부문의 연구에 지원이 크게 늘면서 대학과 정부에 일자리가 많이 생겨났다. 새뮤얼슨은 이러한 관심의 파도가 최고조에 이르렀을 때 하버드에 왔고, 그의 책이 출판될 무렵에는 그 의미를 이해할 만한 역량을 일부라도 갖춘 연구자들의 공동체가 크게 형성돼 있었다. 새뮤얼슨의 그 책과 이어서 나온 교과서(모든 시대를 통틀어 가장 많이 팔린 경제학 책이 된)는 50여 년 전에 바슐리에가 이미 이룬 업적을 다른 사람들이 제대로 이해하는 데 도움을 주었다.

***

오늘날의 표현을 사용해 설명하자면, 바슐리에가 논문에서 주장한 것은 시간이 지남에 따라 시장 가격이 어떻게 변하는지 보여주는 '모형'으로, 오늘날 우리가 무작위 행보 모형이라 부르는 것이었다. 경제학에 '모형'이란 용어가 도입된 것도 1930년대였는데, 물리학을 공부하다가 경제학자가 된 네덜란드의 얀 틴베르헌Jan Tinbergen의 연구를 통해서였다(새뮤얼슨은 1969년에 제정된 노벨 경제학상의 두 번째 수상자이고, 초대 수상자가 바로 틴베르헌이다).[28] 모형이란 용어는 물리학에서 이미 사용되어, 완전한 이론이라고 부르기에 다소 부족한 것을 가리켰다. 이론(적어도 물리학에서 말하는)은 세계의 어떤 특징을 완전히 그리고 정확하게 기술하려는 시도를 말한다. 반면에 모형은 어떤 물리적 과정이나 계(시스템)가 어떻게 작용하는지 보여주는 일종의 간단한 그림이다.

틴베르헌은 경제학에서도 모형이란 용어를 대충 이런 뜻으로 썼다. 비록 그의 모형은 이자율과 인플레이션 사이의 관계나 같은 회사 내에서 임금 차이와 전체 생산성 사이의 관계(틴베르헌은 최고 임금이 최저임금의 5배가 넘으면 그 회사의 생산성이 떨어진다고 주장한 것으로 유명한데, 오늘날 이 경험 법칙을 무시하는 회사들이 많다) 같은 경제적 변수 사이의 관계를 예측하는 방법에 초점을 맞춘 것이긴 했지만 말이다. 완전한 이론을 가지고 연구하는 물리학 분야와 달리 수리경제학자는 대부분 모형을 가지고 연구를 한다.[29]

1964년에 쿠트너의 책이 나올 무렵에는 주식시장의 주가가 무작위 행보를 한다는 개념이 이미 깊이 뿌리를 내렸고, 많은 경제학자는 그 개념을 창안한 사람이 바슐리에임을 알고 있었다. 하지만 무작위 행보 모형은 바슐리에의 논문에서 핵심이 아니었다. 바슐리에는 무작위 행보 모형을 진짜 목표인 옵션 가격 결정 모형을 개발하기 위한 예비 연구로 간주했다. 옵션option은 이를 가진 사람에게 주식이나 채권 같은 특정 유가 증권을 장래의 어느 시점(만기일)에 사전에 정한 가격(권리 행사 가격)으로 사거나 팔 권리를 주는 일종의 파생상품이다. 옵션을 사는 것은 해당 주식을 직접 사는 것이 아니라, 그 주식을 장래의 어느 시점에 거래할 권리를 사는 것이다. 다만, 지금 정한 가격으로 거래해야 한다. 따라서 옵션 가격은 장래의 어느 시점에 어떤 것을 살 권리의 가치에 따라 변한다.

1900년 당시에도 트레이딩에 관심을 가진 사람이라면 옵션의 가치가 기초 유가 증권(옵션 거래 대상이 되는 개별 유가 증권)의 가치와 어떤 관계가 있으며, 권리 행사 가격하고도 어떤 관계가 있다는 사실은 명백해 보였다. 만약 구글 주식이 주당 100달러에 거래되고 있는데, 내가 구글 주식을 주당 50달러에 살 수 있는 계약을 갖고 있다면, 그 옵션은 내게 최소한 주당 50달러의 이익을 안겨줄 것이다. 왜냐하면, 나는 구글 주식을 그만큼 낮은 가격에 사서 즉각 팖으로써 그 차익을 챙길 수 있기 때문이다. 반대로 옵션 계약으로 내가 구글 주식을 주당 150달러에 살 권리를 얻었다면, 구글의 주가가 150달러 이상으로 치솟지 않는 한 이 옵션에서 이익을 얻을 가능성은 희박하다. 하지만 정확한 관계를 알아내는 것은 수수께끼로 남아 있었다. 미래에 어떤 거래를 할 수 있는 권리는 현재 정확하게 얼마만 한 가치가 있을까?

바슐리에가 내놓은 답은 공정한 내기 개념을 바탕으로 한다. 확률론에서는 내기에 참여한 두 사람이 얻는 평균 결과가 0일 때 그 내기를 공정한 것으로 간주한다. 즉, 공정한 내기는 내기를 무한히 많이 반복할 때, 두 사람이 얻는 평균 이익이 0이라는 뜻이다. 반면에, 불공정한 내기는 장기적으로 한쪽이 다른 쪽보다 돈을 더 많이 잃는 경우를 말한다. 바슐리에는 옵션 자체도 일종의 내기라고 주장했다. 옵션을 파는 사람은 옵션을 판 시점부터 만기일 사이에 기초 유가 증권이 권리 행사 가격보다 내려간다는 쪽에 내기를 건 셈이다. 만약 실제로 그렇게 된다면, 매도자가 내기에서 이긴다(즉, 옵션에서 이익을 얻는다). 한편, 옵션 매수자는 기초 유가 증권의 가격이 어느 시점에 권리 행사 가격보다 올라간다는 쪽에 내기를 거는 것이고, 만약 실제로 그렇게 된다면 매수자는 옵션 권리를 행사하여 즉각 기초 유가 증권을 매도함으로써 이익을 얻는다. 그렇다면 옵션의 가격은 얼마로 정해야 적절할까? 바슐리에는 옵션의 공정한 가격은 그것을 공정한 내기로 만드는 가격이 될 것이라고 추론했다.

일반적으로 어떤 내기가 공정한지 아닌지 판단하려면, 나올 수 있는 모든 결과의 확률을 알아야 하고, 그런 결과가 일어났을 때 이익(혹은 손실)이 얼마일지 알아야 한다. 돈을 얼마나 땄는지 혹은 잃었는지 계산하기는 쉬운데, 그것은 바로 옵션의 권리 행사 가격과 기초 유가 증권의 시장 가격의 차에 해당하기 때문이다. 그런데 바슐리에는 무작위 행보 모형을 이용해 어떤 주식의 가격이 주어진 시간대에서 권리 행사 가격을 넘어설(혹은 넘어서는 데 실패할) 확률을 계산하는 방법도 알 수 있었다. 이 두 요소를 결합함으로써 바슐리에는 어떤 옵션의 공정한 가격을 계산하는 방법을 보여주었다. 이렇게 해서 문제가 해결되었다.

여기서 강조해야 할 중요한 사실이 하나 있다. 우리는 시장은 무작위적이어서 예측 불가능하다는 말을 종종 듣는다. 이 말은 일리가 있으며, 바슐리에도 그것을 알고 있었다. 바슐리에의 무작위 행보 모형은 특정 주식의 가격이 상승할지 하락할지 혹은 여러분의 포트폴리오가 이익을 낼지 내지 못할지 예측할 수 없음을 시사한다. 하지만 바로 무작위적이기 때문에 시장의 일부 특징을 예측 가능하다는 말도 충분히 일리가 있다. 바슐리에의 모형을 사용해 확률론적 예측을 할 수 있는 것은 시장이 무작위적이기 때문이다. 그리고 확률론적 예측은 큰 수의 법칙(확률과 빈도 사이의 연관 관계에 대해 베르누이가 발견한 수학적 결과) 때문에 시장이 장기적으로 어떤 행동을 보일지 정보를 제공한다. 이런 종류의 예측은 시장에서 직접 투기를 하는 사람에게는 아무 쓸모가 없는데, 투기꾼에게 어떤 주식이 승자가 되고 어떤 주식이 패자가 될지는 전혀 알려주지 않기 때문이다. 그렇다고 통계적 예측이 투자자에게 아무 도움이 되지 않는 것은 아니다. 바슐리에의 옵션 가격 결정 모형에서 기초 자산 시장이 무작위적이라는 가정이 모형이 효과를 발휘하는 핵심 열쇠라는 사실을 생각해보라.

그렇긴 하지만, 옵션 가격 결정 공식조차 확실하게 돈을 벌 수 있는 길은 아니다. 공식이 제공하는 정보를 적절히 사용하는 방법이 또 필요하다. 즉, 그 정보를 바탕으로 투자 결정을 안내하고 시장에서 유리한 위치에 설 방법이 필요하다. 바슐리에는 트레이딩 전략에 자신의 옵션 가격 결정 모형을 활용하는 방법에 대해서는 명확한 통찰을 제시하지 않았다. 경제학자들이 바슐리에의 논문을 재발견한 뒤에도 그의 옵션 가격 결정 모형이 무작위 행보 모형보다 주목을 덜 끈 한 가지 이유가 바로 이것이다. 두 번째 이유는 옵션이 바슐리에가 논문을 쓴 뒤에도 오랫동안 비교적 이질적인 부문으로 남아 있었다는 점이다. 그래서 1950년대와 1960년대의 경제학자들이 무작위 행보 모형에 관심을 보일 때조차 옵션 가격 결정 모형은 기묘하고 부적절한 것으로 간주되었다. 예를 들면, 20세기의 상당 기간 미국에서 옵션 거래는 대부분 불법이었다. 1960년대 후반과 1970년대 초가 되어서야 상황이 변했다. 그러자 바슐리에식 옵션 가격 결정 모형은 다른 사람들의 손을 거치며 선물 거래의 기초가 되었다.

* * *

바슐리에는 제1차 세계대전에서 살아남았다. 1918년이 끝나는 날에 제대해서 파리로 돌아와 보니, 파리대학에서 기다리고 있어야 할 자신의 자리는 사라지고 없었다. 하지만 전후의 사정은 전반적으로 이전보다 나았다. 젊고 유망한 수학자들이 전쟁에서 많이 사망하는 바람에 대학에 빈자리가 비교적 많았다. 바슐리에는 1919년부터 1927년까지 처음에는 브장송대학에서, 다음에는 디종대학에서, 마지막에는 렌대학에서 방문 교수로 지냈다. 이들 대학은 특별히 유명한 곳은 아니었지만, 바슐리에에게 그 당시 프랑스에서는 아주 드물었던 유급 강사 자리를 제공했다. 바슐리에는 마침내 1927년에 브장송대학의 정식 교수로 임명되어 1937년에 퇴직할 때까지 그곳에서 교수로 지냈다. 그는 9년을 더 살았는데, 이전에 했던 연구를 수정하고 다시 발표하면서 여생을 보냈다. 하지만 독창적인 연구를 추가하지는 못했다. 교수가 되고 나서 사망하기 전까지 발표한 신규 논문은 단 한 편뿐이었다.

방문 교수 경력이 끝날 무렵인 1926년(정교수가 되기 한 해 전)에 일어난 사건이 학계에서 그의 말년 생활에 짙은 먹구름을 드리웠는데, 논문을 더 발표하지 않은 것은 이 때문일지 모른다. 그해에 바슐리에는 자신이 수년 동안 가르쳐온 디종대학의 정규직 교수 자리에 지원했다. 그런데 그의 연구를 검토하던 한 동료가 그의 표기법에 혼란을 느꼈다. 오류를 발견했다고 믿고서 그 문서를 폴 레비Paul Lévy에게 보냈다. 젊지만 아주 유명한 확률론 전문가였던 레비는 오류를 표시한 그 페이지만 보고서 디종대학 수학자의 의심이 옳다고 확인해주었다. 이 때문에 바슐리에는 디종대학의 블랙리스트에 올랐다.

바슐리에는 나중에 자신의 교수 임용 탈락에 레비가 관여한 사실을 알고는 분노했다. 그래서 레비가 자신의 연구를 제대로 이해하지도 못한 채 의도적으로 자신의 경력을 방해했다는 내용의 편지를 돌렸다.[30] 바슐리에는 일 년 뒤에 브장송대학의 정식 교수가 되었지만, 이미 큰 상처를 입은 뒤였고, 그가 한 연구의 타당성에 대한 의문이 사라지지 않고 계속 남아 있었다.

1941년에 레비는 바슐리에가 쓴 마지막 논문을 읽었다.[31] 레비도 연구하고 있던 브라운 운동을 다룬 논문이었다. 그는 그 논문이 아주 훌륭하다고 평가했다. 그래서 바슐리에와 편지를 주고받으면서 바슐리에가 이전에 쓴 논문을 찾아 자세히 읽어보고는, 원래 지적했던 부분에서 바슐리에가 아니라 자신이 실수했음을 발견했다. 바슐리에의 혼란스러운 표기법과 전통적인 격식을 엄격하게 따르지 않은 서술 방식 때문에 논문을 읽기가 어려워서 그렇지, 논문 내용 자체는 틀린 것이 없었다. 레비는 바슐리에에게 편지로 사과했고, 두 사람은 화해했다. 1942년의 어느 무렵이었을 것이다.

바슐리에의 연구는 20세기 전반에 확률론을 연구하던 유명한 수학자들이 참고했다. 하지만 레비와 주고받은 편지가 보여주듯이, 바슐리에가 살던 시대에 프랑스에서 큰 영향력을 지녔던 사람들은 대부분 바슐리에를 전혀 몰랐거나 그의 연구를 별로 중요하지 않거나 오류가 있는 것으로 여겼다. 바슐리에가 생각한 것과 같은 개념들이 오늘날 아주 중요하게 간주된다는 사실을 고려하면, 바슐리에는 시대를 너무 앞서 살았다는 결론에 이르게 된다. 하지만 그가 세상을 떠난 지 얼마 지나지 않아 그의 개념은 새뮤얼슨과 그 제자들의 연구에 다시 나타났고, 또 그처럼 다른 분야에서 경제학으로 전향한 사람들, 예컨대 수학자 브누아 망델브로Benoît Mandelbrot와 천체물리학자 모리 오스본Maury. F. M. Osborne 같은 사람의 연구에도 인용되었다. 학계와 금융계에서 일어나기 시작한 변화 때문에 이 후대의 예언자들은 바슐리에가 살아생전에 누리지 못한 인정을 받았다.

주석

1   바슐리에의 생애 중 일부는 자세히 알려지지 않았기 때문에 도입부에 나오는 이 이
     야기 중에는 내 멋대로 해석한 부분이 좀 있다. 특히 나는 프랑스 통계학 역사학자 베
     르나르 브뤼^{Bernard Bru}의 의견을 많이 따랐는데, 그는 바슐리에가 1892년부터 파리대
     학에 다니던 시절, 그리고 박사 학위를 마친 뒤 학계에서 정식 일자리를 얻지 못한 채
     파리에서 살던 시절에 호구지책으로 파리증권거래소에서 일한 게 거의 확실하다고
     주장했다(Taqqu, 2001). 하지만 브뤼도 인정했듯이, 바슐리에가 파리증권거래소에 정
     식으로 고용된 적이 있다는 사실을 확실하게 뒷받침하는 증거는 없다. 진실이 무엇이
     건 간에, 1900년에 박사 학위 논문을 쓸 즈음에 바슐리에가 파리의 금융 시스템에 대
     해 특별히 많은 경험을 쌓았다는 것만큼은 분명하다. 두 번째로 내 멋대로 해석한 부
     분은 파리증권거래소를 거대한 카지노로 상상함으로써 그곳에 접근하는 데 편안함을
     느꼈을 것이라는 추측과 관련된 것이다. 이 책에서 소개한 나머지 세부 사실들(바슐
     리에의 나이, 파리에 도착한 해, 가족 상황)은 문서로 충분히 입증된다. 그의 생애와 관련해
     이 장 여기저기에 나오는 세부 사실들은 주로 Courtault and Kabanov(2002)에서 얻은
     문서를 참고했고, Dimand and Ben-El-Mechaiekh(2006), Sullivan and Weithers(1991),
     Jovanovic(2000), Davis and Etheridge(2006), Mandelbrot(1982), Mandelbrot and
     Hudson(2004), MacKenzie(2006), Patterson(2010)도 참고했다.
2   파리증권거래소는 공개 호가를 통해 거래를 체결하는 방식으로 돌아갔기 때문에, 브
     로커가 거래를 하기 위해 건물 안에서 만나는 짧은 시간 동안에는 상당히 무질서한

광경이 펼쳐졌을 것이다. 현대적인 공개 호가 거래는 확실히 '완전한 아수라장'이다. 그것이 진행된 방식을 보여주는 다양한 사진을 포함해 파리증권거래소의 역사에 대해 더 자세한 것은 Walker(2000)와 Lehmann(1991, 1997)을 참고하라.

3   이것은 바슐리에가 쓴 박사 학위 논문(Bachelier, 1900)이었을 것이다. 이것은 Davis and Eheridge(2006)에 프랑스어와 영어로 소개돼 있다.

4   새뮤얼슨은 바슐리에의 논문을 재발견한 이야기를 Davis and Eheridge(2006)의 서문과 Samuelson(2000)을 포함해 여러 곳에서 했다. Samuelson(2000)에서 그는 새비지의 엽서를 받기 전에 최소한 한 번은 바슐리에란 이름을 들어보았을지도 모른다고 언급했다. 비록 내가 이 책에서 소개한 것처럼 새비지가 1914년에 출판된 교재에서 우연히 발견할 때까지 바슐리에는 잊힌 인물이었다는 이야기가 표준 버전이긴 하지만, 심지어 영어권 세계에서도 바슐리에가 정말로 그토록 알려지지 않은 인물은 아니었다고 주장하는 사람들도 일부 있다. Jovanovic(2000)를 참고하라.

5   새비지가 발견한 교재는 Bachelier(1914)였다.

6   카르다노에 대해 알려진 이야기는 대부분 그의 자서전 Cardano(1929[1576])에서 나왔다. 그의 연구(수학과 의학 분야를 망라해)에 초점을 맞춰 소개한 전기도 Morley(1854), Ore(1953), Siraisi(1997)를 포함해 몇 권 있다. 일반적인 확률론의 역사에 대해 더 자세한 것은 Bernstein(1998), Hacking(1975, 1990), David(1962), Stigler(1986), Hald(2003)를 참고하라.

7   여기서 말하는 그 '책'은 사후에 출간된 《Liber de ludo aleae》(Cardano, 1961[1565])이다. 번역하면 '확률이라는 게임에 관한 책'이란 뜻이다.

8   드 메레와 파스칼과 페르마에 대해 더 자세한 내용은 확률론의 역사에 대해 위에서 언급한 작품들과 함께 Devlin(2008)을 참고하라.

9   확률론의 해석과 관련된 철학적 어려움을 복잡하지만 읽을 만하게 개관한 책은 Hajeck(2012), Skyrms(1999), Hacking(1990)을 참고하라.

10 큰 수의 법칙에 대해 더 자세한 내용은 Casella and Berger(2002)와 Billingsley(1995)를 참고하라. 또 Bachelier(1937)도 도움이 된다.

11 푸앵카레에 대해 더 자세한 것은 Mahwin(2005)이나 Galison(2003), 그리고 거기에 실린 참고 문헌을 보라.

12 바슐리에의 논문에 관한 푸앵카레의 보고서는 Courtault and Kabanov(2002)에 실려 있으며, 번역된 것은 Davis and Etheridge(2006)에서 볼 수 있다.

13 Lucretius(2008[60b.c.], p. 25) 참고.

14 '원자론'의 역사와 20세기 초에 원자론을 비판한 사람들의 이야기는 아주 흥미로우

며, 수학과 물리학 이론이 우리가 눈으로 관찰할 수 없는 세계를 제대로 나타낸다는 것을 어떻게 알 수 있느냐를 둘러싼 현재의 논쟁에서 중요한 역할을 한다. 예컨대 Maddy(1997, 2001, 2007), Chalmers(2009, 2011), van Fraassen(2009)을 참고하라. 그런 논쟁을 다루는 것은 이 책의 주제에서 크게 벗어나는 것이지만, 금융 분야에서 수학적 모형의 지위를 어떻게 생각해야 하는가에 대해 여기서 제시한 주장들이 전반적인 수학 및 물리학 이론의 지위에 관련된 더 일반적인 논의와 밀접한 관계가 있다는 점을 지적하고 싶다.

15 브라운의 관찰은 Brown(1828)으로 발표되었다.

16 더 일반적으로는 브라운 운동은 무작위적 혹은 '확률적' 과정의 한 예이다. 확률적 과정의 수학을 개관한 책으로는 Karlin and Taylor(1975, 1981)를 참고하라.

17 아인슈타인은 1905년에 논문을 네 편 발표했다. 그중 하나는 내가 여기서 언급한 것(Einstein, 1905b)이지만, 나머지 세 편 역시 과학사에서 아주 중요하다. Einstein, 1905a에서 아인슈타인은 빛이 광양자 또는 광자라 부르는 알갱이 단위로 존재한다고 주장했고, Einstein, 1905c에서는 특수 상대성 이론을 소개했으며, Einstein, 1905d에서는 $E = mc^2$이라는 유명한 방정식을 제시했다.

18 확률 분포에 관해, 특히 정규분포에 관해 더 자세한 내용은 Casella and Berger(2002), Billingsley(1995), Forbes et al.(2011)을 참고하라.

19 정교함에서나 (궁극적인) 영향력 면에서 바슐리에에 필적할 만한 사람은 없다. 하지만 어떤 면에서 바슐리에보다 앞섰거나(대표적으로 쥘 르뇨Jules Regnault) 바슐리에의 연구가 있고 나서 몇 년 이내에 비슷한 연구를 한 사람들(예컨대 빈첸츠 브론친Vinzenz Bronzin)은 일부 있었다. 금융 분야에서 이들 선구자의 연구에 관해 더 자세한 내용은 Poitras(2006)(특히 Jovanovic[2006]와 Zimmermann and Hafner[2006])와 Girlich(2002)를 참고하라.

20 Fama(1965) 참고. 효율적 시장 가설은 오늘날 현대 경제 사상의 핵심 이론으로 자리 잡았다. Mankiw(2012), Krugman and Wells(2009)를 비롯해 주요 교과서에서는 모두 효율적 시장 가설을 자세히 소개하고 있다. 효율적 시장 가설의 역사는 Sewell(2011)과 Lim(2006)을 참고하라. 시장이 실제로 효율적이라는 개념을 공격하는 책과 논문도 다수 있으니 참고하라. 예컨대 Taleb(2004, 2007a), Fox(2009), Cassidy(2010a,b), Stiglitz(2010), Krugman(2009) 등이 있다.

21 이 책은 Cootner(1964)이다.

22 이것은 Cootner(1964, p. 3)에서 인용했다.

23 윌슨은 다방면에 박학다식하여 통계학, 물리학, 공학, 경제학, 공중보건을 포함해 다

양한 분야에 크게 기여했다. 하지만 그가 남긴 기여가 가장 오래 영향을 미친 분야는 교육이라고 할 수 있다. 그가 쓴 벡터 분석(Wilson, 1901)과 고등 미적분학(Wilson, 1919) 교과서는 한 세대 동안 미국 과학자들과 공학자들에게 표준 교과서로 통했다. 그의 지적 삶을 자세하게 다룬 이야기는 Hunsaker and Lane(1973)에서 볼 수 있다.

24 기브스와 그의 연구에 대해 더 자세한 내용은 Hastings(1909), Rukseyer(1988), Wheeler(1988)를 참고하라. 그의 제자였던 윌슨도 기브스와 함께 지낸 세월에 대한 회고록을 썼다(Wilson 1831).

25 이 책은 Samuelson(1947)이다. 새뮤얼슨의 경제학 교과서(Samuelson, 1948)는 미국의 경제사상에서 그의 영향력을 더욱 확대했다.

26 여기서 소개한 경제학의 역사, 특히 수학적 방법을 도입한 과정에 대한 이야기는 Morgan(2003)에 많이 의존했다.

27 어빙 피셔의 생애와 연구에 대해 더 자세한 것은 Allen(1993)을 참고하라.

28 '모형'이란 용어의 기원에 대한 주장은 Morgan(2003)을 바탕으로 했다. 틴베르헌의 생애를 간략하게 다룬 이야기는 Hendry and Morgan(1996)을 참고하라. 그의 연구를 더 자세하게 다룬 것은 Morgan(1990)을 참고하라.

29 Derman(2011b)은 모형과 이론 사이의 관계, 그리고 특히 경제학의 모형과 물리학의 이론이 어떻게 다른지 다루었다.

30 그 편지는 Courtault and Kabanov(2002)에서 볼 수 있다.

31 그 논문은 필시 Bachelier(1941)였을 것이다. 내가 여기에 소개한 이야기의 출처는 Taqqu(2001)다. 이 이야기는 레비가 Bachelier(1941) 복사본에 적어놓은 메모를 바탕으로 한 것이다. 레비 자신은 시간이 한참 지난 뒤에 망델브로에게 보낸 편지에서 조금 다른 이야기를 했는데, 1931년에 Kolmogorov(1931)에서 바슐리에를 인용한 것을 보고 즉각 바슐리에의 논문을 다시 살펴보았다고 한다. 하지만 얼마 전에 화해한 이야기에 대해 레비의 주석이 달린 1941년 논문의 존재는 레비가 기억을 잘못했을 가능성을 시사한다. 레비에 관해 더 자세한 이야기는 Mandelbrot(1982)에서 생애에 관한 노트를 참고하라.

2장

가능성을 발견하다

　　모리 오스본의 어머니인 에이미 오스본Amy Osborne은 열성적인 정원
사였다.¹ 하지만 실용적인 여성이기도 했다. 비료를 사서 쓰는 대신에
버지니아주 노퍽의 집에서 가까운 말 목장을 찾아가 말똥 거름을 수
거해 정원에 뿌렸다. 그리고 게으름을 용납하지 않았다. 빈둥거리는
아들이 눈에 띄면, 현관에 페인트칠을 하거나 잔디를 깎거나 흙을 뒤
섞을 구덩이를 파게 하거나 즉각 일거리를 만들어냈다. 오스본은 어
릴 때 그런 일들을 좋아했다. 페인트칠을 하거나 구덩이를 파는 일은
아주 재밌었고, 잔디 깎는 일처럼 그다지 즐겁지 않은 일도 아무 일 없
이 빈둥거리는 것보다는 낫다고 생각했다. 할 일이 없어 따분할 때마
다 어머니에게 가서 할 일이 없느냐고 물으면, 어머니는 즉각 일거리
를 주었다.

　　어느 날, 어머니는 방금 얼음을 실은 화물차가 지나갔다고 말했다.

그 화물차는 말이 끌었기 때문에, 길에 큼지막한 말똥이 남아 있을 게 틀림없었다. 어머니는 오스본에게 이렇게 말했다. "그러니 얼른 가서 말똥을 주워 오거라. 그리고 물과 섞어 액체 거름을 만들어 내 국화들에 끼얹어 주렴."[2] 오스본은 그 일이 달갑지 않았다. 시간도 한낮이라 밖에서 돌아다니던 친구들이 오스본을 발견하고는 소리를 지르며 놀렸다. 얼굴이 붉게 변하고 화가 치밀었지만, 오스본은 꾹 참고 말똥을 양동이에 담아 집으로 돌아왔다. 그리고 호스를 가져와 양동이에 물을 채워 말똥을 액체 거름으로 만들기 시작했다. 그것은 역겹고 악취가 심했는데, 무엇보다도 오스본은 그 일을 해야 한다는 사실 자체가 짜증 나고 창피했다. 그러다가 휘젓던 액체 거름이 갑자기 양동이에서 휙 튀어 오르는 바람에 그것을 뒤집어쓰고 말았다. 그 일은 그의 인생에서 중요한 전환점이 되었다. 그때 오스본은 말똥 거름을 뒤집어쓴 채 앞으로는 절대로 누구에게도 자신이 할 일이 없느냐고 묻지 않겠다고 결심했다. 대신에 자신이 원하는 일이 무엇인지 직접 생각하여 그 일을 하기로 했다.

과학자로서 경력을 쌓을 때에도 오스본은 이 맹세를 지켰다. 처음에는 천문학자가 되기 위한 과정을 밟으면서 행성과 혜성의 궤도 따위를 계산했다. 하지만 오스본은 학문 간의 경계에 구속받지 않았다. 미국이 제2차 세계대전에 참전하기 직전에 오스본은 대학원을 졸업한 뒤 해군연구소에서 수중 음향과 수중 폭발에 관련된 문제들을 연구했다.[3] 그 일은 천체 관측과는 아무 관계가 없었지만, 오스본은 그 일이 흥미로웠다. 전쟁이 끝나기 전까지 오스본은 성격이 제각각 다른 연구 계획을 여러 가지 진행했다. 예를 들면, 1944년에는 곤충 날 개의 항공역학에 관한 논문을 썼다. 1940년대만 해도 곤충학자들은 곤충이 왜 날 수 있는지 전혀 몰랐다. 곤충의 몸은 연약한 날갯짓이 만 드는 양력으로 날기에는 너무 무거워 보였다. 오스본은 시간 여유가 좀 생기자, 해군 당국에 무슨 일을 해야 하느냐고 묻는 대신에 곤충의 비행에 관한 문제를 푸는 데 시간을 쓰기로 했다. 그리고 성공을 거두 었다. 곤충 날개가 만드는 양력과 날개에 미치는 항력을 모두 고려하 면, 곤충이 어떻게 하늘을 날고 움직임을 제어하는지 처음으로 훌륭 하게 설명했다.[4]

제2차 세계대전이 끝난 뒤, 오스본은 거기서 한 걸음 더 나아갔다. 자신이 일하던 해군연구소의 음향 부서 책임자를 찾아가, 정부 기관 에서 일하는 사람은 누구나 하루에 두 시간이면 맡은 일을 다 할 수 있 다고 말했다. 직속 상관에게 하는 말치고는 꽤 과감한 이야기였다. 그 런데 오스본은 거기서 멈추지 않았다. 자신은 하루에 두 시간조차 정 부를 위해 일하는 것이 너무 아깝다고 말했다. 오스본에게는 따로 몰 두하고 싶은 문제가 있었다. 이 새로운 연구 계획은 해군이 관심을 보 일 만한 일이 절대로 아니라는 점을 분명히 했지만, 그래도 그 연구를 하고 싶다고 말했다. 놀랍게도 상관은 "그렇다면 한번 해보게"라고 말 했다.

오스본은 해군연구소에서 약 30년을 더 머물렀지만, 그 대화를 나 눈 뒤부터는 완전히 독자적인 연구 계획에 전념했다.[5] 대개 그 계획들 은 해군과 직접적 관련이 거의 없거나 전혀 없었지만, 해군연구소는 오스본이 근무하는 내내 그의 연구를 지원했다. 오스본이 한 연구는 일반 상대성 이론과 양자역학의 기본 문제에서부터 심층 해류의 연구에 이르기까지 광범위했다. 하지만 가장 큰 영향력을 떨치고 오늘날 그의 이름을 가장 널리 알린 연구는 아주 색다른 주제였다. 1959년에 오스본은 '주식시장의 브라운 운동Brownian Motion in the Stock Market'이란 제목의 논문을 발표했다. 이미 60년 전에 바슐리에가 같은 주제로 논문을 썼지만, 그의 연구는 그때까지도 물리학자나 금융계에 거의 알려지지 않았다(새뮤얼슨과 같은 학파에 속한 일부 사람을 제외하고는). 오스본의 논문을 읽은 사람들에게 금융 분야에 한 수 가르쳐줄 지혜가 물리학에 있다는 주장은 난생처음 들어보는 이야기였다. 그리고 얼마 지나지 않아 학계와 월스트리트 사람들도 이 논문에 주목하기 시작했다.

***

어느 측면에서 보건, 바슐리에가 한 연구들은 정말로 천재적이었다. 그가 물리학자로서 한 연구 중에는 훗날 큰 영향력을 떨친 아인슈타인의 초기 연구 중 일부(나중에 원자의 존재를 결정적으로 증명하는 데 쓰임으로써 과학과 기술의 새로운 시대를 여는 데 기여한)도 있었다. 또 수학자로서는 확률론과 무작위적 과정에 대한 이론을 아주 높은 수준으로 발전시켰는데, 수학자들이 그것을 따라잡는 데에는 약 30년이 걸렸다. 그리고 금융시장의 수학적 분석가로서는 아예 비교할 자가 없었다. 어느 분야건 비슷한 연구가 전혀 이루어지지 않은 상태에서 완벽한 수준의 이론을 생각하는 것은 아주 드문 일이다. 공정한 세계라면, 바슐리에가 한 금융 분야의 연구는 뉴턴이 물리학 분야에서 한 연구에 비교되어야 마땅하다. 하지만 바슐리에는 제대로 인정받지 못한 채 한평생을 보냈는데, 너무나도 독창적인 과학자를 학계가 받아들일 준비가 되어 있지 않았기 때문이다.

하지만 불과 수십 년 뒤에 모리 오스본은 정부가 후원하는 연구소에서 승승장구했다. 원하는 것은 무엇이건 자기가 계획한 방식으로 연구할 수 있었고, 평생 바슐리에를 괴롭혔던 제도적 저항 같은 것도 전혀 맞닥뜨리지 않았다. 바슐리에와 오스본은 공통점이 많다. 둘 다 매우 창조적이었고, 이전 연구자들이 생각지 못했던 질문을 찾아내는 독창성이 있었으며, 그것을 쉽게 다룰 수 있게 만드는 기술적 재능이 있었다. 오스본은 우연히 바슐리에가 다루었던 것과 동일한 문제(주가를 예측하는 문제)를 다루었는데, 놀랍게도 얻은 답도 아주 비슷했다. 다만, 그 답을 얻은 환경은 바슐리에와 완전히 달랐다. 〈주식시장의 브라운 운동〉은 아주 특이한 논문이었다. 하지만 1959년 당시의 미국은 오스본 정도의 위치에 있는 물리학자가 그런 문제를 연구하는 것을 받아들일 준비가 되어 있었고 심지어 장려하기까지 했다. 오스본은 그 분위기를 "물리학자가 하는 일은 사실상 다 옳다"라고 표현했다. 분위기가 이렇게 확 변한 원인은 무엇이었을까?

나일론.[6] 미국 여성이 나일론을 처음 본 것은 1939년 뉴욕 세계 박람회에서였는데, 보자마자 홀딱 반하고 말았다. 일 년 뒤인 1940년 5월 15일, 뉴욕에서 나일론 스타킹을 판매하기 시작한 날 하루 동안에만 78만 켤레가 팔려나갔고, 주말까지 4000만 켤레가 팔려나갔다. 나일론을 발명하고 생산한 회사인 듀폰은 연말까지 미국에서만 6400만 켤레를 팔았다. 나일론은 질기고 가벼웠다. 나일론은 때가 묻지 않았으며, 나일론이 등장하기 전까지 양말류의 재료로 큰 인기를 누렸던 실크와 달리 방수성도 있었다. 게다가 실크나 모직보다 값이 훨씬 쌌다. 〈필라델피아 레코드〉는 나일론은 "화성인 침공보다 더 혁명적"이라고 표현했다.[7]

하지만 나일론은 여성의 패션을 뛰어넘어 혁명적 결과를 낳았다. 나일론의 발명을 낳은 듀폰의 선구적 연구 계획(1930년대에 서던캘리포니아 에디슨, 제너럴 일렉트릭, 스페리 자이로스코프 컴퍼니, 그리고 스탠퍼드와 버클리 같은 대학에서 시작한 몇몇 연구 계획과 함께)은 미국에 새로운 연구 문화를 소리 없이 확산시키는 계기가 되었다.

1920년대 중반에 듀폰은 독립적인 몇몇 부서로 이루어진 분권적 조직으로 운영되었고, 각각의 부서는 독자적으로 거대한 연구부를 거느리고 있었다. 거기에 작은 규모의 중앙 연구부가 따로 있었는데, 중앙 연구부는 듀폰 역사의 이른 시기부터 존재한 조직의 유물로, 찰스 스타인Charles Stine이 총책임자였다. 회사 내에 대규모 집중 연구 집단이 이렇게 많이 있고, 각자 해당 부서가 요구하는 일들을 척척 수행하고 있는 상황에서 여분의 존재였던 중앙 연구부는 기본적으로 그 입지가 불안정할 수밖에 없었다. 중앙 연구부는 성장은 그만두고라도 살아남으려고 한다면, 그 존재를 정당화하는 일을 만드는 것이 필요했다. 스타인은 그 해결책으로 1927년에 중앙 연구부 내에 엘리트 연구자들을 모아 기초 연구팀을 만들었다. 스타인은 듀폰의 많은 산업 부문들이 핵심 기초 과학에 의존하고 있다는 사실에 착안해 그 팀을 만들었다. 각 부문의 연구팀은 당장 눈앞에 닥친 과제를 처리하느라 기초 연구에 매달릴 시간이 없었다. 스타인의 연구팀은 이렇게 버림받은 과학적 도전 과제를 장기적으로 수행하면서 미래에 산업적으로 응용할 수 있는 연구 기반을 마련하는 데 치중하기로 했다. 스타인은 하버드대학에서 월리스 캐러더스Wallace Carothers라는 화학자를 초빙하여 이 새로운 계획을 이끄는 책임을 맡겼다.

캐러더스는 젊은 박사 출신들로 이루어진 팀을 이끌고 3년 동안 다양한 중합체의 성질을 광범위하게 조사했다. 중합체는 폴리머polymer라고도 하는데, 동일한 기본 단위(단위체 또는 모노머monomer라 부르는)들이 반복되는 사슬 구조의 분자들로 이루어진 화합물이다. 초기에 이 연구는 상업적 고려는 전혀 하지 않은 채 자유롭게 진행되었다. 듀폰의 중앙 연구부는 순수한 학계의 연구소처럼 운영되었다. 하지만 1930년에 캐러더스 연구팀은 중요한 개가를 두 가지 올렸다. 첫째, 합성 고무인 네오프렌neoprene을 발견했다. 그리고 같은 달에 세계 최초로 완전한 합성 섬유를 만들었다. 갑자기 스타인의 기초 연구팀은 회사에 큰돈을 벌어다 줄 잠재력을 지니게 되었다. 듀폰 경영진도 관심을 보였다. 스타인은 운영 위원회 임원으로 승진했고, 엘머 볼턴Elmer Bolton이 중앙 연구부를 맡게 되었다. 전에 유기화학부에서 연구를 지휘한 볼턴은 스타인과는 대조적인 인물이었다. 그는 응용할 곳이 분명하지 않은 연구를 마냥 용인하는 성격이 아니었다. 그는 네오프렌 연구를 이전에 자기가 일하던 부서(고무 연구에 경험이 많은)로 넘기고, 캐러더스 연구팀에게는 합성 섬유 개발에 집중하라고 독려했다. 최초로 발견한 합성 섬유는 몇 가지 단점이 있었다. 낮은 온도에서 녹았고, 물에도 녹았다. 새로운 상사의 압력에 시달리던 캐러더스는 1934년에 새로운 중합체에 대한 아이디어를 내놓았는데, 이 물질을 섬유로 만들면 안정적인 성질을 갖게 되리라고 생각했다. 그리고 5주일 뒤, 한 연구원이 최초의 나일론을 만들었다.

그다음 5년 동안 듀폰은 새로운 섬유의 생산을 확대해 상용화하는 계획을 본격적으로 추진했다. 나일론은 순수 기초 연구실에서 나온 발명품이었다(비록 캐러더스가 볼턴의 지시로 그런 섬유를 찾고 있긴 했지만). 첨단 화학을 바탕으로 만든 나일론은 최첨단 기술을 대표하는 발명품이었는데, 얼마 지나지 않아 상업적 경쟁력이 있는 생산품으로 변모했다. 이 과정은 본질적으로 새로운 것이었다. 나일론은 중합체화학에서도 중요한 발전이었지만, 듀폰이 그것을 상업화한 계획 역시 기초 연구의 산업화에서 일어난 중요한 혁신이었다. 이 과정에는 중요한 특징이 몇 가지 있다. 첫째, 중앙 연구부의 학구적인 순수 과학자들과 여러 부서의 연구팀에서 일하는 산업 과학자들, 그리고 새로운 공장을 짓고 나일론을 실제로 생산하는 일을 담당하는 화공학자들 사이의 긴밀한 협력이 필수적이었다. 서로 다른 팀들이 맞닥뜨리는 문제들을 풀기 위해 머리를 맞대자, 기초 연구와 응용 연구, 그리고 연구와 공학 사이의 전통적 경계가 허물어졌다.

둘째, 듀폰은 중합체를 제조하는 모든 단계를 동시에 진행했다. 다시 말해서, 연구팀이 그 과정의 첫 번째 단계(예컨대 중합체를 실제로 만들어내는 화학 반응)를 완전히 알아낼 때까지 기다렸다가 다음 단계(예컨대 중합체를 섬유로 자아내는 방법의 개발)로 넘어가지 않고, 연구팀들이 이 문제들을 동시에 연구했다. 각 팀은 다른 팀의 연구를 아직 알려지지 않은 방법을 통해 정해진 결과를 낳는 일종의 '블랙박스'로 취급했다. 이런 식의 작업 방식은 서로 다른 분야에서 일하는 과학자들과 공학자들 사이의 협력을 더욱 촉진했는데, 최초의 기초 연구 단계와 나중의 실행 및 응용 단계의 구분이 무의미해졌기 때문이다. 이 모든 일이 동시에 일어났다. 마지막으로, 듀폰은 여성의 스타킹이라는 단일 제품에 초점을 맞추었다. 란제리나 카펫 같은 나일론 제품의 출시는 후일로 미루었다. 이것은 조직 내의 모든 단계에서 모든 사람의 관심과 역량을 집중시키는 효과를 나타냈다. 그래서 1939년에 듀폰은 그 제품을 공개할 준비가 되었고, 1940년에는 충분한 양을 생산해 판매할 수 있었다.

***

나일론 이야기는 듀폰에서 과학 연구의 분위기가 어떻게 변해갔는지 보여준다. 처음에는 점진적으로 변하다가 1930년대가 끝나갈 무렵에는 급진적으로 변하기 시작했는데, 순수 연구와 응용 연구 사이의 협력이 긴밀해지고, 양쪽 다 그 가치를 공히 높이 인정받는 쪽으로 변해갔다. 하지만 듀폰에서 일한 적조차 없는 오스본에게 이런 상황이 어떻게 영향을 미칠 수 있었을까? 미국에서 나일론이 판매되기 시작할 무렵, 유럽은 이미 전쟁 노력에 점점 박차를 가하고 있었고, 미국 정부도 중립을 지키기 어려운 상황이 오리란 생각을 하기 시작했다. 1939년, 아인슈타인은 루스벨트Franklin Roosevelt 대통령에게 독일이 핵무기를 개발할 가능성이 있다는 편지를 보내 영국과 협력해 우라늄을 군사적으로 이용할 연구 계획을 추진하라고 촉구했다.[8]

1941년 12월 7일에 일본이 진주만을 공격하고, 나흘 뒤 독일이 미국에 선전포고하자, 핵무기 개발 연구에 속도가 붙었다. 우라늄 연구를 계속 진행하는 와중에 버클리의 물리학자들이 새로운 원소인 플루토늄을 분리했다. 플루토늄은 우라늄처럼 핵무기 원료로 쓸 수 있을 뿐만 아니라, 최소한 원리상으로는 우라늄보다 대량 생산하기가 훨씬 쉬웠다. 1942년 초에 노벨상 수상자인 아서 콤프턴Arthur Compton은 시카고대학에서 '금속공학연구소'라는 이름으로 비밀리에 물리학자들을 모았다.[9] 그 목적은 이 새로운 원소를 연구하고, 그것으로 핵폭탄을 만드는 방법을 찾는 것이었다.

1942년 8월, 금속공학연구소는 플루토늄을 수 밀리그램 만들었다. 다음 달에 맨해튼 계획이 본격적으로 궤도에 올랐다. 육군 공병대의 레슬리 그로브스Leslie Groves 장군이 핵무기 개발 계획을 진두지휘하는 총책임자로 임명되었다. 그로브스는 즉각 금속공학연구소에서 중요한 계산들을 한 핵심 인물인 버클리의 물리학자 로버트 오펜하이머J. Robert Oppenheimer를 개발 계획을 이끌 최고 책임자로 임명했다. 맨해튼 계획은 단일 계획으로는 역사상 최대 규모의 과학적 노력이었다. 그곳에서 일한 사람은 가장 많을 때에는 무려 13만 명이나 되었고, 투입된 비용은 총 20억 달러(2020년 가치로는 약 280억 달러)에 달했다. 미국의 물리학계 전체가 전쟁 노력에 동원되었는데, 대부분의 주요 대학 연구부는 어떤 식으로든 이 계획에 참여했으며, 많은 물리학자는 로스앨러모스에 새로 만든 비밀 연구 시설로 옮겨가 일했다.

그로브스는 처리해야 할 일이 산더미처럼 많았다. 그중에서도 아주 중요한 문제는 플루토늄 제조량을 금속공학연구소에서 만든 수 밀리그램에서 다수의 핵폭탄 제조에 필요한 만큼 대폭 늘리는 것이었다. 그것을 달성하려면 얼마나 거대한 노력이 필요한지는 새삼 말할 필요조차 없다. 결국에는 맨해튼 계획에 투입된 전체 인원 중 약 절반에 이르는 6만 명이 플루토늄 생산에 매달렸다. 1942년 9월에 그로브스가 부임했을 때, 이미 스톤웹스터엔지니어링회사가 워싱턴주 핸퍼드에 대규모 플루토늄 농축 공장을 건설하기로 계약이 돼 있었지만, 금속공학연구소를 이끌던 콤프턴은 이 회사가 그 임무를 제대로 수행하지 못할 것으로 판단했다. 콤프턴이 이러한 우려를 표명하자, 그로브스도 이 회사가 그 일을 해낼 만한 경험이 없다는 데 동의했다. 하지만 그 당시에 새로운 첨단 물질 수 밀리그램을 바탕으로 그 물질을 수 톤이나 생산할 시설을 빨리 건설할 회사를 어디에서 찾을 수 있었겠는가?

1942년 9월 말, 그로브스는 맨해튼 계획에 참여해 스톤웹스터엔지니어링회사에 조언해달라고 듀폰에 부탁했다. 2주일 뒤, 듀폰은 그보다 더 큰 역할을 맡기로 동의했다. 핸퍼드 공장의 설계, 건설, 운전을 모두 책임지기로 한 것이다. 이를 위해 제안한 계획은 무엇이었을까? 듀폰은 나일론 개발을 위해 한 것과 정확하게 똑같은 방식을 플루토늄 생산에도 적용하기로 했다. 중앙 연구부 책임자로서 얼마 전에 끝난 나일론 계획을 이끈 엘머 볼턴과 그의 동료 여러 명이 처음부터 플루토늄 생산 계획을 진두지휘했다. 그리고 나일론처럼 플루토늄의 산업화 과정도 놀라운 성공을 거두었다. 불과 2년 만에 나일론 팀은 플루토늄 생산량을 100만 배나 늘렸다.

나일론 생산 전략을 플루토늄 생산에 적용하는 것은 간단한 일도 아니고, 아주 매끄럽게 진행되지도 않았다. 플루토늄을 대량 생산하려면 완전한 원자로가 필요한데, 1942년 당시에 그런 것은 건설된 게 하나도 없었다(비록 건설 계획이 논의되고 있긴 했지만). 따라서 핸퍼드 공장을 건설하는 데에는 나일론의 경우보다 새로운 기술과 기초 과학이 더 절실히 필요했다. 이 때문에 금속공학연구소 물리학자들은 그 계획에서 자신들이 주도권을 쥐고 있다고 여겼고, 듀폰의 역할은 '적절한' 공학을 제공하는 데 그친다고 생각했다. 원자력에 관한 한 최고 전문가인 그들은 인류 지식의 최전선에서 일하고 있다고 생각했다. 그리고 산업과학자들과 공학자들은 자신들보다 못하다고 여겼다. 말할 필요도 없이, 그들은 새로운 지휘 계통을 잘 따르지 않았다.

가장 큰 문제는 물리학자들이 공장을 건설하는 일에서 공학자들이 담당하는 역할을 과소평가한 것이었다. 그들은 듀폰이 과정과 조직에 중점을 둠으로써 연구에 불필요한 장애물을 만든다고 주장했다. 아이러니하게도 이 문제는 물리학자들에게 공학자들보다 더 많은 권한을

줌으로써 해결되었다. 콤프턴은 듀폰과 협상한 끝에, 듀폰 공학자들이 만든 청사진을 시카고 물리학자들이 검토하고 승인하는 단계를 거치게 했다. 하지만 그 계획의 엄청난 규모를 보고 얼마나 복잡한 공학이 동원되는지 이해한 물리학자들은 공학자의 역할을 높이 평가하게 되었다. 심지어 어떤 물리학자는 더 어려운 공학 문제에 관심을 갖게 되었다.

곧 과학자와 공학자는 서로 적극적으로 협력하기 시작했다. 그리고 나일론 계획을 추진하는 동안 듀폰의 문화가 변한 것처럼(이전에 물리학과 공학 사이에 확고하게 존재했던 경계가 허물어지면서) 핸퍼드 공장 건설 현장에서 일어난 물리학자들과 공학자들 사이의 협력은 금방 학문 간의 낡은 장벽을 허물어뜨렸다. 듀폰은 플루토늄 생산 공장을 건설하면서 자사의 연구 문화를 큰 영향력을 지닌 이론물리학자들과 실험물리학자들 집단(전쟁 전과 후에 산업 현장이 아니라 대학에서 일한)에 효과적으로 수출했다. 문화에 일어난 이 변화는 계속 살아남았다. 전쟁이 끝난 후에도 물리학자들은 이전과는 확연히 달라진 순수 연구와 응용 연구 사이의 관계에 적응한 상태를 계속 이어갔다. 최고 수준의 이론 물리학자가 현실 세계의 문제를 연구하는 것도 기꺼이 받아들이게 되었다. 그리고 기초 연구가 '흥미로운' 것이 되려면 이제 물리학자가 동료들에게 그 연구를 무엇에 응용할 수 있는지 납득시켜야 했는데, 이런 상황도 중요한 변화였다.

1930년대에 새로운 연구 문화가 발전한 곳은 듀폰의 나일론 계획 뿐만이 아니었고, 제2차 세계대전 동안 물리학자들과 공학자들의 긴

밀한 협력이 일어난 정부 연구소는 핸퍼드 공장과 금속공학연구소뿐
만이 아니었다. 처음에는 산업계의 필요에서, 다음에는 군부의 필요
에서 물리학자들에게 관점의 변화를 강요하면서 로스앨러모스, 해군
연구소, 버클리와 MIT의 방사선연구소를 비롯해 미국 내의 많은 장
소에서 그와 비슷한 변화가 비슷한 이유로 일어났다. 전쟁이 끝날 무
렵에는 과학계의 풍토 자체가 완전히 변했다. 19세기 후반과 20세기
초반의 신사 과학자처럼 자신의 연구가 세속적인 것을 초월한다는 환
상에 사로잡힌 과학자는 더 이상 존재하지 않았다. 이제 물리학은 규
모가 아주 거대해지고 막대한 돈이 투입되는 분야가 되었다. 순수물
리학과 응용물리학 사이의 장벽도 무너져 내렸다.

***

　1916년에 태어난 오스본은 예외적으로 조숙했다. 15세 때 고등
학교를 졸업했지만, 부모는 아들이 너무 어린 나이에 대학에 들어가
길 원치 않아 오스본은 예비학교(대학 진학 준비를 위한 사립 고등학교)에
서 1년을 더 보낸 뒤에(그는 이 학교 생활을 무척 싫어했다) 버지니아대학
에 들어가 천체물리학을 전공했다.[10] 훗날 그의 과학자 경력에서 특
징적으로 나타나는 지적 독립성과 광범위한 호기심은 일찍부터 그 싹
이 보였다. 예를 들면, 오스본은 대학에서 첫해를 보낸 뒤, 공부는 이
제 그만큼 했으면 충분하다고 판단했다. 그래서 그해 여름, 버지니아
주 샬러츠빌에 있는 매코믹 천문대에서 하던 일을 끝낸 뒤 대학을 중

퇴했다. 그리고 한동안 육체노동을 하면서 살아가기로 했다. 그 계획을 들은 부모는 굳이 말리려고 애쓰진 않았던 것 같다. 왜냐하면 부모가 웨스트버지니아주에 농장이 있는 친구에게 연락해 오스본이 그곳에 가서 일하면서 그해를 보내도록 주선했기 때문이다. 하지만 농장 주인은 크리스마스 때 오스본을 집으로 보냈고, 곧 오스본이 자기 농장에서 그만 일했으면 좋겠다는 전갈을 보냈다. 오스본은 그해의 나머지 시간을 남동부에 위치한 항구 도시 노퍽 부근에서 노퍽 학구의 체육 부문 장학관이 책임진 운동장 보수 일을 돕느라 외바퀴손수레를 밀면서 보냈다. 힘든 육체노동 생활을 하면서 오스본은 학교생활이 그렇게 나쁜 것만은 아니라는 사실을 깨달았다. 다음 해 9월에 오스본은 버지니아대학으로 돌아갔다.

대학을 졸업한 뒤 오스본은 천문학 분야에서 대학원 과정을 밟기 위해 서부의 버클리로 갔다. 거기서 오펜하이머를 비롯해 물리학과의 유명 인사들을 만났고, 함께 연구도 했다. 1939년에 유럽에서 전쟁이 일어났을 때에도 오스본은 그곳에 있었다. 1941년 봄에 오펜하이머를 비롯해 많은 물리학자는 핵무기 사용 가능성까지 포함한 전쟁 노력에 대해 생각하기 시작했다. 오스본은 불길한 조짐을 느꼈다. 징집될 가능성이 높다고 판단한 오스본은 입대를 자원했지만, 두꺼운 안경을 쓰고 있어서 거부당했다(전쟁 노력 초기에 모병관은 지원자를 까다롭게 고를 여유가 있었다). 그래서 해군연구소에 지원 신청서를 보냈더니, 음향 부서에서 일할 수 있다는 답신이 왔다. 오스본은 짐을 챙겨 버지니아주의 집으로 돌아갔고, 미국 정부가 창조적인 학제 간 연구를 적극 지원하던 시기에 정부 연구소에서 일했다.

＊＊＊

〈주식시장의 브라운 운동〉은 사고 실험으로 시작한다.[11] 오스본은 "한 통계학자가 있다고 상상해보자. 그는 천문학 교육을 받았지만, 금융에는 완전히 문외한인데, 어느 날 그에게 뉴욕증권거래소의 거래 결과가 실린 〈월스트리트 저널〉을 건네주었다고 하자"라고 썼다. 오스본이 주식시장에 대해 생각하기 시작한 것은 아내 도리스(역시 천문학을 전공한)가 오스본의 여덟째와 아홉째 자녀이자 두 번째 쌍둥이를 낳은 직후인 1956년 무렵이었다. 오스본은 장래의 재정 계획을 생각하기 시작하는 게 좋겠다고 판단했다. 오스본이 가게로 내려가 〈월스트리트 저널〉을 사는 장면을 상상해보라. 그는 그것을 집으로 가져가 식탁 앞에 앉아 전날의 거래 상황이 실린 페이지를 펼쳐 살펴본다. 그리고 거기서 기묘하고 확실치 않은 용어와 함께 수백 개, 어쩌면 수천 개의 수치 데이터가 죽 늘어서 있는 것을 본다.

천문학을 전공한 통계학자는 그 용어들이 무엇을 의미하는지 혹은 데이터를 어떻게 해석해야 하는지 모를 테지만, 그래도 그것은 아무 문제가 되지 않는다. 통계학자는 수치 데이터 따위에는 겁먹지 않는다. 밤하늘에서 천체들의 움직임을 기록한 데이터를 수없이 보면서 살아왔으니까 말이다. 문제는 그 수치들이 서로 어떤 관계가 있는지 추측하는 것이다. 즉, 어떤 수치가 다른 수치에 대한 정보를 제공하는

지 알아내고, 그것을 이용해 어떤 예측을 하는 게 가능한지 알아보는 것이다. 이전에 수십 번도 더 한 것처럼 일련의 실험 데이터로부터 모형을 만들려고 시도하는 셈이다. 그래서 오스본은 안경을 고쳐 쓰고 소매를 걷어 올린 뒤에 곧장 작업에 몰입했다. 이야, 이것 봐라! 낮익은 패턴이 일부 눈에 띄었다. 가격에 해당하는 숫자들이 마치 유체 속에서 무작위로 움직이는 입자들의 집단처럼 행동하는 게 아닌가! 오스본의 눈에는 이 숫자들이 브라운 운동을 하는 먼지들에서 나온 것처럼 보였다.

오스본이 주식시장의 움직임을 다룬 이론에 최초로 기여한 것이자 가장 지속적인 영향력을 미친 연구는 많은 점에서 바슐리에의 논문에 담긴 내용과 같았다. 하지만 큰 차이점이 하나 있었다. 바슐리에는 매 순간 주가가 소폭 상승할 가능성은 그만큼 하락할 가능성과 같다고 주장했다. 그리고 이것을 바탕으로 주가는 정규분포곡선을 그릴 것이라고 결론 내렸다. 하지만 오스본은 이 개념을 즉각 일축했다(새뮤얼슨도 그랬는데, 그는 바슐리에의 연구에서 이 부분은 불합리하다고 말했다). 미래의 주가를 지배하는 확률이 정규분포로 결정된다는 가설을 간단하게 검증하는 방법은 무작위로 주식들을 선택하여 그 주가를 그래프로 그려보는 것이다. 만약 바슐리에의 가설이 옳다면, 주가는 대략 종형 곡선을 그릴 것이라고 예상할 수 있다. 그러나 오스본이 실제로 그렇게 해보았더니, 주가는 정규분포곡선으로 나타나지 않았다! 다시 말해서, 데이터와 비교해본다면 바슐리에의 주장은 즉각 배제해야 마땅했다(바슐리에는 자기 나름대로 경험적 데이터를 검토했지만, '랑트' 시장의 특별한 성격 – 구체적으로는 랑트 가격은 아주 느리게 변했고, 또 한꺼번에 많이 변하는 경우가 결코 없었다 – 때문에 그의 모형이 실제보다 훨씬 유효한 것처럼 보였다).

그렇다면 오스본의 주가 분포는 어떤 모습이었을까? 그것은 불룩 솟아오른 혹이 하나 있고, 그 한쪽 옆으로는 꼬리가 길게 뻗어 있지만 반대쪽에는 사실상 꼬리가 전혀 없었다. 이 모양은 전혀 종과 비슷하지 않았지만, 오스본에게는 아주 익숙한 것이었다. 이것은 주가 자체가 아니라, '수익률'이 정규분포를 나타낼 때 나오는 곡선이다. 어떤 주식의 수익률은 매 순간의 주가 변화를 평균 백분율로 나타낸 것으로 생각할 수 있다. 돈이 200달러 있는데, 100달러는 은행에 저금하고, 나머지 100달러로 어떤 주식을 샀다고 가정해보자. 그렇다면 1년 뒤에 여러분이 가진 돈은 200달러가 아닐 것이다. 저축에 이자가 붙고, 또 매수한 주식의 가격이 변하기 때문이다. 그 주식의 수익률은 두 계좌의 잔고 균형을 맞추기 위해 은행이 지불해야(혹은 부과해야) 할 이자율로 생각할 수 있다. 이것은 최초 가격에 대한 주가 변화를 나타내는 한 가지 방법이다.

어떤 주식의 수익률과 가격 변화 사이의 관계는 로그를 사용하면 분명하게 나타난다.[12] 이런 이유로 수익률이 정규분포곡선으로 나타난다면, 주가의 확률 분포는 로그 정규분포로 나타난다(이 곡선의 모양은 '그림 2' 참고).[13] 로그 정규분포는 오스본이 실제 주가를 그래프에 그렸을 때 발견했던, 한쪽에 긴 꼬리가 달린 기묘한 모양의 혹이었다. 이 분석의 결론은 무작위 행보를 하는 것은 주가가 아니라 수익률이라는 것이다. 이 사실은 바슐리에의 모형에서 즉각 나타나는 문제를

2장

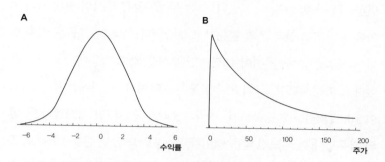

오스본의 모형에서 나타나는 확률

그림 2 오스본은 주가가 아니라 수익률이 정규분포곡선으로 나타난다고 주장했다. 주가와 수익률은 로그를 사용하면 분명한 연관 관계가 나타나기 때문에, 오스본의 모형은 주가가 로그 정규분포로 나타난다는 것을 의미한다. 이 그래프들은 현재 가격이 10달러인 주식에 대해 이 두 가지 분포가 미래의 어느 시기에 어떻게 나타날지 보여준다. 그래프 A는 수익률의 정규분포를 보여주는 예이고, 그래프 B는 주어진 수익률에 대해 그와 연관된 주가의 로그 정규분포를 보여준다. 이 모형에서 수익률은 마이너스가 될 수 있어도 주가는 그럴 수 없다는 사실에 주목하라.

바로잡아 준다. 만약 분포의 폭이 시간으로 결정되는 조건에서 주가가 정규분포를 나타낸다면, 바슐리에의 모형은 충분히 오랜 시간이 지난 뒤에는 어떤 주가가 음의 값이 될 가능성이 항상 존재한다고 예측한다. 하지만 이것은 불가능하다. 주식을 가진 사람은 처음에 투자한 것보다 더 많은 돈을 잃을 수는 없다. 오스본의 모형에는 이런 문제가 없다. 어떤 주식의 수익률이 아무리 마이너스가 되더라도, 주가 자체가 음수가 되는 일은 일어나지 않는다. 다만, 0에 한없이 가까이 다가갈 수 있을 뿐이다.

오스본에게는 주가가 아니라 수익률이 무작위 행보를 한다고 믿을 만한 이유가 한 가지 더 있었다. 그는 투자자들은 주식의 절대 가격 변화에는 실제로 신경 쓰지 않는다고 주장했다. 대신에 그들은 비율 변화에 신경을 쓴다. 가격이 10달러인 주식을 갖고 있는데, 1달러가 올랐다고 가정해보자. 그러면 수익률은 10%이다. 이번에는 주식 가격이 100달러라고 가정해보자. 만약 1달러가 오른다면 기쁘겠지만, 앞의 경우보다 더 기쁘진 않을 것이다. 두 경우 모두 번 돈은 1달러로 똑같지만, 이번의 수익률은 1%에 불과하기 때문이다. 만약 주식을 처음 샀을 때 가격이 100달러라면, 110달러까지 올라야만 10달러짜리 주식이 11달러로 올랐을 때만큼 기쁠 것이다. 로그는 바로 이 상대적 평가를 잘 나타낸다. 로그 값으로 표시하면, log 10과 log 11 사이의 차이는 log 100과 log 110 사이의 차이와 똑같다. 다시 말해서, 10달러에서 11달러로 오른 주식과 100달러에서 110달러로 오른 주식은 수익률이 똑같다. 통계학자는 주가를 로그로 나타낸 값은 '등간격equal interval' 성질이 있다고 말할 것이다. 즉, 두 가지 주식 가격의 로그 값 차이는 두 가지 주식에서 얻은 이익 또는 손실에 대한 심리적 느낌의 차이에 해당한다.

오스본이 〈주식시장의 브라운 운동〉에서 한 주장과 사실상 똑같은 앞 문단의 주장에는 다소 놀라운 특징이 있는데, 그것이 무엇인지 눈치챘는가? 그것은 주가의 로그 값이 "이익과 손실에 대한 투자자의 느낌을 훨씬 잘 반영하기 때문에" 주가의 로그 값에 주목해야 한다는 것이다. 다시 말해서, 중요한 것은 주가 변화의 객관적 가치가 아니라,

투자자가 그 변화에 대해 보이는 반응이다. 사실, 오스본이 주가의 로그 값을 1차적 변수로 선택하기로 마음먹은 것은 베버–페히너 법칙 Weber-Fechner law이라는 심리적 원리 때문이었다.[14] 베버–페히너 법칙은 19세기에 독일의 심리학자 에른스트 베버Ernst Weber와 구스타프 페히너Gustav Fechner가 서로 다른 물리적 자극에 실험 대상자가 반응하는 방식을 설명하기 위해 만든 것이다. 일련의 실험에서 베버는 눈을 가린 실험 대상자들에게 추를 들게 했다. 그리고 들고 있는 추에다가 다른 추를 계속 추가하면서 무거워진 것을 느낄 때마다 말하라고 지시했다. 가벼운 무게(예컨대 몇 그램)를 가지고 시작했을 때에는 몇 그램만 더 얹어도 실험 대상자는 그것을 알아챘다. 하지만 처음에 무거운 무게를 가지고 시작했을 경우에는 몇 그램을 더 얹어도 알아채지 못했다. 결국 실험 대상자가 알아챌 수 있는 최소 변화는 처음에 시작한 무게에 비례한다는 결과가 나왔다. 다시 말해서, 자극의 변화가 미치는 심리적 효과는 변화의 절대적 크기보다는 시작 상태에 대한 상대적 변화에 좌우된다.

따라서 오스본이 지적한 것처럼, 투자자가 절대 가격 변화보다는 비율 변화에 더 신경을 쓰는 것처럼 보인다는 사실은 일반적인 심리가 반영된 것이다. 최근에 일부 사람들은 물리학적 방법으로 금융시장의 수학적 모형을 만드는 행태를 비판했는데, 주식시장은 쿼크나 도르래가 아니라 사람들로 이루어져 있다는 사실을 주요 이유로 내세웠다. 물리학은 당구공이나 빗면 혹은 심지어 우주여행이나 원자로를 다루는 데에는 나름대로 훌륭하지만, 뉴턴이 말한 것처럼 인간의 광기를 예측하는 데에는 아무 도움이 되지 않는다. 이런 종류의 비판은 심리학과 사회학을 바탕으로 경제학을 이해하려고 시도하는 행동경제학 분야의 개념에 지나치게 의존하고 있다. 이 관점에서 본 시장은 사람들의 온갖 기괴한 행동이 모인 집합체여서 물리학과 수학 공식으로 환원할 수 없다. 이 이유만으로도 오스본의 주장은 역사적으로 흥미로우며 주목할 만하다. 그것은 금융시장의 수학적 모형화가 투자자들의 심리를 바탕으로 시장을 생각하는 방식과 일치할 뿐만 아니라, 최선의 수학적 모형은 바슐리에의 모형이 아니라 오스본의 모형처럼 투자자들의 심리까지 고려한 것이 되어야 함을 보여준다. 물론 오스본의 심리학은 1959년을 기준으로 보더라도 원시적인 것이었다(오스본이 그것을 적용했을 때, 베버-페히너 법칙은 나온 지 이미 100년이나 지났고, 그 후에 사람들이 자극 변화에 반응하는 방식에 관해 많은 연구가 일어났다). 현대 경제학은 베버-페히너 법칙보다 훨씬 복잡한 심리학 이론들을 참고할 수 있으며, 이 책 후반부에서 그런 예들을 일부 살펴볼 것이다. 어쨌든 심리학과 관련 분야들의 새로운 통찰을 참고하면, 수학을 사용해 금융시장의 모형을 더 신뢰할 수 있게 만드는 데 도움이 된다. 더 현실적인 가정을 하도록 안내하고 현재의 모형들이 실패할 수 있는 상황이 어떤 것인지 확인하는 데 도움을 주기 때문이다.

***

오스본은 당대 최고의 물리학자들과 함께 일하는 데 익숙했기 때문에 권위에 주눅이 드는 법이 없었다. 어떤 문제에 대한 답을 알아냈거나 어떤 것을 제대로 이해했다고 판단하면, 자기 생각을 강력하게 주장했다. 예를 들면, 1946년 초에 오스본은 상대성 이론에 흥미를 느꼈다. 그 이론을 최대한 잘 이해하려고 아인슈타인이 직접 쓴 《상대성이란 무엇인가(The Meaning of Relativity)》라는 책을 골랐는데, 이 책에서 아인슈타인은 우주에 존재하는 암흑 물질의 양에 대한 견해를 밝혔다.[15] 암흑 물질(문자 그대로 빛을 방출하지도 반사하지도 않는 물질. 따라서 우리가 직접 볼 수 없는 물질)의 존재는 1930년대에 그것이 은하의 회전에 미치는 효과를 통해 처음 발견되었다. 물리학에 관심이 있는 사람이라면 누구나 알고 있겠지만, 암흑 물질은 오늘날 우주론의 대수수께끼 중 하나이다. 다른 은하들을 관측한 결과에 따르면, 우주를 이루는 전체 물질 중 대부분은 관측되지 않으며, 그것이 무엇인지는 현재의 물리학 이론으로 설명할 수 없다.

아인슈타인은 우주에 존재하는 전체 암흑 물질의 양이 최소한 얼마인지 간단하게 추정하는 방법을 제시했다. 그는 우주 전체에 존재하는 암흑 물질의 밀도는 최소한 한 은하(혹은 은하단) 안에 존재하는 암흑 물질의 밀도와 같을 것이라고 주장했다. 하지만 오스본은 그 주장을 곧이곧대로 받아들이지 않았다. 무엇보다도 아인슈타인은 잘못된 가정을 여러 가지 한 것처럼 보였다. 게다가 1946년 당시에 얻을 수 있었던 최선의 증거에 따르면, 암흑 물질은 대부분 은하 안의 특정 지역들에 모여 있고, 텅 빈 우주 공간에는 사실상 거의 존재하지 않았다(이 증거는 지금도 변함이 없다). 따라서 아인슈타인의 주장과는 반대로,

은하 안에 존재하는 암흑 물질의 밀도가 우주 전체에 존재하는 암흑 물질의 밀도보다 더 커야 한다고 보았다.

1946년 당시에는 상대성 이론과 천체물리학 분야에서 아인슈타인과 다른 생각을 한 사람은 자신이 뭔가를 잘못 이해했겠거니 하고 한 발 물러서는 것이 일반적인 분위기였다. 아인슈타인은 이미 문화적 우상으로 우뚝 서 있었다. 하지만 오스본은 그런 권위 따위에 아랑곳하는 사람이 아니었다. 자신이 뭔가를 제대로 이해했다면 그것이 옳은 것이고, 아무리 높은 명성이나 권위를 가진 사람 앞에서도 물러설 생각이 추호도 없었다. 그래서 오스본은 아인슈타인에게 보낸 편지에서 아주 정중하게 그의 주장은 이치에 닿지 않는다고 말했다.[16] 아인슈타인은 자신의 책에 쓴 그 주장을 다시 반복한 답장을 보냈다. 오스본은 다시 편지를 보냈다. 아인슈타인은 자신의 주장에 문제가 있다고 인정했지만, 여전히 자신의 결론이 옳다고 생각하고서 다른 논증을 제시했다. 오스본은 또다시 그것을 반박했다. 편지가 대여섯 통 왔다 갔다 했지만, 아인슈타인이 오스본의 주장을 받아들이지 않은 것만큼은 틀림없다. 하지만 오스본은 아인슈타인이 책에서 펼친 주장이 틀렸으며, 또한 아인슈타인에게 그것을 만회할 수 있는 다른 주장도 없음을 분명히 확인했다.*

---

* 나는 만약 오늘날의 물리학자들이 두 사람이 주고받은 편지를 읽는다면, 대부분 오스본의 손을 들어줄 것이라고 생각한다.

***

    오스본이 경제학 분야의 연구에 접근한 태도도 이와 똑같았다. 경제학이나 금융에 대한 배경 지식이 얕다는 사실에는 조금도 개의치 않고 공학자의 자신감으로 연구 결과를 발표했다. 그는 〈주식시장의 브라운 운동〉을 〈오퍼레이션 리서치(Operations Research)〉라는 학술지에 발표했다. 그것은 경제학 학술지는 아니었지만, 그것을 읽는 경제학자와 경제학에 소양이 있는 수학자가 충분히 많았기 때문에, 오스본의 연구는 금방 큰 관심을 끌었다. 일부 관심은 긍정적이었지만, 명백하게 긍정적인 것은 아니었다. 사실, 오스본은 금융에 관한 첫 번째 논문을 발표할 때 바슐리에나 새뮤얼슨은 물론이고 주가가 무작위적이라는 개념을 어느 정도 생각한 몇몇 경제학자를 전혀 몰랐다. 많은 경제학자는 그의 논문에 독창성이 부족하다고 지적했다. 그런 사람들이 너무 많자, 오스본은 몇 달 뒤에 두 번째 논문을 발표하지 않을 수 없었는데, 이 논문에서 그는 시장이 무작위적이라는 개념이 탄생한 역사를 간략하게 소개하면서 그 개념을 처음 제기한 사람이 바슐리에라는 점을 분명히 밝혔지만, 자신의 공식화도 옹호했다.

    오스본은 자신의 주장을 고수했는데, 그것은 옳은 판단이었다. 비록 이전의 연구와 연관성이 있긴 했지만, 주식시장의 무작위성에 관한 그의 논문은 충분히 독창적이어서 훗날 새뮤얼슨은 자신이 제자들과 함께 그것을 연구하던 것과 같은 시기에 오스본이 무작위 행보 가설의 현대적 버전을 발전시킨 공로를 인정했다. 더욱 중요한 사실은,

가능성을 발견하다

오스본이 데이터를 제대로 다루는 훈련을 받은 진정한 경험과학자로서 자신의 모형에 접근했다는 점이다. 그는 자신의 브라운 운동 모형 버전을 입증하도록 설계된 통계 검정(가설의 옳고 그름을 통계적인 방법으로 따져보는 것. 가설 검정이라고도 함)을 개발하고 적용했다. 1953년에 주가가 상승할 확률이 하락할 확률과 같음을 보여주었던 통계학자 모리스 켄들Maurice Kendall을 비롯해 여러 연구자는 주가의 무작위성에 대한 경험적 연구를 했다.[17] 하지만 로그 정규분포가 시장에 중요하다는 사실을 처음으로 입증한 사람은 오스본이었다. 또한 주식시장의 무작위성이 작용하는 모형을 분명하게 만들고, 그것을 미래의 주가(그리고 수익률) 확률을 도출하는 데 어떻게 사용할 수 있는지 처음 보여준 동시에 이 특별한 시장 모형이 시장의 실제 행동을 얼마나 잘 나타내는지 설득력 있는 데이터를 제공한 사람도 오스본이었다. 오스본의 독창성에 대해 처음에 유보적 반응을 보였던 경제학자들도 곧 오스본이 이전에 아무도 하지 못했던 방식으로 이론과 증거를 함께 제시했다는 사실을 인정했다. MIT의 폴 쿠트너는 1964년에 출판한 책(최초로 영어로 번역된 바슐리에의 논문이 포함된 책)에 넣기 위해 무작위 행보 가설에 관한 중요한 논문들을 모을 때, 오스본이 쓴 논문 두 편도 포함했다. 하나는 1959년에 쓴 브라운 운동에 관한 논문이었고, 또 하나는 그것을 확대하고 일반화한 논문이었다.

***

오스본은 시장에 대한 연구를 시작하기 전에 물리학 및 그와 연관된 주제에 관한 논문을 이미 15편이나 발표했다. 그는 15년 동안 해군연구소에서 정식 연구원으로 근무했고, 20세기 중반의 일부 최고 물리학자들과 동료로 지내거나 서신을 주고받으며 교제했다. 하지만 오스본은 그때까지 물리학이나 다른 분야에서 박사 학위를 따지 않았는데, 1941년에 해군연구소에서 일하려고 학위를 마치지 않은 채 대학원을 떠났기 때문이다. 어떤 면에서는 오스본 같은 사람에게는 박사 학위가 큰 의미가 없었다. 박사 학위가 없어도 자기 분야에서 훌륭한 경력을 쌓았고, 연구자로서 그의 자격을 의심하는 사람은 아무도 없었다. 그가 한 연구가 바로 그의 능력과 자질을 증명했다. 하지만 오스본은 50대 중반의 나이에 학위를 받아야겠다고 결심했는데, 해군연구소에서 승진을 보장받을 수 있다는 점도 일부 이유였다. 그래서 해군연구소의 많은 동료가 그랬듯이 해군연구소의 일자리를 유지하면서 메릴랜드대학의 물리학과에 들어가 대학원 과정을 마쳤다.

오스본이 첫 번째 박사 학위 논문 주제로 선택한 것은 천문학 분야였다(대학원생은 대개 논문 계획서를 먼저 쓰지만, 오스본은 이 절차를 무시하고 바로 논문을 썼다). 오스본은 그 논문을 물리학과 주임 교수에게 제출했지만, 즉각 퇴짜를 맞았다. 그 주제에 관심을 가진 사람이 너무 많은 데다가 오스본의 연구는 독창성이 부족했기 때문이다. 그래서 이번에는 주식시장에 대한 자신의 연구를 바탕으로 두 번째 논문을 썼다. 이번에도 주임 교수는 퇴짜를 놓았는데, 그 주제가 물리학에 관한 것이 아니었기 때문이다. 오스본은 이에 대해 훗날 "박사 학위 논문을 쓰는 사람은 독창적인 연구를 해야 하지만, 너무 독창적인 논문을 쓰면 심사하는 사람들이 그것이 도대체 무엇을 이야기하는지 이해하지 못한다"라고 말했다.[18] 주식시장 연구는 어떤 종류의 응용 연구도 높이 평가하는 정부 기관의 연구 집단에서 일하는 물리학자에게는 충분히 받아들일 만한 주제일 수 있었다. 하지만 전통 물리학계의 관점에서 본다면, 그것은 아직 '물리학'으로 받아들이기 어려웠다. 그래서 비록 오스본이 바슐리에보다는 과학계에서 호의적인 대우를 받긴 했지만, 금융 모형을 연구하는 한 그는 여전히 독불장군 같은 취급을 받았다.

두 번이나 퇴짜를 맞고 나서도 오스본은 포기하지 않았다. 〈주식시장의 브라운 운동〉을 〈오퍼레이션 리서치〉에 보내고 나서 세 번째 논문 작업에 착수했다. 이를 위해 주식시장에 대한 생각을 시작하기 직전에 연구했던 문제로 되돌아갔다. 세 번째 아이디어는 연어의 회유 효율에 관한 것이었다.[19] 연어는 생애 중 대부분을 바다에서 보내지만, 산란기가 되면 강을 거슬러 올라 자신이 태어난 곳으로 되돌아가 알을 낳고는 죽는데, 이를 위해 때로는 최대 1600km나 여행한다. 그런데 일단 여행에 나선 연어는 아무것도 먹지 않는다. 오스본은 여행한 거리와 목적지에 도착했을 때 몸에서 빠진 지방 비율을 조사함으로써 연어가 얼마나 효율적으로 여행을 했는지 추측할 수 있다고 생각했다. 그것은 연어를 연료를 재급유받는 일 없이 일정 거리를 여행하는 배로 생각하는 것과 같았다.

이렇게 세 번째 논문을 완성해 제출했지만, 이번에도 반응은 시큰둥했다. 세 번째 논문이 두 번째 논문보다 '물리학'에 더 가까운지도 분명하지 않았다. 하지만 결국 이 논문은 받아들여졌다. 그 당시 메릴랜드대학은 생물물리학(생물계의 물리학을 연구하는 분야) 분야에 거액의 지원금을 신청하고 있었기 때문에, 대학 행정부는 그 분야에 축적된 전문 연구가 많이 있다는 증거를 원했다. 그래서 해군연구소에 들어간 지 거의 20년이 지나고, 〈주식시장의 브라운 운동〉이 학술지에 발표된 해인 1959년, 오스본은 마침내 박사 학위를 받았다(그리고 그와 함께 해군연구소에서도 진작 했어야 할 승진을 했다).

그런데 연어의 회유 연구는 금융시장에 대한 오스본의 연구와 놀라운 연관 관계가 있다. 연어가 상류로 헤엄치는 방법을 나타낸 그의 모형은 여러 시간 척도에서 수행한 분석을 포함하고 있다. 연어가 짧은 거리를 잘 헤엄쳐가는 능력에 영향을 미치는 효과들이 있는데, 이 효과들은 특정 순간에 흐르는 강의 물살 속도 따위의 요인에 좌우되었다. 한편, 연어가 겨우 몇 미터 헤엄치는 것만 보고서는 분명히 알 수 없지만, 예컨대 1600km를 여행하는 것을 보면 분명히 나타나는 효과도 있었다. 첫 번째 종류의 효과는 연어의 효율에 나타나는 '빠른' 요동이라 부를 수 있고, 두 번째 종류의 효과는 '느린' 요동이라 부를 수 있다. 문제는 느린 요동에 관한 데이터가 훨씬 훌륭하다는 데 있었다. 주어진 시간에 정해진 지점에 도착한 연어가 몇 마리인지 대략적으로 기록하기는 쉽다. 하지만 특정 연어가 강의 물살 변화를 헤치고 강을 얼마나 잘 거슬러 올라가는지 기록하는 것은 쉬운 일이 아니다.

오스본은 느린 요동과 빠른 요동을 모두 설명하고, 이 두 가지가 어떤 관계가 있는지 보여주는 이론적 모형을 만들었다. 그리고 그 모형을 검증하는 방법을 찾으려고 했다. 개개의 연어에 대해 더 나은 데이터를 얻는 것도 한 가지 방법이지만, 그것은 몹시 어려운 일이 될 수 있었고, 게다가 오스본은 어디서부터 손을 대야 할지 전혀 감을 잡지 못했다. 두 번째 가능성은 오스본이 연구하고자 하는 느린 요동과 빠른 요동을 모두 다 보여주는 다른 시스템을 찾은 뒤, 자신의 모형이 그 시스템도 제대로 기술하는지 알아보는 것이었다. 두 번째 방법이 훨씬 매력적으로 보였지만, 그러려면 적절한 시스템을 찾아야 했다. 그는 〈월스트리트 저널〉을 보면서 주가 변동을 이해하는 방법을 궁리하다가 시장에도 규모가 다른 요동들이 있다는 사실을 깨달았다. 거래가 체결되는 방식이나 트레이더들의 상호작용 같은 시장의 일부 힘은 하루 동안 일어나는 주가 변화에 영향을 미칠 수 있다. 이것은 한 강굽이에서 다음번 강굽이로 나아갈 때 연어가 경험하는 빠른 요동과 비슷하다. 하지만 시장에 영향을 미치는 힘들 중에는 경기 순환이나 정부의 이자율처럼 뒤로 멀리 물러나 더 긴 시간에서 바라볼 때 분명하게 드러나는 힘들도 있다. 이것들은 느린 요동에 해당한다. 금융계는 종류가 다른 요동들이 서로 어떤 영향을 미치는지 설명하는 오스본의 개념을 검증하는 데 사용할 수 있는 데이터를 찾기에 완벽한 장소였다.

그 과정은 다른 방향으로도 효과가 있었다. 오스본은 주식시장의 주가 변동 맥락에서 연어의 회유 모형을 개발하고, 검증을 위해 사용한 데이터와 더 잘 일치하도록 모형을 수정한 뒤에 그것을 한 물리학 문제에 적용해보았다. 오스본은 새로운 심층 해류 모형을 제안했다.[20] 구체적으로는 물 분자들의 무작위적 운동(연어 논문에 쓴 용어를 빌린다면 빠른 요동)이 해류(느린 요동)처럼 겉보기에 체계적이고 대규모로 일어나는 현상에 어떤 변화를 일으킬 수 있는지 설명할 수 있었다. 오스본이 보기에 물리학 연구와 금융 연구는 근본적으로 서로 연결돼 있었다.

***

오스본의 연구를 사람들이 어떻게 받아들였고, 그가 직접적으로 미친 영향력이 얼마나 컸는지 과장하고 싶은 충동을 느끼기 쉽다. 나중에 보게 되겠지만, 그의 개념은 결국 금융시장에 혁명을 가져왔기 때문이다. 하지만 그의 연구는 당장은 월스트리트에서 큰 반향을 불러일으키지 못했으며, 대신에 다른 연구자들의 손을 통해 그의 개념을 더 발전시킨 버전들이 잠시 뒤에 큰 반향을 불러일으켰다. 오스본은 과도기적 인물이었다. 그의 논문은 학계 사람들과 이론적으로 무장한 금융 전문가들 사이에 많이 읽혔지만, 월스트리트는 아직 오스본의 연구가 제시한 방향으로 확실하게 움직일 준비가 돼 있지 않았다. 한 가지 이유는 오스본이 시장의 무작위성에 관한 자신의 모형이 개개 주가의 변화를 예측하기가 불가능하다는 것을 의미한다고 믿었기 때문이다.[21] 시장의 통계적 성질을 이해하면 옵션 가격이 적절한지 확인하는 데 도움이 되지만, 바슐리에와 달리 오스본은 자신의 연구를 옵션과 연결하지 않았다. 실제로 〈주식시장의 브라운 운동〉과 오스본이 나중에 한 연구를 읽으면, 주식시장에서 이익을 얻을 방법은 없다는 느낌을 받는다. 주가는 예측 불가능하고, 주식 투자자의 평균 수익은 0이며, 주식 투자는 손해 보는 장사이다…….

훗날 오스본의 연구를 본 사람들은 거기서 더 희망적인 것을 보았다. 주가가 본질적으로 무작위적으로 움직인다는 사실을 안다면, 바슐리에가 지적한 것처럼 그 주식에 기초한 옵션이나 다른 파생상품의 가치를 추정할 수 있다. 오스본은 이런 방향으로 연구를 진행하진 않았다. 적어도 다른 사람들이 이미 비슷한 연구를 이미 진행하고 난 다음인 1970년대 후반까지는 하지 않았다. 대신에 자신의 경력에서 나머지 기간 중 대부분을 주가가 무작위적이지 '않을' 수 있는 방법을 찾아내려고 노력하면서 보냈다. 다시 말해서, 오스본은 주가가 '구제 불능의 아수라장'(그가 많은 글에서 사용한 표현)을 보여준다고 논란이 된 주장을 한 뒤, 질서와 예측 가능성을 체계적으로 그리고 열심히 찾아 나섰다.[22]

그는 제한적인 성공을 일부 거두었다. 오스본은 브라운 운동 모형에서 순진하게 가정한 것처럼 거래량(주어진 시간 동안 체결된 거래 주식의 수)이 일정하지 않음을 보여주었다.[23] 대신에 평균적인 일주일이나 한 달을 잡고 살펴볼 때 한 거래일의 시작 무렵과 끝 무렵에 거래량에는 피크가 나타난다(이 모든 변화는 오스본이 언어의 회유 연구에서 발견했던 것과 같은 종류의 '느린 요동'에 해당한다. 다만, 그것을 주가에 적용한 것이 아니라 거래량에 적용했다). 이러한 변화들은 오스본이 시장 심리학의 또 다른 원리로 간주한 것 때문에 나타나는데, 그 원리는 바로 투자자의 주의 지속 시간이 제한적이라는 것이다. 투자자가 어떤 주식에 관심이 있으면 그것을 많이 거래하면서 거래량이 늘어나지만, 점차 관심이

식으면서 거래량이 줄어든다. 거래량 변화를 고려한다면 무작위 행보 모형의 기반을 이루는 가정을 바꾸어야 하는데, 그 결과로 주가 변화 양상에 대해 더 정확한 모형을 새로 얻을 수 있다. 이 모형을 오스본은 '확대 브라운 운동' 모형이라고 불렀다.

1960년대 중엽에 오스본은 공동 연구자와 함께 어느 순간에 주가가 상승할 확률은 하락할 확률과 반드시 똑같지 않음을 보여주었다.[24] 여러분도 기억하고 있겠지만, 한쪽 방향으로 한 걸음 나아갈 확률이 반대 방향으로 한 걸음 나아갈 확률과 똑같다는 가정은 브라운 운동 모형의 필수 요소이다. 오스본은 만약 어떤 주가가 조금 상승했다면, 다음번에는 또 상승하기보다는 하락할 가능성이 더 높음을 보여주었다. 마찬가지로, 어떤 주가가 하락했다면, 다음번에는 상승할 가능성이 더 높다. 즉, 매 순간 시장은 어떤 추세를 계속 이어가기보다는 이전의 흐름을 뒤집을 가능성이 더 높다. 하지만 이 동전에도 이면이 있다. 만약 어떤 주가가 같은 방향으로 두 번 움직였다면, 그 방향으로 한 번만 움직였을 경우보다 같은 방향으로 계속 움직일 가능성이 훨씬 높다. 오스본은 이런 종류의 비무작위성은 주식시장의 기반 구조에서 비롯된다고 주장했으며, 한 걸음 더 나아가 이런 종류의 행동을 고려한 주가 변동 모형을 제안했다.

이것은 오스본의 연구에서 아주 독창적인 특징이었는데, 물리학과 금융 이야기에서 그가 아주 중요한 인물이 된 이유이기도 하다. 주가가 상승할 확률과 하락할 확률이 같다는 개념은 오스본이 자기 나름의 버전으로 내놓은 효율적 시장 가설의 일부였고, 처음에 제안한 원래 모형의 핵심 가정이었다. 이 가정이 옳지 않다는 사실을 깨닫자, 오스본은 실제 시장에 대해 자신이 알아낸 것을 바탕으로 더 현실적인 가정을 고려해 모형을 수정하는 방법을 찾기 시작했다. 오스본은 자신에게 익숙한 천문학과 유체역학 분야의 이론적 연구와 맥락을 같이하는 이 방법이 자신의 방법론이라는 사실을 처음부터 명확히 했다. 천문학과 유체역학 분야의 문제는 대부분 너무 어려워서 직접 풀기가 어렵다. 대신에 데이터를 조사하는 것으로 시작해 문제를 단순화하는 가정들을 함으로써 단순한 모형을 만든다. 하지만 이것은 첫 단계에 불과하다. 그다음에는 단순화한 가정들이 성립하지 않는 사례들이 있는지 조심스럽게 조사한 뒤, 이번에도 데이터에 초점을 맞춰 가정의 실패가 모형의 예측에 어떤 문제를 일으키는지 알아내려고 노력한다.

자신이 처음에 만든 브라운 운동 모형을 기술할 때, 오스본은 어떤 가정을 했는지 구체적으로 설명했다. 그리고 가정이 옳지 않다고 해서 그 모형 역시 옳지 않다고 단정할 수는 없다고 말했다. 오스본과 물리학자들은 모형의 기반을 이루는 가정이 틀렸다고 해도 모형 자체가 반드시 '틀린' 것은 아니라고 생각했다. 하지만 그것은 더 많은 연구가 필요하다는 것을 뜻한다. 일단 모형을 제안하면, 그다음 단계는 그 가정이 틀리는 경우가 있는지, 틀린다면 어느 정도나 틀리는지를 알아내는 것이다. 그리고 만약 가정이 규칙적으로 틀리거나 특정 상황에서만 틀린다는 사실을 발견하면, 어떤 식으로 틀리는지 그리고 왜 틀리는지 이해하려고 노력해야 한다. 예를 들면, 오스본은 주가 변화는 독립적이지 않음을 보여주었다. 이런 양상은 특히 일련의 하락세가 이어지면서 주가가 계속 떨어질 가능성이 높아지는 시장 붕괴 때 두드러지게 나타난다. 이런 종류의 양 떼 효과herding effect (무리에서 혼자 뒤처지거나 동떨어지는 것을 싫어해 따라 하는 현상—옮긴이)가 존재할 때에는 오스본의 확대 브라운 운동 모형조차도 믿을 수 없는 지침으로 변하고 만다. 모형을 만드는 과정은 최선의 모형과 이론을 새로운 증거를 바탕으로 계속 수정하는 과정을 포함한다. 자신이 연구하는 것이 세포이건 허리케인이건 주가이건 무엇이건 간에, 그것에 대한 이해가 점점 커짐에 따라 거기에 맞춰 더 완전하게 만들어나가는 것이다.

금융 분야에서 수학적 모형을 연구한 사람들이 모두 다 이 방법론의 중요성을 오스본만큼 민감하게 받아들이지는 않았다. 이 점은 가끔 수학적 모형이 금융위기의 원인으로 부각되는 주요 이유 중 하나이다. 만약 더 이상 시장의 현실과 맞지 않는 가정을 바탕으로 한 모형에 의존해 거래를 계속하다가 손실을 본다면, 그것은 모형이 실패해서 그런 것이 아니다. 이것은 비유하자면, 자동차 엔진을 비행기에 달고서 비행기가 날지 않는다고 실망하는 것과 같다.

* * *

비록 오스본은 주가에 어떤 패턴들이 있음을 볼 수 있었지만, 일반적으로 확실하게 이익을 얻을 수 있는 방향으로 미래의 시장 행동을 예측하는 방법은 없다고 확신했다. 하지만 한 가지 예외가 있었다. 아이러니하게도, 그것은 오스본이 1960년대에 개발한 정교한 모형하고는 아무 관계가 없었다. 대신에 그의 이 낙관론은 트레이더들의 행동을 연구함으로써 시장의 마음을 읽는 방법에 의존했다.

오스본은 아주 많은 일반 투자자가 주식 매수와 매도 주문을 정수 단위의 가격(예컨대 10달러 또는 11달러)으로 한다는 사실에 주목했다. 하지만 시장에서 주가는 8분의 1달러(0.125달러) 단위로 거래되었다. 트레이더가 거래 상황을 살펴보았더니 어떤 주식을 예컨대 10달러에 매수하길 원하는 사람이 많다고 하자. 그렇다면 그날 거래가 마감될 때 그 주가가 10달러 아래로는 떨어지지 않으리라 믿고서(그 가격에 주식을 사려는 사람이 아주 많으므로) 트레이더는 그 주식을 10.125달러에 매수한다. 따라서 최악의 경우(주가가 10달러로 마감할 경우) 트레이더는 주당 0.125달러를 잃을 것이다. 하지만 최선의 경우에는 주가가 많이 올라 큰 이익을 얻을 수 있다. 반대로 많은 사람이 그 주식을 11달러에 매도하길 원한다면, 트레이더는 10.875달러에 그 주식을 매도할 수 있다. 그러면 주가가 떨어지는 대신에 오른다고 해도 트레이더의 손실은 주당 0.125달러에 불과할 것이다. 따라서 하루의 거래 상황을 살펴보면서 정수 단위보다 8분의 1달러 더 높거나 낮은 가격에 거래된 종목을 찾아보면, 많은 사람이 관심을 보여 전문가들이 '유망' 종목으로 생각하는 주식이 어떤 것인지 알 수 있다.

전문가들이 유망하다고 생각한 종목은 주가의 향방을 보여주는 훌륭한 지표로 드러났다. 그것은 오스본이 조사한 어떤 것보다도 훌륭한 지표였다. 이런 사실들을 바탕으로 오스본은 컴퓨터에 연결되어

스스로 돌아가는 최초의 트레이딩 프로그램을 제안했다.[25] 하지만 이 아이디어를 내놓은 1966년에는 컴퓨터를 사용해 매매 결정을 내리는 사람이 아무도 없었다. 오스본의 아이디어와 그것과 비슷한 아이디어를 현실 세계에서 시험하는 일은 그로부터 수십 년이 지난 뒤에야 일어났다.

주석

1 시장의 무작위성에 관한 오스본의 선구적인 연구는 널리 알려졌지만, 그의 생애를 다룬 글은 찾아보기 어렵다. 그의 생애는 Bernstein(1993)에 간략하게 언급돼 있다. 이 장에서 언급한 그의 생애는 그의 두 자녀 홀리 오스본[Holly Osborne]과 피터 오스본[Peter Osborne]과 여러 차례 나눈 인터뷰, 그의 주요 협력자였던 조 머피[Joe Murphy]와 나눈 인터뷰, 그리고 특히 그의 가족이 내게 제공한 문서를 바탕으로 재구성했다. 이 문서 중에는 1987년에 오스본이 가족을 위해 작성한 두 편의 자전적 글(Osborne, 1987a, b)도 포함돼 있다. 홀리와 피터 그리고 두 사람의 여동생인 멜리타 오스본 카터[Melita Osborne Carter]는 너그럽게도 이 장의 원고를 읽고 잘못된 내용이 없는지 확인해주었다.

2 이 인용문은 오스본이 죽기 전에 구술한 두 편의 자전적 글 중 더 짧은 글에 나온다(Osborne, 1987b).

3 제2차 세계대전 이전과 이후의 해군연구소 역사에 대해 더 자세한 것은 Allison(1985)과 Gebhard(1979)를 참고하라.

4 이 논문(Osborne, 1951)은 6년이 지날 때까지 인쇄된 형태로 발표되지 않았다. 오스본이 비록 원하는 것을 마음대로 연구할 수 있는 지원을 받았다곤 하지만, 그가 한 일부 학제 간 연구는 그것을 실어줄 학술지를 찾기가 쉽지 않았기 때문이다. 곤충의 비행을 다룬 논문은 결국 〈실험생물학 저널[Journal of Experimental Biology]〉에 실렸다.

5 그는 내부 자문 위원으로도 일했다. 해군연구소의 다른 과학자들은 언제든지 그의 연구실에 들러 질문을 할 수 있었다. 오스본은 머리 회전이 빠르고 아주 독창적이어서, 비록 다른 연구 계획에 직접 관여하지는 않더라도 해군연구소의 소중한 자산이었다. 그는 또한 1963년에 심해 잠수 시험 중 실종된 핵잠수함 스레셔호를 수색하는 작업에도 도움을 주었다.

6 나일론 개발과 듀폰이 플루토늄 생산 계획에 관여한 이야기는 Hounshell and

Smith(1988), Hounshell(1992), Ndiaye(2007)를 바탕으로 재구성했다. 나일론이 처음에 큰 인기를 끈 이유에 대해 더 자세한 이야기는 Handley(2000)를 참고했다. 맨해튼 계획에 관한 뒷이야기는 Baggott(2009), Rhodes(1995), Jones(1985), Groves(1962)를 참고하라. '거대 과학'의 탄생과 발전에 대해서는 Galison and Hevly(1992)나 Galison(1997)을 보라.

7 Philadelphia Record, November 10, 1938(Handley, 2000).

8 Rhodes(1995) 참고.

9 위에서 맨해튼 계획에 관한 참고 문헌 외에 Compton(1956)을 참고하라.

10 이것은 사실이긴 하지만, 오스본은 조금 다르게 이야기했다. 그는 고등학교를 졸업한 뒤 바로 버지니아대학에 가려고 했지만, 부모는 오스본에게 대학 신입생 모집 요강에 따르면 너무 어린 학생은 받아들이지 않는다고 말했다. 다음 해에 오스본이 그 대학에 면접을 하러 갔을 때, 면접관은 오스본이 열다섯 살에 왔어도 기꺼이 받아들였을 거라고 말했다. 그 후 오스본은 읽는 것을 곧이곧대로 믿어서는 안 된다고 강조할 때 늘 대학 신입생 모집 요강(부모가 지어낸 것이 분명한)을 예로 들었다. 이러한 독립적 기질은 오스본의 지적 생애에서 큰 특징이었다.

11 Osborne(1959, pp. 146-47) 참고. 그가 설명한 것처럼 그 장면을 상상하기는 아주 쉽다.

12 수익률은 금융 분야에서 일하는 사람들 사이에서는 그냥 수익 또는 로그 수익이라고 부른다. 하지만 나는 수익률을 절대 수익(즉, 어떤 투자로 벌어들인 순이익)과 구별하려고 하는데, 금융 분야에 종사하지 않는 사람 중에는 수익률이라고 하면 투자액에 대한 총 수익 금액으로 착각하는 사람이 많기 때문이다. 그리고 오스본이 정규분포를 나타낸다고 주장한 것은 절대 수익이 아니라 로그 수익이다.

13 로그 정규분포를 포함해 확률 분포에 대한 배경 지식은 Casella and Berger(2002)와 Forbes et al.(2011)을 참고하라.

14 Osborne(1959) 참고.

15 이 책은 Einstein(1946)을 가리킨다.

16 이 편지 원본은 예루살렘에 있는 히브리대학 아인슈타인 기록 보관소에 보관돼 있다. 오스본의 가족은 내게 그 사본을 제공했다(Osborne and Einstein, 1946).

17 특히 Kendall(1953)을 참고하라. 주가의 무작위성에 관한 켄들의 연구는 Bernstein(1993)에 자세히 소개돼 있다.

18 이 문장은 Osborne(1987a, p. 137)에서 인용한 것이다.

19 이 연구는 결국 Osborne(1961)으로 발표되었다.

20 이 연구는 Osborne(1973)으로 발표되었다.

21 오스본은 여러 곳에서 이 점을 강조했지만, 자신의 책 Osborne(1977, pp. 96–100)에서 특히 깊이 고찰했다(그와 함께 자신이 한 것과 같은 분석을 실제로 어떻게 적용할 수 있는가 하는 연관 문제까지).

22 이 표현은 예컨대 Osborne(1962, p. 378)에서 볼 수 있다. 자신의 가설을 반증하는 경험적 증거를 치열하게 찾았다는 확실한 예는 Osborne(1967)을 참고하라.

23 Osborne(1962) 참고. 이 연구가 언어의 회유에 대한 논문을 발표한 지 불과 1년 만에 나왔다는 사실에 주목하라.

24 내가 생각한 논문은 Niederhoffer and Osborne(1966)이다. 협력자는 지금은 명성(혹은 악명)이 높은 헤지펀드 매니저인 빅터 니더호퍼[Victor Niederhoffer]이다. 니더호퍼에 대해 더 자세한 정보는 그의 자서전 Niederhoffer(1998)나 〈뉴요커〉 프로필(Cassidy 2007)을 참고하라.

25 즉, 컴퓨터에 프로그래밍할 수 있는, 최초의 체계적이고 완전히 결정론적인 트레이딩 전략, 다시 말해서 오늘날에는 알고리듬 트레이딩이라 부를 수 있는 것을 위한 시스템. 이 제안은 Niederhoffer and Osborne(1966)에서 했다.

3장

해안선에서 목화 가격까지

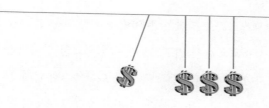

솔렘 만델브로이트Szolem Mandelbrojt는 전형적인 현대 수학자였다.[1] 해석학(함수의 연속성에 관한 성질을 미분 및 적분의 개념을 기초로 연구하는 수학) 전문가였던 그는 파리에서 에밀 피카르Emile Picard, 앙리 르베그Henri Lebesgue 같은 최고 수준의 수학자와 함께 연구했다. 니콜라 부르바키Nicolas Bourbaki라는 가명으로 활동하면서 수학의 엄밀성과 추상성을 극단적으로 추구해 현대 수학의 기반을 세운 프랑스 수학자 단체의 창립 멤버 중 한 명이기도 하다. 이 단체의 집단 연구는 그 후 두 세대에 걸친 수학자들에게 큰 영향을 미쳤다. 그의 스승으로 19세기 후반의 유명한 수학자였던 자크 아다마르Jacques Hadamard가 콜레주 드 프랑스에서 은퇴하자, 대학 측은 그 자리를 만델브로이트에게 제의했다. 매사에 진지했던 만델브로이트는 진지한 연구에 몰두했다.

적어도 조카가 따라다니며 귀찮게 하지 않을 때에는 그랬다.

1950년, 브누아 망델브로는 유명한 삼촌의 뒤를 따라 같은 길을 걸으려고(숄렘은 그렇게 생각했다) 숄렘 만델브로이트의 모교인 파리대학에서 박사 과정을 밟고 있었다.[2] 숄렘은 브누아가 수학을 공부하려 한다는 사실을 처음 알았을 때 전율을 느꼈다. 하지만 숄렘은 브누아의 진지함에 점점 의문을 품게 되었다. 숄렘의 충고에도 불구하고, 브누아는 당시의 긴급한 수학 문제에 아무 관심을 보이지 않았다. 그리고 브누아의 연구에는 숄렘이 큰 성공을 거둔 원동력인 엄밀성이 부족했다. 무엇보다도, 브누아는 '기하학적' 방법에 깊은 관심을 가진 것처럼 보였는데, 웬만한 수학자라면 그 방법이 많은 수학자를 잘못된 길로 들어서게 한 전력 때문에 이미 1세기 전에 버림을 받았다는 사실을 알고 있었다. 진짜 수학은 그림을 그리는 방법으로는 할 수 없다고 생각했다.

브누아의 아버지이자 숄렘의 큰형은 어른이 될 때까지 숄렘을 경제적으로 지원했다. 대학원 과정도 지원해 숄렘이 혼자 힘으로는 도저히 얻을 수 없는 기회를 제공했다. 그래서 숄렘은 브누아를 조카라기보다는 형제처럼 여겼고, 브누아에게는 한없는 인내심과 지원을 아끼지 않으려 했다. 하지만 숄렘도 결국에는 인내심이 바닥났다. 브누아는 수학적 재능은 누구 못지않게 뛰어났지만, 연구 주제를 선택하는 안목은 영 젬병이었다.

어느 날, 브누아가 박사 학위 논문 주제에 대해 말도 안 되는 이야기를 하자, 숄렘이 말을 끊었다. 그리고 쓰레기통에 버린 문서를 다시 꺼냈다. 만약 쓰레기 같은 연구를 원한다면, 숄렘은 브누아에게 줄 게 얼마든지 있었다. 쓰레기통에는 관심을 끌지 못하거나 중요하지 않은 문서들이 가득 차 있었다. 숄렘은 경멸하듯이 말했다. "너한테는 이런 게 어울려. 네가 좋아하는 종류의 어리석은 연구니까."[3]

숄렘은 이러한 충격 요법으로 조카가 정신 차리길 기대했다. 하지만 그것은 역효과만 냈다. 브누아는 그 문서(얼마 전에 하버드대학의 언어학자 조지 킹슬리 지프George Kingsley Zipf가 쓴 책을 비평한 글)를 받아 들고서 집으로 가는 길에 찬찬히 읽어보았다.[4] 지프는 별난 성격으로 유명했는데, 그를 대단하게 여기는 사람은 거의 없었다. 그는 자신의 경력 대부분을 물리적, 사회적, 언어적 현상에 보편적 법칙이 있다고 주장하면서 보냈다. 그가 발견한 지프의 법칙은 어떤 자연적 범주에 속한 모든 사물(예컨대 프랑스의 모든 도시나 세상의 모든 도서관)의 명단을 작성하고, 크기순으로 죽 늘어세운다면(예컨대 도시들은 인구순으로, 도서관은 장서의 양으로), 각 사물의 크기는 명단에서의 순서와 상관관계가 있다고 말한다. 특히 명단에서 두 번째에 위치한 사물의 크기는 첫 번째 사물의 절반이고, 세 번째 사물의 크기는 첫 번째 사물의 3분의 1이며, 나머지에서도 같은 관계가 성립한다고 주장한다. 브누아가 읽은 비평은 그 법칙이 성립하는 특정 사례를 중점적으로 언급했는데, 다양한 텍스트에서 다양한 단어들이 얼마나 자주 나타나는지 지프가 조사한 결과였다. 지프는 그 단어들을 주어진 문서에서 나타난 횟수에 따라 배열하면, 가장 많이 나타난 단어는 두 번째로 많이 나타난 단어에 비해 두 배쯤 많이 나타나고, 세 번째로 많이 나타난 단어에 비해 세 배쯤 많이 나타나며, 나머지 단어들에서도 같은 관계가 성립한다는 것을 보여주었다.

숄렘이 지프의 연구야말로 조카가 관심을 가질 만한 연구라고 했던 말은 옳았다. 하지만 그것을 쓰레기라고 판단한 것은 잘못이었다. 최소한 순전히 쓰레기에 불과한 연구라고 생각한 것은 잘못이었다. 지프의 법칙은 어림값과 수비학數秘學 (숫자와 사람, 장소, 사물, 문화 등의 사이에 숨은 의미와 연관성을 공부하는 학문−편집자)을 특이하게 결합해 나온 결과였고, 지프는 분명히 괴짜였다. 하지만 그의 책에는 숨은 보석이 있었다. 지프는 명단에서 그 단어의 위치와 텍스트에 나타나는 전체 단어들의 수를 안다면, 어떤 책에서 특정 단어가 얼마나 자주 나타나는지 계산할 수 있는 공식을 알아냈다. 브누아 망델브로는 그 공식을 개선할 수 있으며, 게다가 거기에 예상치 못한 흥미로운 수학적 성질이 있다는 사실을 금방 알아챘다. 삼촌을 포함해 수학계 대가들의 반대에도 불구하고, 망델브로는 지프의 법칙과 그 응용을 주제로 선택해 박사 학위 논문을 썼다. 망델브로는 지도 교수도 없이 논문을 썼으며, 대학의 관료적 행정 절차를 직접 뚫으며 학위를 받았다. 그것은 매우 비정상적인 절차였다.

사실, 망델브로는 비정상적인 경로로 경력을 시작했는데, 충동적으로 수학계 전체를 거부한 것과 특이한 연구 주제를 선택한 것도 모두 정상에서 벗어나는 행동이었다. 대부분의 수학자는 고무찰흙으로 만들 수 있는 것과 같은 종류의 '매끄러운' 형태에 초점을 맞춰 연구하는 반면, 망델브로가 한 연구 중 가장 유명한 것은 스스로 '프랙털 기하학'이라 이름 붙인 것으로, 산 표면이나 부서진 유리 조각처럼 들쭉

날쭉하고 갈라진 형태의 연구에서 나왔다.[5] 망델브로는 프랙털 연구를 통해 자연에는 동전을 반복적으로 던져서 얻는 것과 같은 종류의 무작위성보다 훨씬 극단적인 무작위성이 다양하게 존재한다는 사실을 발견했다.

망델브로는 혁명가였다. 그의 중요한 논문이 나온 지 수십 년이 지난 지금도 그의 개념은 과격한 것으로 남아 있으며, 많은 분야의 주류 과학자들은 여전히 그것에 대해 논쟁을 계속하고 있다. 이런 상황은 망델브로의 핵심 개념을 쓴 약처럼 받아들여야 했던 경제학 부문에서 특히 심하다. 만약 망델브로의 개념이 옳다면, 전통적인 경제학자들이 시장에 대해 옳다고 믿는 것은 거의 다 근본적으로 틀렸다는 이야기가 된다. 망델브로가 타협하는 성격이 아니라는 점도 상황을 악화시켰다. 그는 개인으로서나 과학자로서나 학계의 압력에 굽히는 법이 결코 없었다. 망델브로는 제대로 존중받지 못한다는 느낌을 자주 받았다. 존중을 받긴 했지만 마땅히 받아야 할 만큼 충분히 받지는 못했다. 연구의 비정통적 성격도 문제였지만, 그의 태도도 자신의 연구가 비판받고 묵살당하는 데 한몫을 했다. 하지만 지난 40년 동안 월스트리트와 과학계가 얼핏 보기에 도저히 극복할 수 없을 것 같은 새로운 도전에 맞닥뜨리자 무작위성에 대한 망델브로의 통찰은 그 어느 때보다도 선견지명이 있었다는 사실이 밝혀졌고, 새로운 도전을 이해하는 데 필수적인 요소가 되었다.

***

브누아 망델브로는 1924년에 폴란드 바르샤바에 살고 있던 리투아니아계 유대인 부모 밑에서 태어났다. 아버지는 사업가였지만, 숄렘을 포함해 두 삼촌은 학자였다. 아버지의 친척 중에는 망델브로의 표현에 따르면 '지혜로운 사람'들이 많았는데, 특별한 직업은 없었지만 지역 사회에서 그들을 따르는 사람들이 조언이나 가르침을 받는 대가로 돈이나 물건을 주었다. 어머니도 의사가 되는 과정을 밟아 교육 수준이 높았다. 어린 시절에 망델브로는 주변 사람들이 자신이 학자가 되길 기대한다는 걸 느꼈는데, 다만 아버지는 공학이나 응용과학처럼 실용적 분야를 선택하라고 권했다.

비록 교육을 강조하는 분위기에서 자라긴 했지만, 어린 망델브로는 아주 특이한 교육을 받았다. 부모님이 낳은 첫아이는 딸이었는데, 전염병이 바르샤바를 휩쓰는 바람에 아주 어린 나이에 죽고 말았다. 어린아이의 병에 공포심이 생긴 어머니는 어린 두 아들이 첫아이의 운명을 밟지 않도록 보호하려고 했다. 그래서 망델브로를 학교에 보내는 대신에 삼촌에게 가정교사를 맡겨 가르치게 했다. 이 삼촌은 아버지 가족의 틀에 딱 들어맞는 전형적인 인물로, 교육을 잘 받았지만 직업이 없었고, 비전秘傳 지식에 관심이 많았다. 그는 암기식 교육을 경멸했기 때문에 망델브로에게 산술이나 알파벳 같은 일상적인 지식을 가르치는 데에는 별로 신경 쓰지 않았다(망델브로는 물리학 부문 울프상 수상 연설에서 어린 시절에 구구단을 외우지 않아 아직도 곱셈을 하는 데 어려움을 겪는다고 털어놓았다).[6] 대신에 삼촌은 창조적 사고와 독서를 강조했다. 망델브로는 체스를 두고 지도를 들여다보면서 대부분의 시간을 보냈다.

그 당시 바르샤바는 대공황에 큰 타격을 입었고(서유럽이나 미국보다 훨씬 심하게), 아버지의 직물 사업은 1931년에 사실상 파산 상태에 이르렀다. 그러자 아버지는 프랑스로 가기로 결심했는데, 경제 상황이 조금이나마 나은 그곳에서 돈을 벌면 멀리 폴란드에 있는 아내와 자식들을 부양할 수 있으리라 기대했다. 하지만 바르샤바에서 대가족을 이루어 살아온 망델브로 가족은 이 도시에 애착이 컸다. 그래서 아버지는 훗날 폴란드로 다시 돌아와 이전에 하던 사업을 하며 살아가길 원했다. 하지만 1930년대가 흘러가는 동안 대공황의 그늘은 점점 더 어두워졌고, 폴란드의 상황은 더욱 불안정해졌다. 민족적 폭력과 정치적 폭력도 증가했다. 유대인인 망델브로 가족은 바르샤바가 그들에게 위험한 곳으로 변해가는 것을 느꼈다. 그래서 어머니는 챙길 수 있는 것을 최대한 챙겨 자식들을 데리고 남편이 있는 파리로 갔다. 비록 그 당시에는 어려운 결정이었지만, 파리로 옮기기로 한 결정은 망델브로 가족의 목숨을 구했다. 제2차 세계대전 직전에 폴란드에 살고 있던 유대인은 300만 명이 넘었지만, 홀로코스트 이후에는 수십만 명만 살아남았다.[7]

숄렘은 망델브로의 아버지보다 먼저 파리로 가 살고 있었다. 그는 1919년에 완전히 다른 종류의 난민으로 프랑스에 왔다. 제1차 세계대전 직후에 폴란드 수학계는 바츠와프 시에르핀스키Wacław Sierpiński라는 젊은 수학자가 지배했다. 시에르핀스키는 집합론에 몰두했다. 그는 자신이 선호하는 수학 연구 방식을 전투적일 정도로 옹호했고, 바르샤바의 대학원생에게 성공하려면 자신을 따르라고 강요할 만큼 충분한 힘을 갖고 있었다. 훗날 숄렘은 기하학적 성향이 강한 망델브로에게 견딜 수 없을 정도로 엄격해 보였을지 모르지만, 그러한 숄렘조차도 시에르핀스키의 방식을 너무 엄격하다고 여겼다. 그래서 숄렘은 시에르핀스키가 요구한 주제를 연구하길 거부하고 파리로 달아났다. 그 당시 프랑스의 지배적인 수학 이데올로기는 숄렘의 마음에 쏙 들었다. 아이러니하게도 시에르핀스키는 프랙털 도형의 한 예인 '시에르핀스키 삼각형'이라는 특이한 기하학 도형을 발견했다.

망델브로는 파리에 도착하고 나서야 유명한 수학자 삼촌을 처음 만났다. 그때 망델브로의 나이는 열한 살이었다. 두 사람은 훗날에는 견해차를 보였지만, 초기의 관계는 망델브로의 성장에 큰 영향을 미쳤다. 망델브로는 프랑스어를 전혀 하지 못했기 때문에, 자기 나이보다 두 학년 낮춰 학교에 들어갔다. 배우는 것에 관심을 갖게 하고 재능을 자극하려고 숄렘은 망델브로에게 수학을 약간 가르쳤다. 망델브로가 수학에 흥미를 느끼고 그 길로 나아간 데에는 이 시기에 숄렘에게서 받은 영향이 컸다. 경제적으로나 정치적으로 어려운 상황이었지만, 숄렘의 지도 덕분에 망델브로는 새로운 고향에서 잘 살아갈 방법을 발견했다.

불행하게도 그런 상황은 오래 지속되지 않았다. 1940년에 독일이 프랑스를 침공하는 바람에 망델브로 가족은 또다시 피난을 가야 했다.

***

영국의 해안선 길이는 얼마나 될까?[8] 이것은 아주 간단한 질문처럼 보인다. 유능한 측량 기사들을 동원하면 간단히 해결될 문제라고 생각하기 쉽다. 하지만 이것은 실제로는 얼핏 생각하는 것보다 훨씬 복잡한 문제이다. 여기에는 아주 깊은 수수께끼가 숨어 있는데, 이것을 해안선 역설이라 부른다. 해안선 길이를 알려면 자를 가지고 측정을 해야 한다. 수수께끼는 바로 자의 길이를 얼마로 해야 하느냐 하는 문제에서 비롯된다. 스코틀랜드 북단의 래스곶※에서 콘월 지방 서남단의 펜잔스까지 죽 뻗을 정도로 엄청나게 긴 자를 가지고 시작한다고 생각해보자. 이 자를 사용해 측정하면 해안선 길이를 대략 알 수 있다.

하지만 정확한 값이라고는 절대로 말할 수 없는데, 해안선 모양은 직선과 거리가 멀기 때문이다. 영국의 해안선은 브리스틀 해협과 아일랜드해에서 쑥 들어갔다가 웨일스 부근에서 다시 불룩 튀어나오기 때문에, 긴 직선 자 하나로는 해안선 길이를 제대로 측정할 수 없다. 더 정확한 측정을 하려면 더 짧은 자를 사용해야 한다. 많은 반도와 만의 굴곡까지 측정에 충분히 포함할 만큼 짧은 자라야 한다. 이번에는 펜잔스에서 브리스틀까지 길이를 재고, 그다음에는 브리스틀에서 웨일스의 세인트데이비즈까지, 그리고 세인트데이비즈에서 웨일스 서북단의 카멜헤드까지 직선거리를 재는 식으로 해안선에 늘어선 지점들 사이의 거리를 재 모두 더하기로 하자. 이렇게 해서 얻은 거리는 처음에 계산한 거리보다 상당히 크겠지만, 더 정확할 것이다.

그런데 이제 어떤 패턴이 나타나기 시작한다. 이번에 사용한 자 역시 처음의 훨씬 긴 자와 마찬가지로 해안선 길이를 대략 잰 것이다. 이

자를 사용하면, 카디건만의 굴곡은 전혀 반영되지 않으며, 콘월 지방과 웨일스 해안을 따라 늘어선 수십 개의 작은 항구와 작은 만은 말할 것도 없다. 이런 굴곡을 더하면 상당히 긴 거리가 나오는데, 이런 특징을 반영하려면 더 작은 자를 사용해야 한다. 하지만 이전보다 더 작은 자를 사용하더라도, 또 같은 문제가 나타날 것이다. 사실, 어떤 길이의 자를 선택하더라도, 그 자를 사용해 측정한 해안선 길이는 '항상' 실제 길이보다 짧을 수밖에 없다. 다시 말해서, 더 작은 자를 선택할수록 해안선 길이는 더 길어진다.

바로 여기서 역설이 생겨난다. 더 정밀한 측정 도구를 선택할수록 측정값이 더 정확해지는 일은 흔하다. 냄비 속에 손을 담그면 냄비의 물이 얼마나 뜨거운지 대충 알 수 있다. 하지만 알코올 온도계를 사용하면 그것을 더 정확하게 알 수 있으며, 첨단 디지털 온도계를 사용하면 몇분의 1도 이내의 오차로 정확하게 알 수 있다. 어떤 의미에서는 부정확한 도구가 측정 오차를 낳는 원인이 되며, 도구를 더 정밀하게 만들수록 실제 온도에 더 가까운 측정값을 얻을 수 있다. 하지만 해안선의 경우에는 측정 도구를 아무리 정밀한 것을 사용하더라도(즉, 아무리 짧은 자를 사용하더라도), 측정값은 항상 실제 값보다 작을 수밖에 없다. 어떤 의미에서 해안선은 길이가 없다고 말할 수 있다.[9] 적어도 직선이나 원 같은 도형이 가진 것과 같은 종류의 길이는 없다.

망델브로는 1967년에 쓴 획기적인 논문에서 해안선 역설을 다루었다. 이것은 그가 프랙털 도형을 다룬 최초의 연구 중 하나였다.[10] 왜냐하면, 해안선 모양은 프랙털이라는 것이 드러났기 때문이다(프랙털이라는 용어는 망델브로가 1975년에 가서야 만들지만), 해안선(그리고 다른 프랙털 도형들)은 수학적 관점에서 볼 때 아주 놀라운 도형인데, 자기 유사성이라는 성질을 갖고 있기 때문이다. 자기 유사성은 그 물체가 전체와 똑같이 생긴 부분들로 이루어져 있다는 뜻이다. 그리고 그 부분들은 다시 전체와 똑같이 생긴 더 작은 부분들로 이루어져 있으며, 더 작은 부분들은 다시…… 이렇게 끝없이 같은 패턴이 반복된다. 만약 영국 서해안 전체를 가지고 시작해 그것을 전체와 똑같아 보이는 작은 부분들로 쪼갠다면, 이렇게 쪼갠 각각의 부분이 전체 해안선과 같아 보인다는 사실을 발견할 것이다. 해안선의 작은 부분 역시 전체 해안선과 마찬가지로 작은 만들과 반도들을 포함하고 있다. 그리고 이 작은 부분 하나를 더 잘게 쪼갠다면, 잘게 쪼갠 각각의 부분들 역시 큰 구조와 똑같은 특징을 나타낸다.

주변에서 자기 유사성을 찾아보면, 그것이 자연 도처에 퍼져 있는 특징이라는 사실을 금방 깨닫게 된다. 산꼭대기는 전체 산을 축소해 놓은 것처럼 보이고, 나뭇가지는 더 작은 나뭇가지들이 달린 작은 나무처럼 보이며, 전체 강은 더 작은 강들과 강어귀들로 이루어져 있다. 이 원리는 심지어 사회에서도 성립하는 것처럼 보인다. 훗날 망델브로가 지적한 것처럼 전투는 작은 충돌들로 이루어져 있고, 전쟁은 전체 전쟁의 축소판인 전투들로 이루어져 있다.

***

제2차 세계대전이 일어나자, 망델브로 가족은 파리에서 격렬한 전투가 일어나리라 예상하고서 파리를 떠나 코레즈주 튈로 피난했다. 이번 결정 역시 선견지명이 있었다. 그들은 나치가 프랑스를 침공하기 불과 몇 개월 전인 1939년 후반에 파리를 떠났다. 튈로 간 것도 탁월한 선택이었다. 프랑스에서도 멀리 남쪽에 위치해 얼마 후 프랑스 내 비점령 지역(비시 프랑스)에 속했기 때문이다.

비시 정부는 독일에 협력했지만, 남부 지역의 반유대주의는 독일군 점령 지역에 비해 심하지 않았다.[11] 최소한 몇 년 동안 망델브로는 튈에서 중등학교를 다닐 수 있었다. 이제 프랑스어에도 능통해 곧 학습 진도를 따라잡았고, 1942년에 독일이 프랑스를 완전히 지배할 무렵에는 동년배 아이들과 함께 수업을 받을 정도가 되었다. 하지만 망델브로 가족은 늘 언제 강제 추방당할지 모르는 두려움 속에서 지냈다. 1940년, 비시 정부는 1927년 이후에 귀화한 모든 이민자의 지위를 재조사하기 시작했다. 그래서 약 1만 5000명(그중 대부분은 유대인)의 시민권을 박탈했는데, 이것은 독일의 강제 수용소로 보내기 위한 사전 작업이었다. 비록 망델브로 가족은 작은 도시 튈에서 주목을 끌지 않고 지낼 수 있었지만, 늘 위험의 그림자가 어른거렸다.

1942년이 되자 상황이 더 나빠졌다. 11월 8일, 영국군과 미군은 프랑스령 북아프리카를 공격했다. 그러자 독일은 연합군의 유럽 공격을 예상하고서 프랑스 남부까지 점령 지역을 확대했다. 독일군과 함께 게슈타포도 따라왔고, 프랑스 남부가 독일군 기갑 사단의 집결지가 되자 튈조차 작은 전투 지역으로 변했다. 튈은 인구가 수천 명에 불과

한 소도시였지만, 전통적으로 코레즈주의 주도였다. 프랑스 남부 지역에 주둔하는 독일군 병력이 늘어나자, 튈은 비시 정부의 잔존 세력과 레지스탕스 지도자들 모두에게 전략적으로 중요한 장소가 되었다. 망델브로 가족은 그동안 별로 알려지지 않은 소도시라는 특성 때문에 튈에서 유대인 신분을 숨긴 채 살아왔지만, 이제 더 이상 그것에만 의지할 수 없게 되었다.

망델브로는 자전적 글과 인터뷰를 통해 전쟁이 자신의 교육에 미친 영향을 자주 언급했다. 1942년에 중등학교를 졸업한 망델브로는 자신이 갈 수 있는 지역이 크게 제한돼 있어 그랑제콜에 진학할 수 없다는 사실을 깨달았다(여기서 그의 교육은 바슐리에가 겪었던 좌절을 떠오르게 한다. 바슐리에 역시 그랑제콜에 들어갈 수 없었다). 하지만 망델브로는 학교를 졸업하고 나서 1년 반 동안 "매우 어려운" 시기를 보냈고, "끔찍한 불행을 겪을 뻔한 적이 여러 번" 있었다고 언급한 것 외에는 이 시기에 자신이 겪은 일을 자세히 이야기한 적이 없다.[12]

학교를 다니는 것은 더 이상 생각도 할 수 없고, 또 주목을 끌지 않아야 했기 때문에, 망델브로는 도시 지역을 피해 자주 이리저리 옮겨 다녔다. 그는 레지스탕스 대원들과 함께 살았는데, 그들은 그를 받아들이고 숨겨주었다. 현지 프랑스인 주민인 양 가장하기 위해 잡일도 마다하지 않았다. 몇 달 동안은 말 사육사로 일했고, 프랑스 철도에 필요한 도구를 납품하는 도구 제작자의 조수로 일하기도 했다. 하지만 방문 판매원으로서는 능력이 시원찮았던 것 같다. 대학에 들어가 제대로 교육을 받지 못했던 이 시기에 망델브로는 구할 수 있는 몇 권의 책에 몰입했는데, 늘 가지고 다니면서 기회가 있을 때마다 읽었다 (하지만 말 사육사로 위장하려는 사람에게는 그다지 현명한 짓이 아니었다).

강제 추방(그리고 필시 처형까지)을 가까스로 모면한 적이 적어도 한 번 있었다. 하지만 대체로 독일군의 눈에 띄지 않고 잘 피해 다녔다. 아버지는 아슬아슬하게 위험을 모면한 적이 있었다. 훗날 망델브로가 들려준 이야기에 따르면, 아버지는 이 시기에 체포되어 근처에 있던 수용소로 이송되었다. 얼마 후, 레지스탕스가 이 수용소를 공격해 경비병들을 무장 해제하고 수감자들을 풀어주었다. 하지만 레지스탕스 대원들은 수용소를 방어할 전력이 없었기 때문에 독일군 지원 병력이 오기 전에 수감자들에게 빨리 도망치라고 권했다.

탈출 계획이나 안전한 탈출로가 전혀 없었던 수감자들은 가장 가까운 대도시인 리모주를 향해 도로를 따라 무리를 지어 걸어갔다. 하지만 수용소를 떠난 지 얼마 지나지 않아 아버지는 그것이 매우 나쁜 선택이라고 판단했다. 그들은 탁 트인 도로 위로 큰 무리를 지어 이동하고 있었다. 그렇게 이동하다간 독일군의 눈에 발각되는 것은 시간문제였다. 다른 사람들이 자신의 의견을 받아들이지 않자, 아버지는 무리에서 이탈해 혼자 행동하기로 마음먹었다. 자신이 체포되기 전에 가족들이 숨어 있던 곳으로 천천히 돌아가기로 계획을 세우고 서둘러 근처 숲을 향해 발걸음을 옮겼다. 그렇게 황야를 걸어가고 있을 때, 뒤에서 들려오는 소리에 가슴이 철렁했다. 독일군의 급강하 폭격기가 도로를 걸어가던 수감자를 발견하고 공격했던 것이다.

전시의 삶은 하루 앞을 예측하기 어렵다. 토머스 핀천Thomas Pynchon 의 소설 《중력의 무지개(Gravity's Rainbow)》에 로저 멕시코Roger Mexico라 는 통계학자가 나온다. 그의 임무는 제3제국이 막바지에 이른 시기에 독일군이 발사한 V-2 로켓이 런던의 어디쯤 떨어질지 추적하는 것이 었다. 그는 로켓이 어떤 통계적 분포(도시 중 어느 곳에 떨어질 확률이 모두 똑같다고 가정할 때 예상할 수 있는)에 따라 떨어진다는 사실을 발견했다. 주변 사람들은 살아남기 위해 로켓의 변덕스러운 경로를 피하려고 노 력했고, 그러기 위해 행동에 많은 제약이 따르는 삶을 살았다. 멕시코 의 도표와 그래프는 그 뒤에 숨어 있는 패턴을 암시했는데, 그 패턴을 분석해 다음번 로켓이 어디에 떨어질지 예측할 수 있었다.

어떤 지역에는 로켓이 비교적 자주 떨어지는 반면, 어떤 지역에는 거의 떨어지지 않는 것처럼 보였다. 하지만 이 패턴이 다음번 로켓이 어디에 떨어질지 알려준다고 가정한다면, 룰렛 게임에서 어떤 숫자가 '나올' 때가 되었다고 믿는 도박사와 같은 오류를 범하는 셈이다. 멕시 코도 이 점을 잘 알았다. 그래도 멕시코는 그 데이터에 유혹을 느꼈는 데, 그 패턴의 무작위성 자체에 그 힘을 거머쥘 열쇠가 숨어 있는 것처 럼 보였기 때문이다. 사실, 이것은 아주 유혹적인데, 적어도 여러분이 다음번 로켓이 떨어질 거리에 서 있다면 더욱 그렇다.

하지만 수학적으로는 이런 종류의 무작위성은 약한 수준이다. V-2 로켓은 하루에 몇 차례씩 대략 런던 쪽을 향해 발사되었다. 세인트폴대성당이나 해머스미스에 로켓이 떨어질 확률을 계산하는 것은 룰렛 공이 빨간색 25번으로 들어갈 확률이 얼마인지 계산하는 것과 비슷하다. 사실, 우리가 무작위적이라고 생각하는 상황 중 많은 것은 이것과 비슷하다. 그런 상황이 너무 많다 보니 우리는 무작위적 사건은 모두 다 동전을 던지는 것이나 단순한 카지노 게임과 같다는 생각에 빠지기 쉽다.

이 가정은 많은 현대 금융 이론의 바탕을 이루고 있다. 바슐리에가 주가가 무작위 행보를 할 경우 시간이 지나면서 어떻게 변할지 상상한 상황을 생각해보라. 매 순간, 마치 신이 동전을 던지는 것처럼 주가는 조금씩 오르거나 내릴 것이다. 바슐리에는 만약 이것이 실제로 일어나는 일을 근사적으로 훌륭하게 나타낸 것이라면, 주가 분포는 종형 곡선, 곧 정규분포곡선으로 나타나리란 사실을 발견했다. 물론 오스본은 이것은 정확하게 옳은 것은 아니라고 지적했다. 실제로는 신이 동전을 던질 때마다 주가는 정해진 어떤 양이 아니라 정해진 어떤 '비율'만큼 변할 것으로 예상된다. 이 수정을 통해 수익률이 정규분포곡선을 그리며, 주가는 로그 정규분포곡선으로 나타난다는 결론을 얻었다.

정규분포는 자연의 온갖 장소에서 나타난다.[13] 세계에서 어느 지역에 사는 모든 남자의 키를 조사해 그중 키가 165cm인 사람, 175.5cm인 사람……이 각각 몇 명인지 분류하면, 그 결과는 정규분포곡선으로 나타난다. 온도계 1000개를 사용해 자신의 체온을 측정해도, 각각의 결과는 정규분포곡선으로 나타난다. 만약 앞면이 나올 때마다 1달러를 따고 뒷면이 나올 때마다 1달러를 잃는 동전 던지기 게임을 한다면, 많은 횟수의 게임 끝에 여러분의 수익을 지배하는 확률은 정규분포곡선처럼 보일 것이다. 이것은 아주 편리하다. 정규분포는 이해하기 쉽고 다루기도 쉽다. 예를 들어 만약 어떤 것이 정규분포를 나타내고, 표본 크기가 충분히 크다면, 표본의 평균값은 특정 수치에 수렴하는 경향이 있다. 백인 남자는 평균적으로 키가 172.5cm이고, 몸이 아프지 않은 한 온도계 1000개가 나타내는 체온은 평균 37℃이다. 그리고 동전 던지기 게임에서 얻는 평균 수익은 0에 수렴한다.

이 규칙은 확률 분포에 적용한 큰 수의 법칙으로(즉, 확률을 장기간에 걸쳐 사건이 일어나는 빈도와 연결시킴으로써 베르누이가 발견한 원리를 일반화시킨 것으로) 생각할 수 있다.[14] 이 규칙은 남자의 키가 정규분포의 지배를 받는 것처럼 만약 어떤 사건이 특정 확률 분포에 지배를 받는다면, 충분히 큰 표본을 선택할 경우 새로운 사례들은 평균값 자체에 그다지 큰 영향을 미치지 않는다고 말한다. 특정 지역에서 충분히 많은 남자의 키를 측정했을 경우, 한 남자의 키를 더 측정한다고 해도 평균 키에는 그다지 큰 변화가 없을 것이다.

하지만 모든 확률 분포에 큰 수의 법칙이 항상 성립하는 것은 아니다.[15] 앞에서 예로 든 주정뱅이의 위치는 큰 수의 법칙이 성립한다. 주정뱅이는 무작위 행보를 하므로, 동전 던지기 게임에서 평균 수익이 0으로 수렴하는 것처럼 평균적으로 그는 출발점에 위치한다. 하지만 호텔로 돌아가려고 애쓰는 주정뱅이 대신에 술에 취한 총살형 집행대의 경우에는 어떤 결과가 나올까? 각각의 집행자는 총을 든 채 벽을 마주 보고 선다(편의상 벽이 무한히 길다고 가정하자). 길을 걸어가는 주정뱅이처럼 총살형 집행대의 주정뱅이들도 이리저리 비틀거리며 걸음을 뗄 수 있다. 그리고 자세를 바로잡고 총을 쏠 때에는 총알이 어느 방향으로 날아갈지 알 수 없다. 총알은 정면의 벽에 가 박힐 수도 있고, 오른쪽으로 30m쯤 벗어난 곳에 가 박힐 수도 있다(혹은 총이 완전히 엉뚱한 방향을 향해 총알이 벽을 완전히 벗어날 수도 있다).

이제 총살형 집행대가 표적을 세워놓고 수천 발의 사격 훈련을 한다고 상상해보자. 만약 각각의 총알이 벽에 박히는 장소(벽에 맞는 것만 세어)를 기록한다면, 이 정보를 이용해 어떤 총알이 벽에서 특정 부분에 박힐 확률에 해당하는 분포를 얻을 수 있다. 이 분포를 정규분포와 비교해보면 상당히 다르다는 걸 알 수 있다. 주정뱅이 총살형 집행대가 쏜 총알들은 대부분 벽 가운데 부분에 박혀 있다. 정규분포가 예측하는 것보다 더 많이 말이다.

이 확률 분포를 코시 분포Cauchy distribution라 부른다. 이 분포의 좌측과 우측은 정규 분포만큼 빨리 0으로 수렴하지 않기 때문에(왜냐하면, 벽 중앙에서 멀리 떨어진 부분들에 가서 박히는 총알들이 비교적 많으므로), 코시 분포는 '두꺼운 꼬리'를 가졌다고 이야기한다('그림 3'이 코시 분포를 보여준다).

코시 분포에서 아주 놀라운 특징 하나는 큰 수의 법칙이 성립하지 않는다는 것이다. 총살형 집행대가 발사한 총알들의 평균 위치는 결코 고정된 어떤 수에 수렴하지 않는다. 만약 총살형 집행대가 총알을 1000발 발사했다면, 총알이 박힌 곳의 위치를 모두 다 합쳐 평균값을

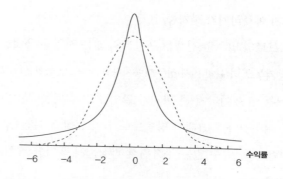

코시 분포

수익률

-6   -4   -2   0   2   4   6

그림 3 긴 호텔 복도에서 자기 방을 찾아가려는 주정뱅이의 위치는 정규분포의 지배를 받는다. 하지만 모든 무작위적 과정이 정규분포의 지배를 받는 것은 아니다. 주정뱅이 총살형 집행대가 발사한 총알이 벽에 가 박히는 위치는 코시 분포라는 다른 종류의 분포를 나타낸다(주정뱅이 총살형 집행인들이 총알을 발사하는 '각도'는 정규분포의 지배를 받는다는 사실에 유의하라. 코시 분포의 지배를 받는 것은 총알이 벽에 가 박히는 위치이다!). 코시 분포(이 그림에서 실선으로 표시된 부분)는 중앙값 부근에서는 정규분포(점선)보다 폭이 좁고 높이가 더 높지만, 꼬리가 처지는 속도는 더 느리다. 이것은 분포의 중앙에서 멀리 벗어난 곳에서 사건이 일어날 확률이 정규분포가 예측하는 것보다 더 크다는 뜻이다. 이런 이유로 코시 분포는 '꼬리가 두꺼운' 분포라고 부른다. 망델브로는 꼬리가 두꺼운 분포의 지배를 받는 현상을 '거칠게 무작위적'이라고 불렀는데, 훨씬 극단적인 사건이 더 많이 일어나기 때문이다.

내놓을 수는 있다(동전 던지기 게임을 하면서 승패의 결과를 평균할 수 있는 것처럼). 하지만 이 평균값은 매우 불안정하다. 집행자 중 한 명이 방향을 아주 많이 틀어서 다음번에 발사할 때에는 총알이 벽과 거의 평행하게 날아갈지도 모른다. 그것은 그런 식으로 100km나 날아갈 수도 있으며(사용한 총의 성능이 아주 좋다면), 이 새로운 결과를 추가할 경우

평균값은 이전과 크게 달라질 수 있다. 이 분포의 두꺼운 꼬리 때문에 주정뱅이 총살형 집행대의 총알들이 어디에 박힐지는 그 장기적 평균 위치조차 예측하기가 불가능하다.

망델브로의 말처럼 전쟁은 프랑스의 넓은 지역을 오랫동안 무풍지대로 남겨놓았다(특히 비시 정부가 통치하던 처음 2년 동안은). 그러다가 갑자기 '폭풍'이 몰아닥쳐 큰 파괴가 일어났고, 그다음에는 다시 고요한 시기가 이어졌다.[16] 그래서 망델브로가 이 돌발적 사건들, 즉 카지노 게임처럼 길들일 수 없는 무작위적 과정들에 흥미를 느낀 것은 어쩌면 놀라운 일이 아닐 수도 있다. 그는 코시 분포를 따르는 사건을 무작위 행보가 보여주는 평범하고 약한 무작위성과 구별하기 위해 '거칠게 무작위적'이라고 불렀고, 자신의 경력 중 많은 부분을 그것을 연구하는 데 바쳤다. 망델브로가 연구자로 경력을 시작했을 때, 대부분의 통계학자는 세계가 정규분포 사건들로 가득 차 있다고 생각했다. 비록 코시 분포와 꼬리가 두꺼운 그 밖의 분포가 가끔 나타나긴 하지만, 그것들은 예외로 간주했다. 하지만 망델브로는 예외라는 이 사건들이 얼마나 많이 존재하는지 보여주었다.

영국 해안선 문제로 다시 돌아가 보자. 갑岬(바다 쪽으로 돌출된 땅-편집자)이나 땅이 해안선에서 불쑥 돌출한 부분의 평균 크기를 알고 싶다고 하자. 충분히 측정 가능한 크기인 바위나 방파제 같은 것을 살펴봄으로써 시작할 수도 있다. 이 모든 것의 평균 크기를 측정한다. 하지만 이 일은 끝이 보이지 않는다. 이러한 방파제나 돌출 부분은 작은 반도들의 일부에 불과하다는 사실이 드러나기 때문이다. 그래서 여러분은 점점 깊은 토끼굴 속으로 들어간다는 걸 느끼면서도 측정 장비를 꺼내 이번에는 작은 반도들의 크기를 모두 재기 시작한다. 작은 반도들은 많진 않지만, 이미 측정한 바위나 둑보다 '훨씬' 크다. 그리고 이번에 새로 잰 것들의 평균은 처음에 쟀던 것들의 평균과 완전히 다르다. 게다가 콘월주처럼 훨씬 큰 돌출 구조는 아직 계산에 넣지도 않았다. 혹은 영국 서해안 전체도 계산에 집어넣지 않았다. 넓은 지질학적 관점에서 보면 영국 서해안 역시 유라시아 본토에서 불쑥 돌출한 부분에 지나지 않는다. 또한, 더 작은 구조들도 고려할 필요가 있다. 폭이 몇 미터쯤 되는 바위는 계산에 집어넣으면서 폭이 수십 센티미터인 돌은 왜 집어넣지 않는단 말인가?

  그물을 더 넓게 던질 때마다 평균은 크게 변한다. 그것은 절대로 하나의 수로 수렴할 것 같지 않다. 시시포스와 같은 처지에 빠진 측량자에게는 매우 실망스러운 소식일지 모르지만, 해안선에서 어떤 특징적 구조의 평균 크기를 예상하는 것은 불가능하다. 이것은 프랙털의 일반적 속성으로, 바로 자기 유사성에서 비롯된 속성이다.[17] 어떤 관점에서 보면 프랙털은 아름다운 질서를 갖고 있고 규칙적이지만, 다른 관점에서 보면 거칠게 무작위적이다. 그리고 망델브로가 믿은 것처럼 프랙털이 도처에 널려 있다면, 세상은 극단적인 것들이 지배하는 장소이고, 이곳에서 평균과 정상에 대한 우리의 직관적 개념은 우리를 잘못된 길로 안내할 뿐이다.

＊＊＊

망델브로는 자세한 이야기를 털어놓지는 않았지만, 1943년 말에 프랑스 레지스탕스 대원들과 함께 숨어 지내면서 겪었던 특별히 참혹한 경험을 종종 언급했다. 그 일 이후 그의 보호자들은 그가 튈에 머물러서는 안 되겠다고 판단하고 리옹에 있는 예비학교에서 대학원생으로 지내도록 주선했다.

망델브로를 그곳으로 옮기자는 것은 위험한 제안이었다. 리옹은 프랑스 남부에서 유대인과 레지스탕스 지지자들에게 아주 위험한 도시 중 하나였는데, 망델브로는 두 가지 다 해당했다. SS 장교 클라우스 바르비Klaus Barbie가 도시 중심부 인근 호텔에서 현지 게슈타포 전초 기지를 지휘했다. 리옹의 도살자란 별명으로 널리 알려진 바르비는 훗날 이 지역의 유대인 약 1000명을 강제 추방한 혐의로 전범으로 기소된다.[18] 어느 모로 보나 망델브로는 시골 장인으로 보이지 않았기 때문에, 그를 아끼던 레지스탕스 대원들은 그가 사람들의 눈길을 끌지 않는 장소를 원했다. 그래서 자연스럽게 선택된 곳이 학교였다. 망델브로는 나이도 딱 맞았고, 또 대학원생처럼 행동했다. 그는 가짜 신분증으로 학교 생활을 하면서 기숙사에서 머물기로 했다. 하지만 이렇게 철저한 위장에도 불구하고, 망델브로는 학교 운동장 밖으로 나가는 모험은 감히 꿈도 꿀 수 없었다. 그는 학생처럼 보이기도 했지만 죄수처럼 보이기도 했기 때문이다.

위장을 철저하게 하기 위해 망델브로는 수업도 들었다. 하지만 그가 많은 것을 배우리라고 기대한 사람은 아무도 없었다. 그 학교는 아주 우수한 학생들이 그랑제콜 입학에 필요한 시험을 통과하려고 준비하는 곳이었다. 그래서 경쟁이 치열했고 학습 진도도 아주 빨랐다. 망델브로는 1942년 봄부터 1944년 초까지 학교를 전혀 다니지 않았기 때문에, 이 학교에 들어갔을 때 또다시 동년배들에 비해 크게 뒤처졌다. 급우들의 자질과 유리한 출발을 고려하면, 망델브로가 그들을 따라잡는다는 것은 사실상 불가능했다.

처음에는 모든 것이 예상대로 흘러갔다. 망델브로는 교실에 조용히 앉아 학생인 척했다. 학습 내용은 하나도 이해하지 못했다. 그렇게 일주일이 지나고 또 일주일이 지나갔다. 수학 시간에 선생님은 학생들에게 추상대수학 문제들을 풀라고 내주었는데, 시간 제한이 있는 시험에 대비하기 위해 가능하면 빨리 풀라고 했다. 망델브로는 여전히 아무것도 이해하지 못했다. 문제들이 무엇을 뜻하는지 추측할 수는 있었지만, 어떻게 풀어야 할지 전혀 감도 잡지 못했고, 다양한 방법들을 논의하는 이야기는 귀에 들어오지도 않았다. 그러다가 놀라운 일이 일어났다. 어느 날, 선생님이 어떤 문제를 풀라고 내놓자, 망델브로의 마음속에 어떤 이미지가 떠올랐다. 그러고는 아무 생각 없이 손을 들었다. 선생님은 놀란 표정으로 망델브로를 지명했다. "이것은 이 두 면이 서로 교차하지 않는지 묻는 것과 같은 문제가 아닌가요?" 망델브로는 마음속에 떠오른 두 도형을 설명하면서 이렇게 물었다. 선생님은 두 문제가 같다는 데 동의했지만, 목적은 그것을 기하학적으로 해석하는 것이 아니라 문제를 빨리 푸는 것이라고 했다.

망델브로는 반론에 말문이 막혀 다시 의자에 앉았다. 하지만 선생님이 다음 문제를 읽어주자, 또다시 그것을 공간적으로 생각해보려고 노력했다. 그러자 문제에 나오는 도형들이 어떤 것인지 금방 알 수 있었다. 곧 망델브로는 자신의 방법을 신뢰할 수 있다는 사실을 깨달았다. 그는 추상대수학 문제를 시각화하는 '별난'(그의 표현을 빌리면) 재능이 있었던 것이다. 하지만 선생님이 지적했듯이, 문제를 기하학적으로 해석하는 것만으로는 시험에 아무 도움이 되지 않았기 때문에, 망델브로는 자신의 재능을 어떻게 하면 잘 활용할 수 있을지 생각하기 시작했다. 기하학적 직관만으로는 문제를 푸는 방법을 알 수 없었다. 최소한 선생님이 원하는 방식으로는 풀 수 없었다. 하지만 답이 어떤 것이 되어야 하는지는 금방 추측할 수 있었고, 그 추측은 거의 옳았다. 그러자 부족한 준비 과정과 특이한 지위에도 불구하고, 망델브로는 얼마 지나지 않아 학교에서 인정을 받았다.

1944년 여름에 해방이 찾아왔다. 망델브로 가족은 8월 말에 파리로 돌아갔다. 망델브로는 리옹에 한 학기인 6개월만 머물렀지만, 그곳에서 경험한 것은 인생의 진로를 바꿔놓았다. 그는 많은 것을 배웠고 기하학에 특별한 재능이 있다는 사실을 발견했다. 하지만 무엇보다 중요한 것은 배움에 대한 흥미가 되살아났다는 사실이었다. 그래서 그랑제콜 시험 준비를 계속하기로 마음먹었고, 1944년에 파리의 명문 예비학교에 들어갔다. 시험에서 좋은 성적을 거둔 그는 가장 유명한 고등사범학교를 비롯해 여러 그랑제콜에 입학할 자격을 얻었다.

망델브로는 고등사범학교를 딱 이틀만 다니고는 상아탑 생활은 자신의 체질에 맞지 않는다고 판단했다. 학교를 떠나 있는 동안 현실 세계의 문제를 지나치게 의식하게 되었다. 망델브로는 즉각 더 실용적이고 과학 교육에 초점을 맞춘 에콜폴리테크니크로 옮겼다. 이 선택은 망델브로가 장차 학계에서 나아갈 길을 예고했다. 순수와 응용의 갈림길에 설 때마다 망델브로는 항상 응용 쪽을 선택했다. 그럼으로써 망델브로는 자신의 '별난' 기하학적 재능을 이전에는 간과돼왔거나 너무 어려워서 풀 수 없는 것처럼 보이던 응용 문제를 푸는 데 쏟아부을 수 있었다. 그보다 앞서 바슐리에가 했던 것과 마찬가지로 망델브로는 자신의 수학적 재능을 사용해 이전에 누구도 생각하지 못했던 질문을 던졌고, 그 답을 발견해 과학자들이 세계를 바라보는 방식을 바꾸어놓았다.

＊

시간이 한참 지난 뒤, 망델브로는 자신이 놀라운 업적을 이룬 요인 두 가지를 꼽았다. 첫째는 중간에 종종 중단되면서 받았던 비정상적 교육이었다. 망델브로는 결국 그랑제콜에 입학해 박사 학위까지 받았지만, 그 여정은 결코 순탄하지 않았는데, 그 과정에서 임기응변 능력과 독립적 기질이 발달했다. 만약 전통적인 과정에 따라 교육을 받았더라면, 그런 능력을 키우기 힘들었을 것이다. 둘째는 지적 퍼즐의 다양한 조각을 접하게 해준 일련의 우연한 발견들이었다. 삼촌이 면전에 던진 비평 때문에 알게 된 지프의 법칙도 그런 발견 중 하나였다. 또 하나는 몇 년 뒤 망델브로가 대학원을 졸업한 직후에 일어났다.

그 당시 망델브로는 물리학의 산업화에 큰 혜택을 받은 회사인

IBM에서 일하고 있었다. 망델브로는 지도 교수 없이 대학원을 마친 것에 종종 자부심을 내비쳤지만, 그것은 일자리를 구할 때에는 전혀 도움이 되지 않았다. 프린스턴대학의 고등연구소에서 박사 후 연구원 생활을 잠깐 즐기다가 유럽으로 돌아가 프랑스 정부의 연구 센터인 CNRS에서 열역학 연구를 잠깐 했다. 하지만 정식 교직원 자리는 얻기가 어려웠고, 그래서 수학계에 느끼기 시작한 환멸이 점점 커지기만 했다. 그러다가 1958년에 IBM에서 연구부 과학자로 일해달라는 제의를 받자, "그때 IBM의 제의를 받아들이는 것이 그다지 특별한 장점이 없었는데도"(그의 표현에 따르면) 불구하고 덥석 그 제의를 받아들였다.[19]

　IBM 연구부의 목표 중 하나는 새로 개발한 컴퓨터를 응용할 곳을 찾는 것이었다. 망델브로는 경제 부문의 데이터를 연구하는 일을 배정받았다. 상사들은 만약 망델브로가 경제를 다루는 데 컴퓨터가 얼마나 유용한지 보여준다면, 은행들과 투자회사들이 IBM의 메인프레임 컴퓨터를 사리라 기대했다. 망델브로는 특히 사회 전체의 소득 분포를 나타내는 데이터를 살펴보았다(은행들이 이 문제에 특별히 관심이 있는 건 아니었다. 망델브로의 연구는 단지 컴퓨터가 복잡한 수치들이 포함된 금융 데이터를 처리하는 데 얼마나 효율적인지 입증하기 위한 것이었다).

　소득 분포는 이전에 많은 사람이 연구했는데, 그중에서도 19세기에 이탈리아의 공학자이자 기업가, 경제학자인 빌프레도 파레토Vilfredo Pareto가 한 것이 가장 유명했다.[20] 자유방임 경제를 강력하게 지지한 파레토는 자유시장의 작용과 자본 축적을 이해하려고 많은 노력을 기울였다. 그는 사람들이 어떻게 부자가 되고, 누가 부를 지배하며, 자원이 어떻게 시장의 힘을 통해 분배되는지 이해하려고 애썼다. 이를 위해 그는 유럽 전역의 부동산 거래와 개인 소득 자료, 세금에 관한 역사 기록을 비롯해 다양한 자료원에서 부와 소득에 관한 자료를 방대하게 수집했다. 그리고 이 자료를 분석하기 위해 한 축에는 소득 수준과 부를 표시하고, 다른 축에는 그러한 부에 접근한 사람의 수를 나타냄으로써 정교한 그래프를 그렸다.

다양한 자료원에도 불구하고, 파레토는 여기서 한 가지 패턴을 반복적으로 발견했다. 그것은 시대와 나라를 막론하고, 전체 부의 80%를 전체 인구의 20%가 소유한다는 사실이었다. 오늘날에는 이것을 파레토 법칙 또는 80 대 20 법칙이라 부른다. 그 당시 파레토는 이 결과를 지프와 비슷한 방식으로 해석했다. 부가 무작위적으로 분배되는 것이 아니라, 시장과 사회의 형태를 빚어내는 어떤 신비한 힘이 부를 분배한다는 '사회적 법칙'을 뒷받침하는 증거로 본 것이다. 일단 그런 식으로 바라보자, 모든 것에 이 법칙이 적용되는 것처럼 보였다. 회사의 전체 매출 중 80%는 20%의 고객에게서 발생한다. 전체 범죄 발생 건수 중 80%는 20%의 범죄자가 저지른다. 이런 사례는 끝이 없다(오늘날 파레토 법칙은 미국에서 전체 의료비와 환자 수 사이의 비율을 비롯해 많은 곳에서 대체로 성립하는 것으로 나타난다).

파레토의 연구에서 가장 흥미로운 점(적어도 망델브로의 관점에서는)은 파레토의 데이터에서 사회의 특정 양상을 보여주는 수학적 법칙이 나타난다는 게 아니었다. 대신에 한 나라 전체의 소득 분포와 그 나라 일부의 소득 분포 사이에 성립하는 특별한 관계가 드러났다. 파레토는 80 대 20 법칙이 한 나라 전체에서 적어도 대략 성립한다는 것을 보여 주었다. 그런데 만약 질문을 조금 바꾸어 이렇게 물으면 어떻게 될까? 즉, 부의 대다수를 차지하는 20%의 인구 내에서는 소득이 어떻게 분포돼 있을까? 놀랍게도 전과 똑같은 패턴이 나타난다. 한 나라에서 가장 부유한 사람들인 상위 20%만 들여다보면, 그중에서 20%가 '그들의' 전체 부 중 80%를 차지한다. 이들 20%의 슈퍼부자는 앞에서 보통 부자들이 나라 전체에서 그런 것처럼 부자들 사이에서 불평등한 비율의 부를 독차지한다. 그리고 이런 패턴은 계속 이어진다. 슈퍼부자들이 차지한 전체 자원 중 80%는 울트라슈퍼부자들이 소유한다. 이런 패턴은 계속 이어진다.

이제 여러분은 이런 종류의 패턴에 익숙할 것이다. 전체 인구 사이에서 부의 분포는 일종의 자기 유사성, 즉 프랙털 패턴을 나타낸다. 사실, 파레토가 발견한 분포(파레토 분포)는 꼬리가 두꺼운 분포의 한 종류로, 주정뱅이 총살형 집행대가 발사한 총알처럼 거칠지는 않지만, 소득 분포에서 일종의 거친 무작위성을 드러낸다. 망델브로가 IBM을 위해 데이터를 연구하던 시절은 아직 프랙털을 발명하기 전이었다. 해안선 역설에 관한 획기적인 연구는 그로부터 약 10년 뒤에야 나왔다. 하지만 50년 전에 파레토가 그랬던 것처럼 망델브로도 그 패턴에서 뭔가를 보았다. 그것은 지프의 법칙을 다룬 자신의 박사 학위 논문을 연상시켰는데, 지프 역시 단어의 빈도 분포에서 기묘한 자기 유사성을 발견했기 때문이다.

비록 망델브로는 거의 학계를 떠난 상태였지만, IBM에서 소득 분포를 다룬 연구가 주류 경제학자들의 흥미를 약간 끌어 가끔 학계의 강연에 초청을 받았다. 망델브로의 두 번째 우연한 발견은 1961년에 그런 강연을 하기 바로 직전에 일어났다.

강연은 하버드대학 경제학과에서 하기로 돼 있었다. 강연 일정을 잡기 직전에 망델브로는 하버드대학의 경제학자 헨드릭 하우타커 Hendrik Houthakker를 만났다. 하우타커의 연구실에 들어서는 순간, 칠판에 그린 그림이 망델브로의 눈에 들어왔다. 그것은 망델브로가 강연에서 소득 분포와 파레토 법칙에 대해 이야기할 때 사용하려고 마음먹고 있던 그래프와 거의 똑같았다. 망델브로는 하우타커가 비슷한 문제를 연구하고 있나 보다 하고 추측하고는 공통 관심사에 대해 몇 마디 말을 던졌다. 그랬더니 하우타커는 멍한 표정으로 바라보았다.

어색한 반응을 두어 번 더 맞닥뜨린 뒤에야 망델브로는 뭔가 잘못됐다는 걸 깨달았다. 그래서 뒤로 물러서서 칠판의 그래프를 가리키며 말했다. "이건 소득 분포 그래프 아닌가요?" 하우타커는 얼떨떨한 표정을 지으며 그 그림은 그날 한 대학원생과 만나 이야기를 나누다가 그린 것이라고 했다. 두 사람은 목화 가격의 역사적 자료에 대해 이야기를 나누었다고 했다.

하우타커는 이어서 자신은 목화 시장을 연구해왔는데, 데이터가 이론과 잘 들어맞지 않는다고 이야기했다. 그 무렵에는 바슐리에의 연구가 재발견되어 경제학자들은 바슐리에와 오스본이 주장한 것처럼 시장이 무작위 행보를 한다는 사실을 받아들이기 시작한 참이었다.

하우타커는 역사적 자료를 통해 이 가설을 입증하려고 했다. 만약 무작위 행보 가설이 옳다면, 하루나 일주일 혹은 한 달에 걸쳐 작은 가격 변동이 많이 나타나는 반면 큰 가격 변동은 아주 적게 나타나야 했다. 하지만 하우타커의 데이터는 이론이 예측한 것과 일치하지 않았다. 아주 작은 가격 변동이 너무 많이 나타났고, 아주 큰 가격 변동 역시 너무 많이 나타났다. 게다가 바슐리에의 이론이 반드시 존재할 것이라고 예측한 가격 변동의 평균값을 구하는 데 애를 먹었다. 새로운 데이터 집합을 볼 때마다 평균값이 변했고, 아주 크게 변할 때도 많았다. 다시 말해서, 목화 가격은 호텔로 돌아가는 주정뱅이보다는 주정뱅이 총살형 집행대에 더 가까운 행동을 보였다.

망델브로는 그 이야기를 듣고 큰 흥미를 느꼈다. 좀 더 자세한 데이터를 보여줄 수 있느냐고 묻자, 하우타커는 기꺼이 승낙했다. 사실, 하우타커는 이 연구 계획을 포기하려고 마음먹었기 때문에 원한다면 데이터를 다 줄 수도 있다고 말했다.

IBM으로 돌아온 망델브로는 하우타커의 목화 데이터가 담긴 상자를 프로그래머들로 이루어진 팀에 넘겨주면서 거기에 있는 모든 것을 자세히 분석하라고 했다. 하우타커를 곤혹스럽게 했던 발견은 금방 확인할 수 있었다. 거기에는 '평균' 수익률이 없는 것처럼 보였다.[21] 가격 변동은 무작위적인 것처럼 보였지만, 표준적인 통계학 도구나 바슐리에와 오스본의 이론으로도 설명할 수 없었다. 뭔가 이상한 일이 일어나고 있었다.

망델브로는 이전에도 특이한 분포를 본 적이 있었다. 그는 지프와 파레토의 연구를 분석한 것 외에도, 파리에서 자신을 가르친 폴 레비 교수가 발견한 세 번째 종류의 분포도 잘 알고 있었다.[22] 레비는 바슐리에의 논문 중 일부만 읽고서 바슐리에의 연구에 오류가 많다고 결론 내렸던 바로 그 사람이다. 훗날 레비는 자신의 실수를 인정하고 바슐리에에게 사과했다. 레비가 바슐리에의 연구를 다시 검토한 것은 무작위 행보 과정과 확률 분포에 대한 관심이 새로 생겼기 때문이었다. 아이러니하게도 레비가 나중에 한 이 연구는 이전에 한 연구보다 관심을 훨씬 덜 끌었고, 자신의 경력에서 황혼기를 맞이한 그는 세상의 관심에서 멀어지고 말았다.

레비는 무작위적 과정을 연구하다가 오늘날 레비-안정 분포라 부르는 확률 분포에 관한 연구로 발을 들여놓았다.[23] 정규분포와 코시 분포는 모두 레비-안정 분포의 예이지만, 레비는 양자 사이에 무작위성의 스펙트럼이 넓게 존재한다는 것을 보여주었다(사실, 코시 분포보다 더 거친 종류의 무작위성들도 존재한다). 무작위성의 거친 정도는 수로 나타낼 수 있다. 흔히 알파라고 부르는 그 수는 레비-안정 분포의 꼬리 특징을 나타낸다('그림 4' 참고). 정규분포의 알파 값은 2이고, 코시 분포의 알파 값은 1이다. 수가 작을수록 그 과정의 무작위성이 더 거칠다(그리고 꼬리가 더 두껍다). 알파 값이 1 또는 그 미만인 분포는 큰 수의 법칙이 성립하지 않는다. 사실, 그렇게 거친 양은 평균값조차 구할 수 없다. 한편, 알파 값이 1에서 2 사이인 분포는 평균값이 존재하지만, 잘 정의된 평균 변동성(통계학자들이 분산이라 부르는)이 없다. 이것은 평균값이 존재할 때조차 경험적 데이터로부터 평균값을 계산하기가 아

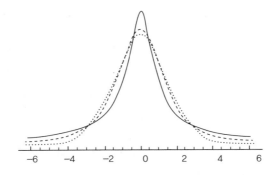

그림 4 정규분포와 코시 분포는 레비-안정 분포라는 분포 집단에서 양극단에 해당한다. 레비-안정 분포는 알파라는 매개변수가 있는 것이 주요 특징이다. 알파 값이 2인 경우가 정규분포이고, 알파 값이 1인 경우가 코시 분포이다. 망델브로는 실제 시장의 수익은 알파 값이 1과 2 사이인 레비-안정 분포의 지배를 받는다고 주장했는데, 이것은 수익이 주정뱅이 총살형 집행대만큼 거칠지는 않더라도, 오스본이 생각한 것보다 더 거칠게 무작위적임을 뜻한다. 이 그림은 세 가지 레비-안정 분포를 보여준다. '그림 3'에서처럼 실선은 코시 분포에 해당하고, 점선은 정규분포에 해당한다. 세 번째 곡선은 알파 값이 1.5인 레비-안정 분포이다. 이것은 정규분포보다 높이가 조금 더 높고 폭은 약간 더 좁으며 꼬리는 조금 더 두껍지만, 코시 분포만큼 극단적이지는 않다.

주 어려울 수 있다는 뜻이다.

경제학자로 경력을 쌓은 하우타커는 레비가 말년에 한 연구를 몰랐을 가능성이 높다. 하지만 망델브로는 레비 밑에서 배웠다. 그래서 하우타커가 건네준 자세한 데이터를 보는 순간, 머릿속에 떠오르는 게 있었다. 목화 가격이 정규분포를 따르지 않는다는 하우타커의 관찰은 옳았다. 그런데 목화 가격은 코시 분포도 따르지 않았다. 그것은 알파 값이 1.7로, 양자의 중간에 위치했다. 목화 가격은 무작위적이었지만, 바슐리에나 오스본이 상상했던 그 어떤 것보다 훨씬 거칠게 무작위적이었다.

목화 시장은 망델브로가 레비-안정 분포의 증거를 최초로 발견한 장소였다. 만약 목화 가격이 매우 거칠게 변한다면, 다른 시장도 목화 시장과 달라야 할 이유가 있겠는가? 망델브로는 다른 원자재(금이나 석유 같은)나 주식, 채권을 비롯해 온갖 종류의 시장에 대한 데이터를 수집하기 시작했다. 그리고 모든 사례에서 똑같은 것을 발견했다. 이 시장들의 알파 값은 2보다 작았고, 그것도 2보다 많이 작은 경우가 많았다. 이것은 무작위 행보와 정규분포에 관한 바슐리에와 오스본의 이론이 큰 암초에 부닥쳤다는 것을 뜻했다.

***

망델브로가 파레토 분포와 레비-안정 분포 사이의 관계를 밝혀낸 것은 오스본의 첫 번째 논문이 나온 다음 해인 1960년이었다. 그는 목화 가격에까지 확대한 연구 결과를 1963년에 발표했는데, 마침 바슐리에와 오스본의 연구를 포함한 논문 모음집을 편집하던 MIT의 경제학자 폴 쿠트너는 망델브로가 자신의 대안 이론을 요약한 논문을 거기에 추가했다.[24] 그렇게 해서 바슐리에와 오스본의 연구를 더 광범위한 경제학자들과 금융 이론가들에게 소개한 이 책에는 단순한 무작위 행보 모형이 전부가 아님을 암시하는 연구도 포함돼 있었다. 1965년 무렵에 금융 이론가들은 선택권이 있었다. 물론 그 당시에 그들이 그렇게 생각했던 것은 아니다. 대체로 물리학의 맥락에서 개발된 전통적 통계 방법을 사용해 주식시장의 수익을 분석하고 모형을 만들 수 있음을 보여준 오스본이나 다른 사람들을 따를 수도 있었고, 혹은 그 놀라운 능력에도 불구하고 전통적 방법에 결함이 있다고 믿을 만한 이유가 있음을 보여준 망델브로의 주장을 따를 수도 있었다. 낡은 방법이 이해하기가 더 쉽고 더 단순하다는 사실은 전통주의자에게 유리한 점이었다. 반면에 망델브로에게는 설득력이 높은 데이터가 있었다.

학계는 오스본을 선택했다. 쿠트너는 1962년에 열린 계량경제학회(계량경제학은 금융을 포함한 경제 데이터를 통계적으로 연구하는 분야이다) 회의에서 망델브로의 목화 가격 연구에 대해 다음과 같이 주장했다.[25]

망델브로는 앞서 처칠 총리가 그랬던 것처럼 유토피아가 아니라 피와 땀과 노고와 눈물을 약속한다. 만약 그가 옳다면, 우리의 통계학 도구는 거의 다 무용지물이 될 것이다……. 과거의 계량경제학 연구는 거의 예외 없이 쓸모없는 것이 될 것이다. 당연한 말이지만, 수백 년의 연구를 잿더미 속으로 던지기 전에 우리의 그 모든 연구가 정말로 쓸모없는 것이었다는 확실한 증거가 있어야 할 것이다.

대다수 학계 사람들의 견해도 이와 비슷했다. 그 당시 (약한) 무작위 행보 가설은 나온 지 아직 얼마 되지 않았지만, 쿠트너를 포함해 점점 더 많은 사람들이 거기에 자신의 경력을 걸었다. 쿠트너의 발언을 (최근의) 과거에서 오류를 찾아낸 젊은 연구자를 억누르기 위한 반동적 시도로 보기 쉽다. 당연히 망델브로도 그렇게 보았으며, 아마도 지금은 나머지 사람들도 모두 그렇게 볼 것이다. 그 후 실무자와 이론가를 막론하고 많은 사람이 꼬리가 두꺼운 분포의 중요성을 인정했기 때문이다. 예를 들면, 최근에 일부 사람들(특히 망델브로 자신뿐만 아니라, 헤지펀드 매니저이자 뉴욕대학의 폴리테크니크 연구소에서 교수로 일하고《블랙 스완》이라는 유명한 책을 쓴 나심 탈레브)은 금융계가 1965년에 실제로는 금융시장이 거친데도 약한 무작위성을 가정하는 태도를 계속 고수함으로써 잘못된 길을 선택했다고 주장했다.[26]

하지만 이 주장은 금융과학이 발전한 방식에서 한 가지 중요한 점을 간과했다. 1960년대에 전통적인 통계학은 거대한 연장통으로 무장하고 충분히 성숙한 단계에 이르렀다. 망델브로는 그저 한 가지 제안과 몇몇 그림만 가지고 나선 데 불과했다. 오스본과 새뮤얼슨을 비롯해 이 시기에 금융과 계량경제학 분야에서 연구하던 많은 사람이 했던 것과 같은 종류의 연구를 전통 통계학의 도구 없이 한다는 것은 본질적으로 불가능했을 것이다. 망델브로가 한 연구 계획은 그저 충분히 잘 알려지지 않았을 뿐이다. 그것은 목수에게 망치는 있지만, 아직 나사돌리개는 발명되지 않은 상황에서 못보다 나사가 더 튼튼하다고 말하는 것과 비슷했다. 나사로 지은 집이 설사 더 튼튼하다 하더라도, 목수는 망치와 못으로 계속 집을 지으려 할 것이다—적어도 한동안은.

이런 이유로 망델브로와 초기의 전향자들이 프랙털과 자기 유사성에 관한 망델브로의 연구 결과를 검토하는 동안 나머지 사람들이 사용 가능한 더 단순한 도구를 가지고 계속 앞으로 나아간 것은 어쩔 수 없는 합리적 선택이었다. 그 당시 학계에서 암묵적으로 받아들인 방법은 효과가 있는 가장 단순한 이론으로 출발하여 최대한 멀리까지 나아간 뒤 그 이론이 성립하지 않는 곳이 어디인지 찾아보는 것이었다. 이 경우에는 주식시장의 주가가 무작위적이라는 사실을 확인했으면(최소한 어떤 의미에서는) 다음 단계는 가능한 것 중 가장 간단한 방식으로 무작위적이라고, 즉 주가가 단순히 무작위 행보를 한다고 가정하는 것이었다. 바슐리에도 그렇게 했다. 그다음에 오스본은 그렇게 하면 주가가 음수가 될 수도 있음을 의미하기 때문에 그 이론이 옳지 않다고 지적했다. 대신에 시장의 수익률이 무작위 행보를 한다고 주장함으로써 모형을 조금 더 복잡하게 수정했다. 그러고 나서 이 모형이 바슐리에의 모형보다 데이터를 훨씬 잘 설명한다는 것을 보여주었다.

그다음에 망델브로가 나타나, 주가 데이터를 자세히 들여다보면 오스본이 발견했다고 생각한 패턴과 다른 패턴이 나타나기 때문에 오스본의 주장 역시 완전히 옳지 않다고 말했다. 하지만 망델브로가 제안한 모형 역시 완전히 다른 것은 아니었다. 망델브로가 확인한 패턴은 주가가 무작위적인 것이 아니라고 말하지 않으며, 오스본이 생각했던 것과는 조금 다른 방식으로 무작위적이라고 말한다. 오스본의 모형과 망델브로의 모형의 차이점은 결코 무시할 수 없지만, 그것은 극단적인 사건이 일어나는 맥락에서만 중요할 뿐이다. 전형적인 어느 날에 극단적 사건이 일어나는 일은 거의 없으므로(두 이론 모두에 따르면), 대개는 두 모형 사이의 차이를 거의 알아챌 수 없다.[27]

이런 이유로 금융시장에 관심을 가진 경제학자가 쿠트너의 책에 나오는 개념을 확대하려는 시도에서, 통계학을 사용해 주가의 무작위성을 다룸으로써 파생상품 가격을 예측하거나 포트폴리오의 위험을 계산하려고 할 때, 단순하지만 대개는 훌륭한 결과를 내놓는 이론과 복잡하지만 일부 극단적 사건을 훨씬 잘 설명하는 이론 사이에서 선택을 해야 했다. 이 경우, 먼저 단순한 이론을 가지고 시작해 어떤 결과가 나오는지 살펴보는 것이 당연한 수순으로 보인다. 만약 훌륭한 가정을 하고 효과적인 이론을 만든다면, 다른 방법으로는 풀 수 없는 문제를 풀 때가 종종 있다. 그리고 설사 일부 세부 내용이 틀리더라도, 정답에 아주 가까운 답을 얻을 수 있다. 물론 그렇게 하면서도 자신의 가정이 완전히 옳은 것이 아님을 안다(시장은 완전히 효율적이지 않으며, 가격이 아니라 수익률이 단순한 무작위 행보를 한다). 하지만 이것은 출발점으로서는 나쁘지 않은 시도이다.

망델브로가 목화 가격에 관한 논문을 처음 발표하고 나서 수십 년 동안 완전히 무시를 당했다고 말하는 것은 너무 단순한 주장이다.[28] 시장의 무작위성을 기반으로 관련 주제를 연구하려고 한 경제학자는 대부분 오스본의 발자취를 따라갔다. 하지만 열정적인 수학자, 통계학자, 경제학자는 점점 더 자세한 데이터와 점점 더 정교한 수학적 방법을 사용해 망델브로의 제안을 시험했다. 그러한 수학적 방법들은 만약 세계가 정말로 망델브로의 주장처럼 거칠게 무작위적이라면, 그것이 무엇을 의미하는지 더 잘 이해하기 위한 목적으로 만든 것이었다. 이 연구는 정규분포와 로그 정규분포로는 시장의 통계적 성질을 제대로 파악할 수 없다는 망델브로의 기본 개념이 옳음을 확인해주었다. 수익률은 그 꼬리가 두껍다.

그렇긴 하지만, 이 이야기에는 한 가지 반전이 있다. 망델브로는 1963년에 발표한 논문들에서 아주 구체적인 주장을 했다. 즉, 시장이 레비-안정 분포를 나타낸다고 말한 것이다. 그리고 정규분포를 제외하고는 레비-안정 분포의 변동성은 무한대라고 했는데, 이것은 대부분의 표준적인 통계학 도구가 그러한 분포를 분석하는 데 적합하지 않다는 뜻이다(만약 망델브로가 옳다면, 표준적인 통계학 도구는 거의 전부 다 무용지물이 될 것이라고 했던 쿠트너의 말도 바로 이런 결과를 암시한 것이다). 오늘날 드러난 최선의 증거에 따르면, 무한대의 변동성과 표준적인 통계학적 도구의 적용 불가능성에 관한 이 '구체적인' 주장은 틀린 것으로 보인다.[29] 학자들은 거의 50년에 걸친 연구 끝에 수익률은 꼬리가 두껍지만 레비-안정 분포가 아니라는 데 의견을 같이했다. 만약 이 주제들을 연구하는 경제학자와 물리학자 대다수가 믿는 것처럼 이것이 사실이라면, 비록 정규분포와 로그 정규분포의 가장 단순한 가정들은 적용할 수 없다 하더라도, 표준적인 통계학 도구들은 적용할 수 있다는 이야기가 된다. 하지만 망델브로의 주장은 제대로 평가하기가 몹시 어려운데, 가장 큰 이유는 그의 제안과 그것에 가장 가까운 대안의 중요한 차이가 오직 극단적인 경우, 즉 얻기 매우 힘든 데이터에만 적용되기 때문이다. 심지어 지금도 우리가 얻은 데이터를 어떻게 해

석하느냐를 놓고 의견이 엇갈린다.[30]

망델브로의 주장이 너무 공격적이었다는 사실은 그가 남긴 업적의 평가를 어렵게 만드는 한 가지 원인이다. 오늘날 일부 사람들은 망델브로가 제대로 평가받은 적이 없다면서 그의 개념을 제대로 평가하면 세계의 모든 문제가 해결될 것이라고 주장한다. 물론 이 주장은 완전히 옳은 것은 아니지만, 몇 가지 사실만큼은 확실하다. 극단적 사건은 바슐리에와 오스본이 생각했던 것보다 훨씬 더 자주 일어나며, 시장은 정규분포로 기술할 수 있는 것보다 훨씬 거친 곳이다. 시장을 완전히 이해하고, 최대한 안전하게 그 모형을 만들려면, 이 사실들을 설명할 수 있어야 한다. 그리고 바슐리에와 오스본의 접근 방법에서 그 단점을 발견하는 데 가장 큰 공을 세운 사람과 그것을 연구하는 데 필요한 수학을 개발한 사람은 바로 망델브로이다. 세부적인 것을 바로잡는 일은 앞으로도 계속될 테지만(사실, 수학적 모형을 개선하는 반복적 과정은 영원히 끝나지 않을 것이다), 망델브로가 중요한 발걸음을 뗐다는 사실만큼은 의심의 여지가 없다.

***

시장의 통계학에 관심을 기울인 지 10년이 지난 뒤, 망델브로는 정규분포를 레비-안정 분포로 대체하려는 노력을 포기했다. 그때쯤에는 무작위성과 무질서에 대한 그의 개념은 우주론에서 기상학에 이르기까지 훨씬 광범위한 분야들에서 응용되기 시작했다. 이 분야들은 그가 출발한 응용수학과 수리물리학에 훨씬 가까웠다. 망델브로는 연구 경력 내내 IBM에 소속되어 지냈다. 1974년에는 IBM의 특별 연구원에 임명되어 학계의 연구자처럼 자신만의 독자적 연구 프로젝트를 선택하고 추진할 자유를 상당히 누리게 되었다.

망델브로의 개념이 많은 과학 분야로 퍼져나가면서 그의 연구가 어느 정도 인정을 받게 되었다. '프랙털'이란 용어를 더 넓은 세계에 소개한 책은 1975년부터 여러 차례 개정을 거쳐 1982년에 《The Fractal Geometry of Nature(자연의 프랙털 기하학)》로 출간되었다. 그것은 컬트 비슷한 센세이션을 일으켰고, 망델브로는 거의 대중적 우상과 같은 인물로 격상되었다. 망델브로는 1990년에 받은 프랑스의 레지옹 도뇌르 훈장과 1993년에 받은 물리학 부문 울프상을 포함해 1990년대 전반까지 중요한 영예와 상을 많이 받았다. 1987년에는 예일대학에서 파트타임으로 수학 강의를 시작했고, 1999년에는 75세의 나이로 종신 재직권을 보장받는 교수가 되었다. 그는 2010년 10월 14일에 세상을 떠나기 직전까지 강연과 독창적 연구를 계속했다.

1990년대 초반에 망델브로는 금융으로 되돌아갈 순간이 왔다고 느꼈고, 이번에는 더 큰 성공을 거두었다. 그전 30년 동안 그의 개념들이 많이 발전하고 성숙했기 때문에(다른 분야들에 응용된 데 크게 힘입어) 경제학을 다시 생각하기 시작했을 때, 사용할 수 있는 수학적 도구가 훨씬 많았다. 한편, 그동안 시장도 변해 월스트리트와 다른 곳들에서 훨씬 많은 실무자가 망델브로의 개념을 이해하고 받아들일 준비가 돼 있었다. 꼬리가 두꺼운 분포에 대한 인식이 주류 금융계에 퍼진 것도 이 무렵이었다. 하지만 이것은 너무 앞서나간 이야기이다. 바슐리에와 오스본, 그리고 궁극적으로는 망델브로의 통찰을 이용할 수 있는 지점까지 금융과학을 발전시키는 데에는 블랙잭의 전문가이자 딜레탕트 기질이 강한 전직 물리학자가 필요했다.

1 만델브로이트에 대한 정보는 아래에 인용한 망델브로에 관련된 전기 자료 외에 O'Connor and Robertson(2005)에서 얻었다.

2 안타깝게도 망델브로는 2010년에 세상을 떠나, 나는 이 책을 쓰기 위해 그를 면담할 기회를 잃고 말았다. 그의 생애에 관해 이 장에서 소개한 이야기는 그가 죽기 직전에 한 다수의 인터뷰 녹화 기록[특히 Mandelbrot(1998, 2010)]과 함께 Mandelbrot and Hudson(2004), Mandelbrot(1987, 2004a), Gleick(1987), Barcellos(1985), Davis(1984)를 참고했다.

3 인용문을 포함한 이 이야기는 Mandelbrot and Hudson(2004)에 나온다.

4 지프에 대해 더 자세한 정보는 Mandelbrot(1982) 끝에 있는 망델브로의 생애에 관한 노트를 참고하라. 지프의 법칙에 포함된 수학의 최신 해석은 이 책 7장의 주인공으로 나오는 디디에 소르네트가 공동 저술한 Saichev et al.(2010)을 참고하라.

5 프랙털 기하학에 대해 더 자세한 것은 예컨대 Falconer(2003)를 보라.

6 이 연설은 Mandelbrot(2004a)이다.

7 제2차 세계대전과 특히 홀로코스트에 관한 배경 자료는 Dwork and van Pelt(2002), Fischel(1998), Rossel(1992), Yahil(1987)을 참고했다.

8 이 질문은 Mandelbrot(1967)에서 계속 다룬다.

9 이 주장을 좀 더 정확하게 표현한다면, 해안선은 정수가 아닌 하우스도르프 차원을 가진 것으로 이해해야 한다는 것인데, 이것은 해안선의 정확한 '측정'이 길이처럼 행하지 않는다는 것을 의미한다.

10 망델브로는 '프랙털'이란 용어를 Mandelbrot(1975)에서 처음 사용했는데, Mandelbrot(1977)에서 영어로 번역되었다. 하지만 망델브로가 정수가 아닌 하우스도르프 차원을 가지고서 자기 유사성을 나타내는 기하학 도형을 처음 소개한 곳 중 하나는

Mandelbrot(1967)이다.

11 독일군 점령 지역과 비교하면 맞는 말이지만, 그렇다고 해서 비시 프랑스에서 반유대주의가 심하지 않았다는 뜻은 아니다. 제2차 세계대전 당시의 비시 프랑스와 전쟁 동안 프랑스에서 일어난 반유대주의에 대해 더 자세한 내용은 Paxton(1972), Marrus and Paxton(1995), Poznanski(2001)를 참고하라.

12 이 인용문은 망델브로가 '웹 오브 스토리즈Web of Stories'와 한 인터뷰에서 나온 것이다 (Mandelbrot 1998).

13 사실, 수리통계학의 한 가지 중요한 결과인 중심 극한 정리는, 무작위 변수를 독립적으로 동일하게 분포한 충분히 많은 수의 무작위 변수들의 합으로 모형화할 수 있고, 그 합에 포함된 무작위 변수들의 분포가 유한한 평균과 분산(변동성)을 가진다면, 설사 그 합에 포함된 변수들이 정규분포를 나타내지 않더라도 무작위 변수는 정규분포를 나타낸다고 말한다. 이것은 정규분포가 도처에서 나타난다는 것을 의미한다. 하지만 나중에 보겠지만, 망델브로는 금융시장의 경우 중심 극한 정리의 한 가지 가정이 성립하지 않는다고, 즉 시장 수익률의 분포는 분산 값이 유한하지 않다고 주장한다. 중심 극한 정리에 대해 더 자세한 것은 Billingsley(1995), Casella and Berger(2002), Forbes et al.(2011)을 참고하라. 망델브로의 주장에 대해 더 자세한 것은 Mandelbrot(1997)와 Mandelbrot and Hudson(2004)을 보라.

14 이것은 사실 동전 던지기 같은 단순한 게임의 확률과 빈도 사이의 관계를 지배하는 다른 버전의 큰 수의 법칙보다 더 일반적이다. 확률 분포에 적용한 큰 수의 법칙은 동전 던지기 사례에서 보여준 것처럼 다른 버전들을 증명하는 데 쓸 수 있다.

15 이 주장의 더 정확한 버전에 따르면, 모든 분포가 유한한 평균을 가지는 것은 아니다. 실제로 코시 분포의 평균은 유한하지 않다. 코시 분포와 큰 수의 법칙에 대해 더 자세한 내용은 Casella and Berger(2002), Billingsley(1995), Forbes et al.(2011)을 참고하라.

16 망델브로는 전시에 경험한 이 이야기를 Mandelbrot(1998)에서 했다.

17 프랙털과 꼬리가 두꺼운 분포 사이에는 많은 연관 관계가 있다. 프랙털의 특정 특징이 두꺼운 꼬리를 나타내는 것도 그런 연관 관계 중 하나이다. 또 하나는 (일부) 꼬리가 두꺼운 분포 자체가 꼬리에서 거듭제곱 법칙의 형태로 확대되면서 자기 유사성을 나타낸다는 점이다. 망델브로는 이 관계를 확인하고 탐구한 중심인물 중 한 사람이다. Mandelbrot(1997) 참고.

18 바르비에 대해 더 자세한 내용은 Bower(1984)와 McKale(2012)을 보라.

19 이 구절은 Mandelbrot(1998)에서 인용한 것이다.

20 파레토와 그의 영향을 자세히 기술한 책으로는 3권으로 출간된 Wood and

McClure(1999)가 있다. Cirillo(1979)도 참고하라.

21 다시 말해서, 목화 가격의 분포에서는 평균도 분산도 정의할 수 없는 것처럼 보였다. 아래에서 설명한 것처럼 망델브로는 훗날 금융시장의 수익률 분포는 유한한 평균이 있지만 분산은 없다고 주장했다. 하지만 레비-안정 분포의 평균을 계산하는 것은 종종 어려울 수 있다. 분산이 정의되지 않은 경우, 유한한 데이터를 가지고 계산해 얻은 평균값이 산술평균에 수렴하는 데에는 많은 시간이 걸리기 때문이다. 망델브로와 하우타커가 처음에 평균이 존재하지 않는다고 믿었던 것도 이 때문이었다.

22 망델브로는 레비의 생애에 관한 일부 사실을 Mandelbrot(1982)에서 이야기했으며, 자신과 레비의 상호 영향에 대해 Mandelbrot and Hudson(2004)에서 서술했다.

23 레비-안정 분포는 알파 안정 분포라고도 부른다. 그 교과서에서(그리고 망델브로가 쓴 대중적인 글에서) '거친 무작위성'은 '$\alpha < 2$'인 경우를 뜻한다. '$1 < \alpha < 2$'인 레비-안정 분포에서는 평균은 정의되지만 분산은 정의되지 않는다. 만약 $\alpha \leq 1$이면, 평균도 분산도 정의할 수 없다. 특히 중심 극한 정리가 레비-안정 분포에서는 성립하지 않는다. 혹은 다음과 같은 더 일반적인 정리가 성립한다: 독립적이고 동일한 레비-안정 분포를 나타내는 충분히 많은 수의 변수들의 합으로 모형화할 수 있는 무작위 변수는 역시 레비-안정 분포를 나타낸다. 레비-안정 분포의 수학에 관해 더 자세한 내용은 Mantegna and Stanley(2000)와 Zolotarev(1986)를 참고하라.

24 Mandelbrot(1964)와 Cootner(1964) 참고.

25 인용문은 Mandelbrot and Hudson(2004, p. xxiii)에 나온다.

26 Taleb(2004, 2007a) 참고. 망델브로도 이와 관련이 있는 주장을 Mandelbrot and Hudson(2004)에서 펼쳤다. 탈레브의 주장 중 좀 더 온건한 버전은 Taleb(2007b)를 참고하라.

27 이것은 사실이긴 하지만, 망델브로가 자주 강조하는 일부 중요한 사실들을 모호하게 만든다. 하나는 정규분포와 로그 정규분포의 맥락에서 사용하는 통계학적 도구들이 레비-안정 분포 변수들의 맥락에서는 이치에 맞지 않는(그리고 분명히 성립하지 않는) 경우가 종종 있다는 점이다. 이런 이유로 정규분포나 로그 정규분포를 가정하면 심각하게 잘못된 결과를 초래할 수 있으며, 더구나 특정 종류의 극단적 사건이 일어날 가능성에 대해 잘못된 확신을 낳을 수 있다. 또 하나는 두 모형 모두에서 극단적 사건이 아주 드물게 일어난다는 사실에도 불구하고, 망델브로의 금융시장 모형에서는 극단적 사건이 충분히 자주 일어나 결국에는 극단적 사건이 시장의 행동을 지배한다는 점이다. 그리고 전형적인 날에 시장을 예측하는 방법들이 각각의 모형에서 서로 비슷하긴 해도, '전형적인 날'이 시장의 장기적 행동에 미치는 중요성을 바라보는 시각에는

큰 차이가 있다.

28 예컨대 Fama(1964)를 보라.

29 예컨대 Cont(2001)와 거기에 포함된 참고 문헌을 보라. 이 점은 7장에서 그 연구를 소개한 디디에 소르네트도 대화에서 강조했다.

30 특히 경험적 데이터가 레비-안정 분포나 꼬리가 두껍지만 레비-안정 분포가 아닌 분포의 지배를 받는지 받지 않는지 분간하기가 매우 어렵다. 그 차이는 아주 드물게 일어나는 극단적 사건의 빈도에 좌우되는 경우가 많기 때문이다. 예컨대 Weron(2001)을 보라.

4장

도박과 주식은 관련이 있다

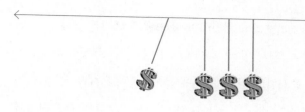

1961년 6월 중순 어느 토요일 밤의 라스베이거스. 이미 해가 졌는데도 기온은 38°C에 육박했다.[1] 하지만 카지노 안에 있는 사람들은 기온 따위에는 아무도 신경 쓰지 않았다. 라스베이거스는 전후 황금기의 절정을 누리고 있었다. 북쪽의 사하라에서부터 남쪽의 트로피카나까지 세계 최고 수준의 리조트 호텔 10여 곳이 라스베이거스 스트립을 따라 늘어서 있었다. 소란스럽고 담배 연기로 자욱한 카지노는 일확천금을 노리거나 유명 인사에게 추파를 던지려고 전국에서 몰려온 관광객으로 붐볐다. 이곳은 〈오션스 일레븐〉의 무대인 라스베이거스, 〈대부〉에 나오는 마이클 코를레오네의 라스베이거스, 영화 〈007 다이아몬드는 영원히〉에서 제임스 본드가 방문하는 라스베이거스였다. 엘비스와 랫 팩, 리버레이스, 마르크스 형제들의 라스베이거스이기도 했다.

짧은 머리에 호리호리한 체격의 남자가 룰렛 테이블 앞에 앉아 있다. 나이는 서른이 될까 말까. 뿔테 안경을 쓴 그는 무심한 표정으로 정면을 똑바로 응시하고 있다. 주변에 모여 있는 사람들은 칩을 테이블 위로 던지면서 게임을 하느라 부산하다. 하지만 그는 주변 사람들에게는 신경도 쓰지 않는다. 그는 무엇엔가 깊이 집중하고 있는 것처럼 보이는데, 그것이 무엇인지는 확실치 않다. 시간은 재깍재깍 흘러가고, 사람들은 그가 게임을 하는 것을 잊어버린 게 아닌가 생각한다. 그러다가 그는 마지막 순간에 칩을 갖다 놓는데, 구경하는 사람들에게는 마치 아무 숫자에나 돈을 거는 것처럼 보인다. 한 번은 검정 29, 빨강 25, 검정 10, 빨강 27에 걸고, 다음번에는 검정 15, 빨강 34, 검정 22, 빨강 5에 건다. 주변 사람들은 그가 미친 게 아닌가 의심한다. 룰렛 게임을 하는 사람들도 가끔 나름의 시스템에 따라 게임을 하지만, 그것은 로또 복권을 사는 사람들처럼 일관성이 있다. 그러니까 생일이라든가 여자 친구의 전화번호 같은 번호를 따르는 식이다. 좀 더 안전한 베팅을 원한다면 숫자가 아니라 색깔을 선택할 수도 있다. 하지만 이 남자의 베팅은 마치 누군가가 그의 귀에다 대고 미래를 속삭이기라도 하는 것처럼 매 순간 변한다. 어떤 식으로 베팅을 하건, 그가 하는 베팅 방식이 옳다는 느낌은 별로 들지 않는다. 그것은 그가 돈을 따기 때문에 더욱 그렇게 보인다. 그것도 아주 많이.

이 남자의 이름은 에드워드 소프Edward Thorp이다. 오늘날 그는 역사상 예외적으로 큰 성공을 거둔 헤지펀드 매니저 중 한 명으로 알려져 있다. 1961년 6월의 그 무렵은 대학원을 졸업한 지 몇 년밖에 지나지 않은 때였다. 그는 얼마 전에 뉴멕시코주립대학의 수학과 조교수로 채용되었다. 대학원에서는 양자물리학에 사용되는 수학을 전공했다. 하지만 소프는 게임에도 큰 흥미가 있었다. 특히 블랙잭과 포커, 바카라 같은 전략 게임에 관심이 컸다. 동양에서 오랜 역사를 자랑하는 바둑에도 관심을 보였다. 하지만 1961년의 그 무더운 여름날 밤, 그는 라스베이거스에서 룰렛 게임을 하고 있었다. 룰렛 바퀴의 회전 결과는 완전히 무작위적이기 때문에, 그가 룰렛 게임에 승부를 건다는 것은 기이한 일이었다. 룰렛 바퀴의 회전 결과는 그 앞의 결과나 그 뒤의 결과와는 완전히 독립적이다. 따라서 전략을 사용할 수 있는 여지가 전혀 없다.

룰렛 테이블 앞에 앉아 있는 소프의 등 뒤로 한 쌍의 남녀가 위스키 사워를 마시면서 지나간다. 다른 테이블에서는 디모인에서 온 사람이 큰돈을 따자 환호성이 터진다. 환호 소리에 잠깐 정신이 팔려 소프는 그쪽을 쳐다보다가 때마침 깜짝 놀란 표정을 짓고 있던 옆자리 여성과 눈이 마주친다. 소프는 재빨리 손을 귀 쪽으로 올렸다. 몇몇 구경꾼이 그 동작에 호기심을 느끼고 그를 바라보다가 뭔가를 발견한다. ……저게 뭘까? 이어폰인가? 소프는 이미 자리에서 일어나 칩을 모아 호주머니에 쓸어 담는다. 다른 손은 여전히 귀에 갖다 댄 채. 그리고 허겁지겁 군중 사이로 비집고 나와 거리를 향해 걸어간다.

***

앞에서 우리는 바슐리에와 오스본이 물리학의 통찰을 사용해 무작위 행보라는 개념으로 시장을 이해하는 방법을 발견한 이야기와 망델브로가 그 개념을 개선한 이야기를 살펴보았다. 일단 경제학자들이 이 개념들을 제대로 이해하자, 이들의 연구는 금융시장의 연구에 혁명을 가져왔다. 하지만 이 세 사람은 모두 학계에 갇혀 있었다. 바슐리에는 파리증권거래소에서 일했지만, 그가 거기서 자신의 개념을 시험했다는 증거는 전혀 없으며, 큰돈을 번 적도 전혀 없다. 오스본은 가족을 부양하기 위해 금융 부문으로 전향했을지 모르지만, 결국은 구제 불능의 아수라장인 금융시장에서 투기를 통해 이익을 얻을 방법은 없다고 결론 내렸다. 망델브로 역시 주식 거래는 피한 것으로 보인다.

바슐리에와 오스본과 망델브로가 도입한 개념들은 분명히 학계의 경제학과들 사이에 전파되었고, 트레이더들이 금융시장을 생각하는 태도에 영향을 미쳤다. 예를 들면, 프린스턴대학의 경제학자 버턴 말킬Burton Malkiel이 1973년에 출판한 책 《랜덤워크 투자수업(A Random Walk Down Wall Street)》은 온갖 종류의 투자자들에게 고전이 되었다. 이 책은 특히 오스본의 개념에 많이 의존했지만, 그 영향력을 거의 언급하지 않았다.

하지만 무작위 행보 가설을 도입하고 더 정교하게 다듬은 과정은 물리학자들이 현대 금융의 틀을 만든 이야기 중 일부에 지나지 않는다. 물리학자들은 금융시장에서 직접 실무자로 활동하면서도 큰 영향을 미쳤는데, 어쩌면 더 큰 영향을 미쳤는지도 모른다. 대표적인 사례가 바로 에드 소프이다. 소프는 바슐리에와 오스본이 결코 할 수 없었던 일을 해냈다. 즉, 물리학과 수학을 사용해 금융시장에서 수익을 올리는 게 가능함을 보여주었다. 바슐리에와 오스본의 연구, 그리고 자신이 도박 시스템에서 경험한 것을 바탕으로 소프는 현대적인 헤지펀드를 발명했다—수리물리학과 전기공학이 합쳐져 새로 탄생한 분야에서 나온 개념을 적용함으로써. 정보 이론이라 불리는 이 분야는 1960년대의 금융에서 라스베이거스 스트립만큼이나 중요한 부분을 차지한다. 그리고 그것은 소프의 손을 통해 시장 가격의 통계학과 월스트리트의 승리 전략 사이에서 잃어버린 고리임을 입증했다.

***

소프는 대공황이 한창 진행되던 1932년 8월 14일에 태어났다. 육군 장교로 퇴역한 아버지는 제1차 세계대전 참전 용사였다. 소프가 태어났을 때 아버지는 운 좋게 은행 경비원 자리를 얻었지만 가정 형편은 여전히 쪼들렸고, 어린 소프는 일찍부터 절약 정신과 금융 지식에 대한 본능이 발달했다. 소프는 쿨에이드(분말 주스) 한 봉지를 5센트에 사면 주스를 여섯 잔 만들 수 있다는 사실을 알았다. 그래서 차가운 쿨에이드 음료를 만들어 한 잔에 1센트씩 받고 WPA(공공사업진흥국)에서 일하는 사람들에게 팔았다. 그리고 암산으로 금전 등록기보다 빨리 계산할 수 있다고 상점 주인과 내기를 해 아이스크림을 따기도 했다. 나이가 더 많은 사촌은 소프에게 근처 주유소에 있는 슬롯머신은 결함이 있어, 손잡이를 제대로 움직이기만 하면 돈이 나온다는 것을 보여주었다.

제2차 세계대전이 일어나자, 소프 가족은 방위 산업체에서 일자리를 구하려고 서부로 갔다. 그들은 로스앤젤레스 바로 남쪽에 위치한 캘리포니아주 로미타에 정착했다. 부모가 모두 직장에 다녔기 때문에 소프는 스스로를 돌보아야 했다. 이 무렵에 소프는 명석한 머리로 내기보다 훨씬 흥미로운 것을 발견했다. 그것은 바로 물질을 폭발시키는 것이었다. 처음에는 선물로 받은 어린이용 화학 실험 세트를 가지고 시작했다가 결국에는 차고에 미치광이 어린이 과학자의 실험실을 만들었다. 부모가 전쟁 준비를 돕는 동안 소프는 파이프 폭탄을 만들고, 집에서 만든 나이트로셀룰로스로 보도에 구멍을 뚫었다. 훗날 가지고 노는 물건은 망원경과 전자 장치로 확대되었고, 소프는 아마추어 무선에도 손댔다.

소프가 소년 시절에 폭발물을 좋아한 것은 그 실험의 바탕을 이루는 과학에 깊은 흥미가 있었기 때문인데, 그 과정에서 화학과 물리학 지식을 많이 배웠다. 고등학교 2학년을 마칠 무렵인 1948년, 소프는 캘리포니아대학에 장학생으로 들어갈 생각으로 캘리포니아주 남부 지역 화학 시험에 참가 신청서를 냈다. 화학 선생님에게 계획을 이야기하자, 선생님은 성공할지 의심스럽다는 반응을 보였다. 소프는 대학 진학 준비를 하는 다른 경쟁자들보다 한 살 이상 어렸다. 하지만 소프에게 모의 문제를 풀어보게 하고 나서 선생님은 확신이 생겼다. 소프가 모든 것을 알진 못했지만, 뛰어난 자질이 있다는 것만큼은 분명했다. 선생님은 소프에게 책 세 권을 추천하고, 여름 동안 혼자서 풀어보라며 연습 문제를 많이 내주었다.

시험 결과는 전체에서 4등이었다. 이것도 대단한 성적이었지만, 소프는 더 잘할 수 있다고 생각했다. 소프가 치른 시험에서는 전해에 나오지 않았던 유형의 문제가 포함돼 있었는데, 그걸 풀려면 계산자가 있어야 했다. 소프에게는 10센트를 주고 산 계산자가 있었지만, 그것은 작고 성능이 좋지 않았다. 계산자의 숫자들이 항상 정확하게 정렬하지 않아 계산에 오차가 생기곤 했다. 소프는 계산자만 제대로 된 걸 썼더라면 1등을 했을 거라고 생각했다. 하지만 화학 시험을 다시 볼 수 없다는 게 문제였다. 그래서 다음 해에는 물리학 시험에 응시했다. 이번에는 당당히 1등을 차지했고, 그 덕분에 캘리포니아대학 LA캠퍼스UCLA를 전액 장학금을 받고 다닐 수 있었다. 뒤뜰에서 하던 폭발물 실험으로 발전시킨 재능을 최대한 활용해 장학금을 타낸 셈이다.

소프는 화학이 아닌 물리학 덕분에 UCLA에 들어갔기 때문에 전공도 물리학을 선택했다. 4년 뒤에는 UCLA에서 계속 대학원을 다녔다. 소프는 공부가 좋았지만, 어려운 형편을 감안하면 대학원 공부는 조금 무리한 선택이었다. 사실, 장학금 혜택이 없었더라면 대학도 다니지 못했을 것이다. 21세가 된 그에게는 그 어느 때보다도 돈이 큰 문제였다. 소프는 한 달에 최대한 100달러(2020년 기준으로는 약 960달러)는 그러모을 수 있었지만, 그중 절반은 곧장 집세로 나갔다. 늘 돈이 궁했던 소프는 어린 시절에 하던 식으로 부업을 통해 돈을 벌 방법을 궁리하기 시작했다.[2]

룰렛 게임 아이디어는 바로 이 주제(많은 노력을 하지 않고 가욋돈을 버는 방법)를 놓고 대화를 나누던 도중에 나왔다. 그것은 소프가 물리학 석사 과정을 마칠 준비를 하고 있던 1955년 봄에 UCLA 공동 기숙사 식당에서 열린 토론에서 시작되었다. 그 당시는 라스베이거스에 카지노들이 막 문을 열기 시작한 무렵이라 도박이 뜨거운 주제였다. 한 친구가 도박이야말로 큰돈을 빨리 벌 방법이라고 말했다. 하지만 다른 친구는 돈을 따는 사람보다 잃는 사람이 많은 게 문제라고 지적했다. 다양한 게임에서 유리하게 게임을 하는 게(즉, 질 확률보다는 이길 확률을 더 높이는 게) 가능한가를 놓고 토론을 하다가 룰렛이 화제에 올랐다. 대부분 동료는 룰렛은 돈을 따기에 매우 나쁜 게임이라고 주장했다. 룰렛 바퀴를 만들 때 결함이 있다면, 어떤 숫자들이 다른 숫자들보다 더 자주 나올 수 있을 것이다. 하지만 라스베이거스나 리노의 카지노처럼 큰 카지노에서 돌아가는 룰렛 바퀴는 아주 정확하게 만들어지기 때문에, 거기서 어떤 결함을 찾아 이용한다는 것은 논외였다. 룰렛 바퀴의 회전은 무작위적 운동에 아주 가깝기 때문에, 특수한 트릭을 사용하지 않는 한 거기서 돈을 딸 가능성은 극히 낮다.

소프는 그 전제에 반대하진 않았지만, 결론은 옳지 않다고 생각했다. 어쨌든 물리학자는 바퀴 같은 물체가 어떻게 행동하는지 예측하는 전문가가 아닌가. 만약 룰렛 바퀴가 정말로 완벽하다면, 어떤 장소에서 출발한 공이 이런저런 속도로 회전하는 바퀴 위에서 구르다가 어디에 멈출지 예측하는 것은 고등학교 수준의 물리학으로도 충분히 가능하지 않을까? 룰렛 바퀴에서 공이 어떻게 구를지 알아내는 데에는 양자물리학이나 로켓과학 같은 건 필요 없다. 룰렛 바퀴가 완벽하게 제작되었다는 점은 오히려 예측에 도움을 준다. 계산 결과를 쓸모없게 만드는 작은 결함도 전혀 없고, 각각의 바퀴는 나머지 모든 바퀴와 거의 완전히 똑같으니까.

자신의 가설을 시험하기 위해 소프는 실험을 시작했다. 계산을 한 뒤에 절반 크기의 값싼 룰렛 바퀴를 사서는 그 위에서 굴러가는 공을 사진으로 찍었다. 그리고 각각의 사진 프레임을 들여다보면서 공의 움직임을 분석했다. 그러는 한편으로 자신의 아이디어를 실제로 응용할 수 있는 방법을 생각했다. 큰 카지노에서는 공이 출발한 뒤에도 베팅을 허용하기 때문에, 원리적으로는 룰렛 바퀴와 공의 최초 속도와 위치를 아는 게 가능하다. 그것만 알면 공이 최종적으로 어느 칸에 들어갈지 계산할 수 있고, 그 결과에 따라 베팅을 할 수 있다. 소프는 필요한 계산을 충분히 빨리 할 수 있는 기계를 만드는 방법을 놓고 이런저런 공상을 했다. 하지만 그 단계에서 더 멀리 나아가진 못했다. 라스베이거스의 룰렛 바퀴는 결함이 거의 없다곤 해도, 소프가 산 싸구려 룰렛 바퀴는 조잡한 것이었다. 필름을 들여다보던 소프는 그 룰렛 바퀴는 실험에 아무 쓸모가 없다는 사실을 깨달았다. 하지만 제대로 된 룰렛 바퀴를 사려면 1000달러 이상이 들었는데, 가난한 대학원생으로서는 엄두도 못 낼 거금이었다.

그래서 소프는 룰렛 연구를 포기했다. 최소한 한동안은 그랬다. 석사 과정을 마치고 나서 박사 과정에 들어갔는데, 이번에도 물리학을 전공으로 선택했다. 하지만 소프는 자신의 수학 실력은 최신 물리학 주제를 다루기에 부족하다는 사실을 금방 깨달았다. 그래서 들어야 할 강좌 명단을 작성했는데, 대부분은 그 당시 막 급성장하던 함수해석 분야에 속했다. 그런데 그 과목들을 모두 이수한다면 수학 박사 학위를 받기에도 모자람이 없을 것 같았다. 반면에 물리학을 하는 데에는 출발점에 지나지 않았다. 그래서 소프는 전공을 수학으로 바꾸었다. 한편, 그의 마음속에서는 룰렛의 물리학에 대한 아이디어가 여전히 꿈틀거리고 있었다. 적절한 자원(제대로 된 룰렛 바퀴와 약간의 컴퓨터 지식)만 확보한다면, 큰돈을 벌 거라고 확신했다.

* * *

박사 학위를 받은 직후 소프는 MIT에서 명성 높은 C. L. E. 무어 수학 교수에 임명되었다. 이것은 실비아 네이사$^{Sylvia Nasar}$가 쓴 《뷰티풀 마인드(A Beautiful Mind)》에 주인공으로 등장하는 존 내시$^{John Nash}$가 10년 전에 차지했던 자리였다.[3] 소프는 아내 비비안과 함께 캘리포니아주 남부를 떠나 매사추세츠주 케임브리지로 갔다. 두 사람은 미국 동해안에서 2년 동안만 있다가 다시 서부의 뉴멕시코주로 갔다. 하지만 이 2년은 두 사람의 인생을 확 바꾸는 데 충분한 시간이었다. 소프가 클로드 섀넌$^{Claude Shannon}$을[4] 만난 곳도 바로 MIT였다.

20세기에 완전히 새로운 과학을 창시한 사람을 꼽으라면 아마도 섀넌이 유일한 후보로 거론될 것이다. 그가 발명한 분야인 정보 이론은 본질적으로 디지털 혁명의 배경이 된 수학이다. 정보 이론은 컴퓨터과학, 현대 텔레커뮤니케이션, 암호학, 암호 해독의 기반을 이룬다. 정보 이론에서 기본 연구 대상은 데이터, 즉 정보 비트('비트bit'라는 용어도 섀넌이 만들었다)이다. 광파가 공기 중에서 나아가는 방식이나 인간 언어의 작용 방식 같은 것을 연구한 역사는 아주 오래되었다. 그런데 섀넌은 광파나 단어와는 별개로 정보 자체(세상에 존재하는 물체로부터 광파를 통해 우리의 망막으로 전달되거나 말을 통해 한 사람에게서 다른 사람으로 전달되는 것)를 연구할 수 있다는 획기적인 개념을 내놓았다. 오늘날 이 개념이 얼마나 중요한 것이 되었는지는 아무리 강조해도 모자란다.

정보 이론은 섀넌이 제2차 세계대전 때 뉴저지주 머리힐에 있던 AT&T의 연구 부문인 벨 연구소에서 과학자로 근무하면서 연구한 계획에서 발전했다. 그 연구 계획의 목표는 일선 지휘관들이 중부 사령부와 안전하게 통신을 할 수 있도록 암호화된 전화 시스템을 개발하는 것이었다. 불행히도 그것은 쉬운 일이 아니었다. 해독 불가능하다고 수학적으로 증명할 수 있는 암호 체계는 딱 하나밖에 없는데, 그것을 일회용 패드 또는 일회용 암호라 부른다. 친구에게 보내는 편지를 예로 들어 설명해보자. 우리는 다른 사람이 그 편지를 읽는 걸 원치 않는다. 그 편지에 적힌 문자가 띄어쓰기를 포함해 모두 100개라고 하자. 해독 불가능한 암호로 편지를 보호하려면 100개의 수(편지에 있는 문자 100개에 해당하는)가 무작위로 적힌 명단을 만들어야 한다. 이것을 암호 키라고 부르는데, 이 수들을 편지에 적힌 문자들에 각각 '더한다'. 만약 편지에 나오는 첫 번째 문자가 D(예컨대 'Dear John'에서)이고 무작위 암호 키 명단에서 첫 번째 수가 5라면, D에 5를 더함으로써 D

를 알파벳 순서에서 다섯 자리 뒤로 보낸다. 따라서 암호 메시지에서는 I가 첫 번째 문자가 된다. 이런 식으로 나머지 문자도 모두 암호화한다. 친구가 암호 메시지를 해독하려면 암호 키 복사본을 갖고 있어야 하는데, 암호 키를 이용해 각각의 문자에서 그것에 해당하는 수를 빼주면 원래의 메시지를 복원할 수 있다. 만약 암호 키가 정말로 무작위적이라면, 암호 키가 없는 한 암호 메시지를 해독할 방법은 없다. 원래 메시지에 포함돼 있던 패턴이 모두 지워지기 때문이다.

내가 방금 설명한 것과 같은 일회용 패드는 실제로 사용하기에는 좀 거추장스러운 점이 있는데, 메시지를 보내는 사람과 받는 사람이 둘 다 똑같은 암호 키를 갖고 있어야 하기 때문이다. 하지만 원리적으로 기본 개념은 아주 간단하다. 일회용 패드 개념을 '전화' 통화에 응용하려고 할 때에는 문제가 좀 더 복잡하다. 전화 통화에는 수를 더하거나 뺄 문자 자체가 없다. 문자 대신에 소리가 있으며, 게다가 소리는 전화선을 통해 먼 거리로 전송된다(적어도 1944년 당시에는 그랬다). 따라서 일선에 있는 지휘관들과 사령부 사이의 어느 지점에서 전화선에 접근할 수만 있다면, 통화를 엿들을 수 있다.

벨 연구소 팀은 '신호'의 패턴, 즉 전송되는 메시지가 무작위적 '잡음'과 섞여 완전히 사라지는 것이 일회용 패드의 본질이라는 사실을 깨달았다. 여기서 잡음은 무작위적 수로 이루어진 암호 키에 해당한다. 따라서 메시지를 전달하는 데 사용할 매체(이 경우에는 소리)가 어떤 것이건 거기에다 완전히 무작위적 속성을 지닌 것을 더함으로써 메시지의 패턴을 전혀 알 수 없게 만들면 된다. 전화 대화의 경우, '잡음'이라는 단어는 은유적 표현이 아니다. 뒤에서 진공청소기가 요란한 소리를 내는 가운데 대화를 나누는 장면을 상상해보라. 상대방이 하는 말을 제대로 알아듣기 어려울 것이다. 이것이 바로 섀넌이 협력자들과 함께 발명한 시스템인 SIGSALY의 원리이다. 일선 지휘관이 한 말에 충분히 많은 잡음을 첨가하면, 그 말이 무엇인지 파악하기 어렵게 만들 수 있다. 한편, 메시지를 수신하는 측에 그것과 정확하게 똑같은 무작위적 잡음을 녹음한 것이 있다면, 암호 메시지에서 그것을 '빼주면' 원래의 목소리를 복원할 수 있다. 이 시스템을 실행에 옮기는 것은 공학적으로 경이에 가까운 일이었다. 설사 잡음이 정확하게 어떤 것인지 알아도, 전화선에서 잡음을 제거하는 데 필요한 신호 처리 방법은 이제 겨우 개발 단계에 있었다. 하지만 섀넌 팀은 그것을 제대로 처리하는 방법을 찾아냈다. SIGSALY 장비는 루스벨트 대통령을 위해 펜타곤에, 맥아더 장군을 위해 괌에, 몽고메리 장군을 위해 북아프리카에, 그리고 처칠을 위해 런던의 셀프리지 백화점 지하에 각각 설치되었다.

섀넌은 신호와 잡음 사이의 관계를 생각하다가 아주 중요한 통찰을 얻었다. 그것은 모든 정보 이론 그리고 거기서 더 나아가 정보 혁명의 근간을 이루는 기본 개념이 되었다. 고속도로에서 운전을 하면서 옆자리에 앉은 사람과 대화를 나눈다고 상상해보라. 열심히 이야기하고 있는데, 대형 트레일러 트럭이 옆을 지나가면서 요란한 소음을 내는 바람에 옆자리에 앉은 사람에게는 내가 한 말이 띄엄띄엄 들린다. 그 사람은 내가 한 말을 제대로 알아들을 수 있을까? 그것은 상황에 따라 다르다. 내가 한 말이 평소에 흔히 이야기하던 로스앤젤레스의 교통 체증에 대한 불평이라면, 친구는 귀에 닳도록 들은 그 이야기를 잘 알고 있을 것이다. 단지 몇 마디('공사'나 '칠칠치 못한 운전자', 그리고 거기다가 욕설 한두 마디)만으로도 교통 체증에 대한 내 견해를 충분히 알아챌 것이다. 심지어 옆에 앉은 사람이 낯선 사람이어도 내가 하는 말을 충분히 알아들을 수 있다. 교통 체증을 좋아하는 사람은 아무도 없으므로, 여기저기서 들리는 핵심 단어 몇 개만으로도 내 메시지를 충분히 알아챌 수 있다. 하지만 내가 얼마 전에 본 영화를 자세히 설명하려고 했다면 어떨까? 이 경우에는 단어 하나하나가 중요할 수 있다. 옆자리에 앉은 사람은 "주인공……젊어……했다"라는 단어들만 듣고서는 그게 무슨 말인지 짐작하기 어려울 것이다.

섀넌은 신호가 전달하는 정보량은 수신자가 해독하기에 얼마나 쉬운가, 바꿔 말하면 신호가 얼마나 예측 불가능한가와 관계가 있다는 결론을 내렸다. 교통 체증에 대한 불평은 정보를 그다지 많이 담고 있지 않다. 그것은 예측하기가 쉽다. 반면에 영화에 대한 평은 더 많은 정보를 담고 있다. 이 점은 섀넌의 정보 이론에서 핵심을 차지한다.

정보를 이런 식으로 바라보는 것이 왜 일리 있는 주장인지 가장 쉽게 이해하는 방법은 섀넌의 그림을 거꾸로 뒤집어보는 것이다. 정보는 우리를 어떤 것을 확신하지 못하는 상태에서 어느 정도 확신하는 상태로 만들어주는 것이다. 두 경우를 상상해보자. 양키스 팀이 어느 해에 전체 게임 중 절반 이상 이길 확률은 상당히 높지만, 달에 외계인이 살 확률은 극히 희박하다고 생각하는 것으로 이야기를 시작해보

자. 섀넌의 근본적인 통찰은 다음과 같이 표현할 수 있다. 만약 달에 외계인이 살고 있다는 사실을 안다면(절대로 확신할 수 있을 정도로), 올해에 양키스 팀이 전체 게임 중 절반 이상을 '이겼다는' 사실을 알았을 때보다 훨씬 많은 정보를 얻을 것이다. 왜냐고? 섀넌의 표현을 빌리면, 달에 외계인이 살 확률은 양키스 팀이 어느 해에 전체 게임 중 절반 이상 이길 확률보다 훨씬 낮기 때문이다. 어떤 메시지와 거기에 담긴 정보 사이의 관계는 정보를 계량화하는 데 필요한 핵심 연결 고리를 제공한다. 다시 말해서, 정보를 확률과 연계함으로써 섀넌은 메시지에서 담긴 정보량을 판단하는 숫자를 부여하는 방법을 발견했다. 이것은 수학적 정보 이론을 만드는 최초의 큰 걸음이었다.

정보 이론의 발명으로 섀넌은 하룻밤 사이에 큰 센세이션을 일으켰다. 적어도 전기공학계와 수학계와 물리학계에서는 그랬다. 그 응용 분야는 끝이 없는 것처럼 보였다. 섀넌은 전쟁이 끝난 후에도 10년 동안 벨 연구소에서 일하다가 1956년에 MIT로 옮겨갔다.

***

소프는 대학원을 졸업한 지 불과 일 년 만인 1959년에 매사추세츠주로 왔다. 그 무렵에 섀넌은 석좌 교수로 임명되어 수학과와 전기공학과 양쪽에서 보직을 맡았다. 그의 가장 중요한 연구는 이미 발표되었고, 그 영향이 빠르게 확산되고 있었다. 1950년대 후반에 그는 학계에서 록스타 같은 존재였다. 그렇지 않아도 괴짜로 소문난 그는 이제

MIT에 자신의 조건을 당당히 요구할 정도의 힘이 있었다. 그는 만날 사람과 가르칠 과목, 연구에 할애하는 시간 등을 자기가 정한 대로 해 달라고 요구했다. 그의 연구실에는 아무나 불쑥 찾아갈 수 없었다(직급이 낮은 강사라면 더더욱). 소프도 섀넌을 만나기 위해 미리 약속해야 했다. 그리고 약속을 잡으려면 함께 대화를 나눌 만한 가치가 있는 주제가 있어야 했다. 나중에 섀넌의 비서가 소프에게 알려준 바에 따르면, 섀넌 교수님은 "흥미가 없는 주제(혹은 사람)에는 시간을 쓰지" 않았다.[5]

다행히도 소프는 섀넌의 흥미를 끌 만한 주제가 있었다. 매사추세츠주로 가기 몇 달 전에 소프 부부는 라스베이거스를 처음 방문했다. 라스베이거스를 선택한 것은 편리한 점이 많다고 판단했기 때문이다. 로스앤젤레스에서 가깝고, 값싼 호텔이 많고, 볼거리와 할 수 있는 일도 아주 많았으니까. 게다가 소프는 전문가 수준의 룰렛 바퀴를 살펴볼 기회도 있으리라고 기대했다. 하지만 곧 밝혀졌지만, 이 여행에서 소프가 가장 관심을 보인 것은 룰렛이 아니었다. 젊은 부부가 휴가 여행을 떠나기 직전에 한 동료가 〈미국통계협회 저널(Journal of the American Statistical Association)〉에 실린 최신 논문을 건네주었는데,[6] 그 논문은 트웬티원이라고 부르는 블랙잭 게임에 관한 것이었다.

블랙잭은 카지노 게임으로서는 아주 오래된 게임인데, 심지어 룰렛보다 그 역사가 오래되었다. 《돈 키호테》의 저자 세르반테스Cervantes Saavedra는 17세기 전반에 에스파냐에서 일종의 블랙잭을 즐겼으며, 블랙잭의 속임수에 능수능란한 인물들이 등장하는 이야기도 썼다.[7] 블랙잭은 대개 카드 한 벌 또는 여러 벌을 가지고 한다. 먼저 참가자는 원하는 만큼의 금액을 베팅한다. 딜러는 자신을 포함해 모든 참가자에게 카드를 두 장씩 나눠주는 것으로 게임을 시작한다. 각자는 충분하다고 판단할 때까지 카드를 추가로 달라고 요구할 수 있다. 하지만 카드 숫자들의 합이 21을 넘어서면 지게 되는데, 이것을 '버스트bust'라고 한다. 숫자가 적힌 카드는 그 숫자를 사용하고, 킹K, 퀸Q, 잭J은 10으로 계산한다. 에이스는 1 또는 11 중 원하는 것으로 사용할 수 있다. 게임에서 이기려면 21을 넘어가지 않으면서 카드 숫자들의 합이 딜러보다 더 높아야 한다. 카지노에서는 모든 참가자가 카지노를 대표하는 딜러를 상대로 승부를 벌인다. 버스트를 하지 않고 딜러를 이겨야 돈을 딴다. 만약 손님이 이길 경우, 건 돈만큼 돈을 딴다. 다만, 카드 숫자들의 합이 21일 경우에는 건 돈의 1.5배만큼 돈을 딴다(즉, 1달러를 걸었다면 건 돈 외에 1.5달러를 더 받는다).

　카지노는 항상 똑같은 전략을 사용한다. 딜러는 자기 카드 숫자들의 합이 17 미만일 때에는 늘 새 카드를 더 받는다. 만약 합이 17이거나 그 이상일 경우에는 딜러는 거기서 멈춘다. 만약 딜러에게 버스트가 일어나면, 모든 참가자가 이긴다. 여기서 게임의 긴장감을 높이는 요소가 하나 있는데(최소한 카지노에서는), 참가자의 카드는 모두 숫자가 보이게 펼쳐놓아야 하지만, 딜러의 카드 중 한 장은 보이지 않게 뒤집어놓는다는 점이다. 그래서 참가자들은 게임이 끝날 때까지 그 카드의 패가 무엇인지 알 수 없다. 딜러의 점수가 얼마인지 모르기 때문에, 게임 참가자는 새 카드를 받아야 할지 말아야 할지 결정하기가 쉽지 않다.

카지노는 오래전부터 블랙잭 테이블을 운영해왔다. 그리고 여기서 많은 돈을 벌었다. 이것은 카지노 측이 이길 확률이 높음을 시사하지만, '완전히' 증명하는 것은 아니다. 왜냐하면 블랙잭은 룰렛과 달리 전략 게임이기 때문이다. 참가자는 언제 새 카드를 달라고 할지 선택할 수 있다. 라스베이거스에서 도박 산업이 자리를 잡은 1950년대 전반까지만 해도 참가자가 딜러보다 더 유리한 위치에 설 수 있는 전략이 있는지 없는지 아무도 몰랐다. 확실한 것은 사람들이 어떤 전략을 사용하건 간에 그것은 카지노 측에 유리할 뿐이라는 사실이었다. 결국 그보다 나은 결과를 얻기란 엄청나게 어려운 것으로 드러났다. 온갖 종류의 상황에서 가능한 모든 경우의 수에 대해 그 확률을 계산하는 것이 필요했다. 수백만 가지가 넘는 계산이.

1953년, 육군의 한 연구팀이 이 연구에 착수했다. 이 연구팀은 3년이라는 세월에 걸쳐 '컴퓨터'(1950년대 전반에 이 용어는 계산을 하는 사람을 의미했으며, 아마도 컴퓨터는 전자계산기를 가지고 계산했을 것이다)를 사용해 가능한 모든 경우의 수를 (거의 다) 알아내 그 확률을 계산했고, 그것을 바탕으로 '최적의' 블랙잭 전략을 알아냈다. 〈미국통계협회 저널〉에 발표된 논문은 바로 이 전략이었고, 소프는 그것을 보고 라스베이거스로 가기로 했다. 그것은 필승 전략은 아니었다. 육군 연구팀의 계산에 따르면, 최적의 전략을 사용해 게임을 하더라도 카지노 측이 유리했는데, 딜러의 패가 지닌 불확실성이 참가자의 결정에 영향을 미치기 때문이었다. 하지만 카지노 측이 유리한 정도는 아주 작았다. 만약 최적의 전략을 사용해 한 번에 1달러를 건 블랙잭 게임을 1000번

한다면, 하루가 끝나기 전에 여러분 수중에 남아 있는 돈은 (평균적으로) 약 994달러가 될 거라고 연구팀은 예측했다. 하루가 끝날 무렵 약 800달러만 남을 것으로 예상되는 슬롯머신에 비하면 최적의 블랙잭 전략은 상당히 훌륭해 보였다. 불행하게도 그 전략은 간단하지가 않았기 때문에, 소프는 커닝 페이퍼를 만들어야 했다. 작은 카드에 모든 경우의 수를 적어놓고 그것을 참고하면서 게임을 했다.

소프는 돈을 잃었다. 10달러를 가지고 시작했는데, 한 시간 만에 1.50달러로 줄어들었다. 하지만 같은 테이블에 있던 사람들은 그보다 더 빨리 돈을 잃었다. 소프는 테이블을 떠날 때쯤 육군 연구자들이 그래도 뭔가를 알아냈다는 확신이 들었다. 또, 자신은 그보다 더 나은 방법을 알아낼 자신이 있었다.

소프는 육군의 전략에서 문제점은 각각의 블랙잭 게임을 독립적인 것으로 간주한 데 있다는 사실을 금방 알아챘다. 즉, 게임을 새로 시작할 때마다 새로운 카드를 사용한다고 가정한 것이다. 하지만 실제 게임은 그런 식으로 진행되지 않았는데, 1958년 당시에는(그 후에 카지노들은 규칙을 약간 바꾸었다) 특히 그랬다. 딜러는 카드를 나눠준 뒤, 돌릴 수 있는 카드가 충분히 남아 있으면 계속 그 카드 패를 가지고 게임을 했다. 이것이 모든 것을 바꿔놓았다. 예를 들어 새로운 한 벌의 카드에서 에이스를 받을 확률은 52분의 4인데, 52장의 카드 중에 에이스가 4장 있기 때문이다. 이제 두 번째 카드를 받을 차례가 되었는데, 첫 번째 패를 돌릴 때 모두 10장의 카드가 나누어졌고 그중에서 에이스가 2장 나왔다면, 이번에 에이스를 받을 확률은 42분의 2가 되어

52분의 4보다 훨씬 낮다. 따라서 만약 여러분의 전략이 각각 다른 카드 조합을 받을 확률을 바탕으로 한다면, 그리고 여러분이 신중하다면, 어떤 카드들이 이미 나왔는지 고려해야 할 필요가 있다. 이미 나온 카드들이 무엇인지 추적하고 그에 따라 전략을 수정하는 전략을 쓰는 것을 '카드 카운팅card counting'이라 한다.

소프는 카드 카운팅을 사용하면 육군 연구팀이 발견한 전략보다 블랙잭에서 이길 확률을 더 높일 수 있다고 믿었다. 소프는 MIT의 IBM 794(최초로 대량 생산된 전자 컴퓨터 중 하나)를 사용해 육군의 전략을 변형한 전략을 단순한 카드 카운팅 기술과 결합하면 게임 참가자가 유리하다는 것을 증명할 수 있었다. 소프는 바로 이것으로 섀넌의 관심을 끌었다. 소프는 자신이 발견한 것을 설명하는 논문을 썼는데, 섀넌이 그것이 발표되도록 도와줄 것이라는 기대감이 있었다.

만나기로 한 날짜가 다가오자 소프는 압박감을 느꼈다. 자신이 원하는 것과 섀넌이 왜 관심을 가져야 하는 이유 등을 30초 만에 효과적으로 설명하는 엘리베이터 피치elevator pitch(어떤 상품이나 서비스를 빠르고 간단하게 요약 설명하는 것. 로켓 피치라고도 한다. 엘리베이터에서 중요한 사람을 만났을 때 자기 생각을 요약하여 짧은 시간에 전달할 수 있어야 한다는 뜻에서 이런 이름이 붙었다—옮긴이)도 준비했다.

소프의 불안은 기우로 드러났다. 섀넌은 소프가 얻은 결과에서 무엇이 흥미로운 것인지 금방 파악했다. 예리한 질문을 몇 개 던진 뒤에 섀넌은 소프가 보통 인물이 아님을 알아챘다. 편집에 관한 조언을 몇 가지 해주고, 논문 제목의 어조를 좀 부드럽게 하는 게('블랙잭의 필승 전략'에서 '트웬티원에서 유리한 전략'으로) 어떻겠냐고 말하고 나서, 그런 연구를 실어줄 만한 학술지 중 가장 명망 높은 〈미국과학원회보 (Proceedings of the National Academy of Sciences)〉에 논문을 제출하라고 조언했다(거기에는 오직 미국과학원 회원만 논문을 제출할 수 있었다).[8] 소프가 연구실을 떠나려고 할 때, 섀넌은 지나가는 말로 도박과 관련해 또 다른 계획은 없느냐고 물었다. 분명하고 흥미로운 응용처가 있는 이런 종류의 수학은 섀넌의 취향에 맞았다. 잠깐 침묵을 지키다가 소프는 몸을 앞으로 숙이며 말했다. "사실은 하나가 더 있어요. 룰렛에 관한 건데요……."

***

어느 겨울날 오후, 눈으로 덮인 매사추세츠주 케임브리지에는 이미 땅거미가 내리고 있었다. 검은색 세단이 그 블록을 한 바퀴 빙 돌고 나서 소프의 아파트 건물 앞에 멈췄다. 이윽고 문이 열리더니, 양쪽에서 젊고 아름다운 여성이 한 명씩 나왔다. 두 여성은 어깨에 밍크코트를 걸치고 있었다. 두 여성은 다음 사람을 위해 차에서 조금 물러났다. 이윽고 60대 초반의 키 작은 남자가 차에서 내렸는데, 그의 이름은 매니 키멜Manny Kimmel이었다.[9] 그는 나날이 성장하던 주차장과 장례식장 사업체 소유주였다. 키니파킹 컴퍼니라는 그 회사는 막 주식 공개 절차를 밟고 있었다. 그리고 그 후 10년 동안 키멜의 아들인 시저 Caesar와 전설적인 CEO 스티브 로스Steve Ross의 공동 경영으로 회사는 급속도로 팽창해갔다. 처음에는 상업적 청소 및 설비 관리 사업에 진출하더니, 나중에는 언론 매체에까지 손을 뻗었다. 키니파킹 컴퍼니는 1969년에 워너브러더스 스튜디오를 인수한 뒤에 결국에는 타임워너와 합병하여 세계 최대의 거대 미디어 복합 기업으로 성장했다.

1961년 당시에는 이 모든 것은 아직 실현되지 않은 미래의 일이었다. 하지만 그때에도 키멜은 이미 큰 부자였다. 그의 재산은 낡은 방식, 즉 도박 사업과 술장사로 축적한 것이었다. 전설에 따르면, 키멜은 뉴저지주 뉴어크의 키니 스트리트에 있던 최초의 주차장을 크랩스 도박에서 거액을 놓고 겨룬 끝에 따냈다. 키니파킹 컴퍼니가 처음에 성공을 거둔 데에는 차를 주차하려는 고객들뿐만 아니라 키멜이 별도로 벌인 소형 버스 운송 사업과 불법 도박장 사업도 큰 도움이 되었다. 금주법 시대에는 어린 시절의 친구인 유대인 조직 폭력배 론자 즈월먼Longy Zwillman과 함께 일했다. 즈월먼은 캐나다에서 라이 위스키를 수입했는데, 뉴저지주에 있던 키멜의 차고를 보관 창고로 썼다.

2월의 추운 일요일에 키멜이 소프를 찾아온 것은 바로 도박 때문이었다. 몇 주일 전에 소프는 워싱턴 D.C.에서 열린 미국수학회 연례 회의에서 미국과학원에 제출한 논문 내용으로 공개 강연을 했다. 이번에는 강연 제목을 좀 더 자극적으로 '행운의 공식: 블랙잭의 필승 전략'이라고 붙였다. 소프의 강연은 블랙잭과는 별개로 언론의 관심을 끌기 위한 필승 전략이었다. 소프는 빽빽이 들어찬 청중 앞에서 강연을 했는데, 곧 AP와 그 밖의 보도 매체들도 찾아왔다. 며칠 사이에 〈워싱턴 포스트〉와 〈보스턴 글로브〉를 포함해 전국의 언론 매체에 소프의 강연 이야기가 실렸다. 늘 무미건조하게 진행되던 미국수학회 연례 회의가 뉴스에서 이토록 큰 관심을 받는 일은 드물었지만, 라스베이거스의 카지노들을 빈털터리로 만들 수 있다는 MIT의 수학자 이야기는 큰 반향을 불러일으켰다.

처음에 소프는 큰 관심에 고무되었다. 전화벨이 쉴 새 없이 울렸고, 인터뷰를 요청하는 기자들과 비법을 배우려는 도박사들이 몰려왔다. 그는 기자들에게 만약 누가 자신에게 라스베이거스로 여행할 자금만 충분히 대준다면, 자신의 시스템이 실제로 효과가 있다는 것을 증명해 보이겠노라고 우쭐대며 큰소리쳤다. 라스베이거스 스트립에 있는 큰 카지노 중 하나인 사하라는 홍보 차원에서 소프에게 원하는 만큼 오랫동안 숙식을 제공하겠다고 제안했다. 물론 소프의 시스템은 기껏해야 이전에 나온 수백 가지 시스템과 마찬가지로 환상에 불과하다고 믿었기 때문이다. 하지만 사하라는 소프의 도박 자금까지 대주려고 하진 않았다. 연봉 7000달러를 받던 소프로서는 혼자 힘만으로는 충분한 자금을 마련할 수 없었다(카지노에는 최소 베팅 금액이 정해져 있어서, 설사 장기적으로는 이길 확률이 높다 하더라도 처음에 운이 나빠 계속 잃다 보면 충분한 자금을 확보하기 전에 돈을 다 날릴 수 있다).

바로 이때 키멜이 나타났다. 어떤 사람은 고급 와인이나 값비싼 시가를 좋아한다. 자동차나 스포츠, 미술을 좋아하는 사람도 있다. 뼛속까지 도박꾼인 키멜은 유리한 베팅 시스템을 알아보는 눈이 있었다. 소프의 블랙잭 시스템에 대한 글을 읽은 키멜은 소프에게 그의 실험을 위해 10만 달러라는 거금을 지원하겠다는 편지를 보냈다. 하지만 그전에 먼저 소프의 시스템이 정말로 효과가 있는지 확인하는 절차가 필요했다. 그래서 소프가 만나기로 동의하자, 키멜은 뉴욕에서 매사추세츠주 케임브리지까지 차를 몰고 왔다. 조카딸이라는 두 젊은 여성을 데리고 키멜이 도착하자, 소프는 키멜에게 자신의 증명을 보여주고 방법을 설명하기 시작했다. 하지만 키멜은 그런 것에는 전혀 관심을 보이지 않았다. 대신에 호주머니에서 카드 한 벌을 꺼내더니 카드를 돌리기 시작했다. 키멜은 실제로 그 방법을 사용해 돈을 따는 걸 봐야만 그 시스템이 효과가 있다고 믿었다. 그들은 그날 저녁 내내 카드로 게임을 했고, 다음 날에도 계속 반복했다. 그다음 몇 주일 동안 소프는 정기적으로 뉴욕으로 차를 몰고 가서 키멜과 카지노 여행에 함께 자금을 대기로 한 그의 동료 에디 핸드Eddie Hand와 함께 카드 게임을 했다.

약 한 달이 걸리긴 했지만, 마침내 키멜은 소프의 시스템이 효과가 있다는(그리고 소프에게 그 시스템을 실제 카지노에서 사용하는 데 필요한 수단이 있다는) 확신을 얻었다. 소프는 10만 달러는 너무 많다고 판단하고서 훨씬 적은 1만 달러를 가지고 시작하자고 주장했는데, 너무 많은 돈을 가지고 도박을 하면 불필요하게 이목을 끌지 않을까 염려했기 때문이다. 한편, 키멜은 라스베이거스는 세간의 이목을 많이 끌 뿐만 아니라 자신을 알아보는 사람이 너무 많다고 생각했다. 그래서 MIT의 봄 방학 기간에 소프는 이번에도 젊은 여성 두 명을 데리고 나타난 키멜과 함께 자신의 시스템을 시험하러 리노로 갔다. 결과는 완전한 성공이었다. 그들은 이 카지노에서 저 카지노로 옮겨 다니며 게임을 했는데, 결국 그들에 대한 소문이 그들이 움직이는 것보다 더 빨리 퍼지는 지경에 이르렀다. 인시人時 (한 사람이 한 시간 동안 일한 양의 단위-편집자)로 30시간이 조금 넘는 동안 소프와 키멜과 핸드는 1만 달러를 2만 1000달러로 불렸다. 어느 날 저녁에 소프가 너무 피곤해서 카드 카운팅을 제대로 못 하겠다고 말했을 때 키멜이 게임을 계속하자고 고집만 부리지 않았더라면 3만 2000달러까지도 불릴 수 있었을 것이다. 소프는 훗날 독자들에게 자신의 시스템을 이용해 라스베이거스의 돈을 따는 방법을 설명한 《딜러를 이겨라(Beat the Dealer)》라는 책에서 이 이야기를 소개했다(키멜의 이름은 미스터 X로, 핸드의 이름은 미스터 Y로 바꿔).[10]

***

소프는 블랙잭 게임에서 카드를 나눠주면서 남은 패가 변함에 따라 이길 확률이 어떻게 변하는지 추적하는 방법을 여러 가지 개발했다. 소프는 이 시스템을 사용해 남은 패가 자신에게 유리한지 카지노 측에 유리한지 확실하게 판단할 수 있었다. 하지만 블랙잭 게임을 하다가 이길 확률이 자신에게 조금 더 유리하다는 사실을 알았다고 하더라도, 여기서 어떻게 해야 할까?

블랙잭 게임은 아주 복잡한 것으로 드러났다. 문제를 다루기 쉬운 것으로 만들려면 더 단순한 시나리오로 시작하는 것이 좋다. 진짜 동전은 앞면과 뒷면이 나올 확률이 거의 같다. 하지만 한쪽 면이 다른 쪽

면보다 나올 가능성이 더 높은 동전을 상상하는 것은(실제로 만들지는 않더라도) 가능하다. 편의상 앞면이 나올 가능성이 뒷면이 나올 가능성보다 더 높다고 가정하자. 이렇게 한쪽이 더 유리한 결과가 나오는 동전을 가지고 내기를 한다고 상상해보자. 동전을 던질 때마다 매번 같은 금액을 걸고, 내가 이길 때마다 상대방은 내가 건 돈만큼 돈을 지불하며, 게임은 내가 하고 싶은 만큼(혹은 내가 가진 돈이 다 떨어질 때까지) 얼마든지 할 수 있다. 다시 말해서, 만약 내가 1달러를 걸어 이긴다면 상대방은 내게 1달러를 주고, 진다면 나는 1달러를 잃는다. 동전은 앞면이 뒷면보다 나올 확률이 높으므로, 게임을 오래 하면 돈이 한쪽으로(만약 내가 줄곧 앞면에다 돈을 건다면 내 쪽으로) 흘러갈 것이라고 예상할 수 있다. 내가 이기는 경우가 전체 횟수 중 절반이 넘을 것이기 때문이다. 마지막으로, 돈을 거는 액수를 판마다 마음대로 바꿀 수 있다고 상상해보자. 즉, 1달러를 걸어도 되고, 100달러나 1만 달러를 걸어도 된다. 내 호주머니 안에는 돈이 들어 있지만, 만약 그게 다 떨어지면 나는 끝장이다. 그렇다면 동전을 던질 때마다 돈을 얼마씩 걸어야 할까?

한 가지 전략은 딸 수 있는 돈의 액수를 극대화하는 방식으로 돈을 거는 것이다. 최선의 방법은 매번 가진 돈을 몽땅 거는 것이다. 그렇게 하면 동전을 한 번 던질 때마다 내가 가진 돈이 두 배씩 늘어난다. 하지만 이 전략에는 큰 문제점이 있다. 나에게 유리하게 만들어진 동전이라 하더라도 그것은 어디까지나 이길 확률이 높다는 뜻이지, 항상 이긴다는 뜻은 아니다. 만약 매번 모든 돈을 다 건다면, 뒷면이 한 번이라도 나오는 날에는 모든 것을 잃고 만다. 따라서 돈을 최대한 많이 따려고 노력한 것이긴 하지만, 이 전략을 쓰면 본전을 찾을 기회조차 없이 빈털터리가 되고 말 가능성이 아주 높다(사실, 게임을 오래 하다 보면 결국에는 빈털터리가 될 게 거의 확실하다). 이 시나리오(사용할 수 있는 자금이 모두 바닥나 완전한 패배를 받아들일 수밖에 없는 상황)를 '도박꾼의 파산gambler's ruin'이라 부른다.

반대로 파산 가능성을 최소화하는 전략도 있다. 이것 역시 아주 단순한 전략인데, 아예 돈을 걸지 않는 것이다. 하지만 이 전략은 (거의) 먼젓번 전략만큼 좋지 않은데, 동전이 내게 유리하게 만들어져 있는데도 돈을 딸 가능성이 전혀 없기 때문이다

따라서 정답은 이 양자 사이의 어느 지점이 될 것이다. 여러분은 유리한 위치에서 도박을 하는 상황에 놓일 때마다 파산 가능성을 최소한으로 줄이면서 장기적으로는 이길 확률이 더 높다는 사실을 십분 활용하여 돈을 딸 방법을 알고 싶을 것이다. 장기적으로 유리한 입장이 효과를 나타낼 만큼 충분히 오래 게임을 할 수 있는 방식으로 가진 자금을 잘 관리할 필요가 있다. 하지만 실제로 그렇게 하기는 무척 어렵다.

소프가 처음에 자신의 카드 카운팅 분석을 필승 전략으로 바꾸려고 시도했을 때에도 그렇게 보였다. 다행히도 섀넌이 그 답을 알고 있었다. 소프가 섀넌에게 자금 운용 문제를 이야기하자, 섀넌은 벨 연구소에서 근무하던 동료인 존 켈리 주니어John Kelly Jr.가 쓴 논문을 알려주었다.[11] 켈리의 연구는 정보 이론과 도박 사이의 본질적인 연결 관계를

알려주었고, 궁극적으로는 소프의 투자 전략이 큰 성공을 거둘 수 있는 통찰을 제공했다.

텍사스 출신의 켈리는 권총을 좋아하고 줄담배와 파티를 즐기는 거친 남자였다.[12] 그는 물리학 박사 출신인데, 원래는 석유 탐사에 활용할 목적으로 물리학을 공부했지만, 에너지 산업계가 자신의 재주를 대수롭지 않게 여긴다는 걸 알고는 벨 연구소로 옮겼다. 뉴저지주에서 살 때 켈리는 흥미로운 개성 때문에 교외에서 조용하게 살던 이웃 사람들에게 큰 관심을 끌었다. 그는 손님을 즐겁게 하려고 자기 집 거실 벽에 플라스틱 총알을 발사하길 좋아했다. 제2차 세계대전 때에는 에이스 파일럿이었고, 나중에는 비행기를 몰고 조지 워싱턴교 아래로 지나감으로써 그 지역에서 악명을 약간 떨쳤다. 하지만 이러한 극적인 행동에도 불구하고, 켈리는 AT&T에서 매우 뛰어나고 다재다능한 과학자였다. 그가 한 연구는 양자물리학의 이론적 문제에서부터 텔레비전 신호의 암호화, 사람 목소리를 정확하게 합성하는 컴퓨터를 만드는 것에 이르기까지 아주 광범위했다. 오늘날 그가 한 연구 중 가장 유명한 것이자 소프가 가장 흥미롭게 느낀 것은 바로 섀넌의 정보 이론을 경마에 적용한 것이었다.

여러분이 라스베이거스에 갔다고 상상해보라.[13] 그리고 뉴욕주 엘몬트에서 열리는 주요 경마 대회인 벨먼트 스테이크스에 내기를 건다고 하자. 장외 경마 도박장의 전광판에는 밸런타인은 5 대 9, 폴 리비어는 14 대 3, 에피타프는 7 대 1이라는 식으로 다양한 배당률이 표시된다. 이 숫자들은 우승 확률이 밸런타인은 약 64%, 폴 리비어는

18%, 에피타프는 13%임을 뜻한다(이 비율들은 각 말이 우승할 가능성을 그 말이 우승할 가능성과 우승하지 못할 가능성의 합으로 나눈 값이다. 따라서 밸런타인의 배당률이 5 대 9라면, 9를 14로 나눈 비율이 우승 확률이 된다).

20세기 전반에는 마권 판매소들 사이에 경마 결과를 전달하는 데 시간이 걸리는 경우가 많았다. 따라서 경기는 이미 끝났는데 미국 일부 지역에서는 여전히 돈을 거는 일이 가끔 일어났다. 만약 유달리 빠른 통신 방법만 있다면, 원리적으로는 경기가 끝나기 전에 그 결과를 알 수 있었다. 하지만 켈리가 논문을 쓴 1956년 무렵에는 그러기가 매우 어려워졌다. 전화와 텔레비전의 발명으로 라스베이거스의 마권 판매소들도 뉴욕의 경기 결과를 엘몬트 사람들과 거의 동시에 알 수 있었다. 하지만 그런 의심은 잠시 묻어두고, 엘몬트에서 누가 여러분에게 경기 결과를 즉각 알려주어 마권 판매소보다 먼저 알 수 있다고 상상해보자.

만약 개인 전화선을 통해 받은 정보를 완전히 신뢰할 수 있다면, 여러분은 당연히 가진 돈을 모두 다 투자할 것이다. 이길 게 확실하기 때문이다. 그런데 켈리는 이것과 조금 다른 상황에 더 큰 관심을 보였다. 누가 정확한 경기 결과를 보내주지만, 메시지를 전달하는 전화선에 잡음이 있다면 어떤 일이 벌어질까? 만약 잡음이 너무 심해 받은 메시지가 무슨 소리인지 도저히 알아들을 수 없다면, 여러분은 원래의 판단을 존중해 밸런타인이 우승할 가능성이 높다고 생각할 것이다. 순전히 배당률로만 판단한다면 그것이 올바른 판단이고, 여러분은 새로 받은 정보가 전혀 없기 때문이다. 만약 잡음이 많긴 했지만

'ㅌ' 발음을 분명히 들었다면, 약간의 정보를 얻은 셈이다. 그래서 폴 리비어가 우승할 가능성은 전혀 없다고 판단할 수 있는데, 폴 리비어 라는 이름에는 'ㅌ' 발음이 전혀 포함돼 있지 않기 때문이다. 굳이 선택해야 한다면, 필시 상대방이 '밸런타인'을 말했을 거라고 추측할 텐데, 아무래도 그쪽이 확률이 더 높기 때문이다. 하지만 확신할 수는 없다. 어쨌든 한 가지 가능성을 배제했으니 이것만 해도 여러분은 상당히 유리한 위치에 설 수 있다. 이제 여러분은 마권 판매소가 밸런타인과 에피타프의 우승 가능성을 실제 우승 가능성보다 낮게 본다는 사실을 안다. 마권 판매소는 아직도 폴 리비어의 우승 가능성을 18%로 보고 있기 때문이다. 따라서 밸런타인과 에피타프에게 적절한 비율로 섞어서 돈을 건다면, 그중 어느 쪽이 우승하더라도 돈을 딸 수 있다.[14] 부분적인 정보라도 돈을 어떻게 걸어야 할지 결정하는 데 충분한 도움을 준다.

섀넌의 이론은 잡음으로 인해 메시지가 왜곡될 가능성이 있거나 잡음이 너무 심해 메시지를 제대로 해석하기 어려울 때 그 메시지를 얼마만큼 믿을 수 있는지 알려준다. 만약 경마 정보를 해독하는 데 어려움이 있다면, 섀넌의 이론은 여러분이 받은 부분적 정보를 바탕으로 돈을 어떻게 걸어야 할지 결정하는 방법을 제공한다.

켈리는 처음에 가지고 시작한 돈을 장기적으로 최대한 불리려고 할 경우, 이 문제에 대한 답을 알아냈다. 위에 든 예처럼 'ㅌ' 발음만 들을 수 있는 경우라면, 부분적 정보만으로도 경기 결과에 대한 정보가 전혀 없이 배당률을 정한 마권 판매소보다 유리한 위치에 설 수 있다. 우위(유리한 정도)는 배당률(배당률이 b 대 1이라면 b에 해당하는)에다 여러분이 믿는 진짜 우승 확률(여러분이 얻은 부분적 정보를 바탕으로 한)을 곱한 뒤에 거기서 여러분이 질 확률(역시 부분적 정보를 바탕으로 한)을 빼줌으로써 계산할 수 있다. 처음 가진 돈 중 얼마를 걸어야 할지 알고 싶다면, 우위를 배당률로 나누면 된다. 그 값은 가진 돈 중 얼마를 투자해야 하는지 비율로 나타난다. 이 공식은 지금은 켈리 기준 또는 켈리 베팅선이라 부른다. 어떤 결과에 베팅해야 할 비율은 다음과 같다.

$$\frac{\text{우위}}{\text{배당률}}$$

만약 여러분의 우위가 0(또는 음수)이라면, 켈리는 돈을 절대로 걸지 말라고 말한다. 하지만 0보다 크다면, 켈리 기준에 따라 가진 돈 중 그 비율만큼 돈을 걸면 된다. 항상 이 규칙을 따른다면, 다른 베팅 전략 (예컨대 전부를 걸거나 전혀 걸지 않는 것처럼)을 사용한 사람보다 훨씬 나은 성적을 거둘 수 있다. 켈리의 논문에서 아주 놀라운 것 중 하나는 거의 신비하게 보일 정도인데, (부분적) 정보가 계속 쏟아져 들어오는 경마 베팅 같은 시나리오에서 그의 규칙을 따를 때 어떤 일이 일어나는지 보여주는 증명이다. 만약 항상 켈리 기준을 따른다면, 이상적인 상황에서는 여러분의 돈은 들어오는 정보와 정확하게 똑같은 속도로 증가할 것이다. 정보는 곧 돈이다.

섀넌이 켈리의 논문을 소프에게 보여준 순간, 블랙잭 퍼즐의 마지막 조각이 제자리에 딱 들어맞았다. 카드 카운팅은 카드 패에 대한 정보를 얻는 과정이다. 카드를 한 차례 돌릴 때마다 남은 카드 패의 조합이 어떻게 변했는지 정보를 얻을 수 있다. 켈리의 주장처럼 이 정보로 자신의 우위를 충분히 계산할 수 있다. 정보는 흐르고, 여러분의 돈은 불어난다.

＊＊＊

소프는 키멜과 리노로 갈 준비를 하는 동안, 섀넌과 룰렛 작전에 대해 머리를 맞대고 상의했다. 섀넌은 소프의 아이디어를 듣고 나서 감탄했다. 그 아이디어는 게임 이론에다가 섀넌이 큰 열정을 보인 기계를 결합한 것이었다. 이 아이디어에는 게임 참가자에게 필요한 계산을 수행하는 착용 컴퓨터가 핵심 역할을 담당했다.

그들은 예측 알고리듬으로 충분한 성과를 거둘 수 있다고 가정하고서 실제 도박을 어떻게 운용해야 할지 여러 가지 아이디어를 시험하기 시작했다. 게임을 순조롭게 진행하려면 두 사람 이상이 필요하다는 데 의견이 일치했다. 룰렛 바퀴에 집중하면서 필요한 데이터를 입력한 뒤, 공의 속도가 점점 느려져 크루피어croupier (룰렛 게임의 딜러에 해당함)가 베팅 종료를 선언하기 전까지 베팅을 하는 데 필요한 이 모든 일을 한 사람이 다 하기에는 좀 버겁다고 판단했다. 그래서 두 사람이 협력해 룰렛 게임을 하도록 계획을 짰다. 한 사람은 룰렛 바퀴 가까이에 서서 룰렛 바퀴의 움직임을 자세히 관찰한다. 사람들의 관심을 끌지 않도록 다른 일을 하는 척하면서. 이 사람은 담뱃갑만 한 크기의 컴퓨터를 착용한다. 입력 장치는 한쪽 신발 속에 숨긴 스위치들로 작동한다. 룰렛 바퀴가 돌기 시작하면 그것을 관찰하는 사람이 발을 움직여 스위치를 누르고, 공이 한 바퀴를 완전히 돌고 나면 다시 누른다. 그러면 입력 장치가 초기화되면서 룰렛 바퀴와 동기화(동시에 시스템을 작동하기 위해 사건을 일치시키는 것)된다.[15]

한편, 두 번째 사람은 착용 컴퓨터에 연결된 이어폰을 귀에 꽂고 테이블에 앉아 게임을 한다. 공과 바퀴의 초기 속도를 알아낸 컴퓨터는 결과를 계산해 테이블에 앉아 있는 사람에게 베팅을 어떻게 하라고 신호를 보낸다. 공이 정확하게 어느 칸에 들어갈지 예측하기는 아주 어려웠는데, 그 정도로 정확한 계산을 하는 것은 너무 복잡했기 때문이다.[16] 하지만 룰렛 바퀴는 팔분원octant이라 부르는 여덟 구역으로 나뉘어 있다. 각각의 팔분원에는 숫자 칸이 4개 혹은 5개가 있는데, 그 숫자들은 룰렛 바퀴를 외우지 않은 사람에게는 무작위로 배열된 것처럼 보인다. 소프와 섀넌은 공이 어느 팔분원으로 들어갈지 정확하게 예측할 수 있는 경우가 많다는 사실을 발견했다. 그래서 경우의 수를 38개에서 4~5개로 줄일 수 있었다. 그래서 공이 특정 팔분원에 들어갈 확률이 평균보다 높은 경우를 예측하도록 컴퓨터를 설계했다. 테이블에서 게임을 하는 사람은 신호를 받으면 즉각 해당 숫자들에 베팅을 한다. 각각의 숫자에 돈을 얼마나 걸어야 할지 결정하는 켈리 기준을 바탕으로 만든 베팅 시스템을 이용해서 말이다.

1961년 여름에 실전에 투입할 기계가 준비되었다. 소프와 섀넌은 아내들과 함께 라스베이거스로 출발했다. 전선이 고장 나고 이어폰이 발각된 밤만 빼고는 실험은 (그럭저럭) 성공이었다. 불행하게도 기술적 문제 때문에 소프와 섀넌은 많은 돈을 베팅할 수 없었지만, 그들의 기계가 처음에 의도했던 기능을 발휘한다는 사실은 분명했다. 소프는 섀넌의 도움을 받아 룰렛을 꺾었다.

하지만 전체적으로는 그 여행은 보람보다 스트레스가 더 많았다. 설사 건장한 경비원이 언제 불쑥 덮칠지 모르는 위험이 없다고 하더라도, 도박은 살얼음을 밟는 듯한 긴장이 넘치는 게임이다. 한편, 두 쌍의 부부가 라스베이거스로 여행을 떠나기 전에 소프는 뉴멕시코주립대학에서 일자리 제의를 받았다. 비록 소소한 수익을 올리긴 했지만, 라스베이거스를 떠날 무렵에 소프는 섀넌과 함께 이 룰렛 프로젝트를 계속할 수 없다는 사실을 알았다. 뭐 그래도 괜찮았다. 블랙잭과 룰렛에서 충분한 경험을 얻은 소프는 그다음의 더 큰 도전에 나설 준비가 되었다. 다음 도전 상대는 바로 주식시장이었다.

***

소프는 박사 학위를 마치기 전인 1958년에 주식을 처음 샀다. UCLA에서 강사로 변변치 않은 봉급을 받으면서 살아갔지만, 그래도 미래를 위해 박봉을 쪼개 투자를 조금 했다. 다음 해에 투자 금액은 반토막이 났다가 천천히 반등했다. 주가는 일 년 동안 롤러코스터를 탔고, 결국 소프는 거의 본전에 가까운 가격에 주식을 팔았다.

1962년에 소프는 블랙잭에서 딴 돈과 카드 카운팅 책에서 얻은 수입을 가지고 다시 투자에 도전하기로 했다. 이번에는 은을 샀다. 1960년대 전반에는 은 수요가 치솟았다. 그래서 많은 사람이 미국 동전에 섞인 은의 시장 가격이 동전의 액면가를 상회할 것이라고 예상했다. 그렇게 되면 25센트짜리 동전과 1달러짜리 은화는 돈보다 고철로서의 값이 더 많이 나갈 것이다. 그래서 은을 사는 것은 안전한 투자처럼 보였다. 이익을 극대화하기 위해 소프는 투자한 은을 담보로 중개인에게 돈까지 약간 빌렸다. 1960년대에 은값은 대체로 상승세를 보였지만, 눈에 띄게 확 오르지는 않았다. 소프가 은을 매입한 지 얼마 지나지 않아 은값이 일시적으로 하락한 적이 있었는데 아주 많이 하락했다. 그러자 중개인은 자신의 돈을 회수하길 원했다. 소프가 현금을 내놓지 못하자, 중개인은 소프의 은을 팔았다. 이 때문에 소프는 약 6000달러의 손실을 보았다. 그것은 큰 타격이었다. 1962년 당시 조교수가 받던 연봉의 절반이 넘는 금액이었으니까.

이렇게 두 번째 실패를 겪은 뒤 소프는 정신을 바짝 차렸다. 사실, 그는 도박의 수학에서는 세계적인 전문가가 아닌가! 그리고 주식시장은 카지노 게임이나 경마와 크게 다를 게 없었다. 미래에 대한 부분적 정보를 바탕으로 돈을 건 뒤 상황이 예상한 대로 흘러가면 돈을 번다. 심지어 시장 가격은 카지노나 마권 판매소의 배당률을 반영한 것으로 볼 수 있다. 즉, 적절한 부분적 정보를 얻을 수 있다면, 시장의 배당률과 실제 배당률을 비교함으로써 블랙잭 게임에서처럼 자신이 유리한 위치에 있는지 판단할 수 있다.

이제 필요한 것은 정보를 얻는 방법이었다. 그래서 1964년 여름에
《The Random Character of Stock Price(주가의 무작위적 특성)》를 읽으면
서 시장을 자세히 연구하기 시작했다. 앞에서 말한 것처럼 이 책은 바
슐리에와 오스본과 망델브로의 논문들을 포함한 논문 모음집이다.[17]
소프는 곧 오스본을 비롯해 그 밖의 저자들이 책에서 주장한 말이 옳
다고 생각했다. 그들은 상세한 통계 자료를 들여다보면 주가가 정말
로 무작위적으로 움직인다고 주장했다. 왜냐하면, 바슐리에와 오스본
이 주장한 것처럼, 이용 가능한 정보는 모두 이미 현재의 주가에 반영
돼 있기 때문이다. 여름이 끝날 무렵, 소프는 좌절에 빠졌다. 만약 오
스본이 옳다면, 시장에서 이익을 얻을 방법을 찾을 길이 없었기 때문
이다.

1964-1965학년도에는 강의 부담이 커서 다른 일을 할 시간이 거
의 없었다. 그래서 다음 해 여름에 다시 하기로 하고 시장 연구를 서랍
에 집어넣었다. 그사이에 뉴멕시코주립대학의 상황이 나빠졌다. 다른
분야 수학자들의 세력이 점점 커지더니 수학과를 장악하고는 소프에
게 다른 곳의 일자리를 알아보라고 압력을 가했다. 그래서 이리저리
알아보던 중에 로스앤젤레스에서 약 80km 남쪽에 위치한 오렌지 카
운티 한복판에 캘리포니아대학이 새 캠퍼스를 열 준비를 하고 있다는
이야기를 들었다. 그래서 캘리포니아대학 어바인캠퍼스에 지원하여
일자리를 얻었다. 주식시장 연구는 또다시 뒤로 미뤄야 할 것처럼 보
였다. 이제 다시 멀리 이사할 계획을 세우고, 새로운 캠퍼스에 적응해
정착해야 할 과제가 생겼기 때문이다.

하지만 주식시장에 대한 관심까지 버린 건 아니었다. 그해에 투자 전문 잡지에서 광고를 훑어보던 중에 〈RHM 워런트 조사〉라는 간행물이 눈에 들어왔다. 워런트warrant(일정 수의 보통주를 일정 가격에 살 수 있는 권한, 또는 같거나 비슷한 표면 금리를 가진 고정 금리 채권을 살 수 있는 권한을 증권 소유자에게 부여하는 옵션-옮긴이)는 주식 옵션의 일종으로, 옵션의 기초 주식을 발행한 회사가 직접 제공한다. 이것은 보통 콜 옵션처럼 소유자에게 주식을 만기일 이전에 정해진 가격에 살 수 있는 권리를 준다. 20세기 중엽까지만 해도 옵션은 미국에서 널리 거래되지 않았다. 워런트는 그 당시 시장에서 거래할 수 있는 상품 중 옵션에 가장 가까운 것이었다. 〈RHM 워런트 조사〉는 워런트 거래가 알려지지 않은 부의 원천이 될 수 있다고(그것을 잘 이해하기만 한다면) 주장했다. 그러면서 대다수 사람이 워런트의 활용 방법을 모르고 있다는 뉘앙스를 풍겼다. 이것은 바로 소프가 찾고 있던 종류의 정보였기 때문에, 그는 그 간행물을 구독 신청했다. 하지만 정기적으로 날아오는 간행물을 자세히 들여다볼 시간이 별로 없었다.

뉴멕시코주립대학에서 봄 학기가 끝나고 나서 소프는 캘리포니아주로 옮겨가기 전까지 몇 주일의 시간이 있었다. 그래서 〈RHM 워런트 조사〉에 실린 글들을 대충 훑어보기 시작했다. 여기에 글을 쓴 사람들은 워런트를 일종의 로또 복권처럼 생각하는 것 같았다. 그것은 값싸게 살 수 있고 대개는 무가치하지만, 가끔 기초 주식이 워런트의 권리 행사 가격보다 높은 가격에 거래되면 큰돈을 벌 수 있었다.

〈RHM 워런트 조사〉와 대다수 투자자가 일종의 로또 복권으로 생각한 워런트가 소프의 눈에는 일종의 내기로 보였다. 워런트는 정해진 기간 내에 어떤 주식의 실적이 어떻게 될지 내기를 거는 것과 같았다. 한편, 워런트의 가격에는 매수자가 그 내기에 이길 가능성에 대한 시장의 판단이 반영된다. 거기에는 배당률도 반영되는데, 워런트 투자로 돈을 벌 경우 거기서 얻는 순이익은 처음에 워런트를 사는 데 든 금액에 따라 달라지기 때문이다. 하지만 소프는 주가가 얼마나 '무작위적'인지를 다룬 글들을 읽으면서 여름을 다 보냈다. 그는 종이 위에 계산을 하기 시작했다. 그의 추론은 바슐리에의 논지를 거의 그대로 따랐지만, 다만 오스본의 주장을 반영해 주가가 로그 정규분포를 나타낸다고 가정했다. 그리고 금방 어떤 워런트의 실제 가치가 얼마인지 알려주는 방정식을 얻었다.

그것은 선구적인 성과는 아닐지라도 가치 있는 것이었다. 하지만 소프에게는 나름의 비책이 있었는데, 그것은 바슐리에나 오스본은 상상도 하지 못한 것이었다. 5년 동안 도박을 한 경험을 통해 소프는 어떤 워런트의 '진짜' 가격을 계산하는 것은 경마에서 '진짜' 배당률을 계산하는 것과 비슷하다는 사실을 깨달았다. 다시 말해서, 소프가 발견한 주가와 워런트 가격 사이의 이론적 관계는 시장에서 정보를 추출하는 방법을 제공했다. 그것은 주식시장에서 직접적으로는 아니더라도 연관 시장인 워런트 시장에서 남보다 조금 더 유리한 위치에 설 수 있는 정보였다. 이 부분적 정보는 장기 수익을 최대화하는 켈리 시스템을 실행에 옮기는 데 필요한 바로 그것이었다.

***

소프는 워런트 연구에서 힘을 얻었다. 마침내 자신의 도박 경험을 이용해 세계 최대의 카지노에서 수익을 얻을 완벽한 방법을 발견한 것처럼 보였다. 하지만 한 가지 문제가 있었다. 계산을 마치고 나서 일부 수치들을 컴퓨터에 입력하자(소프는 자신이 만든 방정식을 명쾌하게 풀 수 없었지만, 컴퓨터를 사용해 자신에게 필요한 최종 계산을 하는 방법을 찾아냈다), 워런트는 사봐야 아무 이득이 없다는 사실을 발견했다. 다시 말해서, 실제로 시장에서 워런트를 사더라도 수익을 얻을 가능성이 전혀 없었다. 켈리의 베팅 시스템에 따른다면, 투자를 전혀 하지 말아야 했다! 왜냐하면 워런트가 모두 정확하게 제 가치대로 거래되는 게 아니었기 때문이다. 오히려 너무 높은 가격에 거래되고 있었다. 〈RHM 워런트 조사〉가 헐값이라고 선전한 로또 복권은 실제로는 너무 비싼 가격에 팔리고 있었다.

만약 투자를 일종의 도박으로 생각한다면, 주식을 사는 것은 나중에 주가가 올라가는 데 베팅을 하는 것이다. 반면에 주식을 파는 것은 나중에 주가가 내려가는 데 베팅을 하는 것이다. 소프는 앞서 바슐리에가 그랬던 것처럼 어떤 주식(혹은 옵션)의 '진짜' 가격은 매수자가 이길 가능성이 매도자가 이길 가능성과 똑같은 가격에 해당한다는 사실을 깨달았다. 하지만 전통적인 거래에는 불균형이 존재한다. 주식을 사는 것은 거의 언제라도 할 수 있지만, 파는 것은 이미 주식을 소유하고 있어야만 할 수 있다. 따라서 이미 어떤 주식의 가격이 오를 것이라는 데 베팅을 한 뒤에야만 그것이 내릴 것이라는 데 베팅을 할 수 있다. 이것은 카지노의 상황과 비슷하다. 예컨대, 룰렛 게임에서는 어떤 숫자가 나오지 않을 것이라는 데 베팅을 하는 쪽이 매우 유리하다. 사실, 카지노 측이 하는 베팅이 바로 그것이며, 그래서 카지노 측은 장기적으로 유리한 위치에 있다. 하지만 여러분은 이렇게 베팅할 수 없다. 자신의 블랙잭 패가 진다는 데 베팅을 하도록 허용하는 카지노는 없다.

하지만 주식 투자는 그럴 가능성이 있다. 자신이 소유하지 않은 주식을 팔길 원한다면, 그 주식을 소유했지만 팔길 원치 않으면서 잠깐 내게 빌려주겠다는 사람을 찾으면 된다. 그러면 나는 빌린 주식을 팔 수 있다. 다만, 나중에 같은 수의 주식을 되사서 원래 주인에게 돌려주어야 한다. 만약 이렇게 빌린 주식을 판 뒤에 그 주가가 내려간다면, 나는 낮은 가격에 주식을 되사서 주인에게 돌려주고 그 차액을 챙겨 수익을 얻는다. 한편, 주식을 빌려준 사람은 주식을 계속 갖고 있을 때보다 더 손해 보는 것은 없다. 공매도空賣渡라 부르는 이 투자 방법의 기원은 불분명하지만, 최소한 300년을 넘은 건 분명한데, 17세기에 영국에서 공매도를 금지한 적이 있기 때문이다.

오늘날 공매도는 주식시장에서 일상적으로 일어난다. 하지만 1960년대(그리고 이 관행이 실시된 역사 중 대부분의 기간)에는 잘해야 위험한 투자로 간주되었고, 심지어는 도덕적 타락 행위나 비애국적 행위로 간주되었다. 공매도하는 사람은 성장을 촉진하는 데 자본을 투자하기보다는 시장의 움직임을 이용해 도박을 하는 투기꾼으로 간주되었다. 심지어 악재에 편승해 사리사욕을 챙기는 뻔뻔한 사람이라고 비난받았다. 이 때문에 많은 투자자는 공매도를 도덕적으로 타락한 행위로 여겼다. 하지만 1970년대와 1980년대에 공매도에 대한 사람들의 생각이 변했는데, 여기에는 소프를 비롯해 여러 사람의 연구도 일조했고, 경제학 부문에서 영향력이 커진 시카고학파의 주장도 도움을 주었다. 이 경제학자들이 주장한 것처럼 공매도는 뻔뻔스러워 보일지는 몰라도 중요한 사회적 선에 기여하는데, 바로 시장의 효율성을 유지하는 데 도움을 주기 때문이다. 만약 주식을 소유한 사람만 주식을 팔 수 있다면, 해당 주식의 회사에 좋지 않은 정보를 아는 사람은 시장 가격에 영향을 미칠 방법이 거의 없다. 이것은 해당 정보에 접근할 수 있는 사람이 시장에 참여할 수 없어 주가에 반영되지 않은 정보가 존재할 수 있음을 뜻한다. 공매도는 바로 이런 상황을 해결할 방법을 제시한다.

사회적 영향이야 어떻든 간에, 공매도에는 실질적인 위험이 따른다. 주식을 살 때(공매도하는 사람들이 취하는 '쇼트' 포지션과 비교해 '롱' 포지션을 취한다고 흔히 표현한다) 나는 돈을 최대한 얼마까지 잃을 수 있는지 안다. 주주는 회사의 부채까지 책임지지는 않으므로, AT&T 주식을 1000달러어치 샀다면, 설사 AT&T 주가가 폭락한다 하더라도 1000달러 이상은 잃지 않는다. 하지만 주가는 얼마든지 많이 오를 수 있다. 따라서 공매도를 할 경우에는 돈을 얼마나 잃을지 알 수 없다. 만약 내가 AT&T 주식 1000달러어치를 공매도했다면, 그것을 빌린 사람에게 갚기 위해 같은 수의 주식을 사야 할 때, 공매도해서 받은 돈보다 훨씬 많은 돈이 드는 일이 일어날 수도 있다.

그럼에도 불구하고, 소프는 자신이 요청한 거래를 하려는 브로커를 찾을 수 있었다. 이것은 한 가지 문제를 해결해주었다. 그 문제란 우선 켈리의 결과를 적용하는 방법을 찾는 것이었다. 하지만 설사 소프가 공매도에 대한 사회적 비난을 무시한다 하더라도, 무제한 손실 가능성이라는 위험이 여전히 남아 있었다. 여기서 소프는 매우 창조적인 통찰력을 발휘했다. 그는 워런트 가격 결정 방법을 분석해 워런트 가격과 주가의 연관 관계를 알아냈다. 그리고 이 관계를 이용해 워런트를 공매도하는 동시에 기초 주식(옵션 거래 대상이 되는 개별 주식)을 일정 수만큼 매수하면, 워런트의 가치가 높아지는 위험을 상쇄할 보호 장치를 마련할 수 있다는 사실을 발견했다. 왜냐하면, 만약 워런트의 가치가 높아지면, 소프의 계산에 따라 기초 주식의 가격 '역시' 상승하여 워런트 공매도에서 입는 손실을 줄여주기 때문이다. 소프는 만약 워런트와 주식을 적절한 비율로 선택한다면, 주가가 극적으로 변하지 않는 한 항상 수익을 올릴 방법을 발견한 것이다.

오늘날 '델타 헤징delta hedging'이라 부르는 이 전략은 다른 '전환' 증권(옵션처럼 다른 증권과 교환할 수 있는 증권. 예컨대 보통주로 전환할 수 있는 특정 채권이나 우선주 같은 것)과 관련해 다른 전략들을 낳는 계기가 되었다. 이런 전략을 사용함으로써 소프는 연간 20%의 수익률을 지속적으로 올릴 수 있었다—약 45년 동안이나. 그는 2012년에도 같은 페이스를 유지했다. 사실, 2008년은 그에게는 최악의 해였는데, 그래도 18%의 수익률을 올렸다. 1967년에 그는 비슷한 개념을 연구한 한 캘리포니아대학 어바인캠퍼스의 동료와 함께 《Beat the Market(시장을 이겨라)》이라는 책을 썼다.[18]

***

《Beat the Market》은 아주 특이하고 그 당시의 관행과는 너무나도 다른 주장을 펼쳤기 때문에 하룻밤 사이에 월스트리트를 변화시키기에는 역부족이었다. 많은 트레이더는 그것을 그냥 무시했고, 그 책을 읽은 사람들은 대부분 제대로 이해하지 못하거나 그 중요성을 간과했다. 하지만 한 사람만큼은 소프의 천재성을 알아챘는데, 바로 제이 리건Jay Regan이라는 증권 중개인이었다. 그는 소프에게 편지를 써서 동업자가 되어 '헤지펀드'를 만들자고 제안했다(헤지펀드hedge fund란 용어는 처음에 '헤지드 펀드hedged fund'로 출발했고, 소프와 리건이 만났을 때에는 이미 쓰인 지 20년이 넘었다. 하지만 오늘날의 헤지펀드는 대부분 소프의 델타 헤징 전략과 관련된 개념을 기반으로 삼고 있어서 이 용어는 사실상 소프와 리건에게서 유래했다고 보아도 무방하다). 리건은 소프가 싫어하는 일을 맡기로 했다. 즉, 자신들의 펀드를 홍보하고, 고객을 찾아내 관리하고, 브로커를 상대하고, 거래를 실행하는 일을 맡기로 했다. 소프는 단지 거래 내역을 확인하고, 팔거나 살 주식과 전환 증권의 혼합 비율을 알아내는 일을 책임지기로 했다. 소프는 심지어 캘리포니아주를 떠날 필요도 없었다. 리건이 뉴저지주에서 주요 업무를 처리하는 동안 소프는 캘리포니아주 뉴포트비치에 머물면서 수학자, 물리학자, 컴퓨터과학자 등으로 이루어진 팀을 꾸려 유리한 거래를 확인하는 작업을 하면 되었다. 그것은 꿈이 아니라고 믿기 힘들 정도로 환상적인 조건이었다. 소프는 즉각 동의했다.

소프와 리건이 만든 회사는 처음에는 컨버터블 헤지 어소시에이츠라는 이름으로 출발했다가 1974년에 프린스턴-뉴포트 파트너스로 바꾸었다. 성공은 금방 찾아왔다. 첫 일 년 동안 그들의 투자자들은 투자금에 대해 수수료를 제하고 13%를 조금 넘는 수익을 챙겼다. 반면에 시장의 평균 수익률은 겨우 3.22%에 불과했다. 그들을 크게 존경하는 사람들까지 생겨났다. 초기 투자자 중 캘리포니아대학 어바인캠퍼스의 대학원 학과장(어떤 의미에서는 소프의 상급자)이던 랠프 제라드 Ralph Gerard는 큰 재산을 물려받았다. 그는 그동안 자산을 관리해주던 사람이 다른 일을 하길 원해 돈을 투자할 새 펀드를 찾고 있었다. 그래서 소프는 제라드를 새 투자자로 맞아들이기 직전에 이르렀지만, 제라드는 새 파트너에게 돈을 맡기기 전에 자신이 신뢰하는 이전의 자산 관리인에게 소프를 만나보고 평가를 좀 해달라고 부탁했다. 소프는 그 만남에 선선히 동의하고, 어느 날 저녁 비비안과 함께 차를 몰고 태평양 연안 도로를 따라 몇 마일을 달려 자산 관리인이 살고 있는 라구나비치에 도착했다. 자산 관리인은 원래는 브리지 게임을 하고 잡담을 나누면서 소프를 평가할 요량이었다.

소프는 자신을 초대한 주인이 새로운 사업(오래된 제조 및 직물 회사를 재건하는 일)을 하려고 자금 관리 일에서 손을 떼려 한다는 사실을 알았다. 다른 사람의 자산을 관리하면서 100만 달러를 벌었기 때문에, 이

제 그 돈으로 자기 사업을 하려고 마음먹은 것이다. 하지만 소프와 그 집주인이 나눈 대화는 대부분 확률에 관한 것이었다. 브리지 게임을 하는 동안 주인은 '비추이적 주사위nontransitive dice'라 부르는 일종의 속임수 주사위를 언급했다(수학에서 '추이적推移的'이란 용어는 x가 y와 관계가 있고, y가 z와 관계가 있으면, x가 z하고도 관계가 있는 성질을 가리킨다—옮긴이). 비추이적 주사위는 각 면에 서로 다른 숫자가 적힌 3개의 주사위를 말한다. 이 주사위들은 특이한 성질을 갖고 있다. 만약 주사위 1과 주사위 2를 동시에 던지면, 주사위 2가 이길 가능성이 더 높다. 그리고 주사위 2와 주사위 3을 동시에 던지면, 주사위 3이 이길 가능성이 더 높다. 하지만 주사위 1과 주사위 3을 동시에 던지면, 주사위 3이 아니라, 주사위 1이 이길 가능성이 더 높다. 게임과 게임에 관련된 확률에 늘 큰 관심을 가졌던 소프는 오래전부터 비추이적 주사위에 큰 흥미를 느꼈다. 그때부터 두 사람은 금방 친구가 되었다. 뉴포트비치로 돌아오는 길에 차 안에서 소프는 비비안에게 자신들을 초대한 사람이 언젠가 세계적인 부자가 될 것이라고 말했다. 그의 예언은 2008년에 실현되었다. 그 자금 관리인의 이름은 바로 워런 버핏이었다. 그리고 버핏의 조언에 따라 제라드는 소프의 회사에 투자를 했다.

프린스턴-뉴포트 파트너스는 금방 월스트리트에서 가장 성공적인 헤지펀드 중 하나가 되었다. 그러나 호사다마라고 했던가, 프린스턴-뉴포트 파트너스의 종말은 아주 극적으로 찾아왔다.[19] 1987년 12월 17일, 50여 명의 FBI, ATF, 재무부 요원들이 프린스턴에 있던 회사 사무실에 들이닥쳤다. 그들은 얼마 후 기소될 예정인 정크 본드junk bond

(수익률이 아주 높지만 위험성도 아주 높은 채권-옮긴이) 딜러 마이클 밀컨 Michael Milken과 거래한 실적이 담긴 기록과 오디오테이프를 찾으려고 온 사무실을 뒤졌다. 프린스턴-뉴포트 파트너스에서 직원으로 일했던 윌리엄 헤일William Hale이 리건과 밀컨이 주식 파킹stock parking(기업을 인수하려는 회사가 우호적인 관계에 있는 제3자에게 인수 목표 회사의 주식을 매입해서 일정 기간 보유토록 하는 것-옮긴이) 전략으로 탈세를 했다고 대배심에서 증언했기 때문이다. 델타 헤징과 그와 연관된 전략들의 한 가지 단점은 단기 포지션과 장기 포지션에서 얻는 수익에 대한 세금이 다르게 매겨진다는 데 있다. 그래서 매수와 매도를 동시에 할 경우, 상쇄되어야 할 수익과 손실이 세금 측면에서는 상쇄되지 않는다. 리건은 밀컨의 회사에 주식을 '파킹'함으로써 실제로 장기 포지션을 소유한 사람이 누구인지 감추는 방법으로 세금 추징을 피하려고 시도했다. 파킹한 주식은 공식적으로는 밀컨에게 매도한 것이지만, 나중에 그동안 시장에서 어떤 일이 일어나건 상관없이 사전에 약속한 가격으로 되살 수 있도록 이면 합의가 돼 있었다. 비록 주식 파킹은 범죄라고는 하기 어렵지만 불법이었고, 이 사건을 기소한 루디 줄리아니Rudy Giuliani는 프린스턴-뉴포트 파트너스에 압력을 가함으로써 밀컨에게 불리한 증거를 추가로 찾아내려고 했다.

어느 모로 보나 소프는 아무것도 몰랐던 것이 분명했다. 그는 그 스캔들이 뉴스에 뜰 때까지 미국 동해안에 있는 자기 회사에서 무슨 일이 일어났는지 전혀 몰랐다. 그래서 소프는 기소되지 않았으며, 범죄 혐의를 의심받은 적도 없다. 그리고 사무실 급습 소식을 들은 리건은 이미 변호사를 고용했고, 동업자에게 진상을 이야기하길 거부했다. 회사는 일 년 동안 더 유지되었으나, 법적 소송 때문에 명성은 바닥에 떨어지고 말았다. 그래서 1989년에 프린스턴-뉴포트 파트너스는 마침내 문을 닫았다. 20년 동안 프린스턴-뉴포트 파트너스는 연평균 19%(수수료를 제하고 나서도 15%를 넘는)라는 경이로운 수익률을 올렸다. 그것은 유례를 찾기 힘든 실적이었다.

회사가 문을 닫은 뒤, 소프는 잠깐 쉬다가 자신의 돈을 관리하는 회사인 에드워드 O. 소프 어소시에이츠를 세웠다. 비록 그 후 오랫동안 다른 사람의 돈을 전문적으로 관리하는 일은 그만두었지만, 지금도 자신의 돈을 사용해 펀드를 운영하고 있다. 한편, 프린스턴-뉴포트 파트너스의 성공을 재현하기 위해 퀀트 헤지펀드가 수백 개나 생겨났다(그리고 사라져갔다). 〈월스트리트 저널〉이 1974년에 쓴 것처럼, 소프는 계량적이고 컴퓨터를 이용하는 방향으로 "자산 관리 방법에 전환"을 가져왔다.[20] 별것 아닌 것처럼 보이는 정보 이론이 그토록 대단한 일을 해냈다는 사실이 아주 놀랍다.

주석

1   이 장 첫 부분에는 내가 약간 보탠 이야기도 있다(디모인이나 위스키 사워 이야기 등). 하지만 기본 사실은 정확하다. 이 이야기는 자전적 에세이(Thorp, 1998)를 바탕으로 구성한 것이다. 더 일반적으로는 소프의 생애에 관한 자료는 이 에세이 외에도 Thorp(1966, 2004), Poundstone(2005), Patterson(2010), Schwager(2012)를 참고했다. 게다가 나는 소프와 직접 면담을 했는데, 소프는 친절하게도 이 장의 초고를 읽고 적절한 평을 해주었다.

2   이 수치는 노동통계청의 온라인 물가 상승률 계산기(http://www.bls.gov/data/inflation_calculator.htm.)를 사용해 계산한 것이다.

3   Nasar(1998) 참고.

4   섀넌에 관해 더 자세한 것은 Kahn(1967), Poundstone(2005), Gleick(2011), 그리고 Wyner and Sloane(1993)에 실린 두 전기를 참고하라. 정보 이론에 관해 훌륭한 현대적 입문서는 Gray(2011)를 보라. 특히 섀넌이 기여한 부분에 대해서는 Wyner and Sloane(1993)과 Shannon and Weaver(1949)를 참고하라.

5   이 인용문의 출처는 Thorp(1998)다.

6   그 논문은 Baldwin et al.(1956)이었다.

7   Cervantes(1881)에서 〈Rinconete and Cortadillo〉를 보라.

8   그 논문은 받아들여졌고, Thorp(1961)로 발표되었다.

9   주차장 사업이 어떻게 타임워너 제국으로 성장할 수 있었는지를 포함한 키멜의 생애는 Poundstone(2005)과 특히 Bruck(1994)에 자세히 나온다. 이 책에 나오는 뒷이야기도 이 책들을 바탕으로 한 것이다. 키멜이 소프와 함께 라스베이거스를 방문한 이야기는 Thorp(1966)를 바탕으로 했다.

10 Thorp(1966)를 참고하라.

11 그 논문은 Kelly(1956)이다. 켈리 기준에 관해 더 자세한 것은 Thorp(2006), MacLean et al.(2011), Thorp(1984, Pt. 4)를 참고하라.

12 켈리에 관한 이 묘사는 Poundstone(2005)을 바탕으로 한 것이다.

13 설명의 편의를 위해 나는 1960년대부터 발효된 유선 기반 도박에 관한 연방 법을 의도적으로 무시했다.

14 처음에 100달러를 가지고 시작해 에피타프에 17달러를, 밸런타인에 83달러를 건다고 가정해보자. 만약 밸런타인이 우승한다면, 여러분이 건 83달러에다 9분의 5를 더해 모두 129달러를 받는다. 순이익은 29달러이다. 만약에 에피타프가 우승할 경우, 건 돈 17달러에다가 7배를 더 받으므로 모두 136달러를 받는다. 순이익은 36달러가 된다. 그러니 둘 중 누가 우승하든 돈을 딸 수 있다.

15 컴퓨터에 관한 이 세부적인 설명은 Thorp(1998)를 바탕으로 했다.

16 사실, 표준적인 룰렛 기계(회전하는 바퀴 주위를 공이 빙빙 도는)만 고려한다면, 공이 어디로 굴러 들어갈지 계산하는 것은 컴퓨터가 처리하기에 그렇게 복잡한 일이 아니다. 하지만 룰렛 바퀴에는 무작위 사건 발생 장치 기능을 하는 작은 돌출부들이 있어서 공이 이 돌출부에 충돌하면 튀어 나가면서 궤적이 바뀐다. 컴퓨터는 이러한 무작위 사건 발생 장치가 공이 어느 칸에 들어갈 가능성에 얼마나 영향을 미치는지 정확하게 예측할 수 없고, 이것은 추가로 불확실성을 낳는다.

17 이 책의 핵심 주장에 중요한 사실이 있는데, 소프는 인터뷰에서 쿠트너가 편집한 이 책에서 바슐리에와 오스본의 논문 외에 망델브로의 논문도 읽었다고 확인해주었다. 그는 두꺼운 꼬리가 로그 정규분포를 토대로 한 모형에 어떻게 영향을 미칠 수 있는지 보았지만, 그런데도 자신의 옵션 가격 결정 공식을 만들 때 수익률을 나타내는 데 오스본의 간단한 모형을 쓰기로 결정했다. 꼬리 효과에 대해서는 가격 결정 공식을 적용할 때 신중하게 행동함으로써, 즉 어떤 상황에서는 그것이 성립하지 않는다는 사실을 잊지 않음으로써 대응하기로 했다.

18 이 책은 Thorp and Kassouf(1967)이다.

19 프린스턴-뉴포트 파트너스가 세금을 덜 내기 위해 장부에서 포지션들을 옮겼다는 이 이야기는 Poundstone(2005)과 Stewart(1992), 그리고 Eichenwald(1989a, b) 같은 그 당시의 뉴스를 바탕으로 재구성했다. 인터뷰에서 소프는 그 혐의에 대해 다른 방향의 주식 파킹에 해당하는 또 다른 측면을 강조했다. 밀컨의 회사에서 일하던 브루스 뉴버그[Bruce Newberg]라는 트레이더는 연방 보고법과 드렉셀의 트레이딩 규칙을 피하려고 자신의 장부에서 포지션들을 옮기는 데 프린스턴-뉴포트 파트너스를 이용했다고 한다. 리건과 뉴버그, 그리고 그 밖의 피고인들은 처음에는 두 가지 혐의 모두에 대해 유죄 판결을 받았지만, 항소심에서 뒤집혀 피고인들은 모두 무죄 판결을 받았다.

20 그 기사는 Laing(1974)이다.

5장

월스트리트에
휘몰아친 물리학

　　1961년 2월, 피셔 블랙Fischer Black의 박사 과정 지도 교수 앤서니 외팅어Anthony Oetinger는 하버드대학의 고등학위위원회에 다음과 같이 보고했다. "저는 [블랙의] 능력과 독립성에 대한 갈망은 인정하지만, 그의 지적 노력은 솔직히 염려스럽습니다. 딜레탕티슴(예술이나 학문을 자기의 천직으로 삼는 게 아니라 놀이로 즐기는 태도−편집자)에 빠져들지 않을까 심히 걱정되기 때문입니다."[1] 두 달 후, 외팅어는 블랙이 박사 학위 논문을 쓸 단계가 되었는지 판단하기 위한 구두시험을 주관했다. 블랙은 시험을 통과했지만, 1962년 1월까지 '일관성 있고 명확한 논문 개요'를 제출해야 했다. 하지만 일주일이 채 지나기도 전에 블랙은 하버드 광장에서 벌어진 학생 시위에 참여했다가 구속되었다.[2] 학과장이 블랙을 보석시키려고 찾아갔지만, 그는 반성하는 기색이 전혀 없었다. 블랙은 경찰 당국과 하버드대학 당국과 자신의 지도 교수에게

욕을 퍼부었다. 어느새 1962년 1월이 지나갔지만, 블랙은 논문 집필을 위한 연구를 전혀 하지 않았다. 그는 하버드대학으로 돌아갈 수 없을 것이라는 이야기를 전해 들었다.

오늘날 피셔 블랙은 금융의 역사에서 중요한 인물로 꼽힌다. 그의 중요한 업적인 블랙-숄스(혹은 블랙-숄스-머턴) 옵션 가격 결정 모형은 모든 파생상품 모형을 측정하는 기준으로 남아 있다.³ 1997년, 블랙과 함께 일하던 마이런 숄스Myron Scholes와 로버트 머턴Robert Merton은 블랙-숄스 모형을 만든 공로로 노벨 경제학상을 공동 수상했다. 블랙은 1995년에 세상을 떠나 상을 받을 수 없었지만(노벨상은 죽은 사람에게는 수상하지 않으므로), 노벨위원회는 드물게도 수상자가 아닌 블랙의 공로를 명시적으로 인정했다. 미국금융학회는 "금융 실무에 적절한 독창적 연구를 개발한 피셔 블랙의 정신을 가장 잘 구현한" 40세 미만의 개인에게 금융학계에서 가장 명성 높은 상 중 하나인 피셔 블랙 상을 2년마다 수여한다.⁴ MIT의 슬론경영대학원은 블랙을 기리는 금융경제학 석좌 교수 자리를 만들었다. 이런 이야기는 셀 수 없이 많다.

물리학이 금융 부문에 활용된 전체 역사에서 블랙은 과도기적 인물로 간주하는 게 적절해 보인다. 블랙은 물리학을 전공했지만 물리학자로서는 성공하지 못했다. 주된 이유는 관심 영역이 너무 광범위하고 어느 한 분야에 집중하지 못한 데 있었다. 비록 금융경제학자로서는 더 큰 성공을 거두긴 했지만, 그 경력도 잠깐뿐이었다. 자신을 유명하게 만든 계획에 금방 싫증을 내고, 많은 사람이 의심스럽게 생각하는 새 아이디어로 관심을 옮겨갔기 때문이다. 하지만 오랫동안 많은 사람이 그토록 기다려온 결혼을 성사시키는 위업을 달성할 수 있었던 것은 바로 그의 이러한 속성(블랙이 딜레탕티슴에 빠지지 않을까 외팅어가 염려했던 바로 그 속성) 덕분이었다. 그는 바슐리에와 오스본 같은 사람들의 통찰을 충분히 이해하고 발전시킬 수 있는 물리학자였을 뿐만 아니라, 자신이 발견한 것을 경제학자들이 이해할 수 있는 언어로 표현할 능력이 충분한 경제학자였다. 이런 점에서 그는 새뮤얼슨과 비슷했지만, 학계에서 그렇게 큰 명성을 얻은 적은 결코 없었다. 하지만 새뮤얼슨과 달리 블랙은 투자자들과 월스트리트의 은행가들에게 물리학에서 나온 새로운 개념을 어떻게 금융 실무에 활용할지 설명할 수 있었다. 바슐리에와 오스본의 무작위 행보 가설을 이용해 이익을 얻는 방법을 처음 생각한 사람은 소프였지만, 그는 제도권 밖에서 프린스턴-뉴포트 파트너스를 통해서만 그렇게 했다. 반면에 블랙은 투자은행에서 핵심적 위치를 차지하는 계량금융(물리학에 뿌리를 둔)을 만들었다. 물리학을 월스트리트에 도입한 사람이 바로 블랙이다.

***

블랙은 17세 때인 1955년에 하버드대학에 입학했다. 왜 다른 곳이 아닌 하버드대학에 지원했느냐고 누가 물으면, 블랙은 노래를 좋아하는데 하버드대학에 훌륭한 합창단이 있기 때문이라고 대답했다. 처음부터 블랙은 학계에서 자신이 스스로 정한 길을 걸어가기로 마음먹었다. 그래서 정해진 과제를 거부하고, 대신에 흥미롭게 여긴 주제에 대해 논문을 썼다. 블랙은 예비 과정 강좌를 들으면서 몇 학기를 보낸 뒤에 대학원 과정에 등록하기로 결정했다. 여러 사회과학 분야를 통합한 '사회관계'라는 학제 간 연구를 전공으로 선택하고는 곧 자신을 실험 대상자로 삼아 실험을 하기 시작했다. 예를 들면, 4시간 동안 깨어 있다가 4시간 동안 잠을 자는 패턴을 반복하는 식으로 자신의 수면 계획을 바꾸었다. 그러면서 자신의 신체가 어떻게 반응하는지 자세하게 관찰하고 기록했다. 환각제를 포함해 약물도 복용하면서 그 효과를 추적했다. 친구들은 대부분 대학원생이었다.

하지만 2학년이 되자 블랙은 전공에 대한 생각이 바뀌었다. 사회관계는 흥미로웠지만, 블랙은 연구 쪽에서 경력을 쌓길 원했다. 오스본과 소프처럼 타고난 과학자였던 블랙은 끊임없이 검증할 이론을 만들어내고 실험을 했다. 그런데 과연 사회관계가 자기가 원하는 그런 일자리를 제공할지 의문이 들었다. 그래서 자연과학 쪽으로 방향을 바꾸어 화학과 생물학을 공부하다가 결국 물리학에 정착했다. 기본적이고 이론적인 연구를 원했던 그는 다음 해에 대학원에 지원했다. 이번에도 이론물리학 박사 과정을 밟기 위해 오직 하버드 대학원에만 지원했다. 그는 명성 높은 미국과학재단의 대학원생 장학금을 받게 되었고, 하버드 대학원에도 입학했다. 1959년 가을부터 블랙은 대학원에서 물리학을 공부했다.

하지만 1학년이 끝날 무렵, 관심이 또 다른 데로 기울기 시작했다. 1학년 때 물리학 강의는 딱 하나만 듣고 대신에 전기공학, 철학, 수학 강의로 채웠다. 그는 모든 것에 조금씩 관심이 있었지만, 어느 하나에 오랫동안 집중할 만큼 깊은 관심을 가진 것은 전혀 없었다. 몇 주일 뒤에 블랙은 물리학 대신에 응용수학을 공부하려고 과를 바꾸었다. 그리고 봄 학기가 시작되자 MIT에서 인공 지능 수업을 듣는 데 모든 시간을 쏟아부었는데, 그 과목은 인공 지능 분야의 개척자인 마빈 민스키Marvin Minsky가 가르쳤다. 1960년 가을에는 다시 사회과학으로 돌아와 심리학을 두 과목 들었다.

블랙이 학교생활에 성실하지 않았다고 말하는 것은 옳지 않다. 하지만 그의 방식은 분명히 전통적 관행에서 벗어나는 것이었다. 블랙은 물리학 과목 하나를 포함해 몇몇 과목을 간신히 통과했다. 2학년 때 한 심리학 과목에서 F를 받았는데, 그 과목이 '행동주의' 방법을 강조한 반면, 블랙은 더 새롭고 더 인기 있던 '인지주의' 학파가 마음에 들었기 때문이다. 하지만 누가 뭐래도 그는 하버드에서 가장 뛰어난 학생 중 한 명이었다. 1학년 때 공개 경시 대회에서 블랙은 수학 교수가 낸 문제를 풀어 다음 학년의 장학금을 확보했다. 그래서 그의 능력을 의심받은 적은 결코 없었다. 그래도 외팅어가 왜 그런 우려를 표명했는지는 쉽게 이해할 수 있다. 대학원을 2년째 다녔는데도 블랙은 전공 과목을 정하는 문제에서 학부 시절보다 조금도 나아진 게 없었다. 오히려 이 학과에서 저 학과로 옮겨 다니는 일이 더 잦았다. 블랙은 자기가 생각한 대로 단순히 호기심이 많았을 뿐이며, 학계의 연구로 적절한 것이 어떤 것인지 말해주는 따분하고 낡은 규칙에 얽매이고 싶지 않았다. 설사 그 대가로 하버드를 떠나는 한이 있더라도.

결국 블랙은 응용수학 박사 학위를 받긴 했다. 하지만 먼 길을 빙 돌아 얻은 결과였다. 하버드대학 측이 블랙에게 학교를 떠나라고 하자, 블랙은 케임브리지에 본사가 있는 첨단 기술 컨설팅회사인 볼트 베라넥 앤 뉴먼BBN에 입사했다. BBN은 컴퓨터 재능을 보고 블랙을 뽑았고, 거기서 지내는 동안 블랙은 도서관 및 정보 자원 위원회가 후원하는 프로젝트를 위해 컴퓨터화된 데이터 검색 시스템에 관한 일을 하면서 거의 모든 시간을 보냈다. 블랙은 이 프로젝트를 위해 형식 논리를 사용해 간단한 질문에 답을 하는 프로그램을 만들었다. 그 프로그램은 "루마니아의 수도는 어디인가?"와 같은 질문을 입력하면, 데이터베이스에 저장된 사실들의 명단을 바탕으로 답을 추론해냈다. 이 프로젝트 중 상당 부분은 질문자가 알고자 하는 것이 무엇인지 판단하기 위해 단순히 질문을 문법적으로 분석하는 데 할애되었다. 블랙의 연구는 컴퓨터가 자연 언어를 이해하고 만들어내는 방법을 찾으려고 노력하는 전산언어학 분야가 발전하던 초기에 중요한 기여를 했다.

블랙이 BBN에서 한 연구에 대한 소문이 금방 케임브리지에 퍼졌다. 1963년 봄, 민스키도 블랙이 만들었다는, 질문에 대답하는 프로그램 소문을 들었다. 그 프로그램에 감탄한 민스키는 블랙을 대신해 그의 하버드 복학 교섭에 나섰다. 민스키는 블랙의 연구에 책임을 지기로 했고, 패트릭 피셔Patrick Fischer 교수가 정식 지도 교수를 맡았다. 다음 해에 블랙은 자신의 컨설팅 프로젝트를 연역적 질의응답 시스템에 관한 논문으로 썼고, 1964년 6월에 심사 위원들 앞에서 잘 변호했다.

하지만 그 무렵에 블랙은 학계 생활이 지겨워졌다. 최소한 한동안은 그랬다. 박사 학위 논문을 쓸 만큼 한 가지 프로젝트에 충분히 오래 매달렸지만, 그렇다고 평생 인공 지능 연구만 하고 싶진 않았다. 그는 대중적인 논픽션 작품을 쓰는 작가가 될까 고민했다. 혹은 컴퓨터 산업 쪽으로 진출할 수도 있었다. 하버드에서 박사 후 연구원에 지원해 기술과 사회 사이의 인터페이스(전후의 신기술에 자극을 받아 떠오르던 새 분야)를 연구할까 하는 생각도 있었다. 하지만 구체적으로 진행된 것은 하나도 없었고, 그래서 졸업한 뒤에 다시 컨설팅 일로 돌아갔다. 적어도 그곳에서는 다양한 프로젝트의 일을 할 수 있었고, 구체적인 문제를 푸는 게 자신의 취향에 맞는다는 사실을 이미 알고 있었다.

하지만 BBN으로 돌아가는 대신에 다른 회사인 아서 D. 리틀ADL의 오퍼레이션 리서치 부서에 들어갔다. 처음에 블랙은 주로 컴퓨터 문제에 관한 일만 했다. 예를 들면, 미국 최대의 생명보험회사인 메트라이프는 최첨단 컴퓨터를 보유하고 있었지만, 회사 내의 컴퓨터 수요를 충족시키지 못하는 것 같았다. 그래서 메트라이프는 ADL에 컴퓨터가 한 대 더 필요한지 조사해달라는 용역을 주었다. 블랙은 ADL의 두 직원과 함께 조사한 결과, 문제는 컴퓨터에 있는 게 아니라(컴퓨터는 전체 성능의 절반 정도만 발휘하고 있었다), 데이터를 저장하는 방식에 있다는 사실을 발견했다. 일상 업무를 처리하는 데 사용 가능한 드라이브가 30대인데 겨우 8대만 사용했던 것이다. 그래서 블랙 팀은 드라이브를 모두 다 사용할 수 있는 최적화 방법을 발견했다.

블랙은 ADL에서 약 5년간 일했다. 이 경험은 그의 인생을 바꾸어 놓았다. 입사했을 때 그는 오퍼레이션 리서치와 컴퓨터과학만 담당하는 직원에 지나지 않았다. 관심 분야는 아주 광범위했지만, 그중에 금융도 포함돼 있었다고 시사하는 증거는 전혀 없다. 1969년에 ADL을 떠날 때, 그는 이미 블랙-숄스 모형의 기초를 만들었다. 적어도 일부 집단에서는 과격하긴 해도 흥미롭고 장래가 유망한 금융경제학자로 인정받았다. 웰스파고(미국의 다국적 금융 서비스 기업. 자산 기준으로는 2012년 현재 미국에서 네 번째로 큰 은행임)는 즉각 블랙을 고용해 트레이딩 전략을 개발하는 일을 맡겼다.

이러한 변신은 블랙이 ADL에 도착한 직후에 오퍼레이션 리서치 부서에서 나이가 조금 더 많은 잭 트레이너Jack Treynor를 만난 것이 계기가 되었다. 트레이너는 물리학을 전공하려고 해버퍼드대학에 들어갔지만, 그 대학의 물리학과가 썩 훌륭하지 못하다고 판단하고 전공을 수학으로 바꾸었다. 대학을 졸업한 후에는 하버드 경영대학원에 들어갔다가 블랙보다 10년 앞선 1956년에 ADL에 입사했다. 트레이너와 블랙이 ADL에서 함께 일한 시간은 얼마 되지 않았는데, 트레이너가 1966년에 메릴린치로 직장을 옮겼기 때문이다. 하지만 실용적 사고방식을 가진 두 수학자는 금방 친구가 되었다. 블랙은 트레이너의 사고방식이 마음에 들었고, 금방 그가 하는 일에 흥미를 느꼈다. 트레이너가 주로 담당한 업무는 위험 관리, 헤지펀드 운용, 자산 가격 결정이었다. 비록 트레이너는 금융 이론을 정식으로 배운 적이 없었지만, 경영대학원을 다닌 배경 때문에 자신이 잘 처리할 수 있는 문제를 다루게 되었고, 그래서 ADL에서 그가 맡은 업무는 대부분 금융 제도와 관련된 것이었다. 한편, 그는 부수적으로 더 이론적인 연구 프로젝트에서도 일했는데, ADL의 고객들이 맞닥뜨리는 종류의 문제들에 흥미를 느껴 그럴 때가 많았다.

블랙이 ADL에 입사할 무렵, 트레이너는 이미 위험과 확률과 기댓값 사이의 관계를 이해하는 새로운 방법을 개발했는데, 오늘날 자본자산가격결정모형Capital Asset Pricing Model, CAPM이라 부르는 것이 바로 그것이다.[5] 자본자산가격결정모형의 기본 개념은 위험에 가격을 매기는 게 가능해야 한다는 것이다. 이 맥락에서 위험은 불확실성 또는 변동성을 뜻한다. 어떤 종류의 자산(예컨대 미국 재무부 채권)은 사실상 위험이 전무하다. 그런데도 그 자산은 어느 정도 수익률이 있는데, 그래서 미국 재무부 채권에 투자를 하면 고정된 비율의 돈을 확실하게 벌 수 있다. 하지만 대부분의 투자는 본질적으로 위험이 따른다. 트레이너는 위험한 투자에서 위험이 없는 투자보다 더 높은 수익률(최소한 평균적으로는)을 기대할 수 없다면, 위험한 투자에 돈을 넣는 것은 미친 짓이라는 사실을 깨달았다. 트레이너는 이 추가 수익률을 위험 프리미엄risk premium이라 불렀는데, 투자자가 위험 자산을 사기 전에 요구할 추가 수익에 해당하기 때문이다. 자본자산가격결정모형은 위험 프리미엄의 비용-편익 분석을 통해 위험과 수익 사이의 관계를 알려주는 모형이다.

블랙은 자본자산가격결정모형을 알자마자 거기에 푹 빠졌다. 불확실성과 이익 사이에 단순한 관계가 성립한다는 사실은 아주 매력적이었다. 자본자산가격결정모형은 큰 그림을 보여주는 이론이다. 이 모형은 합리적 선택을 할 때 위험이 담당하는 역할을 매우 추상적인 방법으로 기술한다. 훗날 블랙은 자본자산가격결정모형에서 특별히 매력을 느낀 특징 한 가지를 지적했는데, 그것은 바로 균형 이론 equilibrium theory이었다. 그는 1987년에 "나를 금융과 경제학으로 끌어당긴 개념은 균형이었다"[6]라고 썼다. 자본자산가격결정모형은 경제적 가치를 위험과 보상 사이의 자연적 균형으로 기술하기 때문에 균형 이론이다. 세계가 끊임없이 진화하는 균형 상태에 있다는 개념은 물리학자였던 블랙의 감성에 잘 들어맞았을 것이다. 물리학에서는 복잡하게 얽힌 계가 작은 변화를 겪으면서 안정한 상태로 변해가는 경향을 종종 볼 수 있다. 이런 상태를 평형 상태라 부르는데, 서로 다른 영향력들 사이에서 도달한 일종의 균형에 해당하기 때문이다(영어로는 똑같은 'equilibrium'이란 단어를 사용하지만, 우리나라 물리학계와 생물학계에서는 '평형'이란 용어를 사용하는 반면, 금융 부문에서는 '균형'이란 용어를 사용한다―옮긴이).[7]

블랙은 트레이너가 금융에 대해 알고 있는 것을 모두 다 배우려고 열심히 노력했다. 그래서 두 사람이 처음 만난 지 불과 1년 만에 트레이너가 ADL을 떠나자, 블랙은 자연히 ADL의 금융 컨설팅 팀에서 트레이너가 맡았던 자리를 이어받았고, 트레이너의 모형을 더 완전하게 만들었다. 자본자산가격결정모형은 그 후에 블랙이 한 거의 모든 일에서 그 기반을 이루었다.

***

　　잭 트레이너가 블랙이 금융경제학자로 변신하는 첫 단계를 도왔다면, 완성한 사람은 마이런 숄스이다. 숄스는 1968년 9월에 시카고대학에서 얼마 전에 딴 박사 학위증을 들고 케임브리지에 왔다. 시카고 대학에서 함께 대학원을 다녔던 마이클 젠센Michael Jensen은 숄스가 케임브리지에 오기 전에 블랙이 "흥미로운 친구"라면서 한번 만나보라고 권했다.[8] 숄스는 케임브리지에 도착하고 나서 얼마 지나지 않아 전화를 걸었다. 두 사람 다 젊을 때였다. 숄스는 이제 막 27세가 되었고, 블랙은 30세였다. 비록 얼마 전에 숄스가 MIT의 조교수로 임명된 일은 밝은 장래를 암시하긴 했지만, 두 사람 다 아직 특별한 업적은 없었다. 두 사람은 ADL의 에이콘파크 구내에 있는 칙칙한 카페테리아에서 만나 점심을 함께 했다. 무명의 두 남자가 카페테리아에서 식사를 함께 한 이 사건이 역사를 만들 것이라고 예상한 사람은 아무도 없었다. 하지만 이 두 사람의 첫 만남에서 시작된 우정은 얼마 후 금융시장에 돌이킬 수 없는 변화를 가져왔다.

　　두 사람의 성격은 극과 극이었다. 블랙은 조용한 편이고 심지어 수줍어하는 성격이지만, 숄스는 외향적이고 자신감이 넘쳤다. 블랙은 응용 연구에 관심을 보였지만, 이론적이고 추상적인 성향도 있었다. 숄스는 그 무렵에 신고전주의 경제학의 중심 원리로 부상한 효율적 시장 가설을 검증하기 위해 산더미 같은 데이터를 분석하면서 실증적으로 쓴 논문을 막 끝낸 참이었다. 두 사람 사이의 첫 대화가 어떻게 시작되었는지는 상상하기가 쉽지 않다. 하지만 두 사람은 통하는 게 있었다. 그 후에 다시 만났고, 그러고 나서 또 만났으니까. 곧 두 사람은 평생 지속할 우정과 지적 동반자 관계의 기반을 다졌다. 숄스는 블랙에게 매주 MIT에서 열리는 금융 워크숍에 참석해달라고 초대했다. 그것은 블랙이 금융학계에 정식으로 발을 들여놓는 첫 번째 기회가 되었다. 얼마 후 웰스파고가 학계에서 수면 위로 오르고 있던 자본자산가격결정모형처럼 금융 분야의 새로운 개념들을 은행 실무에 적용하는 과정을 돕는 컨설팅 계획안을 들고 숄스를 찾아왔다. 숄스는 직접 그 일을 할 시간이 없었지만, 그 일에 적격인 사람을 알고 있었다. 블랙은 즉각 동의했고, ADL의 카페테리아에서 처음 만난 지 6개월쯤 지난 1969년 3월에 ADL에 사표를 내고 독립했다. 그는 웰스파고를 주 고객으로 삼아 어소시에이츠 인 파이낸스라는 컨설팅회사를 세웠다. 그는 숄스와 함께 웰스파고가 새로운 첨단 투자 전략을 만드는 일을 도왔다.

자본자산가격결정모형을 다른 종류의 자산과 포트폴리오로 확대하는 방법을 블랙이 생각하기 시작한 것은 이 무렵이었다. 예를 들면, 블랙은 시간 경과에 따라 투자를 어떻게 배분하느냐 하는 문제에 자본자산가격결정모형을 적용했다. 일부 사람들의 주장처럼 나이가 듦에 따라 위험 노출도에 변화를 주어야 할까? 블랙은 그렇지 않다고 결론 내렸다. 사람들은 주어진 시간에 다양한 주식에 투자를 분산하길 원하는 것처럼, 불운이 잇따르는 특정 시기의 영향을 최소화하기 위해 긴 시간에 걸쳐 투자를 분산하려고 한다. 자본자산가격결정모형을 이용해 옵션의 가격을 결정하는 문제는 그 당시 블랙이 해결하려고 애쓰던 많은 문제 중 하나였다. 그리고 1969년 여름 무렵에 블랙은 결국 블랙-숄스 방정식을 낳게 될 기본 관계를 도출함으로써 이미 상당한 진전을 이루었다.

여기서 중요한 통찰은 주어진 어느 순간에 특정 주식과 그 주식의 옵션으로 위험이 전혀 없도록 포트폴리오를 구성하는 것이 항상 가능하다는 사실이다. 어디서 많이 들은 이야기처럼 느껴진다면, 이 개념이 소프의 델타 헤징 전략의 핵심을 이루는 개념과 아주 유사하기 때문이다. 소프 역시 옵션 가격과 기초 자산 사이에 밀접한 연관 관계가 있다면, 옵션과 주식을 결합해 위험을 제어할 수 있다는 사실을 깨달았다. 차이점이라면 소프의 델타 헤징 전략은 기초 주식의 가격이 극적으로 변하지 않는 한 수익을 보장하는 데 초점을 맞추고 있다는 점이다. 이 접근법은 위험을 제어하긴 하지만 완전히 제거하지는 못한다(실제로 만약 자본자산가격결정모형 방식의 추론이 옳다면, 위험을 제거하는 동시에 상당한 수익을 올리는 두 마리 토끼를 다 잡을 수 없다). 블랙의 접근법은 위험이 전혀 없도록 주식과 옵션으로 구성한 포트폴리오를 찾고, 자본자산가격결정모형 추론을 이용해 이 포트폴리오가 위험이 전혀 없이 수익률을 올릴 것으로 예상한다고 주장했다. 주식과 옵션의 결합으로 무위험 자산을 만드는 블랙의 전략은 오늘날 동태적 헤징 dynamic hedging이라 부른다.[9]

블랙은 시장의 무작위성에 관한 쿠트너의 논문 모음집을 읽었기 때문에, 무작위 행보 가설에 관한 바슐리에와 오스본의 연구를 잘 알고 있었다. 이것은 그에게 기초 주식 가격이 시간 경과에 따라 어떻게 변하는지 모형을 만드는 방법을 제공했다. 그것은 다시 그가 발견한 옵션 가격과 주식 가격 사이의 관계를 바탕으로 옵션 가격이 시간 경과에 따라 어떻게 변하는지 이해하는 방법을 알려주었다. 블랙이 일단 어떤 주식의 주가와 그 주식의 옵션 가격과 무위험 수익률 사이의 기본적인 관계를 알아내자, 주식의 위험 프리미엄을 옵션의 위험 프리미엄과 연관 지어 옵션의 가치를 계산하는 방정식을 도출하는 것은 그다지 어렵지 않았다. 그런데 거기서 블랙은 발이 묶였다. 그가 도출한 방정식은 옵션 가격의 순간 변화율과 기초 주식 가격의 순간 변화율 사이의 관계를 나타내는 복잡한 미분방정식이었는데, 그는 물리학과 수학을 공부했는데도 불구하고 그것을 풀 수학 실력이 없었다.

몇 달 동안 애쓰다가 블랙은 그만 포기했다. 그는 옵션 문제나 자신이 알아낸 부분적인 해결책을 아무에게도 말하지 않고 묻어두었는데, 1969년 후반에 숄스에게서 자신이 가르치는 MIT 대학원생이 옵션 가격 결정에 관심을 보인다는 이야기를 들었다. 숄스가 자본자산가격결정모형을 이용해 그 문제를 푸는 방법을 생각하기 시작하자, 블랙은 책상 서랍을 열어 그 중요한 미분방정식을 적어둔 종이를 꺼냈고, 그때부터 두 사람은 함께 그 문제를 푸는 데 매달렸다. 두 사람은 1970년 여름에 그걸 풀었고, 옵션 가격을 결정하는 블랙-숄스 방정식은 그해 7월에 숄스가 웰스파고의 후원을 받아 MIT에서 개최한 회의에서 선을 보였다. 그사이에 MIT에서 숄스의 새 동료인 로버트 머턴 (원래 공학을 전공했지만, 경제학 박사 학위를 받은)은 완전히 다른 출발점에서 시작해 똑같은 미분방정식을 도출하고 똑같은 해를 얻었다. 서로 다른 접근 방법으로 출발해 똑같은 답을 얻었기 때문에, 블랙과 숄스와 머턴은 자신들이 뭔가 대단한 것을 발견했다고 확신했다.

* * *

블랙과 숄스는 문제를 풀자마자 그 분야에서 손꼽히는 간행물인 〈정치경제 저널(Journal of Political Economy)〉에 논문을 제출했다. 그 논문은 즉각 퇴짜를 맞았는데, 이유를 설명하는 메모도 거의 없었다(그 논문을 진지하게 검토하지도 않았음을 시사한다). 그래서 〈경제학 및 통계학 리뷰(Review of Economics and Statistics)〉에 다시 논문을 제출했다. 이번에도 논문에 무슨 문제가 있는지 분명한 지적 없이 금방 퇴짜를 맞았다. 한편 머턴은 블랙과 숄스가 그들의 발견에 대해 적절한 인정을 받을 때까지 기다리려고, 자신의 대안 논문을 학술지에 보내지 않았다.

비록 처음에 좌절을 겪긴 했지만, 블랙과 숄스의 연구가 그렇게 제대로 인정도 받지 못하고 파묻힐 운명은 아니었다. 학계와 금융계와 정치계의 강력한 힘들이 두 사람에게 유리한 방향으로 움직이고 있었다. 그리고 당시 학계를 지배하던 거물급 인사 몇 사람도 거들고 나섰다. 두 번째로 퇴짜를 맞은 뒤에 시카고대학 교수인 유진 파마와 머턴 밀러Merton Miller는 〈정치경제 저널〉 측에 재고를 요청했다. 두 사람은 당대에 큰 영향력을 떨친 경제학자이자 얼마 전에 탄생한 시카고학파의 지도자였다. 〈정치경제 저널〉은 두 사람의 요청을 존중하여 그 논

문을 약간 수정해 1971년 8월에 게재하기로 했다.[10]

그사이에 시카고대학이 피셔 블랙에게 큰 관심을 보였다. 그곳 경제학자들은 블랙이 숄스와 함께 한 연구, 즉 옵션에 관한 연구와 웰스파고에서 한 연구를 잘 알고 있었다. 그들은 블랙이 웰스파고 회의에서 활동하는 모습도 보았다. 그보다 몇 년 앞서 1967년에 블랙은 트레이너와 함께 두 사람의 협력 연구 성과를 그곳 원로들에게 설명하기 위해 시카고로 갔다. 시카고 경제학자들은 굳이 고급 학술지를 통하지 않더라도 젊은 학자들을 충분히 파악할 수 있었다. 그들은 그 연구를 보는 순간 두 사람의 재능을 간파했으며, 특히 블랙이 비범한 재능을 가졌다는 사실은 의심의 여지가 없었다. 그래서 1971년 5월, 그들은 블랙에게 일자리를 제의했다. 그때 블랙은 대학원을 졸업한 지 이미 7년이나 지났지만, 발표한 논문은 네 편뿐이었고, 그나마 금융에 관련된 것은 두 편뿐이었다. 박사 학위를 받기는 했지만, 경제학과는 무관한 분야였다. 하지만 그런 것은 아무 문제가 되지 않았다. 시카고대학은 그를 원했다.

시카고대학이 블랙의 연구가 중요한 것이 되리라는 직감에서 그런 결정을 내린 것은 아니다. 그곳 교수진은 나름의 내부 정보를 입수했는데, 장차 옵션이 '정말로' 중요한 거래 상품이 되리라는 정보였다. 그렇게 되면 투자자가 옵션 가격을 결정할 수 있는 공식은 그야말로 소중한 보물이 될 것이다. 미국과 국제 정책에 일어날 두 가지 큰 변화(모두 시카고를 중심으로)는 얼마 후 파생상품 산업에 혁명을 가져올 게 분명했다. 그러니 블랙과 같은 사람을 자기편으로 두면 큰 도움이 되리라고 판단했다.

첫 번째 변화는 블랙이 시카고에 도착하고 나서 2주일이 지난 1971년 10월 14일에 일어났다. 미국 증권거래위원회SEC는 시카고옵션거래소CBOE에 미국 역사상 최초의 공개 옵션시장을 허가했다. 옵션은 수백 년 전부터 거래되었고, 미국에서도 최소한 20세기 중엽부터 주로 워런트의 형태로 거래되었지만, 공개 시장에서 거래된 적은 일찍이 없었다. 시카고 경제학자들은 수년 전부터 증권거래위원회에 공개 옵션 거래의 장벽을 철폐하라고 요구했는데, 결국 시카고옵션거래소가 1969년에 그 가능성을 검토하는 위원회를 열었다. 위원회 의장은 시카고 경영대학원 교수이던 제임스 로리James Lorie였다.[11] 나중에 로리와 머턴 밀러는 옵션 거래가 공공 사회에 미치는 영향에 대한 보고서를 작성할 때 중요한 역할을 담당했다. 그 보고서는 1971년 3월에 시카고옵션거래소가 증권거래위원회에 제안한 보고서에서 중요한 부분을 차지했다.

시카고옵션거래소와 블랙과 숄스의 논문은 몇 달 간격을 두고 각각 빛을 보았다. 2년 뒤에 시카고옵션거래소는 거래를 시작했고, 블랙과 숄스의 논문은 그로부터 불과 한 달 뒤에 〈정치경제 저널〉에 발표되었다. 거래 첫날, 16개의 기초 주식에 대한 옵션 거래가 900건 체결되었다.[12] 하지만 거래량은 곧 놀라운 속도로 증가했다.[13] 1973년 한 해에만 100만 건이 넘는 옵션 거래가 이루어졌고, 1974년 10월 무렵에는 하루 거래량이 4만 건이 넘는 날도 심심치 않게 나타났으며, 보통은 3만 건이 넘었다. 그리고 10년도 못 돼 하루 거래량은 약 50만 건으로 증가했다. 그리고 다른 증권거래소들도 속속 경쟁에 뛰어들었다. 맨 먼저 아메리카증권거래소가 옵션 거래를 시작한다고 발표했고, 곧 그 뒤를 이어 필라델피아증권거래소와 퍼시픽증권거래소도 옵션 거래에 뛰어들었다. 1977년 1월에는 네덜란드 암스테르담에 시카고옵션거래 소를 모델로 한 유럽옵션거래소가 들어섰다.[14] 옵션 거래는 갑자기 거대 사업으로 떠올랐고, 투자자들은 최소한 처음에는 새로운 도구들을 최대한 많이 배우려고 열을 올렸다. 블랙과 숄스와 머턴의 이름은 적어도 금융계에서만큼은 모르는 사람이 없었다.

두 번째 행운(적어도 블랙의 경력에는)을 가져다준 정책 변화는 시카고 옵션거래소의 설립과 거의 동시에 일어났지만, 블랙에게 미친 영향은 훨씬 더디게 나타났다. 이번에도 그 배후에 시카고의 영향력 있는 경제학자들이 있었는데, 특히 통화주의자로 유명한 밀턴 프리드먼Milton Friedman이 있었다. 1968년에 닉슨Richard Nixxon이 대통령으로 선출되자, 프리드먼은 닉슨에게 편지를 써서 브레턴우즈 체제를 포기하라고 촉구했다.[15] 뉴햄프셔주의 휴양지 브레턴우즈는 1944년 7월에 연합국 44개국 대표가 모여 국제 통화 금융 회의를 열고 통화 안정을 꾀하기 위해 국제통화기금IMF, 국제부흥개발은행IBRD (지금은 세계은행의 일부) 등을 설립하기로 협정을 체결한 곳이다.[16] 그래서 그 협정을 브레턴우즈 협정이라고 부른다. 우리의 이야기에서 중요한 사실은 브레턴우즈 체제에서는 세계의 주요 통화들이 미국 달러(궁극적으로는 금. 왜냐하면, 최소한 외국 정부들은 달러를 금과 자유롭게 교환할 수 있었기 때문이다)를 기준으로 한 고정 환율제를 채택했다는 점이다. 이러한 고정 환율이 변하는 일은 아주 드물었고, 긴 외교적 교섭 과정을 거친 뒤에 일어났다.

하지만 1968년에 프리드먼은 닉슨에게 보낸 편지에서 브레턴우즈 체제는 균열이 가기 시작했다고 말했다. 주요 문제는 전후에 폭발적으로 늘어난 국제적 거래를 뒷받침할 만큼 전 세계의 금 보유량이 충분하지 않다는 데 있었다. 세계의 금 공급량 중 대부분을 미국이 보유하고 있었지만, 공개 시장에서 금이 계속 거래되면서 금값이 요동칠 수 있었다. 미국과 그 동맹들이 공개 시장의 금값을 브레턴우즈 체제의 가격으로 유지할 수만 있다면 아무 문제가 없었다. 하지만 만약 공개 시장의 금값이 너무 치솟으면(수요는 늘어나는데 공급은 제한된 상황에서는 그럴 수밖에 없었다), 달러 매도 사태(달러를 금으로 바꾸기 위해)가 일어날 위험이 있었다. 외국 정부들이 미국의 금을 사들여 그것을 공개 시장에서 팔아 이익을 남김으로써 부채를 갚으려고 할 것이기 때문이다. 그럴 경우, 브레턴우즈 체제는 자연히 붕괴할 수밖에 없었다. 실제로 1967년 후반에 그런 달러 매도 사태가 일어났고, 프리드먼이 그 편지를 쓴 것도 바로 그 일이 계기가 되었다. 하지만 프리드먼 같은 석학이 볼 때, 브레턴우즈 체제는 출발부터 잘못된 것이었다. 환율을 묶어두려는 정부의 노력은 애초부터 싹수가 노랬다. 환율은 다른 것과 마찬가지로 공개 시장에서 자유롭게 결정되어야 한다.

닉슨은 처음에는 프리드먼의 말에 귀를 기울이지 않았지만, 1971년에 이르러 베트남 전쟁으로 미국의 부채가 급속도로 불어나자 불길한 징조를 느꼈다. 먼저 서독과 일본이 브레턴우즈 협정에서 탈퇴하면서 자신들의 통화를 달러화에 고정하는 정책을 고수하지 않겠다고 선언했다. 그러자 닉슨은 세계 경제가 붕괴하기까지 기다리는 대신에 미국 달러를 금으로 바꿔주는 태환 제도를 끝냄으로써 브레턴 우즈 체제를 종식했다. 그 후 몇 년에 걸쳐 고정 환율제가 변동 환율제로 바뀌면서 각 통화의 상대 가격이 공개 시장에서 결정되는 체제가 자리를 잡았다.

한편, 시카고에서는 20세기 전반에 시카고상품거래소Chicago Board of Trade, CBOT에서 떨어져나온 또 하나의 선물 거래소인 시카고상업거래소Chicago Mercantile Exchange, CME 의장 리오 멜라메드Leo Melamed가 전 세계의 재정 정책이 유동적이라는 사실을 간파했다.[17] 프리드먼에게서 얻은 힌트를 참고해 멜라메드는 1972년 5월에 독자적인 새 거래소를 만들었는데, 외환 선물 거래를 하는 국제통화시장International Monetary Marekt, IMM이 그것이다. 브레턴우즈 체제가 자리를 잡고 있을 때에는 환율이 아주 까다로운 공개적 과정을 통해서만 변했기 때문에, 외환 선물 거래가 아무 매력이 없었다. 하지만 환율이 유동적으로 변하고, 공개 시장에서의 거래를 통해 결정되자 외환 선물시장이 꼭 필요한 시장으로 떠올랐다. 무엇보다 중요한 것은 기업들, 특히 은행들이 예상치 못한 환율 변동으로 입는 피해를 외환 선물을 이용해 피할 수 있다는 사실이었다. 미국의 한 회사가 영국의 한 회사에 카우보이 부츠 상품을 수출하고 대금을 파운드화로 받기로 계약을 맺었다고 가정해보자. 계약은 특정 시점에 체결되었지만, 대금은 카우보이 부츠가 영국에 인도된 다음에 지불된다. 그사이에 파운드화 환율이 변하는 바람에 미국 회사의 수익(달러화로 계산한)이 계약 체결 당시보다 떨어질 수 있다. 미국 회사는 상품이 인도되었을 때 받기로 한 액수에 해당하는 선물 계약을 매도함으로써 환율이 예상치 못하게 변할 때 발생할 위험을 효과적으로 막을 수 있다.

　국제통화시장은 블랙-숄스의 옵션 가격 결정 공식과 무슨 관계가 있을까?[18] 얼핏 보면 아무 관계도 없는 것처럼 보인다. 하지만 몇 년 지나지 않아 국제통화시장에서 거래되는 선물 상품은 크게 확대되어 옵션을 포함해 통화를 기반으로 한 새로운 파생상품들까지 생겨났다. 모든 국제 거래에서 환율 위험은 중요한 부분을 차지하기 때문에, 통화 파생상품은 국제 경제에서 아주 빠르게 필수 요소로 자리 잡았다. 그리고 블랙-숄스 모형은 시카고옵션거래소에서처럼 또 한 번 일상 거래에서 필수적인 부분이 되었다. 그보다 더 중요한 사실은, 블랙과 숄스가 기업들이 환율 위험에 대비하는 새로운 방법들을 찾으면서 국제통화시장에서 빠르게 성장하고 있던 '다른' 파생상품 계약의 모형을 만드는 길도 안내했다는 점이다. 국제통화시장과 시카고옵션거래소에서 블랙과 숄스는 자신들의 새로운 개념을 이용하기에 완벽한 세계를 발견했다.

***

　블랙과 숄스와 머턴이 발견한 옵션 가격 결정 공식은 소프가 1965년에 워런트 가격 결정을 위해 알아낸 방법과 동일한 것이었다 (비록 소프는 블랙과 숄스와 머턴의 이름이 붙어 있는 분명한 방정식을 도출하기보다는 컴퓨터 프로그램을 사용해 옵션 가격을 계산하긴 했지만). 하지만 그 기반을 이루는 논리는 서로 달랐다. 소프의 추론은 바슐리에의 추론을 따랐다. 그는 어떤 옵션의 적정 가격은 그 옵션을 공정한 내기로 해석할 수 있는 가격이 되어야 한다고 주장했다. 거기서 소프는 주가가 오스본이 기술한 로그 정규분포를 만족시킨다고 가정하고서 옵션 가격이 얼마가 되어야 하는지 계산했다. 소프는 옵션의 '진짜' 가격을 계산하는 방법을 일단 계산하고 나서, 거기서 더 나아가 델타 헤징 전략을 실행하는 데 필요한 주식과 옵션의 비율을 알아냈다.

한편, 블랙과 숄스는 정반대 방향에서 접근했다. 두 사람은 주식과 옵션을 결합해 위험이 전혀 없는 포트폴리오를 만드는 것이 항상 가능하다는 믿음에 기초한 헤징 전략으로 시작했다. 그리고 자본자산가격결정모형을 적용해 이 포트폴리오의 수익률이 얼마인지(즉, 위험이 전혀 없는 비율)를 알아내고, 거기서 거꾸로 계산해 위험이 없는 수익을 실현하려면 옵션 가격이 주식 가격에 따라 어떻게 변해야 하는지 알아냈다.

그 차이는 하찮은 것으로 보일 수 있다(두 주장은 비록 다른 길을 택했긴 하지만 결국에는 똑같은 옵션 가격 결정 모형에 이르니까).[19] 하지만 현실적으로는 아주 중요하다. 그 이유는 블랙–숄스의 접근법의 기본 개념인 동태적 헤징이 투자은행들이 옵션을 '제조'하는 데 필요한 도구를 제공했기 때문이다. 투자은행이 고객들에게 옵션을 팔려 한다고 가정해보자. 이것은 고객들에게 어떤 주식을 미리 정해진 가격으로 사거나 팔 권리를 판매하는 것이다. 원칙적으로 은행은 위험한 승부를 걸려고 하지 않는다. 어차피 투자은행의 수익은 옵션 판매 수수료에서 나오는 것이지, 투자 수익금에서 나오는 것이 아니다. 사실상 이것은 투자은행이 옵션을 판매할 때, 옵션 가치가 오르지 않더라도 손실을 보지 않으면서, 기초 주식 가치가 오를 가능성을 상쇄할 방법을 찾기를 원한다는 의미다. 블랙과 숄스의 동태적 헤징 전략은 바로 그런 방법을 제공했다. 투자은행들은 블랙-숄스의 접근 방법을 사용해 위험을 전혀 수반하지 않는 방식으로(최소한 이론적으로는) 옵션을 팔면서 다른 자산을 사들일 수 있었다. 그러자 옵션은 투자은행들이 제조해 팔 수 있는 일종의 생산품이 되었다.

블랙은 1975년까지 시카고에 머물렀는데, 그때 MIT에서 케임브리지로 돌아와 달라고 요청했다. 몇 년 동안 학계는 블랙에게 딱 어울리는 장소처럼 보였다. 자기가 좋아하는 것이면 무엇이든 연구할 수 있었고, 최소한 거래소를 기반으로 한 옵션 거래가 전성기를 처음 맞이했을 때에는 자신의 방법이 틀릴 수 없는 것처럼 보였다. 그는 학계에서 초일류급 유명 인사였고, 그에 걸맞은 존경과 자유를 누렸다. 하지만 개인적 삶은 점점 파국으로 치달았다. (두 번째) 아내 미미는 시카고 생활을 싫어했는데, 이 점은 그녀의 가족이 사는 곳에서 가까운 케임브리지로 돌아가기로 결정하는 데 큰 영향을 미쳤다. 하지만 동부로 옮겨간 뒤에도 두 사람의 관계는 별로 나아지지 않았다. 가정에서 소외감을 느낄수록 블랙은 연구에 더 매달려 이제 새로운 방향들로 나아갔다. 그는 경기 순환을 설명하기 위해 자본자산가격결정모형을 일반화하는 연구를 시작했다. 합리적 세계에서 왜 성장기와 침체기가 반복되는 일이 일어날까? 이 연구에서 그는 '일반 균형general equilibrium' 이라고 이름 붙인 새로운 거시경제학 이론을 만들어냈다.[20] 그리고 후진적이고 투자자들에게 도움이 되지 않는다고 간주한 회계 산업계 전체를 공격하고 나섰다.

하지만 다른 방향으로 나아간 이 연구들은 혹독한 비판만 받았다. 블랙은 옵션에 관한 논문과 그에 잇따른 파생상품과 금융시장에 관한 논문들을 쓰면서 자신의 운과 때를 다 소진한 것처럼 보였다. 특히 거시경제학 연구는 시대의 흐름에 어긋나는 것이었다. 1970년대와 1980년대의 경제학자들은 경제 규제와 통화 정책을 놓고 계속된 논쟁에 깊이 빠져 있었다. 한쪽에는 시카고학파가 있었고, 반대쪽에는 정부의 간섭을 선호하는 케인스학파가 있었다. 일반 균형은 서로 대립하는 양 진영 사이에서 돌출한 세 번째 길이었다. 양 진영 모두 블랙을 공격하다가 얼마 후에는 무시했다. 그의 논문을 실어주려는 데는 한 군데도 없었다. 동료들도 글에서 블랙의 주장이 부적절하다며 부정적으로 평가하기 시작했다. 10년도 안 되는 기간에 블랙은 아웃사이더에서 우상이 되었다가 다시 아웃사이더로 전락했다. 1980년대 전반에 블랙은 학계에 염증을 느꼈다. 그는 떠나길 원했다.

1983년 12월, 블랙-숄스 모형을 만들던 시절부터 오랜 협력자였던 로버트 머턴은 투자은행인 골드만삭스를 위해 컨설팅 일을 하고 있었다. 머턴은 블랙과 숄스가 1970년에 웰스파고에서 했던 것과 같은 일을 했다. 즉, 학계에서 개발된 새로운 개념을 도입해 실무 환경에 활용하는 것이었다. 그 지위에 있던 머턴은 주식 부문 최고 책임자 로버트 루빈Robert Rubin에게 골드만삭스의 조직 문화에 새로운 개념들이 스며들도록 하려면 교수 출신의 이론가를 회사 내 높은 자리에 영입해야 한다고 주장했다. 루빈은 머턴의 주장을 받아들였고, 머턴은 MIT로 가 대학원 졸업생 중에서 그 중책에 추천할 만한 사람을 물색했다. 머턴이 블랙에게 의견을 구하자, 놀랍게도 블랙 자신이 그 자리를 원했다. 석 달 뒤, 블랙은 학계를 떠나 골드만삭스의 주식 부문에서 계량적 전략 그룹을 조직하는 일을 맡았다. 이렇게 하여 그는 계량적이고 과학적인 것을 중시하고, 큰 거래를 할 뿐만 아니라 지적 혁신에도 큰 관심을 기울이는 새로운 종류의 투자은행 직원인 최초의 퀀트 중한 명이 되었다. 이로써 월스트리트는 이전과는 완전히 다른 모습으로 변해갔다.

***

1957년 10월 4일, 소련이 최초의 인공위성 스푸트니크호를 지구 궤도에 올려보내는 데 성공하자, 미국은 공황 상태에 빠졌다. 아이젠하워Dwight Eisenhower 대통령은 미국에서 초보 단계의 우주 계획을 추진하던 사람들에게 즉각 인공위성 발사 일정을 잡으라고 명령했다. 그 날짜는 12월 6일로 잡혔다. 미국 과학자가 소련 과학자에게 뒤지지 않는다는 걸 입증하려고 노력한 산물인 그 발사 장면은 텔레비전으로 미국 전역에 중계되었다. 최초의 미국 우주선이 발사대에서 점화되어 이륙하는 모습을 수천만 명이 지켜보았다. 그러나 우주선은 1.2m쯤 떠오르다가 그만 추락하면서 폭발하고 말았다. 그 사건은 미국 과학계에 큰 치욕을 안겨주었다. 4년 뒤, 소련은 최초의 유인 우주선에 유리 가가린Yuri Gagarin을 태워 지구 궤도를 돌게 함으로써 또 한 번 미국의 코를 납작하게 했다. 케네디John F. Kennedy 대통령은 그 주에 미국이 승리할 수 있는 새로운 도전 과제를 찾으라고 미국항공우주국NASA에 지시했다. 1961년 5월 25일, 케네디 대통령은 미국이 달에 사람을 먼저 보내겠다고 선언했다.

제2차 세계대전 이후 물리학은 미국에서 계속 인기를 끌었지만, 스푸트니크호 발사 이후에는 물리학에 대한 관심이 급격하게 치솟았다.[21] 1958년에 물리학 박사 학위를 받은 사람은 약 500명이었는데, 1965년에는 1000명에 육박했고, 1969년에는 1500명이 넘었다. 이러한 급성장이 일어난 한 가지 이유는 민족주의였다. 로켓과학자가 되는 것은 국가에 봉사할 수 있는 길이라는 인식이 널리 퍼졌기 때문이다. 하지만 그보다 더 큰 이유는 예산이었다. NASA의 연간 예산은 1958년부터 절정에 이른 1960년대 중반까지 무려 70배나 증가했다. 1966년에 NASA는 기초 과학에 쓸 수 있는 예산을 60억 달러 배정받았는데, 그것은 연방 정부의 전체 예산 중 4.5%에 이르렀다. 에너지부와 미국과학재단 같은 다른 정부 기금 지원 기관에도 많은 예산이 배정되었다(비록 NASA에 견줄 바는 못 되었지만). 평범한 박사 과정 이수자도 교수나 정부 기관 연구자로 과학 분야에서 일자리를 얻을 수 있었다. 이처럼 물리학자 수요가 넘쳐났다.

1969년 7월 20일, 닐 암스트롱Neil Armstrong과 버즈 올드린Buzz Aldrin

이 인류 최초로 달을 밟았다. 미국과 그 동맹들은 환호를 올렸다. 마침내 미국이 우주 경쟁에서 승리를 거둔 것이다. 그러자 곧 물리학 일자리 시장이 붕괴했다. 우주 경쟁이 가열되는 동안 미국이 개입한 베트남전도 가열되었다. 아폴로 11호의 임무 성공은 닉슨에게 NASA와 기타 연구 집단의 예산을 군사 부문으로 돌릴 명분을 주었다. 1971년의 NASA 예산은 1966년에 비해 절반 이하로 줄어들었다(실질 가치로 따져). 한편, 대학 진학률도 감소하기 시작했는데, 베이비 붐 세대가 지난 것이 주요 이유였다. 베이비 붐 세대가 졸업하고 나자, 대학들도 신규 교수 채용을 중단했다.

남아프리카 공화국 출신의 물리학자 이매뉴얼 더먼Emanuel Derman은 기금 지원이 롤러코스터처럼 출렁이는 시기를 직접 몸으로 경험했다.[22] 그는 미국의 과학 기금 지원이 최고조에 달한 1966년에 컬럼비아 대학원에 들어가 실험입자물리학 분야에서 일했다. 실험입자물리학은 NASA의 주요 관심 분야와는 동떨어진 분야였지만, 그래도 정부의 물리학 지원 정책에 혜택을 받았다. 더먼은 대부분의 대학원생처럼 적은 급료로 오랜 시간 일했다. 힘들었지만 열심히 살았다. 대학원에 처음 왔을 때 그가 알았던 학생들은 전국 각지의 대학에서 일자리를 얻었다. 하지만 더먼이 1973년에 졸업할 무렵에는 정규직은 더 이상 들어갈 자리가 없었다. 훌륭한 연구를 한 더먼과 그 밖의 물리학 전공자들은 임시 연구직을 전전하며 근근이 살아갔다. 더먼은 펜실베이니아대학에서 2년을 지낸 뒤, 옥스퍼드에서 2년을 보냈으며, 그러고 나서 뉴욕의 록펠러대학에서 2년을 보냈다. 1970년대가 끝날 무렵,

그는 이제 물리학 분야에서 일하는 것을 포기해야겠다고 생각했다. 물리학을 그만두고 의학대학원 진학을 잠깐 고려하기도 했지만, 벨 연구소에 들어가 프로그래머로 일하기로 했다.

1970년대가 지나가는 동안 미국에서 물리학 박사 학위 수여자는 연간 약 1000명으로 줄어들었다. 이것은 절정에 이르렀던 1968년에 비하면 크게 줄어든 것이지만, 그마저도 대폭 축소된 일자리 시장이 고용할 수 있는 수보다 훨씬 많았다. 블랙이 1983년에 골드만삭스로 옮겨갈 무렵에는 물리학이나 관련 분야에서 석사 이상의 학위를 가진 고급 인력 수천 명이 실직 상태나 불완전 고용 상태에 있었다.

블랙이 골드만삭스로 옮겨간 사건은 또 다른 변화와 시기가 일치했다. 1983년 무렵에는 옵션이 크게 성장하는 분야가 되어 블랙과 같은 배경을 가진 사람이 월스트리트에서 인기가 있었다. 하지만 채권 거래(이미 금융 산업에서 중심적 위치를 굳힌)에는 상전벽해 같은 변화가 일어나고 있었다. 1970년대 후반의 카터^{Jimmy Carter} 행정부 시절부터 미국 경제는 '스태그플레이션^{stagflation}'이라 부르는 저성장 고물가 시기로 접어들었다.[23] 이에 대처하기 위해 1979년부터 1987년까지 연방준비제도이사회 의장을 지낸 폴 볼커^{Paul Volcker}는 이자율을 크게 높였다. 그래서 은행끼리 서로 돈을 빌려줄 때 드는 비용을 결정하는 이자율인 기준 이자율이 유례없이 높은 21.5%에 이르렀다. 볼커는 인플레이션을 억제하는 데에는 성공하여 1983년에는 인플레이션을 완전히 잡았다. 하지만 이러한 이자율의 변동성은 그때까지 잠든 상태였던 채권 산업을 돌이킬 수 없게 바꿔놓았다. 만약 은행이 20% 이하의 이자율로 서로 돈을 빌릴 수 없다면, 채권을 발행하려는 기업이나 정부는 그보다 높은 이자를 지불해야 한다(채권은 일반적으로 은행 간 대출보다 더 위험하므로). 1970년대의 금융시장에서 가장 따분한 분야에서 일하길 선택한 채권 트레이더들은 이제 변동성이 가장 심한 시장에 대처해야 했다(톰 울프Tom Wolfe가 쓴 소설《허영의 불꽃(The Bonfire of the Vanities)》에 비운의 반영웅으로 나오는 셔먼 매코이Sherman McCoy는 1980년대의 채권 트레이더였다.²⁴^ 그는 1970년대 후반과 1980년대 전반에 채권시장에 큰 변화가 일어난 상황에서 자신을 아주 중요한 인물로 여긴 나머지 개인적으로 스스로를 '우주의 주인Master of the Universe'이라 불렀다. 이 별명은 널리 확산돼 지금은 월스트리트에서 일하는 모든 종류의 트레이더를 가리키는 데 쓰인다).

1970년대에 블랙-숄스 모형과 그 밖의 파생상품 모형이 성공을 거두자, 일부 경제학자는 여기서 영감을 얻어 채권에 대해서도 옵션과 비슷한 방법으로 모형을 만들 수 있지 않을까 생각했다. 그러자 블랙과 여러 사람들은 채권 자체를 단순한 파생상품으로 생각할 수 있다는 사실을 깨달았다. 이 경우, 이자율이 기초 자산에 해당한다. 그들은 채권 가격을 결정하기 위해 이자율이 무작위 행보를 한다는 가정을 바탕으로 블랙-숄스 모형을 변형한 버전들을 개발하기 시작했다.

그래서 블랙이 월스트리트에 발을 들여놓은 시기는 파생상품과 파생상품 모형들이 예상치 못한 방식으로 점점 중요성이 높아지던 때였다. 골드만삭스에서 블랙이 맡은 계량적 전략 그룹과 다른 주요 은행들의 비슷한 팀들은 투자은행에서 일하는 사람들, 특히 채권 트레이더들이 어떻게 물어야 할지조차 모르는 질문들에 답을 제공했다. 그와 동시에 급변하는 금융 실무 환경에 언제든지 뛰어들어 블랙의 뒤를 쫓아갈 불완전 고용 상태의 물리학자들이 많이 대기하고 있었다. 일단 소수의 물리학자와 준물리학자가 월스트리트에 진출했다. 그리고 블랙이 이론에서 실무로 전환하는 데 성공한 개념들의 유용성이 입증되자, 그 문이 활짝 열렸다. 월스트리트는 물리학자를 수백 명씩 고용하기 시작했다.

더먼은 벨 연구소에서 5년 동안 일했지만, 1983년부터 투자은행이 보낸 헤드헌터들의 전화를 받게 되었다. 벨 연구소의 일에 불만이 많던 그는 그 제안을 진지하게 고려했지만, 마침내 골드만삭스에서 제의가 왔을 때 전에 거기서 일한 지인의 의견을 참고해 거절했다. 하지만 세상은 변하고 있었다. 더먼은 벨 연구소를 도저히 더 다니지 못하겠다고 생각하던 참에 1985년에 월스트리트에서 다시 제의가 오자 선뜻 응하고 싶은 마음이 들었다. 결국 골드만삭스로 가기로 하고, 1985년 12월에 직장을 옮겼다. 그는 골드만삭스의 채권 트레이더들을 지원하는 금융 서비스 그룹에서 일했다. 그가 골드만삭스로 옮겼을 무렵에는 블랙은 이미 그 세계에서 전설적인 인물이 되어 있었다.

***

소프와 블랙은 수익률이 정규분포로 나타난다고 가정한 오스본의 무작위 행보 가설을 바탕으로 옵션 모형을 만들었다. 여기서 여러분은 의문이 들지 모르겠다. 망델브로는 1960년대에 정규분포와 로

그 정규분포는 극단적인 사건을 효과적으로 설명하지 못하며, 시장은 거칠게 무작위적이라고 주장하지 않았던가? 설사 수익률이 레비-안정 분포로 나타나며, 따라서 정확하게 정의된 변동성을 가질 수 없다는 망델브로의 주장이 틀렸다 하더라도(오늘날 대다수 물리학자는 그렇다고 믿는다), 시장의 데이터는 두꺼운 꼬리를 나타낸다는, 그보다 약한 주장은 여전히 유효하다. 옵션 모형들은 주가가 특정 문턱값(즉, 권리 행사 가격) 이상으로 오를(혹은 그 밑으로 내려갈) 확률을 바탕으로 가격을 매긴다. 만약 극단적인 시장 변화가 일어날 가능성이 오스본의 모형이 예측하는 것보다 높다면, 소프의 모형도 블랙-숄스의 모형도 옵션 가격을 제대로 매길 수 없다.[25] 특히 시장이 극적인 움직임을 보일 때에만 권리를 행사할 수 있는 옵션(이른바 과외가격過外價格 옵션)의 가격을 과소평가할 것이다. 반면에 더 현실적인 옵션 모형은 두꺼운 꼬리를 설명할 수 있어야 한다.

망델브로는 1960년대 말에 금융 분야를 떠났지만, 1990년대 전반에 되돌아왔다. 돌아오기로 결정한 한 가지 이유는 많은 금융 실무자들이 블랙-숄스 모형의 단점을 인식하기 시작했기 때문이다. 이러한 변화를 일으키는 데 결정적 계기가 된 사건은 1987년에 일어난 검은 월요일 주가 대폭락이었다. 그때, 문자 그대로 하룻밤 사이에 주가가 20% 이상 폭락하는 일이 일어났다. 전문가들은 이 주가 대폭락의 원인으로 옵션과 블랙-숄스 모형을 바탕으로 한 새로운 금융 상품(포트폴리오 보험이라 불리던)을 지목했다.[26] 포트폴리오 보험은 큰 손실의 위험을 줄이도록 설계된 상품으로, 실제로 그렇다고 선전되었다. 이것은 주식을 매수하고 주식시장의 선물을 공매도하는 방법을 사용하는 일종의 헤지였다. 이 전략은 만약 주식 가격이 떨어지기 시작하면 선물 역시 떨어질 것이고, 그러면 자신의 매도 포지션이 증가해 손실을 상쇄한다는 원리에 기초하고 있었다. 이 전략은 선물을 너무 많이 매도하지 않도록 설계돼 있었는데, 너무 많이 매도하면 주가가 상승할 때 이익을 잠식하기 때문이었다. 대신에 주가가 내려간다면 주식을 점진적으로 매도하도록 컴퓨터를 프로그래밍함으로써 그 손실을 벌충할 만큼만 선물을 공매도했다.

하지만 1987년에 주식시장이 대폭락했을 때, 포트폴리오 보험을 가진 사람들은 모두 동시에 주식을 팔려고 했다. 문제는 매수하려는 사람은 아무도 없고, 매도하려는 사람만 있다는 사실이었다! 결국 거래를 실행에 옮기려는 컴퓨터들이 포트폴리오 보험을 설계한 사람들이 기대했던 것보다 훨씬 낮은 가격에 주식을 매도하는 결과가 나오고 말았고, 선물시장에서 신중하게 계산된 매도 포지션은 투자자를 보호하는 데 아무 역할도 하지 못했다(실제로는 포트폴리오 보험을 보유한 투자자들은 보유하지 않은 투자자들보다 선방했다. 하지만 포트폴리오 보험과 연계된 자동 매도 주문이 투매 상황을 악화시켰고, 포트폴리오 보험이 너무 많이 보급되어 모두가 손실을 보았다고 생각하는 사람이 많다). 포트폴리오 보험의 바탕을 이루는 블랙-숄스 모형에 기초한 계산은 대폭락 가능성을 예상치 않았는데, 무작위 행보 모형은 하루 만의 이러한 대폭락은 100만 년 안에는 일어나지 않는다고 시사했기 때문이다.

대폭락의 여파로 여러 가지 일이 일어났다. 첫째, 많은 금융 실무자들은 무작위 행보 모형의 통계적 예측에 의문을 품기 시작했다. 이것은 지극히 당연한 일이다. 만약 모형이 어떤 것이 불가능하거나 사실상 불가능하다고 말했는데도 실제로 그런 일이 일어난다면, 당연히 의문을 품어야 한다. 그리고 또 다른 일도 일어났다. 대폭락의 여파로 시장 자체가 변한 것처럼 보였다.[27] 대폭락이 일어나기 전에는 블랙-숄스 모형이 사실상 모든 상황과 모든 시장에서 옵션 가격을 정확하게 매기는 것처럼 보인 반면, 대폭락이 일어난 후에는 모형과 어긋나는 현상들이 나타나기 시작했다. 이것은 특정 그래프에서 나타나는 그 모양 때문에 흔히 '변동성 미소volatility smile'라 부른다. 변동성 미소는 갑자기 나타났는데, 그것이 광범위하게 나타난다는 사실이 처음 알려진 1990년대 전반에 금융공학자들에게 큰 수수께끼를 안겨주었다.[28] 그중에서 이매뉴얼 더먼은 왜 블랙-숄스 모형이 성립하지 않는지 그 이유를 원리적으로 설명하진 못했지만, 블랙-숄스 모형을 변형해 변동성 미소를 설명하는 방법을 내놓았다.[29]

하지만 망델브로의 연구는 변동성 미소에 대해 그럴듯한 설명을 제공한다. 변동성 미소를 해석하는 한 가지 방법에 따르면, 이 현상은 큰 가격 변동이 일어날 가능성을 블랙-숄스 모형이 예측하는 것보다 시장이 더 높게 본다는 사실을 보여준다. 이것은 바로 망델브로가 줄곧 주장해온 것이었다. 즉, 시장의 수익률을 나타내는 확률 분포가 두꺼운 꼬리를 가진다고 주장했는데, 이것은 극단적인 사건이 일어날 가능성이 정규분포를 바탕으로 한 예측보다 더 높음을 의미한다. 다시 말해서, 시장의 힘들은 가격을 망델브로의 이론에 더 가까운 쪽으로 미는 것처럼 보였다. 1980년대 후반부터 투자은행에서 일하는 전문가들은 망델브로의 연구를 이전보다 훨씬 더 진지하게 받아들였다.

블랙-숄스 모형의 부상과 추락 이야기에는 널리 알려지지 않았지만 흥미로운 반전이 있다.[30] 파생상품을 기초로 한 계량적 전략을 개발한 최초의 주요 회사는 시카고의 매우 비밀스러운 회사인 오코너 앤 어소시에이츠(이하 '오코너')였다. 오코너는 1977년에 곡물 선물에서 큰돈을 번 에드 오코너Ed O'Connor와 빌 오코너Bill O'Connor 형제와 이들이 세운 옵션 거래소인 퍼스트옵션스에서 위험 관리사로 일한 마이클 그린바움Michael Greenbaum이 세웠다. 그린바움은 퍼스트옵션스에 입사하기 전에 렌슬러 공과대학에서 수학을 전공했기 때문에, 방정식을 다루는 배경 지식이 어느 정도 있었다. 그는 시카고에서 새로운 옵션 거래가 시작되자, 충분한 수학 지식만 있다면 그것이 큰돈을 벌 기회를 제공하리란 사실을 최초로 알아챈 사람 중 하나였다. 그래서 옵션 거래에 초점을 맞춘 새 회사를 세우자는 아이디어를 갖고 오코너 형제에게 접근했다.

여기까지는 잘 알려진 이야기이다. 하지만 많은 사람이 사건들이 일어난 시기를 고려할 때 오코너가 단순히 블랙-숄스 모형을 남보다 일찍 받아들인 회사에 불과하다고 생각한다. 하지만 그렇지 않다. 그린바움은 처음부터 블랙-숄스 모형의 기반을 이루는 가정이 완벽하지 않으며, 극단적인 사건들을 제대로 설명하지 못한다는 사실을 알아챘다. 그래서 그린바움은 위험 관리사들과 수학자들로 이루어진 팀을 만들어 블랙-숄스 모형을 개선하는 방법을 찾게 했다. 오코너가 맨 처음 고용한 직원 중에 클레이 스트루브Clay Struve라는 18세의 젊은 천재가 있었는데, 그는 여름 동안 아르바이트로 퍼스트옵션스에서 그린바움 밑에서 일했고, MIT를 다니는 동안 학기 중에는 피셔 블랙을 위해 일했다. 1977년과 1978년에 그린바움과 스트루브, 그리고 소수의 원조 퀀트들로 이루어진 팀은 두꺼운 꼬리를 초래할 수 있는 돌발적 가격 급등 같은 현상까지 고려하여 수정한 블랙-숄스 모형을 만들었다.

오코너는 처음에는 옵션에서, 다음에는 다른 파생상품들에서 큰 성공을 거두었는데, 부분적인 이유는 블랙-숄스 모형이 표준 모형보다 훨씬 나았다는 데 있었다. 스트루브에 따르면, 놀랍게도 오코너는 변동성 미소를 아주 일찍부터 알고 있었다. 즉, 1987년 주가 대폭락 이전에도 블랙-숄스 모형과 시장 가격 사이에는 작지만 활용할 여지가 있는 차이가 존재했다. 나중에 1987년 주가 대폭락이 일어났을 때 오코너는 살아남았다.

블랙과 그 추종자들이 일으키기 시작한 시장 혁명에 대해 더 큰 우려가 한 가지 더 있었다. 이 우려는 1987년에 많은 사람이 가졌고, 최근에 닥친 위기의 여파로 더욱 분명해졌다. 그 예로 2008년 금융위기를 살펴보자. 금융 시스템 붕괴가 일어나는 동안 증권화 대출(대출 채권)을 먼저 만들어낸 은행처럼 정교한 투자자들도 그러한 상품의 위험성에 대해 판단 착오를 한 것으로 보인다. 다시 말해서, 이러한 상품을 만든 투자자의 무위험을 보장해준다고 가정되었던 모형들이 완전히 실패한 것이다. 다른 시장 붕괴에서도 모형들이 실패했는데, 가장 유명한 사건으로는 작은 투자회사인 롱텀캐피털 매니지먼트Long Term

Capital Management, LTCM의 파산을 꼽을 수 있다.[31] 이 회사의 전략팀에는 노벨 경제학상 수상자를 비롯해 마이런 숄스까지 포함돼 있었다. LTCM은 1994년에 설립된 뒤부터 러시아가 국가 채무 불이행을 선언한 1998년 초여름까지 성공 가도를 달렸다. 그리고 나서 불과 넉 달 만에 LTCM은 46억 달러의 손실을 보았고, 9월에는 자산이 모두 사라졌다. LTCM은 파생상품시장에 과도하게 투자했고, 전 세계의 주요 은행들에서 빌린 채무액이 무려 1조 달러에 이르렀다. 하지만 9월 22일에 거래가 마감되었을 때, LTCM이 보유한 시장 포지션들의 가치는 겨우 5억 달러에 불과했다. 이것은 몇 달 전에 비해 극히 미미한 비율이었고, 빌린 돈을 갚기에는 턱없이 모자랐다. 만약 정부가 이 위기를 해결하기 위해 개입하지 않았더라면, 수천억 달러의 채무 불이행 사태가 벌어졌을 것이고, 그것은 곧 전 세계적인 공황으로 번져갔을 것이다.

특히 동태적 헤징 전략의 기반을 이루는 수학적 모형, 그리고 더 일반적으로는 파생상품 거래는 완벽한 게 아니다. 바슐리에와 오스본, 망델브로의 이야기는 그 이유를 분명히 보여주는 데 큰 도움을 준다. 이들이 만든 모형과 그리고 그 뒤에 개발된 모형들은 실질적으로 틀릴 수가 없는 엄격한 추론에 기초하고 있다. 하지만 최선의 수학적 모형도 종종 미묘하고 감지하기 어려운 방식으로 잘못 적용될 수 있다. 복잡한 금융시장을 다루기 쉽게 만들기 위해 바슐리에와 오스본, 소프, 블랙, 그리고 심지어 망델브로도 시장의 작용 방식에 대해 이상적인 조건을, 그리고 때로는 좀 무리한 가정을 도입했다. 오스본이 특히 강조했듯이, 그 결과로 나온 모형의 우수성은 도입한 가정에 달려 있다. 훌륭한 가정도 때로는 시장 조건이 변하면 좋지 않은 것으로 금방 변할 수 있다.

이런 이유로 오코너의 이야기는 중요한 교훈을 준다. 많은 이야기는 1987년의 주가 대폭락이 전 세계의 금융계를 뒤흔든 이유는 그것이 완전히 예상치 못했던 일이었기 때문이라고(지배적인 시장 모형들로는 도저히 예상할 수 없었으므로) 시사한다. 변동성 미소의 갑작스러운 출현은 모형이 한동안은 성립하지만 어느 순간 갑자기 실패한다는 증거로 간주되는데, 이것은 시장 모형을 만드는 전체 산업의 신뢰성을 떨어뜨린다. 만약 오늘은 제대로 성립하는 모형이 아무런 경고도 설명도 없이 내일 실패할 수 있다면, 월스트리트에서 물리학자를 신뢰할 이유가 있겠는가? 하지만 그렇지 않다. 가장 단순한 모형을 통해 신중하게 생각하고 그것을 적절하게 복잡한 모형으로 만듦으로써(본질적으로 두꺼운 꼬리를 고려함으로써) 오코너는 블랙-숄스 모형이 붕괴하는 조건을 예견할 수 있었고, 1987년의 주가 대폭락 같은 사건을 버텨나가는 전략을 채택할 수 있었다.

바슐리에서 시작해 블랙에 이르기까지 지금까지 내가 한 이야기는 금융 모형을 만드는 일이 수학자, 통계학자, 경제학자, 물리학자가 최선의 모형이 지닌 결함을 찾아내고 모형을 개선하는 방법을 발견하려고 노력하면서 반복적인 형태로 나아가는 진화 과정임을 보여준다. 이 점에서 금융 모형을 만드는 일은 공학이나 과학에서 수학적 모형을 만드는 일과 비슷하다. 모형은 언젠가 실패하게 마련이다. 때로는 그린바움과 스트루브가 그런 것처럼 모형이 언제 실패할지 예견할 수 있다. 또 어떤 경우에는 부서진 조각들을 맞춰보려고 노력할 때에만 무엇이 잘못되었는지 알 수 있다. 이 단순한 사실은 새로운 모형을 만드는 기술을 개발하고 적용할 때, 그리고 낡은 모형을 계속 적용할 때 주의하지 않으면 안 된다고 경고한다. 그래도 우리가 지난 300년 동안 배운 교훈이 있다면, 그것은 과학적 발전의 기본을 이루는 방법론적 원리가 우리가 이용할 수 있는 최선의 방법이라는 것이다. 항상 완벽하게 작동하지 않는다고 해서 포기한다면, 이보다 더 어리석은 짓도 없을 것이다.

게다가 금융 부문에서 수학적 모형을 만드는 일은 계속 진화하는 과정이기 때문에, 우리를 오늘날 여기까지 데려다준 모형들에 포함된 문제를 해결할 새로운 방법이 개발될 것이라고 기대할 수 있다. 이 과정 중 일부는 블랙과 숄스가 금융 실무에 도입한 개념들이 극단적 사건에 대한 망델브로의 견해를 잘 수용하도록 수정하는 것이다. 하지만 이것은 시작에 불과하다. 이 책의 마지막 부분에서는 물리학자가 현재의 모형들에 포함된 문제를 확인하고 모형을 개선하는 방법을 발견하면서 더 새롭고 더 정교한 개념을 금융과 경제학에 도입함에 따라 주류 금융 부문 밖에서 모형들이 어떻게 계속 진화했는지 보여줄 것이다. 월스트리트에 현재의 새로운 관행을 만들어내는 데에는 블랙이 결정적 역할을 했지만, 그의 개념은 금융 혁신 시대의 서막을 여는 데 지나지 않았다.

1 이 인용문의 출처는 Mehrling(2005, p. 37)이다. 피셔 블랙의 생애에 관한 자료는 주로 전기인 Mehrling(2005)에서 얻었고, 그 밖에 Black(1987, 1989), Merton and Scholes(1995), Lehmann(2005), Derman(2004, 2011a), Figlewski(1995), Forfar(2007), Bernstein(2010), Bernstein(1993)도 일부 참고했으며, 또 골드만삭스에서 블랙과 함께 일했던 이매뉴얼 더먼과 한 인터뷰에서도 도움을 얻었다.

2 기묘하게도 학생 시위는 하버드 총장인 네이선 푸지[Nathan Pusey]가 졸업장을 라틴어가 아닌 영어로 인쇄하라고 내린 지시가 그 원인이었다. 어느 날에는 하루 동안 4000여 명의 학생이 시위에 가담했고, 하버드대학 경찰은 최루탄과 연막탄을 사용해 시위대를 해산했다. 그와 함께 1960년대가 시작되었다.

3 이 견해가 올바른가 하는 것은 중요한 질문이지만, 블랙−숄스 모형이 특권적 위치를 차지한다는 사실은 분명해 보인다. Haug and Taleb(2011) 참고.

4 인용문은 미국금융학회 웹사이트에 소개된 피셔 블랙 상 설명에 나온 것이다. https://afajof.org/fischer−black−prize/ 참고.

5 자본자산가격결정모형을 내놓은 사람은 트레이너(1961)뿐만이 아니지만, 오늘날 그는 이 모형을 최초로 개발한 사람으로 인정받고 있다. 자본자산가격결정모형을 개발했다고 주장하는 그 밖의 사람으로는 자산 가격 결정에 기여한 공로로 1990년에 노벨상을 받은 윌리엄 샤프[William Sharpe](1964)와 존 린트너[John Lintner](1965)가 있다. 자본자산가격결정모형의 기원에 관해 더 자세한 내용은 예컨대 French(2003)를 보라. Bernstein(1993)도 참고하라.

6 이 인용문은 Black(1987, p. xxi)에 나온다.

7 물리학의 평형 개념과 경제학의 균형 개념이 아주 비슷하다는 주장의 뿌리는 새뮤얼
   슨이 기브스에게서 물려받은 유산까지 거슬러 올라간다.

8 인용문의 출처는 Merton and Scholes(1995, p. 121)이다.

9 '동태적 헤징'이라는 이름으로 불리는 것은 여러 가지가 있으며, 실제로 자신의 헤지
   를 규칙적으로 바꾸는 것을 포함하는 전략은 모두 그 이름을 쓸 자격이 있다. 하지만
   이 책에서 내가 '동태적 헤징'이라 부르는 것은 포트폴리오에서 주식과 옵션의 비율을
   끊임없이 갱신함으로써 그 포트폴리오가 전체적으로 위험이 전혀 없게 하는 전략만
   을 가리킨다.

10 그 논문은 Black and Scholes(1973)로 발표되었다. Merton(1973)과 Black and
   Scholes(1972, 1974)도 참고하라. 블랙-숄스 공식과 그 일반화와 확대에 대해 더 자세
   한 것은 Hull(2011)과 Cox and Rubinstein(1985)을 보라.

11 시카고옵션거래소의 역사에 대해 더 자세한 것은 Markham(2002)과 MacKenzie(2006)
   를 참고하라.

12 이 수치들은 Markham(2002, vol. 3, p. 52)에서 인용했다.

13 이 수치들은 Ansbacher(2000, p. xii)에서 인용했다.

14 유럽의 옵션시장에 대해 더 자세한 내용은 Michie(1999)를 참고하라.

15 이 이야기는 Melamed(1993)에 밀턴 프리드먼이 쓴 서문에서 인용했다.

16 브레턴우즈 체제에 대해 더 자세한 내용은 Eichengreen(2008)과 Melamed(1993) 외에
   Markham(2002)과 MacKenzie(2006)를 참고하라.

17 시카고상업거래소와 국제통화시장의 역사에 대해 더 자세한 내용은 Melamed(1993)
   를 참고하라.

18 브레턴우즈 체제의 붕괴와 파생상품 거래의 부상 사이의 관계를 지적해준 데 대해,
   메릴린치선물의 대표 이사를 지내고 시카고상품거래소와 시카고상업거래소에서 이
   사로 일한 존 콘히니[John Conheeney]에게 감사드린다.

19 은행 실무에 종사하는 사람의 관점에서 그 차이가 얼마나 중요한지 지적해준 것에
   대해 이매뉴얼 더먼에게 감사드린다. 하지만 Derman and Taleb(2005)와 Haug and
   Taleb(2011)도 참고하라.

20 일반 균형은 Samuelson(1947)과 기브스에게서 물려받은 유산에 뿌리를 두고 있다. 하
   지만 블랙은 이 개념의 탄생에 독창적인 기여를 했다. 이 주제에 관한 논문 모음집은
   Black(1987)을, 그리고 이 주제에 대해 그가 나중에 갖게 된 견해는 Black(2010)을 보
   라.

21 스푸트니크호가 미국의 과학에 미친 영향에 대해 더 자세한 것은 Wang(2008),

Cadbury(2006), Collins(1999)를 참고하라. 여기서 소개한 물리학 박사 학위 자료는 미국물리학회의 통계연구센터(http://www.aip.org/statistics/)에서 인용했다. NASA의 예산에 관한 자료는 Rogers(2010)가 보고한 관리예산처의 자료에서 인용했다.

22 더먼에 관한 내용은 Derman(2004, 2011b)과 내가 더먼과 한 인터뷰 결과를 바탕으로 했다.

23 볼커의 인플레이션 전쟁에 관해 더 자세한 내용은 Markham(2002)을 참고하라.

24 Wolfe(1987) 참고.

25 블랙은 자신의 모형에 단점이 있으며, 그 모형은 기껏해야 근사에 불과하다는 사실을 분명히 알았다. 예컨대 Black(1992)을 참고하라.

26 포트폴리오 보험에 대해 더 자세한 내용은 예컨대 Bernstein(1993)을 참고하라. Markham(2002)도 도움이 된다.

27 MacKenzie(2006) 참고.

28 특히 클레이 스트루브는 자신과 동료들은 1987년의 주가 대폭락 이전에 이미 변동성 미소를 알고 있었다고 말했다. 즉, 그것은 무엇을 보아야 하는지 알고 있던 사람에게 는 갑자기 나타난 것이 아니었다.

29 Derman and Kani(1994) 참고.

30 이 이야기는 마이클 그린바움(2007년 6월)과 에드워드 콘(1999년)의 공개 인터뷰와 내가 클레이 스트루브와 한 인터뷰를 바탕으로 구성한 것이다. 그린바움은 오코너가 1970년대 후반에 점프 환산 모형을 사용했다고 언급했고, 스트루브는 그것을 인정했다. 한편, Cone(1999)은 스트루브가 1987년 10월에 오코너를 어떻게 구했는지 설명했다.

31 롱텀캐피털 매니지먼트에 대해 더 자세한 것은 Lowenstein(2000)을 참고하라.

6장

주식 시장을 예측하는 회사

1822년에 샌타페이 가도를 처음 개척할 당시 그 길은 미국 서쪽 끝 (미주리주 인디펜던스)에서 코만치족 영토를 지나 그 당시 멕시코 땅이던 누에보멕시코주로 연결되었다.[1] 그리고 거기서 지금의 콜로라도주 동부 지역인 고원 지대를 지나 글로리에타 패스를 통해 로키산맥에서 가장 남쪽에 위치한 작은 산맥인 산그레데크리스토산맥을 넘어갔다. 남서쪽으로 가도의 발치에 해당하는 곳에 샌타페이(에스파냐어로는 산타페)시의 총독 관저가 있었다. 이곳은 리오그란데강 북쪽 지역에서 멕시코의 권력이 집중된 중심부였다. 총독 관저 앞에는 중앙시장 광장이 있었는데, 미국에서 온 상인들이 상품을 늘어놓고 팔았다. 미국인들이 샌타페이 가도를 개척한 지 20년 뒤, 그 길을 따라 미 육군이 전투를 치르면서 글로리에타 패스를 지나 샌타페이로 들어왔다.[2] 그리고 샌타페이와 그 주변 지역을 미국이 새로 병합한 텍사스주의 일부라고 선언했다.

그로부터 150년 뒤, 이미 오래전에 포장이 되어 주간州間 고속도로로 대체된 샌타페이 가도가 끝나는 지점의 한 술집에서 30대 후반의 남자 둘이 앉아 테킬라를 홀짝였다. 주위에는 더 젊은 남자들이 둘러앉아 시끄럽게 떠들고 있었다. 바깥에는 부산한 시장 광장 공원이 늦여름의 비를 받아 싱그러운 초록색을 띠고 있었다. 길 건너편에는 북아메리카에서 가장 오랫동안 계속 사용된 공공건물인 총독 관저가 예전과 다름없이 그 자리에 서 있었다. 광장 주위에는 푸에블로pueblo (라틴아메리카와 미국 남서부 등지에 인디언 전통 건물들이 있는 마을—옮긴이) 양식의 낮은 적갈색 건물들이 늘어서 있는데, 이것은 미군이 1846년에 도착하던 당시의 모습과 비슷하다. 술집에 있던 남자들은 샌타페이의 유서 깊은 시장 구역에 자신들의 간판을 내걸기 위해 온 트레이더들이었다. 광장에서 뻗어 있는 길을 따라 조금 가다 보면, 그리핀 거리에 어도비 벽돌로 지은 1층짜리 주택이 나타난다. 그 안에는 죽 늘어선 첨단 컴퓨터들이 두 남자가 저녁에 술을 한잔하러 떠나기 전에 내린 지시를 수행하면서 웅웅거리고 있었다. 때는 1991년이었고, 두 남자가 하는 일은 예측 사업이었다.

두 원로(최소한 지난 15년 동안 두 사람이 그 탄생을 도운 비선형 역학과 카오스 이론이라는 새로운 분야의 기준에 따르면)의 이름은 제임스 도인 파머James Doyne Farmer와 노먼 패커드Norman Packard였다. 얼마 전까지 파머는 맨해튼 계획을 총지휘한 본부로 유명한 정부 연구소인 로스앨러모스 국립연구소에서 복잡계 그룹 책임자를 지냈다. 한편, 패커드는 종신 재직권이 보장된 일리노이대학의 물리학 부교수 자리를 막 그만둔 참이었다. 술집에 있던 남자 중에는 대학원을 졸업하거나 얼마 전에 박사 학위를 딴 사람들도 있었는데, 새로운 가도를 개척하려는 파머와 패커드를 따라온 모험가들이었다.

새로운 모험은 얼마 후 프리딕션 컴퍼니Prediction Company ('예측 회사'란 뜻—옮긴이)라고 불리게 될 회사를 세우는 것이었다. 하지만 샌타페이시장 광장에서 술을 마시던 그 무렵에는 아직 회사 이름조차 정해지지 않은 상태였다. 그들의 목표는 불가능한 일을 해내는 것이었는데, 불가능한 일이란 바로 금융시장의 행동을 예측하는 것이었다. 그 일을 해내는 사람이 있다면, 이들이야말로 가장 유력한 후보였다. 그 중에서도 파머와 패커드는 물리학과 응용수학을 결합해 겉으로는 무작위적으로 보이는 현상에서 예측 가능한 패턴을 확인하는 비선형 예측 분야에서 30년 동안 경험을 쌓아왔다. 패커드의 표현을 빌리면, 그것은 '카오스의 가장자리'에서 질서를 확인하는 일을 포함하는데, 시간의 작은 창에 해당하는 카오스의 가장자리는 카오스적 과정에서 그 시스템(계)이 다음에 어떻게 변할지 예측하기에 충분한 구조가 존재하는 장소이다.[3] 그들이 사용한 도구들은 좁은 관 속에서 난류亂流가 행동하는 방식과 같은 것을 예측하기 위해 개발된 것이었다. 하지만 파머와 패커드, 그리고 그들을 따라 샌타페이로 온 6명의 조수는 그것보다 더한 것도 예측할 수 있다고 믿었다.

***

맨해튼 계획을 이끌었던 로버트 오펜하이머가 로스앨러모스의 자기 가족 중에서 가장 중요한 사람이었던 건 확실하다.[4] 하지만 가족 중에서 중요한 사람은 그 혼자뿐만이 아니었다. 동생인 프랭크도 물리학자였는데, 형이 원자폭탄 개발 임무를 떠맡자 프랭크도 그 일에 협력했다. 처음에는 캘리포니아주 로렌스버클리연구소에서, 그다음에는 테네시주 오크리지에서 일하다가 결국 뉴멕시코주에서 형과 합류했다. 유명한 형보다 여덟 살 아래인 프랭크는 마침 제때 로스앨러모스에 도착해 세계 최초의 핵폭발 실험인 트리니티 실험을 총괄 지휘하는 일을 도왔다. 트리니티 실험은 1945년 7월 16일에 뉴멕시코주 툴라로사 분지에서 일어났다. 전쟁이 끝난 후, 로버트 오펜하이머는 〈타임〉과 〈라이프〉에 표지 인물로 실렸다. 그는 미국에서 냉전 과학과 자신이 개발을 도운 핵 기술의 군사적 사용 제한을 공식적으로 대변하는 사람이었다. 프랭크는 형만큼 유명하지는 않았지만, 그래도 군사 연구 경력 덕분에 미네소타대학 물리학과에 자리를 얻었다.

1947년, 로버트 오펜하이머는 프린스턴의 고등연구소(그 당시 전 세계에서 가장 명성 높은 과학 연구소)와 새로 만들어진 원자력위원회에서 책임자 자리를 맡았다. 같은 해에 〈워싱턴 타임스 헤럴드〉는 프랭크가 1937년부터 1939년까지 미국공산당 당원이었다고 보도했다.[5] 프랭크는 형의 뒤를 따르길 소망했지만, 1947년에 핵물리학자를 지망하는 사람에게 공산주의자 전력이 드러난 것은 시기가 좋지 않았다. 프랭크는 처음에는 그 사실을 부인했고, 별 탈 없이 빠져나가는 것처럼 보였다. 하지만 2년 뒤, 소련의 핵 연구와 '핵 비밀' 관리 소홀에 대한 대중의 공포가 점증하는 분위기에서 프랭크는 의회의 악명 높은 반미활동조사위원회에 불려갔다. 선서를 하고 나서 프랭크는 자신과 아내가 대공황 시절에 정치적 과격주의에 휩쓸려 3년 반 동안 공산당 당원으로 지낸 적이 있다고 인정했다.

이 자백은 기자들에게 대단한 특종이었다. 미국의 과학적 구원자로 여겨지던 사람의 동생이 공식적인 공산주의자였다니! 프랭크는 어떤 범죄 혐의로도 기소되지 않았으며, 그가 비밀 정보를 누설했다고 생각할 만한 이유도 없었다. 하지만 매카시 선풍이 광풍처럼 휘몰아치던 시대에 공산주의에 연루되었다는 자그마한 단서만 있어도, 그 형이 누구건 블랙리스트에 오르기에 충분했다. 프랭크는 미네소타대학에서 사임해야 했고, 10년 이상 물리학계에서 사실상 추방되었다. 다행히 물려받은 유산이 많았던(안타깝게도 그는 아버지에게서 물려받은 반 고흐의 작품 하나를 팔아야 했다) 프랭크는 아내와 함께 콜로라도주에서 목장을 사서 축산업자 겸 농부로 새 출발을 했다.

1959년이 되어서야 매카시즘의 열기가 충분히 냉각되어 프랭크는 연구 대학에서 물리학을 가르치는 일자리를 얻을 수 있었지만, 그마저도 노벨상 수상자와 미국과학훈장 수상자를 비롯해 여러 사람의 보증이 필요했다. 프랭크는 그저 학계로 돌아간다는 사실에 감지덕지하여 콜로라도대학의 자리를 받아들였다. 하지만 그동안에 물리학이 크게 발전하여 프랭크가 알고 있던 지식은 낡은 것이 되었기 때문에, 프랭크는 과학 교육처럼 물리학과 간접적으로 관련이 있는 분야에서만 일했다.

프랭크는 콜로라도대학에서 톰 잉거슨Tom Ingerson이라는 젊은 대학원생을 만났다.[6] 잉거슨은 텍사스주에서 자라나 캘리포니아대학 버클리캠퍼스에서 물리학을 전공했다. 콜로라도대학으로 온 것은 아인슈타인이 1915년에 뉴턴의 중력 이론을 대체하기 위해 제안한 일반 상대성 이론을 연구하기 위해서였다. 일반 상대성 이론은 그 발견자에게 큰 명성과 부를 안겨주었지만, 그 뒤에 나온 양자론이 더 많은 관심과 연구비 지원을 받으면서 약간 빛을 잃었다. 하지만 의지와 독립적 기질이 강한 잉거슨은 이에 개의치 않았다. 자신이 좋아하는 것을 계속 연구해나가기로 마음먹었다.

1964년에 잉거슨은 물리학계에서 일하는 것을 진지하게 검토하기 시작했다. 1960년대의 학계는 대체로 학연이 큰 영향력을 발휘했다. 일류 대학의 일자리는 일류 학교 출신의 유명한 물리학자에게 전화를 걸어 추천을 받는 식으로 결정되었다.[7] 프린스턴, 하버드, 미시간대학 같은 일류 대학 출신의 우수 두뇌들이 가장 좋은 자리를 차지했다. 그보다 명성이 좀 떨어지는 대학 출신은 교수들의 호의와 명성에 의지할 수밖에 없었다. 물론 대개는 개인적 인맥과 부탁을 통해 일자리를 구하기에 충분했는데, 군부와 과학계와 산업계의 협력이 밀월을 누리던 시기에는 특히 그랬다. 콜로라도대학은 초일류급 대학은 아닐지 몰라도 명성이 높았으며, 그곳 대학원을 나온 사람은 좋은 일자리를 충분히 구할 수 있었다. 물론 잘못된 인물을 추천인으로 내세우지 않는다면 말이다.

잉거슨은 대학 측에 프랭크 오펜하이머가 자신을 보증해줄 것이라고 한 말이 결정적 실수였다는 사실을 세월이 한참 지날 때까지 몰랐다. 그 당시 물리학계가 자신의 지원에 대해 한결같이 심드렁한 반응을 보인 것은 그에게 수수께끼로 남아 있었다. 연락했던 대학 중에서 학년이 끝날 때까지 답신을 보내온 곳은 한 곳도 없었다. 학년이 끝날 무렵에야 웨스턴뉴멕시코대학으로 변신한 이전의 뉴멕시코테리토리교육대학에서 연락이 왔다. 그래서 총명하고 독립적 기질이 강한 이 젊은 물리학자가 뉴멕시코주 실버시티에 있던 대학에 유일한 물리학과 교수로 오게 되었다.

로키산맥 분수령에 위치한 실버시티는 서부 영화에 나오는 전형적인 광산촌과 비슷했다.[8] 은광이 발견되면서 건설된 실버시티는 전통적으로 아파치족의 영토였던 땅 한가운데에 있었다. 현지 부족(그리고 강도)의 공격이 끊이지 않았기 때문에, 교역과 운송은 어렵고 위험했다. 1873년, 그 당시 십 대였던 빌리 더 키드^{Billy the Kid} (서부 시대에 악명을 떨친 무법자—옮긴이)는 어머니와 남동생과 함께 실버시티에 정착했다. 빌리가 1875년에 치즈를 훔친 혐의로 처음 체포된 곳도 바로 여기였다. 그리고 그해 후반에 실버시티 감옥에서 탈출해 무법자 생활을 시작했다. 잉거슨이 도착할 무렵에는 카우보이와 인디언의 시대는 이미 지나간 뒤였다. 하지만 실버시티는 여전히 작은 도시에 머물러 있었다. 설명할 수 없게 자기 앞에 던져진 카드로 어떻게 헤쳐나갈 방법을 찾을 수밖에 없었던 잉거슨은 실버시티 주민들과 친분을 쌓으며 살아갈 방법을 모색했다.

먼저 현지 보이스카우트에 자원하는 것으로 그런 노력을 시작했다.

자신의 경험이 교사로서 도움이 될 것으로 생각했기 때문이다. 실버시티로 옮겨간 해에 바로 이 보이스카우트의 첫 번째 모임에서 잉거슨은 땅딸막한 12세 소년이던 도인 파머를 만났다. 실버시티에는 광산 산업을 보고 몰려온 공학자는 많았지만, 과학자는 아주 드물었다. 파머는 물리학자가 무슨 일을 하는지 잘 몰랐지만, 잉거슨이 매우 매력적이라고 느꼈다. 그 만남에서 파머는 물리학이 무엇이건 잉거슨이 물리학자라면 자기도 물리학자가 되겠다고 결심했다. 그는 모임이 끝난 뒤까지 남았다가 잉거슨을 따라 집까지 갔다. 도중에 그는 자신이 새로 정한 목표를 밝혔다.

그것은 도저히 이루어질 법하지 않은 우정이었다. 하지만 파머와 잉거슨은 마음이 잘 맞았고, 각자 다른 이유로 과학 우주의 중심에서 아주 멀리 떨어진 그곳 변경으로 왔다. 잉거슨에게는 총명하고 온갖 종류의 과학 주제에 대해 진지한 대화를 할 준비가 돼 있는 파머가 반가운 기분 전환 대상이었다. 하지만 파머에게 잉거슨은 영감 그 자체였다. 잉거슨은 파머의 인생을 바꿔놓았다.

잉거슨은 곧 익스플로러 포스트 114라는 그룹을 만들었으며, 자신의 집을 클럽하우스로 사용했다. 익스플로러 그룹은 미국 보이스카우트의 산하 단체로, 회원들이 그룹 내의 나이가 더 많은 회원으로부터 직접적 활동을 통해 배우는 방식을 지향했다. 파머는 잉거슨이 만든 그룹의 초대 회원이었는데, 곧 다른 어린이들도 속속 가입했다. 익스플로러의 활동은 보이스카우트와 비슷한 점이 많았지만(그들은 사막에서 캠핑과 하이킹을 했다), 아마추어 무선용 무전기와 비포장도로용 오토바이처럼 이런저런 물건을 만지고 만드는 것에 중점을 두었다.

공식적으로는 14세 이상만 익스플로러에 가입할 수 있었다. 그런데 1966년의 어느 날, 그보다 더 어린 소년이 그 모임에 초대를 받았다. 그 소년은 자신이 잘 아는 새로운 무선 기술에 대해 강연을 해달라는 부탁을 받았다. 소년의 나이는 12세에 불과했지만, 다른 회원들은 노먼 패커드를 동료로 인정했고, 패커드는 전자공학 분야의 전문가로 환영받았다. 파머와 달리 패커드는 어린 시절부터 물리학자가 되려고 마음먹었다. 그는 물리학자가 되기 위해 태어난 것 같았다. 사실, 익스플로러에 초대받은 것도 어려서부터 그 분야에서 뛰어난 재능을 보였기 때문이다. 패커드와 파머는 금방 친구가 되었다.

잉거슨은 실버시티에서 2년 더 있다가 아이다호대학으로 옮겨갔다. 하지만 불과 4년 동안에 그는 장차 세계적인 물리학자가 될 두 사람의 삶에 큰 영향을 미쳤다. 잉거슨이 떠날 때, 파머는 16세로 고등학교 2학년이었다(패커드는 두 살 더 어렸다). 실버시티 생활에 싫증이 나 친구를 따라 새로운 땅을 정복하고 싶었던 파머는 일 년 일찍 아이다호대학에 지원하기로 마음먹었다. 입학 허가를 받자, 파머는 실버시티에서 고등학교를 마치는 대신에 아이다호주 모스코에 있던 잉거슨의 집 다락방으로 옮겨가 물리학자 경력을 시작했다. 아이다호대학에서 1년을 보낸 파머는 더 넓은 환경으로 옮겨갈 준비가 되었다. 그래서 1970년에 스탠퍼드대학으로 옮겨갔고, 어린 시절부터 품어온 야심을 펼치기 위해 물리학을 전공하면서 장차 과학과 금융에 획기적인 변화를 가져올 경력의 기초를 닦았다.

파머와 패커드의 연구에서 핵심을 이루는 개념들은 에드워드 로렌 츠Edward Lorenz가 처음 개발했다.[9] 로렌츠는 어린 시절부터 수학자가 되고 싶었다. 그는 분명히 수학에 타고난 재능이 있었으며, 다트머스대학에서 전공을 선택해야 할 순간이 오자 주저하지 않고 자신이 원하는 것을 선택했다. 1938년에 다트머스대학을 졸업한 뒤 박사 과정을 밟을 계획으로 하버드로 갔다. 하지만 제2차 세계대전이 일어나는 바람에 계획이 틀어지고 말았다. 로렌츠는 1942년에 미 육군 항공대에 입대했는데, 맡은 보직은 연합군 파일럿들을 위해 일기 예보를 하는 것이었다. 이런 보직을 맡게 된 것은 수학을 전공한 배경 때문이었지만, 적어도 그 당시에는 수학은 일기 예보에 별 도움이 되지 않았다. 그 당시 일기 예보는 직감과 경험 법칙 그리고 운으로 하는 것이었다. 하지만 로렌츠는 그보다 더 나은 방법이 있으리라고 확신했다—정교한 수학을 사용해 예측하는 방법이. 1946년에 군 복무를 마친 로렌츠는 기상학을 계속 연구하기로 마음먹었다. 자신이 배운 것을 생산적으로 활용할 수 있는 분야라고 판단했기 때문이다.

그래서 MIT로 가 기상학 박사 학위를 땄고, 경력 중 대부분을 그곳에서 보냈다—처음에는 대학원생으로, 그다음에는 일기 예보관으로, 그리고 결국에는 교수로. 로렌츠는 기상학자들이 연구하던 주요 문제들을 많이 연구했는데, 특히 경력 초기에 그랬다. 하지만 로렌츠에게는 특이한 취향이 있었다. 우선, 군에서 경험한 일기 예보 노력 때문에 기상 예측에 대한 관심이 계속 남아 있었다. 동료들은 로렌츠의 이런 태도를 돈키호테적 발상으로 여겼다. 기상 예측 기술의 성과가 워낙 별로이다 보니, 많은 사람은 기상 예측 기술을 쓸데없는 노력으로 간주했다. 또 로렌츠는 컴퓨터(1950년대와 1960년대에 컴퓨터는 그저 고성능 덧셈 기계에 지나지 않았다)를 과학에, 특히 대기와 같은 복잡한 계를 연구하는 데 사용할 수 있다고 생각했다. 특히 충분히 큰 컴퓨터와 충분히 자세한 연구를 결합하면, 폭풍과 바람 같은 기상 현상이 발달하고 변화하는 것을 주관하는 일련의 방정식들을 알아낼 수 있을 것이라고 생각했다. 그리고 컴퓨터를 사용해 실제 날씨가 전개되는 것보다 한발 앞서 그 방정식들을 실시간으로 풀면, 먼 미래의 날씨까지 정확하게 예측할 수 있으리라고 생각했다.

하지만 이 생각에 동조하는 동료는 거의 없었다. 그래서 첫 단계로, 그리고 동료 기상학자들에게 자신이 미치지 않았다는 걸 보여주기 위해 로렌츠는 아주 단순한 바람 모형을 내놓았다. 이 모형은 실제 세계에서 일어나는 바람의 행동을 바탕으로 한 것이었지만, 지나치게 이상화한 것으로, 바람이 부는 방식을 열두 가지 규칙만으로 나타냈고, 계절이나 밤이나 비의 영향은 전혀 고려하지 않았다. 로렌츠는 원시적인 컴퓨터(책상 위에 놓고 한 명의 사용자가 조작하도록 설계된 최초의 컴퓨터 중 하나)를 사용해 자신의 모형에 나오는 방정식들을 풀고 탁월풍(어느 지역에서 어떤 시기나 계절에 따라 특정 방향으로 가장 자주 부는 바람—옮긴이)의 세기와 방향에 해당하는 수치들을 내놓는 프로그램을 만들었다. 그것은 날씨를 예측하는 모형은 아니었으며, 대기 현상을 포함한 장난감 기후에 더 가까웠다. 하지만 그것은 적어도 연구를 계속할 만한 가치가 있다고 일부 동료를 설득하기에는 충분했다. 대학원생들과 소장파 교수들은 로렌츠의 가상 세계를 살펴보려고 매일 그의 연구실을 들락거렸으며, 어느 날에 바람의 방향이 남풍으로 변할지 북풍으로 변할지, 강해질지 약해질지 등을 놓고 내기를 걸었다.

처음에는 로렌츠의 모형이 산뜻한 개념 증명(기존에 없던 신기술을 도입하기 전에 이를 검증하기 위해 사용하는 것)처럼 보였다. 그 모형은 심지어 제한적이긴 했지만 예측 능력도 약간 있었다. 어떤 패턴들은 현장 기상학자가 실제 기상 데이터에서 비슷한 패턴을 찾을 수 있을 정도로 충분히 규칙적이고 반복적으로 계속 나타나는 것처럼 보였다. 하지만 진짜 중요한 발견은 우연히 일어났다. 어느 날, 데이터를 검토하던 로렌츠는 어느 기간의 날씨를 좀 더 자세히 살펴보기로 했다. 그래서 해당 기간의 시작 부분에 해당하는 바람의 데이터를 입력하면서 프로그램을 돌렸다. 만약 모든 것이 제대로 작동한다면, 컴퓨터가 혼자 로렌츠가 이전에 구했던 것과 똑같은 계산 결과를 내놓을 것이다. 그렇게 컴퓨터가 혼자 돌아가도록 하고 나서 로렌츠는 방을 나갔다.

몇 시간 뒤에 돌아온 로렌츠는 뭔가가 잘못되었음을 알아챘다. 화면에 나타난 데이터는 전에 똑같은 입력값을 사용해 시뮬레이션을 했을 때 얻었던 것과 확연히 달랐다. 입력한 값이 틀린 게 아닐까 확인해보았더니, 그것들은 종이 위에 인쇄된 값들과 정확하게 똑같았다. 이것저것을 조금 더 조사해본 뒤에 로렌츠는 컴퓨터에 오작동이 일어난 게 틀림없다고 결론 내렸다.

6장

로렌츠는 시간이 한참 지난 뒤에야 진상을 파악했다. 컴퓨터는 한 번에 소수 여섯 자리까지 저장할 수 있는 메모리를 갖고 있었다. 로렌츠의 미니 세계는 0.452386처럼 소수 여섯 자리의 값들로 만든 것이었다. 그런데 로렌츠는 인쇄 공간을 절약하고 읽기 쉽도록 그 수치들을 소수 셋째 자리까지만 기록하도록 프로그램을 만들었다. 그래서 예컨대 실제 값이 0.452386라면, 컴퓨터에서 출력되는 수치는 0.452였다. 그러고 나서 두 번째 시뮬레이션을 돌릴 때 로렌츠는 처음에 사용했던 소수 여섯 자릿수의 데이터 대신에 더 짧은 소수 세 자릿수의 근삿값을 입력했다.

이런 종류의 근삿값 처리는 보통은 문제가 되지 않는다. 골프공을 퍼팅하는 장면을 상상해보라. 목표 지점에 있는 홀은 공보다 약간 더 크다. 하지만 그 위치를 몇분의 1cm 정도 잘못 계산하고, 공을 조금 더 세게 혹은 약하게 치거나, 혹은 한쪽으로 약간 빗나간 곳을 겨냥해 칠 경우, 설사 홀 안에 들어가진 않아도, 그 가까이 다가갈 것이다. 또, 야구공을 던질 경우, 설사 팔을 생각했던 것만큼 충분히 뻗지 않았거나 손가락이 공에서 약간 미끄러졌다 하더라도, 공은 포수에게 충분히 가까이 날아갈 것이다. 물리 세계는 이런 방식으로 움직인다. 만약 두 물체가 거의 비슷한 물리적 상태에서 출발했다면, 거의 똑같은 행동을 나타내고, 거의 비슷한 장소에 도달한다. 세계는 질서 있는 장소이다. 적어도 로렌츠가 우연히 카오스chaos를 발견하기 전까지는 모든 사람이 생각했던 세계의 모습은 그랬다.

로렌츠는 그것을 카오스라고 부르지 않았다. 그 용어는 나중에 '주기 3은 카오스를 포함한다'라는 제목의 논문을 쓴 두 물리학자 제임스 요크James Yorke와 톈옌 리Tien-Yien Li의 연구에서 유래했다.[10] 로렌츠는 자신의 발견을 '초기 조건에 민감한 의존성'이라고 불렀는데, 카오스적 행동의 본질을 잘 나타내는 기술적記述的 표현이었다. 로렌츠의 계가 로렌츠식 날씨의 법칙에 지배를 받으며 완전히 결정론적으로 돌아간다는 사실에도 불구하고, 어느 시간에 계의 상태에 일어난 아주 작은 차이가 빠른 속도로 폭발해 나중에 큰 차이로 나타날 수 있다. 과학 문제를 풀기 위해 사용된 초기의 컴퓨터 시뮬레이션 결과로 나타난 이 사실은 날씨 같은 현상이 어떻게 작용하는지 설명하려고 시도한 모든 고전 물리학 이론이나 가설과 모순되었다(로렌츠는 얼마 후 진자와 수차 같은 훨씬 단순한 계들 역시 초기 조건에 극도로 민감한 성질이 있음을 보여주었다).

카오스의 기본 개념은 로렌츠가 또 우연히 발견한 '나비 효과'에 잘 축약돼 있다. 이 이름은 로렌츠가 1972년에 미국과학진흥협회 회의에서 발표한 논문 〈예측 가능성: 브라질에서 나비 한 마리가 퍼덕인 날갯짓이 텍사스주에 토네이도를 일으키는가?(Predictability: Does the Flap of a Butterfly's Wings in Brazil Set Off a Tornado in Texas?)〉에서 나왔다(로렌츠는 자신이 논문 제목을 짓지 않았다고 말했다. 깜빡 잊고 제목을 붙이지 않았는데, 회의를 주최한 사람 중 한 명이 그런 제목을 붙였다고 한다).[11]

로렌츠는 강연 제목으로 내세운 이 질문에 대한 답은 결코 내놓지 않았지만, 그것이 의미하는 바는 명백했다. 즉, 초기 조건의 아주 작은 변화가 나중에 일어나는 사건에 큰 영향을 미친다는 것이다. 하지만 진짜 교훈은, 비록 카오스계가 결정론적이긴 해도(어느 순간의 상태를 아주 정확하게 기술한다면, 원리적으로 정확한 예측이 가능하다는 의미에서) 실제로 세계의 상태를 그렇게 정확하게 파악하는 것은 불가능하다는 사실이다. 지구 전체에 퍼져 있는 모든 나비의 날갯짓은 파악할 수 없다. 그리고 아무리 작은 오류라도 금방 크게 증폭하여 엄청난 차이를 빚어낸다. 그 결과, 비록 날씨는 결정론적이지만, 우리가 나비들의 날갯짓을 충분히 정확하게 알 수 없기 때문에 날씨는 무작위적인 것처럼 보인다.

***

파머는 도중에 약간의 어려움이 없었던 것은 아니지만(1학년을 마친 뒤, 성적이 너무 나빠 학사 경고를 받았다. 그러자 파머는 그만 공부를 때려치우고 샌프란시스코에서 스무디 가게를 열거나 오토바이를 밀수하는 일을 할까 고민했다), 1973년에 스탠퍼드대학에서 물리학 학위를 마쳤다. 대학을 마칠 때쯤에는 성적을 충분히 끌어올려 여러 대학원의 천체물리학과에 입학을 허락받았다. 하지만 캘리포니아 해안을 따라 아래로 여행하는 것이 마음에 들어 캘리포니아대학이 샌타크루즈에 새로 만든 캠퍼스로 가기로 했다. 한편, 패커드는 오리건주 포틀랜드에 있는 리드칼리지로 갔다. 이 대학은 대학생들의 독립적인 기질로 유명했다.

패커드가 리드칼리지에서 3학년을 마치고 파머가 대학원에서 2학년을 마친 1975년 여름에 패커드와 파머는 도박에 손을 대보기로 결정했다. 이를 위해 파머는 모어헤드^A. H. Morehead^의 《Complete Guide to Winning Poker(포커 필승 전략 안내서)》를 읽으면서, 패커드는 에드 소프의 《딜러를 이겨라》를 읽으면서 각자 독자적으로 연구를 했다.[12] 분석적 태도와 권위를 무시하는 기질이 강한 두 사람은 도박 체계에서 어떤 매력을 발견했다. 그들은 일하지 않고도 돈을 벌 수 있을 것 같았다 (적어도 블랙잭의 경우에는 자신들이 다른 사람들보다 더 똑똑하기 때문에 그럴 수 있으리라고 보았다). 그것은 아주 낭만적인 생각이었다. 문제는 실행에 옮기는 방법이었다.

패커드는 소프의 체계를 면밀히 연구한 뒤, 리드 칼리지에서 사귄 친구 잭 바일스^Jack Biles^와 함께 라스베이거스로 갔다. 그리고 승패를 자세히 추적했는데, 따는 경우가 월등히 많았다. 그들은 매일 돈을 땄다. 축적된 자산이 많아짐에 따라 그들은 점점 판돈이 큰 테이블로 옮겨갔고, 그러자 이익은 더욱 커졌다. 그러다가 어떤 일이 일어났다. 아무리 많은 성공을 거두더라도, 언젠가 꼭 연패가 이어지면서 원점으로 되돌아갔다. 결국 그들은 간신히 본전을 건지는 걸로 끝났다. 여름이 다 끝날 무렵에야 그들은 비로소 속임수가 있다는 걸 알아챘다. 소프의 카드 카운팅 방법이 처음 소개된 후, 카지노들은 카드 카운팅을 하는 사람을 확인하고 저지하는 방법을 도입했는데, 패를 나눠줄 때 속임수를 쓰는 것 같은 간단한 방법을 종종 사용했다.

한편, 파머는 모어헤드의 책을 통째로 암기했다. 하지만 그 책을 읽기 전에는 포커를 해본 적이 한 번도 없었기 때문에, 어떤 상황에서 어떻게 해야 하는지 알더라도, 카드를 섞거나 칩을 다룰 줄 몰랐다. 그는 유치원생처럼 패를 돌렸다. 하지만 이 서툰 솜씨가 오히려 그에게 유리하게 작용했는데, 누구에게나 파머가 호구처럼 보였기 때문이다. 파머는 아이다호주에서 온 친구(오토바이 수입 계획을 세울 때부터 어울린 공범인 댄 브라운Dan Browne)와 함께 몬태나주 미줄라의 카드룸에서 뉴멕시코주에서 온 클렘이란 가명으로 게임을 하면서 미줄라의 카우보이들 돈을 싹쓸이했다. 워싱턴주 스포케인에서 도박으로 번 돈으로 대학을 다녀 도박에 경험이 더 많았던 브라운은 믿기 힘든 파머의 성공에 경탄했다.

여름이 끝날 무렵, 파머와 패커드는 서로 만나 각자가 경험한 도박 모험에 대한 정보를 교환하기로 했다. 파머는 좋은 소식을 보고했다. 만약 책에 써진 대로만 한다면 포커에서 큰돈을 벌 수 있었다. 패커드의 경험은 썩 좋은 것이 아니었다. 하지만 블랙잭에서 돈을 따는 것보다 훨씬 솔깃한 이야기를 했다. 그것은 도박 체계에 대한 새로운 아이디어였다. 소프가 책 끝에서 비밀스럽게 언급한 말에 일부 자극을 받아 패커드는 다른 게임에서는 블랙잭보다 훨씬 좋은 성과를 올릴 것이라고(그리고 카지노 측에서 속임수를 쓸 가능성도 훨씬 적을 것이라고) 확신했다. 패커드는 전에 소프가 그런 것처럼 룰렛에서 승률을 높이는 방법을 생각했다.

파머는 의심을 품었지만, 그래도 패커드는 끈질기게 그것을 주장했다. 마침내 파머도 설득당해 그 아이디어를 진지하게 생각해보기로 했다. 그리고 얼마 후 파머도 패커드의 생각에 동의했다. 파머와 패커드와 바일스는 3일 동안 그 문제를 생각한 끝에 최초의 계산을 일부 푸는 데 성공하고는 새로운 계획에 흥분을 느꼈다. 파머가 샌타크루즈로 돌아갈 무렵에 세 사람은 그 계획을 실행에 옮기기로 결정했다. 룰렛을 이기는 컴퓨터를 만들기로 한 것이다.

1975년 가을에 파머는 대학원 3년 차에 접어들었다. 원래는 박사학위 논문 주제를 정하고 천체물리학 연구를 시작할 예정이었다. 하지만 그 대신에 리노와 라스베이거스에 룰렛 바퀴를 공급하는 리노의 폴즈 게이밍 디바이시즈에서 룰렛 바퀴를 구입해 브라운과 함께 실험을 시작했다(파머의 논문 지도 교수인 조지 블루멘설George Blumenthal도 라스베이거스에서 카드 카운팅을 시도하면서 도박을 즐겼다. 그는 파머의 계획에 큰 흥미를 느껴 연구를 게을리해도 눈감아주었다. 심지어 파머의 계산을 검토하고 나서 어쩌면 룰렛 계획에 물리학 논문이 숨어 있을지 모른다고 이야기하기까지 했다). 한편, 패커드와 바일스는 포틀랜드로 돌아가 바퀴 주위를 도는 공을 정확하게 측정하는 전자시계를 만드는 작업에 착수했다. 룰렛 계획을 진행하는 와중에 패커드는 대학을 마치고 대학원에 지원했다. 지원 명단 맨 위에는 샌타크루즈가 있었다. 패커드는 소프가 룰렛을 이기는 방법을 생각해냈다는 건 알았지만, 그들은 소프의 계산에 대해, 또 소프와 섀넌이 라스베이거스에서 시험한 컴퓨터에 대해 아는 게 아무 것도 없었다. 그래서 그들은 룰렛 바퀴를 다시 발명했다.

1976년 봄에 학년이 끝날 무렵, 네 사람은 샌타크루즈에 모여 그동안 각자 한 연구를 종합하고 여름에 할 일을 계획했다. 맨 먼저 처리해야 할 일 중 하나는 그 집단의 이름을 짓는 것이었다. 얼마 전에 파머는 사전을 뒤적이다가 에우다이모니아eudaemonia라는 단어를 찾아냈다. 고대 그리스 철학자 아리스토텔레스Aristoteles의 윤리학에서 하나의 중심 개념인 에우다이모니아는 '좋은'이란 뜻의 에우eu와 '영혼'이란 뜻의 다이몬daimon의 합성어로, 흔히 '행복', '잘 사는 삶', '인간성의 고양된 상태' 등으로 번역된다. 어쨌든 이들은 이 단어의 형용사형을 취해 집단 이름을 유디모닉 엔터프라이지즈Eudaemonic Enterprises라고 짓고, 자신들을 유디먼Eudaemon(그리스어로 '착한 정령'이란 뜻이고, 그리스어 발음은 에우다이몬)이라 불렀다. 이들은 여름 동안 한 교수의 집을 빌려 땜장이들의 실험실을 만든 뒤, 전자 부품을 조립하고 룰렛 바퀴로 실험을 했다. 유디먼들은 독자적인 연구 끝에 소프와 섀넌이 사용한 것과 같은 기본 전략을 사용하기로 했다. 즉, 두 사람이 팀을 이루어 한 사람이 바퀴와 공을 측정하고, 나머지 한 사람이 돈을 걸면서 게임을 하기로 했다. 잉거슨의 유산은 어떤 것이라도 만들 수 있다는 파머와 패커드의 확신으로 꽃을 피웠다. 유디먼은 익스플로러 포스트 114가 조금 더 성장한 버전에 지나지 않았다(그리고 잉거슨은 나중에 라스베이거스에서 이들이 계획을 실행에 옮기는 일을 도와주었다).

처음에 네 명으로 출발한 이 집단에 얼마 후 존 보이드John Boyd라는 물리학자와 대학 시절부터 파머의 친구였던 스티브 로턴Steve Lawton이 합류했다. 로턴은 유토피아 문학을 전공한 인문주의자였다. 그가 맡은 역할은 정치적 소설 독서 집단을 조직하는 것이었다. 처음부터 그 집단은 혁명적 사고방식으로 무장돼 있었다. 룰렛 연구를 계속하면서 몇 년의 세월이 지나는 동안 도박사, 물리학자, 컴퓨터 프로그래머, 이상주의자를 비롯해 점점 더 많은 사람이 합류했다. 이들은 자신들을 이피Yippie로 여겼는데, 이피는 1967년에 애비 호프먼Abbie Hoffman을 비롯해 여러 사람이 조직한 반문화 운동 구성원을 가리키며, '그루초 마르크시즘Groucho Marxism'이라 부른 무정부주의적 장난을 통해 현상現狀의 기반을 허물려고 시도했다. 유디먼들은 룰렛 계획을 기득권 체제를 꺾고 그 돈을 탈취하는 하나의 방법으로 여겼으며, 그 돈으로 워싱턴주 연안에 공동체를 세우려고 계획했다.

***

소프와 섀넌은 닳아 해진 전선과 불안 때문에 룰렛 도박에서 큰돈을 따지는 못했다. 유디먼들은 5년 동안 문제 해결에 상당한 시간을 쏟아부으면서 끈기 있게 매달려 그보다 훨씬 나은 성적을 거두었다. 이들에게도 하드웨어 문제가 있었다. 이들은 소프가 착용했던 이어폰 대신에 돈을 거는 사람의 상체에 진동식 자석(옷으로 가려진)을 부착해 거기로 신호를 보내는 방법을 썼다. 어느 날 밤에는 자석에 이어진 전선이 계속 풀리는 바람에 신호가 도착할 때마다 파머는 피부에 화상을 입었다. 그래서 파머는 10분마다 자리에서 일어나 "젠장! 오늘은 설사 때문에 환장하겠군!"과 같은 말을 내뱉고는 화장실로 달려가 장비를 고쳤다. 이런 행동은 룰렛 테이블 책임자가 뒤를 따라와 화장실 옆 칸에서 감시할 때까지 계속되었다. 그러자 파머는 그걸로 그날 밤의 도박을 끝냈다. 하지만 1987년 여름 무렵에 컴퓨터의 성능이 충분히 좋아지자, 그들은 그것을 가지고 라스베이거스로 갔고, 돈을 따기 시작했다.

한편, 유디모닉 엔터프라이지즈 팀이 더 나은 도박 방법을 계속 연구하는 동안 파머와 패커드를 비롯해 몇몇 사람은 이 계획의 핵심을 이루는 물리학을 더 깊이 생각했다. 그들은 룰렛의 예측에 필요한 방정식을 유도했다. 그런데 그들은 룰렛에 대해 생각하다가 더 일반적인 문제에 호기심을 느끼게 되었다. 룰렛은 아주 기묘한 행동을 나타내는 동역학계의 한 예이다. 무엇보다 중요한 사실은, 공이 최종적으로 들어가는 칸이 초기 조건에 아주 민감하다는 것이다(로렌츠가 발견한 날씨계와 비슷하게).[13] 파머와 패커드는 룰렛의 예측에 필요한 미분방정식을 컴퓨터를 사용해 푸는 방법을 연구하다가 카오스 이론이라는 새로운 연구 분야의 최전선에 이르게 되었다. 룰렛 계산에서 학위 논문이 나올지도 모른다고 했던 파머의 지도 교수 말이 맞았다. 하지만 그 논문이 물리학에 새로운 시대를 열 개념이 되리라는 사실은 그도 몰랐다.

1977년, 유디모닉 엔터프라이지즈에서 일하던 몇몇 물리학자(파머와 패커드, 그리고 대학원생 제임스 크러치필드James Crutchfield와 로버트 쇼 Robert Shaw)는 동역학계 집단Dynamical Systems Collective 또는 카오스 비밀 결사Chaos Cabal라 이름 붙인 비공식 연구 그룹을 만들어 활동을 시작했다.[14] 쇼는 거의 완성한 박사 학위 논문을 내팽개치고 카오스 이론 연구에 전념했다. 파머는 정식으로 천체물리학에서 전공을 바꾸었다. 1970년대 후반에는 카오스 이론에 많은 발전이 일어났다. 로렌츠는 기본 원리를 많이 발견했고, 그다음에는 간단한 카오스계의 사례들을 제시하고, 그것들이 어떻게 행동하는지 기술했다. 카오스계에 일종의 질서가 있다는 사실을 제일 먼저 알아낸 사람도 로렌츠였다. 미분방정식을 따르는 물체가 그리는 경로를 그림으로 그려보면, 그것은 규칙적인 패턴을 향해 다가간다. 이 패턴을 끌개attractor라고 부르는데, 그 물체의 경로를 끌어당기는 것처럼 보이기 때문이다. 예를 들면, 룰렛의 경우 끌개는 룰렛 바퀴의 칸들에 해당한다. 공이 어떤 궤적을 그리건, 결국 공은 그 상태 중 하나에 자리를 잡는다. 하지만 다른 계들의 경우, 끌개는 훨씬 복잡할 수 있다. 카오스 이론 연구에서 발견된 중요한 사실 하나는, 만약 어떤 계가 카오스적이라면 끌개들이 아주 복잡한 프랙털 구조를 가진다는 점이다.[15]

하지만 이러한 발전에도 불구하고, 이 분야는 이제 막 걸음마를 뗀 상태였다. 연구는 간헐적으로 일어났고, 진정한 의미의 연구 센터 같은 것도 전혀 없었다. 대학원에서 진행되는 정상적인 물리학 연구는 대학원생들과 젊은 박사 후 연구원들과 교수 사이의 협력을 통해 이루어진다. 하지만 카오스 이론은 갓 태어난 분야라서 이런 종류의 연구 집단은 아직 존재하지 않았다. 카오스 이론을 공부하기 위해 갈 수 있는 대학원도 없었다. 동역학계 집단은 회원들이 각자 혼자 힘으로 대학원 과정을 헤쳐나가도록 독려함으로써 이렇게 열악한 상황을 타개하려는 시도로 만들어졌다. 샌타크루즈의 일부 교수는 전통적인 교과 과정에서 일탈하는 이런 행동을 의심의 시선으로 바라보았다. 하지만 생긴 지 얼마 안 된 샌타크루즈의 물리학과는 새로운 개념에 개방적이었고, 많은 교수들은 최초의 네 회원이 카오스 이론 분야에서 함께 박사 학위를 딸 수 있도록 지원해주었다.

동역학계 집단은 처음부터 예측에 큰 관심을 보였는데, 아마도 룰렛 게임에서 큰 자극을 받았을 것이다. 그것은 대다수 사람들이 '예측 불가능해' 보이기 때문에 관심을 보인 카오스계를 새로운 각도에서 바라보는 사고방식이었다. 1980년에 발표한 동역학계 집단의 가장 중요한 논문은 물이 흐르는 관 가운데에 설치한 센서에서 얻은 데이터를 사용해 그 계의 끌개가 무엇인지 재구성할 수 있음을 보여주었다.[16] 그리고 카오스계가 시간 경과에 따라 어떻게 행동하는지 이해하는 데 필수적 부분인 끌개를 일단 알아내기만 하면, 어떤 예측을 할 수 있었다. 전에는 끌개를 방정식을 풀어야 얻을 수 있는 이론적 도구로만 생각했다. 패커드와 파머, 쇼, 크러치필드는 사실은 계가 실제로 행동하는 방식을 관찰함으로써 경험적으로 이 중요한 특징을 알아낼 수 있음을 보여주었다.

동역학계 집단은 4년 동안 지속하면서 카오스 이론 분야를 획기적으로 발전시켰고, 다년간 룰렛에 대해 연구한 결과를 과학으로 승화시켰다. 하지만 유디먼들은 영원히 대학원에 머물러 있을 수는 없었다. 파머는 1981년에 졸업한 뒤 곧장 로스앨러모스로 갔다. 패커드는 그다음 해에 대학원을 떠나 프랑스에서 박사 후 연구원으로 일했다. 대학원을 떠날 때 두 사람은 모두 막 30대로 접어드는 나이였다. 유디모닉 엔터프라이지즈는 룰렛에서 돈을 벌었지만, 그것은 호구지책이 아니라 어디까지나 정신적 만족을 위한 것이었다.

새로운 동역학계 이론이 어떤 것인지 제대로 아는 물리학자가 거의 없었고, 그것이 추구할 만한 가치가 있는 분야라고 생각한 사람은 더 적었던 시절인 1980년대 전반에 파머와 패커드가 카오스 이론으로 학위를 받으면서 학계에서 일자리를 얻었다는 사실은 기적이나 다름없다. 로스앨러모스는 샌타크루즈처럼 시대를 앞서갔고, 파머는 운 좋게도 새로운 분야의 연구 중심에 서 있었다(패커드 역시 비슷하게 운이 좋았다. 프랑스에서 박사 후 연구원으로 지낸 뒤, 복잡계 연구의 또 다른 두 중심지인 뉴저지주 프린스턴의 고등연구소와 일리노이대학의 복잡계연구센터에서 일자리를 얻었다).

파머는 행운이 잇따랐는데, 1984년에 연구소 내에서 직급이 높은 과학자로 이루어진 팀이 카오스를 포함한 복잡계 연구를 전담하는 새로운 연구 센터를 만들었기 때문이다. 그 연구 센터 이름은 샌타페이연구소로 정해졌다. 샌타페이연구소에서 진행되는 연구는 물리학이 중심이었지만, 기본 방향은 본질적으로 학제 간 연구를 추구했다. 복잡계와 카오스는 물리학뿐만 아니라 기상학, 생물학, 컴퓨터과학에서도 나타났지만, 얼마 지나지 않아 샌타페이연구소의 연구자들은 그것이 경제학에서도 나타난다는 사실을 발견했다.

***

1980년대 전반의 복잡성과 카오스 연구에서 한 가지 특징은 그런 구조를 가진 것으로 전혀 보이지 않는 배경 과정에서 단순한 대규모 구조가 나타날 수 있다는 개념이었다. 대기물리학의 예를 든다면, 대기는 아주 작은 차원에서는 하늘에서 서로 충돌하며 돌아다니는 기체 입자들의 집단으로 이루어져 있다고 볼 수 있다. 하지만 한발 물러나서 보면, 이 아무 생각 없는 입자들이 스스로 조직하여 허리케인으로 발전한다. 비슷한 현상은 생물학에서도 나타난다. 각각의 개미는 먹이를 찾으러 돌아다니고, 페로몬 길을 따라가고, 개미집을 짓는 등 아주 단순한 방식으로 행동하는 것처럼 보인다. 하지만 이 단순한 행동과 상호작용이 모여 집단이 되면, 부분들의 합보다 더 많아 보이는 군체를 이룬다. 개미 군체는 전체적으로 심지어 환경 변화나 개미 개체의 죽음에도 적응하는 것처럼 보인다. 샌타페이연구소에서 이런 개념들이 나오자, 그것이 국가 경제와 시장의 행동도 개인들의 집단 행동으로 이해할 수 있지 않을까 하는 생각으로 이어진 것은 당연한 결과였다.

샌타페이연구소는 1986년에 '복잡계로서의 국제 금융'이란 제목으로 경제학에 관한 첫 번째 회의를 주최했다.[17] 그 당시 로스앨러모스에서 복잡계 연구 그룹의 책임자였던 파머는 강연을 해달라는 요청을 받은 극소수 과학자 중 한 명이었다. 그가 경제학계에 모습을 드러낸 것은 이번이 처음이었다. 다른 강연자들은 은행과 경영대학원에서 왔다. 은행에서 온 강연자들은 자신들의 모형을 설명했는데, 과학자들은 금융 모형이 유치할 정도로 단순하다는 사실에 깜짝 놀랐다. 반면에 은행가들은 과학자들이 하는 말을 사실상 전혀 이해하지 못했지만, 유혹적인 미래 이야기를 들었다고 생각하면서 떠났다. 흥분한 그들은 샌타페이연구소 측에 후속 회의를 열고 일류 대학들의 경제학과에서 유명 인사들을 많이 초청하라고 촉구했다.

두 번째 회의는 비록 금융계 사람들은 물리학과 컴퓨터과학에서 일어난 최신 발전을 제대로 이해하지 못하더라도, 전문 경제학자들은 이해할 수 있으리라는 기대에서 열렸다. 불행하게도 일은 계획대로 흘러가지 않았다. 파머와 패커드가 모두 나서서 강연을 했고, 샌타페이연구소의 여러 연구자도 나섰다. 경제학자들도 나서서 나름의 강연을 했다. 하지만 커뮤니케이션은 거의 일어나지 않았다. 두 집단은 문화가 서로 아주 달랐고, 각자 당연하게 여기는 것이 너무 많았다. 물리학자들은 경제학자들이 모든 것을 너무 단순하게 만든다고 생각했다. 경제학자들은 물리학자들이 터무니없는 말을 한다고 생각했다. 위대한 학제 간 통합은 결코 일어나지 않았다.

샌타페이연구소는 이에 굴하지 않고 1991년 2월에 세 번째 회의를 열었다. 하지만 이번에는 경제학자들이 오지 않았다. 대신에 샌타페이연구소는 실제로 세계의 금융시장을 움직이는 은행과 투자회사의 실무자들을 초청했다. 회의의 기조는 훨씬 실용적이었고, 모형을 만들고 검증하고 그것을 이용해 트레이딩 전략을 개발하는 방법에 초점을 맞추었다. 트레이더들은 경제학자들보다 방어적 태도가 훨씬 덜했고, 회의가 끝날 무렵이 되자 각 집단은 상대측이 무엇을 제공할 수 있는지 잘 이해했다. 특히 파머와 패커드는 실제 트레이딩 전략이 어떻게 돌아가는지 분명히 이해했다. 또한, 자신들이 훨씬 잘할 수 있을 것이라는 확신도 얻었다. 한 달 뒤, 두 사람은 각자 직장에 사직서를 제출했다. 드디어 실전에 뛰어들 때가 왔다고 판단한 것이다.

회사를 만드는 것은 라디오나 오토바이 엔진을 만들거나 심지어 룰렛을 이기는 컴퓨터를 만드는 것과는 아주 다르다. 하지만 이 모두에 공통으로 효과를 발휘하는 요소도 많다. 예컨대, 조각들을 새로운 방식으로 맞추는 방법을 생각해내는 통찰력, 어떤 것이 제대로 작동할 때까지 붙들고 만지작거리는 인내심, 지칠 줄 모르는 불굴의 의지 등이 그런 것이다. 새로운 것을 만드는 일은 중독성이 있는데, 기업가 중에 공학자와 과학자 출신이 많은 것은 이 때문일지 모른다.

파머와 패커드의 경우에는 유디먼으로 활동하던 시절부터 비롯된 반체제 성향도 중요한 동기였다. 그들은 새 회사를 금융계로 진출하는 하나의 단계로 설계하지 않았다. 새 회사는 전형적인 금융계 사람들보다 좀 더 똑똑하고 교활한 방법을 사용해 금융계를 뒤집어엎고 월스트리트에서 뜯어낼 수 있는 것은 모두 뜯어낼 계획의 일부로 세운 것이었다. 그것은 룰렛 계획과 같은 정신으로, 즉 이피의 모험 정신과 순수 연구와 무규칙의 문화를 바탕으로 세운 회사였다. 파머는 1991년 3월에 열린 새 회사의 첫 번째 공식 회의 때 EAT THE RICH(부자들을 잡아먹자)란 글자가 새겨진 티셔츠를 입었다.

하지만 여기에는 룰렛 도박보다 더 많은 것이 걸려 있었다. 파머와 패커드는 그 계획이 성공하길 원했고, 실제적인 사업 감각이 도움이 될 가능성도 충분히 고려했다. 그래서 그들은 물리학자 출신의 기업가 짐 맥길Jim McGill을 세 번째 동업자로 영입했다. 맥길은 1978년에 전자 악기와 마이크로폰의 데이터 처리에 필요한 마이크로칩을 전문으로 취급하는 디지털 사운드라는 회사를 세웠다가 나중에는 음성 메일 장비까지 취급했다. 맥길은 버켄스탁(신발 브랜드)과 청바지 차림이 특징인 프리딕션 컴퍼니의 간판 기업가로 내세운 CEO였다. 파머와 패커드는 예컨대 1억 달러의 자금으로 자신들이 할 수 있는 일을 상상하는 데에는 아주 뛰어났다. 맥길이 해야 할 일은 그 자금을 제공할 사람을 찾는 것이었다. 프리딕션 컴퍼니를 유디모닉 엔터프라이지즈와는 확연히 다른 회사로 키울 차이를 만들 사람이 바로 맥길이었다.

하지만 얼마 지나지 않아 투자자를 찾는 것은 창업자들이 처음 생각했던 것보다 그다지 어렵지 않은 일로 드러났다. 샌타페이연구소가 경제학 회의를 열었을 때 이미 파머와 패커드는 이름이 상당히 널리 알려졌다. 파머와 패커드가 학계를 떠나 월스트리트에 진출한다는 소문이 나돌자, 일부 영향력 있는 사람들이 그들에게 주목했다. 파머는 뱅크오브아메리카와 살로먼브러더스 같은 곳에서 열리는 회의에 참석하기 위해 새 정장을 사야 했다. 〈뉴욕타임스 매거진〉이 "낡은 검으로 만들 새로운 쟁기날을 정의하다"라는 제목으로 제2차 세계대전의 여파로 군산 복합체에 흡수된 물리학자들이 냉전이 끝나면서 새로운 분야들로 진출하고 있다는 내용을 표지 기사로 다루자 상황은 더욱 유리해졌다.[18] 그 기사는 프리딕션 컴퍼니 이야기로 시작했는데, 파머가 로스앨러모스에서 일한 경력을 고려하면 아주 딱 맞아떨어지는 이야기였다. 이렇게 기사를 통해 회사가 소개되자, 석유 부호에서부터 월스트리트의 은행에 이르기까지 투자를 저울질하는 수백 명에게서 전화가 오기 시작했다.

　문제는 돈을 유치하는 것이 아니었다. 투자자들이 원하는 대가가 문제였다. 월스트리트의 일부 회사들은 프리딕션 컴퍼니의 아이디어를 바탕으로 헤지펀드를 운용한다는 생각에 크게 들떴다. 하지만 파머와 패커드는 전국을 돌아다니며 투자 자금을 유치한다는 생각이 별로 마음에 들지 않았는데, 만약 헤지펀드를 운용하려면 그렇게 해야 했다. 그들은 필요한 과학 기술 개발에 몰두할 수 있도록 종잣돈을 유치하는 게 이상적이라고 생각했다. 프리딕션 컴퍼니를 통째로 사들이길 원하는 회사들도 있었지만, 치열한 생존 경쟁의 장에서 벗어나 독자적으로 사업을 시작하기로 결심한 이들에게 그런 제안이 마음에 들리 없었다. 어떤 회사들은 투자 대가로 수익 중 일부를 원했지만, 단순한 투자 수익 이상을 요구했다. 예를 들면, 컬럼비아대학의 컴퓨터과학 교수로 일하다가 1988년에 D. E. 쇼라는 헤지펀드 회사를 차린 데이비드 쇼David Shaw는 몇 년 동안 종잣돈을 대주는 대가로 회사의 지적 재산권을 원했다.

　그중에는 매력적인 제안도 많았다. 하지만 파머와 패커드는 계속 퇴짜를 놓았다. 합당한 제안처럼 보이는 게 하나도 없었기 때문이다. 하지만 자신들의 당좌 예금만으로 투자회사를 계속 운영할 수는 없었다. 회사 창립 1주년인 1992년 3월이 다가오자, 적당한 투자자를 찾아 어떻게든 마무리를 지어야 한다는 압박감이 심해졌다.

***

파머와 패커드와 프리딕션 컴퍼니의 동료들이 "카오스 이론을 사용해 시장을 예측했다"라고 말하거나 그와 비슷한 맥락의 이야기로 그들이 거둔 성과를 설명하고 싶은 유혹을 느끼기 쉽다. 실제로 많은 사람이 대개 이런 식으로 그들이 한 일을 설명한다.[19] 하지만 이것은 옳은 설명이 아니다. 파머와 패커드는 기상학자나 물리학자가 사용하는 방식으로 카오스 이론을 사용하지 않았다.[20] 그들은 시장 뒤에 숨어 있는 프랙털 기하학을 찾으려고 하거나 금융 시스템을 지배하는 결정론적 법칙을 도출하려고 하지 않았다.

대신에 카오스 이론을 연구하면서 보낸 15년 동안 두 사람은 복잡계가 작용하는 방식에 대해 유례없는(1991년 당시의 기준으로는) 지식을 얻었고, 또 경제학(혹은 대부분의 물리학 분야)을 전공한 사람이라면 그런 방법이 있으리라곤 꿈도 꾸지 못했던 방식으로 컴퓨터와 수학을 이용하는 능력을 터득했다. 카오스 이론을 연구한 경험은 규칙적인 패턴(실질적인 예측 능력을 지닌 패턴)이 무작위성의 출현으로 어떻게 가려지는지 이해하는 데 큰 도움을 주었다. 그 경험은 적절한 통계학적 방법을 사용해 정말로 예측 능력이 있는 패턴이 어떤 것인지 확인하는 방법, 시장의 행동 모형을 대상으로 데이터를 검증하는 방법, 그리고 마지막으로 모형이 더 이상 성립하지 않을 때가 언제인지 알아내는 방법을 알려주었다. 그들은 꼬리가 두꺼운 분포와 거친 무작위성 같은 통계적 성질이 전혀 낯설지 않았는데, 이것들은 금융시장뿐만 아니라 물리학에서 나타나는 복잡계의 특징이기도 했기 때문이다. 그래서 더 전통적인 경제학 교육을 받은 사람들은 결코 할 수 없는 방식으로 망델브로의 위험 관리 개념 중 일부를 쉽게 적용할 수 있었다.

프리딕션 컴퍼니가 본 시장은 카오스적일 수도 있고 아닐 수도 있었다. 시장의 행동은 무작위성의 정도가 아주 다양하게 나타난다. 시장은 단순한 법칙들의 지배를 받을 수도 있고, 아주 복잡한 법칙들의 지배를 받을 수도 있고, 너무나도 빨리 변해 존재하지 않는 것처럼 보이는 법칙들의 지배를 받을 수도 있다. 프리딕션 컴퍼니는 많은 잡음 가운데에서 약간의 정보를 추출하려 노력했다. 그것은 이자율이나 고용 지수 같은 경제 뉴스에 시장이 보이는 반응, 한 시장에서 일어난 변화가 다른 시장에 영향을 미치는 방식, 서로 다른 산업 부문들의 실적이 서로에게 미치는 영향처럼 많은 투자자가 찾던 것과 같은 종류의 규칙성을 찾는 일에 해당한다.

그들이 사용한 한 가지 전략은 '통계적 차익 거래statistical arbitrage'였는데, 이것은 주식의 특정 통계적 성질이 일시적으로는 사라지더라도 다시 원래대로 돌아오는 경향이 있다는 쪽에 돈을 거는 방법이다.[21] 고전적인 예로는 페어 트레이딩pairs trading이 있다. 페어 트레이딩은 어떤 회사들의 주가가 대개는 서로 밀접한 관계가 있다는 성질을 이용한다. 펩시와 코카콜라의 예를 살펴보자. 한쪽 회사에 국한된 뉴스가 아닌 한 사실상 모든 뉴스는 펩시 제품과 코카콜라 제품 모두에 거의 같은 영향을 미친다. 그 결과, 두 회사의 주가는 대체로 비슷한 양상으로 오르내린다. 하지만 이 변화가 항상 동시에 일어나지 않기 때문에, 두 회사의 주가가 장기적 추세에서 벗어날 때가 가끔 있다. 만약 펩시 주가가 조금 올랐지만, 코카콜라 주가는 오르지 않아 통상적인 추세에서 벗어난다면, 코카콜라 주식은 매수하고 펩시 주식은 매도하면 된다. 왜냐하면, 얼마 지나지 않아 두 회사의 주가는 정상으로 되돌아갈 것이라고 믿을 만한 이유가 충분히 있기 때문이다. 페어 트레이딩은 파머와 패커드가 만든 전략이 아니지만(이 전략은 1980년대에 모건 스탠리에서 눈치오 타르탈리아Nunzio Tartaglia라는 천체물리학자와 게리 뱀버거 Gerry Bamberger라는 컴퓨터과학자가 주도해 개발했다), 두 사람은 이 전략의 배경을 이루는 통계적 관계를 확인하고 검증하는 데 새로운 차원의 엄밀성과 정교함을 도입했다.

이러한 정교함은 파머와 패커드가 물리학에서 도입한 도구들이 발휘한 기능이었다. 예를 들면, 물리학자로서 패커드는 유전 알고리듬이라는 컴퓨터 프로그램을 연구하는 분야에서 최전선에 서 있었다(알고리듬algorithm은 특정 문제를 푸는 데 사용할 수 있는 일련의 지시를 가리킨다).[22] 어떤 실험을 하기에 이상적인 조건이 어떤 것인지 확인할 필요가 있다고 가정해보자. 전통적인 접근법은 오랜 조사를 통해 완벽한 답을 찾아내는 것이었다. 그 방법은 다양한 형태를 띨 수 있지만, 어쨌든 직접적 공격 방법이다. 반면에 유전 알고리듬은 간접적 방법으로 문제에 접근한다. 다양한 해결책 후보, 예컨대 존재 가능성이 있는 광범위한 종류의 실험적 배열 형태를 가지고 시작하는데, 이것들을 자원을 놓고 경쟁하는 동물들처럼 서로 경쟁시킨다. 그중에서 성공적인 해결책들을 골라내고 재결합하여 2세대의 해결책들을 만들고, 이것들을 다시 경쟁시킨다. 이런 식으로 계속 선택과 경쟁을 반복해나간다. 이것은 적자생존 방식인데, 여기서 적합도는 특정 조건에서 어떤 실험이 가장 잘되는가와 같은 최적성을 기준으로 결정된다. 많은 경우, 유전 알고리듬은 어려운 물리학 문제에 대해 최적의 해결책 혹은 최적에 가까운 해결책을 아주 빠른 시간에 찾아낸다.

일반적으로 물리학자들, 특히 파머와 패커드는 서로 다른 방법으로 유전 알고리듬과 동일한 목표를 수행하는 최적화 알고리듬을 많이 개발했는데, 이것들은 과제의 종류에 따라 거기에 맞춰 만든 알고리듬이었다. 이러한 알고리듬은 패턴을 찾는 탐정에 해당한다. 이 알고리듬은 데이터를 샅샅이 훑으면서 탐색하고, 한 번에 수백만 개의 모형을 시험하고, 예측 능력을 가진 신호를 찾아낸다.

물리학 문제에 이런 알고리듬을 적용하는 것은 조금도 이상할 게 없다. 하지만 이 알고리듬은 다른 분야에도 적용할 수 있는데, 금융도 예외가 아니다. 일본 엔화 통화시장과 쌀 선물시장의 연관 관계에서 기묘한 통계적 행동이 발견되었다고 가정해보자. 엔화가 오르면 쌀 선물 가격도 올라간다는 사실을 관찰하는 것만으로 충분하다고 생각할 수 있다. 그리고 엔화가 오를 때마다 쌀 선물을 매수할 수 있다. 혹은 펩시와 코카콜라처럼 페어 트레이딩에 대한 생각이 여러분에게 떠올랐다고 가정해보자.

이 사례들에서는 기본 전략이 명확하다는 데 주목하라. 하지만 기본 전략과 양립할 수 있는 온갖 종류의 가능성이 존재한다. 이 문제에 완전히 과학적으로 접근하려면, 두 가격 사이에 얼마나 밀접한 상관관계가 성립하는지, 그리고 상관관계의 정도가 시장의 다른 조건에 따라 변하는지 알 필요가 있다. 또, 엔화가 오르리란 확신이 생겼을 때, 쌀을 얼마나 사야 하는지, 그리고 구매 시점을 언제로 잡아야 하는지 생각할 필요도 있다. 하지만 아무런 기초도 없는 상태에서 이 모든 변수 사이의 상관관계를 알아내는 방법을 찾는 것은 시간이 엄청 드는 힘든 과정이 되기 쉽고, 그렇게 해서 얻은 방법도 제대로 된 방법인지 확신하기 어렵다. 그러는 동안에 그 방법을 이용해 돈을 벌 기회는 지나가고 말 것이다. 하지만 유전 알고리듬을 사용한다면, 엔화와 쌀 사이에 성립한다고 가정한 상관관계를 바탕으로 만든 수천 가지의 모형과 트레이딩 전략을 서로 경쟁시킬 수 있다. 그러면 금방 최적의 전략 또는 최적에 가까운 전략을 얻을 수 있다. 이것은 일종의 예측이지만, 시장을 카오스 이론으로 완전히 기술할 필요까진 없다. 실제로는 그것보다 훨씬 간단하다.

프리딕션 컴퍼니의 아이디어 중 하나는 여러 자산의 통계적 성질에 대해 서로 다르게 단순화한 가정을 바탕으로 제각각 다르게 만든 모형을 동시에 많이 사용하는 것이다. 파머와 패커드는 각각의 모형이 거래들을 놓고 '투표'하게 하는 알고리듬을 개발했다. 그리고 모형들이 어떤 전략이 성공할 가능성이 높다고 의견 일치를 이룰 때에만 그 전략을 선택했다. 투표는 물리학과는 거리가 먼 방법처럼 보이지만, 그 바탕이 되는 개념은 파머와 패커드가 복잡계를 연구하던 시절에 나온 것이다. 많은 모형에 투표를 하게 하면, 어떤 트레이딩 전략이 경쟁력이 있는지 확인할 수 있다. 만장일치에 가까운 지지를 받은 전략은 특정 모형의 특수한 세부 조건에 민감하지 않기 때문에 경쟁력이 있다고 볼 수 있다. 경쟁력이 강한 전략을 찾는 것과 복잡계에서 끌개를 찾는 것 사이에는 밀접한 관계가 있는데, 끌개는 초기 조건과 무관하기 때문이다.

최적의 전략을 확인하기 위해 알고리듬 방법을 사용하는 이런 종류의 모형 만들기를 금융계에서는 흔히 '블랙박스' 모형 만들기라고 부른다. 블랙-숄스 모형과 그 전신에 해당하는 모형들은 내부 작용 방식이 투명할 뿐만 아니라, 종종 왜 그 모형이 제대로 작동하는지(혹은 작동해야 하는지) 깊은 통찰을 제공하지만, 블랙박스 모형은 이런 모형과는 아주 다르다. 블랙박스 모형은 훨씬 불투명하기 때문에 사용하기에 꺼림칙한 기분이 들기 쉽다. 특히 그 모형이 어떻게 나왔고, 왜 그것을 믿어야 하는지 이해하지 못하는 사람들은 더욱 그렇다. 블랙박스 모형은 프리딕션 컴퍼니가 등장하기 이전에도 가끔 사용되었지만, 프리딕션 컴퍼니는 이 모형을 바탕으로 전체 사업 모형을 만든 최초의 회사 중 하나이다. 그것은 트레이딩에 완전히 새로운 사고방식을 도입한 것과 같았다.

***

새 회사를 세우고 나서 거의 1년이 다 지나도록 회사 대표들은 돈을 전혀 벌지 못했다. 투자회사는 뭔가 투자할 대상이 필요하다. 파머와 패커드와 맥길은 집에 봉급을 한 푼도 가져가지 않고 버티는 것도 한계에 이르렀다. 설상가상으로 대학원생들과 컴퓨터 해커들에게 여덟 달 동안 자기 호주머니를 털어서 급료를 주어야 했는데, 이들은 모두

1991년 7월부터 그리핀 거리의 사무실에서 살았기 때문이다. 까다롭게 구는 자세를 이제 끝내야 할 때가 되었다. 이들은 자기 회사가 너무 일찍 모험 속으로 발을 내딛길 원치 않았지만, 누군가의 헤지펀드가 된다는 아이디어가 매력적으로 보이기 시작했다. 그러면 최소한 자금을 확보하고 (다소) 독립성도 유지할 수 있었다. 그래서 동업할 대상을 면담하면서 몇 달을 보냈는데, 이 시점에서는 그보다 나은 해결책은 보이지 않았다.

그러다가 1992년 3월 초에 기적이 일어났다. 파머는 연례 컴퓨터 회의에 참석해 강연을 해달라는 초청을 받았다. 파머는 그곳에 참석한 실리콘밸리의 투자자들이 어쩌면 조건 없는 투자를 할지도 모른다는 한 가닥 기대를 품고 마지못해 초청을 수락했다. 파머는 예측에서 컴퓨터가 담당하는 역할을 주제로 강연을 했는데, 참석자들로부터 많은 질문이 쏟아졌다. 강연이 끝난 뒤 슬라이드를 포장하고 있을 때, 정장 차림의 남자가 다가왔다. 그는 자신을 오코너(마이클 그린바움과 클레이 스트루브의 지휘하에 꼬리가 두꺼운 분포를 감안해 블랙-숄스 방정식을 성공적으로 수정함으로써 큰돈을 벌었던 바로 그 회사)의 파트너인 크레이그 하이마크Craig Heimark라고 소개했다. 오코너는 1991년 무렵에는 시카고 원자재 시장에서 큰손이 되었고, 첨단 파생상품 트레이딩에 치중했다. 직원은 600여 명에 이르렀고, 수십억 달러의 자금을 운용했다. 오코너는 비선형 예측을 사용하지 않았고, 프리딕션 컴퍼니는 파생상품에는 관심이 없었다. 그런데도 오코너는 프리딕션 컴퍼니와 성향이 비슷한 사람들이 이끌어갔다. 사실, 오코너가 얼마 전에 영입한 사람은 파머와 패커드가 학계에 있던 시절의 친구이자 동료 연구자였다.

파머와 하이마크가 만나고 나서 얼마 후 파머는 오코너의 또 다른 파트너인 데이비드 와인버거David Weinberger에게서 전화를 받았다. 와인버거는 최초의 퀀트 중 한 명이었는데, 1976년에 예일대학의 오퍼레이션 리서치(응용수학의 한 분야) 교수직을 버리고 블랙보다 앞서 골드만삭스로 갔다. 그리고 점점 더 많은 회사가 시류에 편승해 블랙-숄스 모형을 이용하자, 새로운 전략을 세우는 일을 돕기 위해 1983년에 오코너로 옮겼다. 와인버거는 업계에서 중요한 계약을 체결할 만큼 충분한 권력을 가진 동시에 프리딕션 컴퍼니를 경영하는 과학자들이 쓰는 언어를 말할 줄 아는 극소수 인물 중 한 명이었다. 금요일 오후에 시카고에서 전화를 한 그는 토요일 오전에 그리핀 거리에 위치한 프리딕션 컴퍼니 사무실에 앉아 있었다.

오코너는 프리딕션 컴퍼니가 함께 일하길 원하는 바로 그런 회사였다. 오코너에서 일하는 사람들이 파머와 패커드가 하는 일이 어떤 것인지 충분히 이해하고 평가할 능력이 있다는 점이 가장 큰 장점이었다. 결국 타결된 협상 결과에 따라 프리딕션 컴퍼니는 독립성을 유지했다. 오코너는 투자 자금을 제공하고 그 대가로 발생하는 수익 중 절반 이상을 가져가기로 했다. 또 프리딕션 컴퍼니가 급료 지불과 필요한 장비 구입을 위해 절실히 필요한 자금을 우선 제공하기로 했다.

오코너와 체결한 계약은 그 당시로는 더할 나위 없이 좋은 조건으로 보였다. 그런데 그 계약은 프리딕션 컴퍼니 창업자들이 기대했던 것보다 훨씬 좋은 결과를 가져다주었다. 오코너는 프리딕션 컴퍼니의 문을 두드릴 때, 약 150년의 역사를 자랑하는 스위스은행과 오랫동안 동업자 관계를 유지하고 있었다. 그러다가 오코너와 프리딕션 컴퍼니가 체결한 계약서 잉크가 채 마르기도 전인 1992년에 스위스은행은 오코너를 인수할 의향이 있다고 발표했다. 그래서 프리딕션 컴퍼니는 처음에는 생각이 같은 오코너 사람들과 협상을 통해 동업자 관계가 되었지만, 자금이 훨씬 두둑한 스위스은행의 자금 지원을 받게 되었다. 와인버거는 스위스은행의 최고 경영진이 되었으며, 그 후에도 프리딕션 컴퍼니를 상대하는 일에 주요 담당자로 나섰다. 그것은 아주 이상적인 일 처리 방식이었다. 이렇게 프리딕션 컴퍼니는 이상적인 투자자를 유치하는 데 큰 성공을 거두었다.

1998년, 스위스은행은 규모가 더 큰 스위스연방은행과 합병하여 세계 최대 은행 중 하나인 UBS가 되었다. 규모 차이에도 불구하고 UBS의 주요 임원 자리는 스위스은행 관리자들이 차지했고, 프리딕션 컴퍼니와의 관계도 그대로 유지되었다.

프리딕션 컴퍼니는 비밀스럽게 활동하는 첨단 기업 오코너의 전통에 따라 성공 비결을 절대로 공개하지 않았다. 그리고 나와 대화를 나눈 전직 대표나 이사는 모두 구체적인 정보를 말할 권한이 없었다. 이런 태도는 의심을 불러일으킬 수 있다. 정말로 큰 성공을 거두었다면, 왜 그것을 감춘단 말인가? 하지만 이곳에서는 그 반대가 옳을 수도 있다. 월스트리트에서 성공은 모방을 낳는다. 그리고 어떤 전략을 더 많은 회사가 똑같이 따라 하면, 거기서 얻을 수 있는 이익이 줄어들 것이다. 하지만 프리딕션 컴퍼니가 굉장한 성공을 거두었음을 시사하는 단서가 일부 있다. 나와 대화를 나눈 한 전직 이사는 10년 이상이 지난 2012년에도 프리딕션 컴퍼니가 UBS의 자회사로 활발하게 활동하고 있다고 지적했다. 믿을 만한 소식통이 귀띔해준 말에 따르면, 처음 15년 동안 프리딕션 컴퍼니의 위험 조정 수익률은 S&P500 수익률의 100배에 가까웠다.[23]

파머는 프리딕션 컴퍼니에서 약 10년 동안 일하다가 연구에 대한 열정을 못 이기고 다시 학계로 돌아갔다. 그는 1999년에 샌타페이연구소에서 전임 연구원으로 일하기 시작했다. 패커드는 회사에 좀 더 오래 머물렀는데, 2003년까지 CEO를 지낸 뒤에 퇴사하여 프로토라이프라는 새 회사를 차렸다. 프리딕션 컴퍼니를 떠날 때까지 그들은 자신들의 생각이 옳음을 입증했다. 그 생각이란 바로 통계학을 완전히 이해하고 물리학에서 빌려온 도구를 약간 창조적으로 변형해 사용하면 시장을 충분히 이길 수 있다는 것이다. 이제 새로운 종류의 문제들로 눈을 돌려야 할 때가 왔다.

＊

블랙박스 모형은 더 일반적으로는 '알고리듬 트레이딩'이라 부르는데, 2007~2008년 금융위기 이후에 계량금융에 대한 반발에 편승해 널리 퍼졌다. 비판적인 언론의 주장도 근거가 없는 것은 아니다. 블랙박스 모형은 자주 성립하지만, 그것이 '왜' 성립하는지 그 이유를 정확하게 대거나 언제 실패할지 완전히 예측하는 것은 정의상 불가능하다. 이것은 블랙박스 모형을 만드는 사람은 자신의 모형에 포함한 가정들이 언제 무너질지 추측하는 사치를 누릴 수 없다는 뜻이다. 이런 종류의 이론적 뒷받침 대신, 블랙박스 모형은 처음의 기능이 지속되는 정도를 알아내기 위해 통계적 방법으로 끊임없이 신뢰성을 검증해야 한다. 이 때문에 블랙박스 모형은 위험해 보일 수 있으며, 어떤 경우에는(부적절하게 사용하면) 실제로 위험하다. 어떤 모형이 전에 효과가 있었다면, 이를 일종의 마법 도구로 여겨 그 후에 어떤 일이 일어나더라도 계속 효과가 있을 거라고 믿기 쉽기 때문이다.

하지만 결국에는 데이터가 이론을 압도한다. 즉, 어떤 모형(블랙박스 모형이 아닌)을 뒷받침하는 이론이 아무리 훌륭하다 하더라도, 그 유효성은 어디까지나 실적을 바탕으로 평가해야 한다. 가장 투명한 모형조차 블랙박스 모형 평가에 사용하는 것과 같은 종류의 통계적 방법을 사용해 끊임없이 검증할 필요가 있다. 1987년 주식시장 붕괴의 여파로 나타난 변동성 미소를 설명하는 데 블랙-숄스 모형이 실패한 사례가 그 이유를 명백하게 보여준다. 어떤 모형을 뒷받침하는 이론은 양날의 검이 될 수 있다. 이론은 한편으로는 모형의 한계를 이해하려고 노력하는 실무자에게 길을 안내하지만, 다른 한편으로는 어떤 모형이 옳음을 입증하는 이론적 근거가 있으니 그 모형이 옳을 수밖에 없다는 그릇된 믿음에 빠지게 할 수 있다. 그리고 후자의 관점에서 볼 때 블랙박스 모형은 이론적으로 더 투명한 모형들에 비해 이점이 있는데, 어떤 모형이 성공을 거둘 것이라는 믿음이 아니라 오로지 실적을 바탕으로 모형의 유효성을 평가해야 하기 때문이다.

블랙박스 모형에 대한 우려는 불투명성 외에 한 가지가 더 있다. 바슐리에로부터 블랙에 이르기까지 이 책에서 내가 그 연구를 소개한 물리학자들은 모두 시장은 예측 불가능하다고 주장했다. 완전히 무작위적이라는 것이다. 제기되는 쟁점이라곤 무작위성의 본질이 무엇이며 그런 무작위성이 정규분포로 다룰 수 있을 만큼 충분히 온순하게 행동하느냐 하는 것뿐이다. 시장이 예측 불가능하다는 개념은 바슐리에와 오스본이 처음 주장한 이후 효율적 시장 가설의 우산 아래 주류 금융 이론의 중심 교리로 격상되었다.

그럼에도 불구하고, 프리딕션 컴퍼니와 그 후에 블랙박스 트레이딩을 채택한 수십 개 집단은 단기간에 특별한 환경에서 시장이 어떻게 행동할지 예측하는 걸 목표로 한다. 적어도 프리딕션 컴퍼니는 파생상품은 절대로 검토하지 않았다. 그 모형들은 많은 경제학자(그리고 많은 투자자)가 도저히 불가능하다고 여겼을 방식으로 시장이 직접 어떻게 움직일지 예측하려고 시도했다. 그럼에도 불구하고, 프리딕션 컴퍼니는 큰 성공을 거두었다.

프리딕션 컴퍼니의 성공에 대해 의심을 품는 것은 지극히 당연한 반응이다. 투자는 운에 좌우되는 경우가 허다하다. 시장이 무작위적이라는 사실은 경제학계에서는 그저 일반 상식에 불과한 게 아니다. 그것을 뒷받침하는 통계적 증거가 아주 많다. 그렇다면 시장이 효율적이기(어떤 주식의 장래 기대 실적에 관한 모든 정보를 고려해 시장 가격이 빨리 변한다는 의미에서) 때문에 무작위적이라는 개념은 프리딕션 컴퍼니의 성공과 반드시 모순되는 것은 아니다. 이것은 역설처럼 들린다. 하지만 효율적 시장 가설의 기초를 생각해보라. 그 표준적 논리는 다음과 같다. 시장과 내기를 할 방법이 있다고 가정해보자. 즉, 시간이 지남에 따라 가격이 어떻게 변할지 신뢰할 수 있게 예측하는 방법이 있다고 하자. 투자자들은 금방 그 정보를 이용하려고 시도할 것이다. 만약 시장이 5월의 마지막 주에는 항상 높은 가격을 유지했거나 자이언츠 팀이 이긴 다음 주 월요일에는 항상 떨어진다면, 노련한 투자자는 그 패턴을 눈치채자마자 5월 말에는 주식을 팔고, 자이언츠 팀이 이기면 살 것이다. 그 결과, 5월 말에는 주가가 떨어지고, 자이언츠 팀이 이긴 다음 월요일에는 올라가 원래의 패턴이 사라지고 말 것이다. 실제로 어떤 경제학자가 시장의 행동에서 이상 패턴을 발견하여 그것을 확인하기 위해 추후 연구를 하려고 하더라도, 이미 그전에 시장은 스스로 수정하는 것처럼 보인다.

이것은 충분히 일리가 있다. 이런 종류의 추론을 받아들이면, 설사 시장이 정상에서 벗어난 행동을 보인다 하더라도, 금방 그것을 정상으로 되돌리는 내부 과정이 있는 것처럼 보인다(물론 효율적 시장 가설에 심각한 결점이 있다고 생각하는 주요 이유 중 하나는 투기 버블과 시장 붕괴가 존재한다는 사실에 있다. 가격에 고삐가 풀린 것처럼 보이는 이런 종류의 대규모 이상 현상을 예측할 수 있느냐 하는 문제는 다음 장에서 다룬다. 여기서 나는 그런 것이 존재한다는 가정 아래 완전한 효율성에서 벗어나는 작은 규모의 일탈에 대해서만 생각하려고 한다). 하지만 그러한 내부 과정은 무엇인가? 거기에는 특정 패턴을 금방 파악하고, 그런 패턴을 이용하도록 설계된 트레이딩 전략을 채택하는, 소위 정교한 전문 투자자들의 행동이 포함된다.

이 전문 투자자들은 시장을 무작위적으로 '만드는' 존재들이다. 적어도 표준적인 사고방식에 따르면 그렇다. 하지만 이들은 예측 패턴이 나타났을 때 그것을 정확하게 파악함으로써 그렇게 한다. 그런 패턴은 금방 사라질 수 있다. 하지만 만약 여러분이 그런 패턴을 '최초로' 알아챈 사람이라면, 자가 수정하는 시장 논리는 적용되지 않는다.

이것은 무엇을 의미할까? 설사 여러분이 효율적 시장 가설에 대한 표준적 사고방식을 받아들여도, 정교한 전문 투자자가 이익을 취할 수 있는 여지가 여전히 있다. 그러려면 여러분은 '가장' 정교한 전문 투자자가 되어야 한다. 즉, 시장의 패턴을 감지하는 능력이 아주 뛰어나고, 패턴을 이익으로 전환하는 방법을 찾는 최선의 장비를 갖춘 투자자여야 한다. 다년간 카오스계에서 정보를 추출한 경험이 있고, 거기다가 방 안에 슈퍼컴퓨터가 가득 차 있다면, 이 일을 하는 데 큰 도움이 된다. 다시 말해서, 프리딕션 컴퍼니는 최대한 자주 가장 정교한 전문 투자자가 되는 방법을 알아냄으로써 성공을 거두었다.

물론 시장이 효율적이라는 가설을 모두가 받아들이는 것은 아니다. 특히 파머는 시장이 예측 불가능하다는 개념을 자주 비판했다. 그는 시장을 예측함으로써 큰돈을 벌었으므로 그렇게 주장할 만한 근거가 충분히 있다. 마찬가지로, 거친 무작위성은 그 뒤에 카오스가 숨어 있다는 신호일지도 모른다. 이것은 직관과는 반대로 종종 유용한 예측을 하기에 충분한 구조가 존재함을 시사한다. 따라서 우리가 시장에서 무엇을 보건, 시장을 예측하는 사람들이 존재할 여지가 있다. 그렇다면 많은 투자자가 파머와 패커드가 걸어간 길을 뒤따라간 것은 전혀 놀라운 일이 아니다. 그리핀 거리 123번지 문 앞에 컴퓨터들이 처음 도착한 지 20년이 지나자, 블랙박스 모형이 월스트리트를 지배했다. 이 모형은 D. E. 쇼에서부터 시타델에 이르기까지 퀀트 헤지펀드들의 주요 도구로 자리 잡았다. 그리고 예측 사업은 산업으로 성장했다.

주석

1 샌타페이 가도에 대해 더 자세한 내용은 Duffus(1972)를 참고하라.

2 프리딕션 컴퍼니의 설립에 대한 이 이야기는 Bass(1999)를 바탕으로 했다. 설립자들에 대한 추가 세부 내용은 Bass(1985, 1999), Gleick(1987), Kelly(1994a, b), Kaplan(2002)에서, 그리고 도인 파머를 비롯해 회사의 초기 역사를 잘 아는 사람들과 나눈 인터뷰와 이메일에서 얻었다.

3 '카오스의 가장자리'란 표현은 Packard(1988)에 나온다.

4 프랭크 오펜하이머에 관해 더 자세한 내용은 Cole(2009)을 참고하라. 로버트 오펜하이머에 관해 더 자세한 내용은 Bird and Sherwin(2005), Conant(2005), Pais(2006)와 앞에서 맨해튼 계획의 참고 문헌으로 나온 Baggott(2009), Rhodes(1995), Jones(1985), Groves(1962)를 참고하라.

5 1947년 7월 12일 자에 보도된 내용이다.

6 잉거슨과 오펜하이머, 파머, 패커드에 관한 이야기는 Bass(1985, 1999)를 참고했다.

7 내가 생각하는 종류의 추천 사례로는 Wheeler(2011)를 보라. 다음 문장에 나오는 '우수 두뇌'라는 표현은 바로 이 편지에서 비롯되었다.

8 실버시티의 이 배경 이야기는 Wallis(2007)를 참고했다.

9 로렌츠의 생애와 역사적 세부 사실, 그리고 카오스 이론의 역사에 관한 이야기는 Gleick(1987)과 Lorenz(1993)를 참고했다.

10 그 논문은 Li and Yorke(1975)다.

11 이 논문은 Lorenz(2000)다. 로렌츠 자신은 날갯짓을 하는 나비 은유를 사용한 적이 한 번도 없다. 다만 갈매기가 등장하는 비슷한 은유를 가끔 사용하긴 했다.

12 파머는 Morehead(1967)를 읽었고, 패커드는 Thorp(1966)를 읽었다.

13 어떤 것을 진정한 카오스계로 간주해야 하는지를 놓고 약간 논란이 있긴 하지만, 룰렛이 카오스계가 아니라는 데에는 사실상 모든 사람이 동의한다. 왜냐하면 공과 바퀴가 항상 소수의 가능한 배열 형태로 귀결되기 때문이다. 따라서 모든 초기 조건은 소수의 가능한 최종 상태로 귀결된다고 볼 수 있다. 하지만 엄밀한 수학적 관점에서 볼 때 룰렛은 '거의' 카오스계라고 할 수 있는데, 마찰 등으로 일어나는 에너지 손실을 무시한다면, 계가 카오스적으로 변하기 때문이다. 어떤 계가 카오스적으로 변한다는 의미를 더 자세하게 알고 싶다면, 예컨대 Strogatz(1994)나 Guggenheimer and Holmes(1983)를 참고하라.

14 사실, 그들은 논문을 발표할 때에는 동역학계 집단을 '공식' 단체 이름으로 사용했다. 예컨대 Packard et al.(1980)을 참고하라.

15 Strogatz(1994)와 Guggenheimer and Holmes(1983) 외에 Mandelbrot(2004b)도 보라.

16 이 논문은 〈시계열에서 나온 기하학(Geometry from a Time Series)〉(Packard et al. 1980)이다.

17 이 회의의 의사록은 Anderson et al.(1988), Arthur et al.(1997), Blume(2006)으로 발표되었다.

18 이 기사는 Broad(1992)였다.

19 Bass(1999)를 보면 확실히 이런 인상을 받는다. 이와 비슷하게 Broad(1992)는 파머와 패커드가 '카오스 이론에서 세계 수준의 기술을 사용해 주식과 채권의 등락을 예측하는 개인 사업가'라고 썼다.

20 이 부분은 특히 파머와 나눈 인터뷰를 바탕으로 쓴 것이다. 파머와 패커드가 물리학자로 지낸 경험 중 프리딕션 컴퍼니의 초창기에 가장 도움이 된 것을 꼽는다면 Farmer and Sidorowich(1987)라는 연구를 들 수 있다. 여기서 그들은 특정 알고리듬의 근사를 바탕으로 단기 예측을 하는 방법을 제시했다.

21 통계적 차익 거래의 역사에 관해 더 자세한 내용은 Bookstaber(2007)를 참고하라. 에드 소프도 이 개념의 초기 발전에 중요한 역할을 했다. 그의 기여에 대해 더 자세한 이야기는 Thorp(2004)를 참고하라.

22 유전 알고리듬에 대해 더 자세한 내용은 예컨대 Mitchell(1998)을 참고하라. 초기에 패커드가 기여한 부분에 대해서는 Packard(1988, 1990)를 참고하라.

23 이 사람은 더 구체적으로 내게 이 회사의 샤프 지수가 3이라고 말했다.

7장

극단적 사건은 일어난다

디디에 소르네트Didier Sornette는 데이터를 다시 들여다보았다.[1] 그리고 이마를 만지며 생각에 잠겼다. 나타난 패턴은 분명했다. 뭔가가, 그것도 아주 큰 일이 일어나려 하고 있었다. 그런 것을 예측하는 것은 엄청나게 어려운 일이지만, 소르네트는 그 일이 일어날 것이라고 확신했다. 소르네트는 UCLA 지구물리학연구소의 자기 방에서 상체를 뒤로 젖히고 창밖을 내다보았다. 그렇게 큰 충격은 엄청난 결과를 초래할 것이다. 하지만 이 상황에서 어떻게 해야 할까? 경고를 발표해야 할까? 하지만 사람들이 그 말을 믿어줄까? 설사 누가 믿는다 하더라도, 무슨 일을 할 수 있을까?

때는 1997년 늦여름이었다. 소르네트는 이 이론을 몇 년 동안 연구해왔지만, 그것을 현실 상황에 적용하는 것은 아주 새로운 시도였다. 하지만 역사적 데이터를 가지고 그것을 충분히 오랫동안 시험한 결과, 큰 사건이 일어나기 전에는 항상 이것과 동일한 패턴이 나타났다. 그것은 물결 모양의 선처럼 보였지만, 시간이 지나면서 진동이 점점 더 빨라졌고, 피크들이 한 점으로 모이려고 하는 것처럼 그 사이의 간격이 점점 좁아졌다. 임계점. 소르네트는 이론적으로 그리고 실험을 통해서도 이 패턴이 예측할 수 있을 만큼, 즉 임계점이 언제 나타날지 추측할 수 있을 만큼 확실하다는 사실을 발견했다. 모든 곳에서 같은 패턴이 나타났다. 지진이 일어나기 전에도, 눈사태가 일어나기 전에도, 어떤 종류의 물질이 폭발하기 전에도. 하지만 이번에는 발생한 상황이 좀 달랐다. 이번에는 소르네트가 사건이 일어나기 전에 그 패턴을 본 것이다. 어떤 사건의 예측이 가능함을 아는 것(전혀 위험이 따르지 않는 노력)과 실제로 예측하는 것 사이에는 아주 큰 차이가 있다. 하지만 소르네트는 확신했다. 그리고 거기에 승부를 걸어보기로 했다.

그는 동료인 올리비에 르두아Olivier Ledoit에게 전화를 걸었다. 르두아는 UCLA의 앤더슨경영대학원에서 근무하는 젊은 교수였다. 소르네트는 친구에게 자기가 발견한 것을 이야기했다. 데이터는 아주 중요한 사건이 다가오고 있음을 보여주었다. 어쩌면 세상을 뒤흔들 사건이지만, 지질학적 사건은 아니었다. 그것은 세계 금융시장이 극적으로 붕괴할 가능성이 있다고 예고했다. 심지어 소르네트는 그 사건이 언제 일어날지도 말할 수 있었다. 그의 계산에 따르면 그 날짜는 10월 말로, 불과 몇 개월 후였다.

소르네트는 몇 년 전부터 금융 분야의 연구를 해왔지만, 그래도 여전히 물리학자였다. 르두아는 금융 산업을 잘 알고 있어 다음 단계들을 추정하는 데 도움을 줄 수 있었다. 두 사람은 상의 끝에 어떻게 할지 계획을 세웠다. 먼저 관련 당국에 경고하기로 했다. 소르네트는 UCLA에서 박사 후 연구원으로 일하던 지구물리학자 겸 경제학자인 안데르스 요한센Anders Johansen과 함께 특허 신청서를 써서 프랑스 특허청으로 보냈다. 물론 당장은 아무도 그들의 경고를 믿으려 하지 않을 게 뻔했다. 전통적인 시장 분석 방법 중에서 불안정이 다가온다고 경고한 것은 하나도 없었다. 그리고 설사 주가 대폭락이 일어난 뒤까지 기다린다 하더라도, 역시 아무도 그들의 말을 믿지 않을 것이다. 그들의 목소리는 자신도 그 사태를 사전에 예견했다는 수많은 경제학자와 투자자의 목소리에 묻혀버리고 말 것이기 때문이다. 따라서 특허 등록은 자신들이 정말로 한 달 전에 주가 대폭락을 예측했음을 입증하는 보험이었다. 그 신청서는 1997년 9월 17일에 등록되었다. 거기에는 그해 10월 말에 주가 대폭락이 일어날 것이라는 예측이 적혀 있었다.

그리고 두 번째 단계의 일은? 바로 수익을 챙기는 것이었다. 시장에서 주가가 상승할 때 돈을 벌기는 쉽다. 하지만 주가가 폭락할 때에도 제대로 예상하기만 한다면 아주 큰 수익을 올릴 방법이 많다. 가장 간단한 방법은 풋 옵션put option을 사는 것이다. 앞에서 설명했던 옵션은 콜 옵션call option이다. 콜 옵션은 미래의 어느 시점에 '권리 행사 가격'이라는 정해진 가격으로 어떤 주식을 매수할 권리를 사는 것이다. 만약 주식시장에서 그 주가가 권리 행사 가격보다 올라간다면 수익을 얻게 되는데, 권리 행사 가격으로 그 주식을 사서 더 높은 시장 가격에 팔아 그 차익을 챙길 수 있기 때문이다. 주가가 권리 행사 가격보다 더 높이 올라가지 않더라도 큰 문제는 없다. 옵션을 사는 데 든 돈만 날리면 되며, 더 높은 주가와 권리 행사 가격의 차액에 대해서는 책임지지 않아도 된다. 풋 옵션은 이와 정반대이다. 이번에는 정해진 가격에 어떤 주식을 '팔' 권리를 사는 것이다. 이 경우에는 주가가 권리 행사 가격 밑으로 떨어지면 수익을 얻는데, 시장 가격으로 그 주식을 사서 더 높은 권리 행사 가격으로 팔아 그 차익을 챙길 수 있기 때문이다.

과외가격 옵션이 시장이 극적으로 요동칠 때에만 가치가 있다고 했던 이야기가 기억나는가? 극적인 시장 요동은 일어날 가능성이 드물고 과외가격 옵션은 대체로 아주 싼 편이다(그것을 파는 사람들은 위험이 아주 낮다고 생각하기 때문에). 하지만 주식시장이 폭락할 때에는 이러한 과외가격 풋 옵션은 초기 비용이 거의 들지 않으면서 가치가 폭등할 수 있다. 시장이 언제 폭락할지 안다면, 아주 짧은 기간에(예컨대 불과 며칠 만에) 막대한 수익을 챙길 수 있다. 이 방법을 사용하면 주식을 장기 보유하는 전략보다 수익이 훨씬 낫다. 물론 관건은 예측 불가능한 것을 어떻게 예측하느냐 하는 것이다.

***

풍선을 부풀리는 장면을 상상해보라.[2] 처음에 풍선은 축 늘어진 고무 조각이다. 부풀지 않은 이 상태에서는 풍선은 신축성이 좋으며 찢기가 매우 어렵다. 마음대로 찌르고 누르더라도(심지어 날카로운 칼로도)

먼저 풍선을 크게 부풀리지 않는 한, 칼로 구멍을 내기 어렵다. 핀으로 찌르더라도 마찬가지다. 이제 바람을 불어넣어 풍선을 크게 부풀려보자. 입으로 몇 번 바람을 불어 넣으면 풍선이 팽창하기 시작한다. 풍선 안에 든 공기의 압력이 풍선 벽을 바깥쪽으로 밀어내 풍선 모양은 대체로 구형에 가까워진다. 풍선은 아직도 상당한 신축성이 있다. 이제 풍선 안에 든 공기의 양에 따라 아주 날카로운 칼로 고무를 자를 수 있지만, 설사 구멍을 뚫어도 풍선은 뻥 하고 터지지 않을 것이다. 풍선 안에 든 공기가 구멍으로 새어 나가지만 매우 극적인 양상으로 빠져나가진 않을 것이다.

하지만 풍선 안에 공기를 더 많이 집어넣으면, 풍선은 외부 효과에 점점 더 민감해진다. 아주 크게 부풀어 오른 풍선은 나뭇가지나 콘크리트 조각에 살짝 스치기만 하더라도 터지기 쉽고, 핀에 살짝 닿기라도 하면 틀림없이 뻥 하고 폭발할 것이다. 풍선 안에 공기를 충분히 많이 집어넣으면, 손가락 끝을 대기만 해도 혹은 단지 공기를 한 입 더 불어 넣기만 해도 풍선이 뻥 하고 터질 것이다. 최대로 팽창하여 언제라도 터질 준비가 된 풍선은 아주 사소한 자극에도 극적인 효과가 나타난다. 풍선은 음속보다 빠른 속도로 작은 조각들로 갈기갈기 찢겨나간다.

풍선을 폭발하게 하는 원인은 무엇일까? 어떤 의미에서는 그것은 나뭇가지나 핀 또는 그것을 붙잡으려고 할 때 손가락이 미치는 압력 같은 외부 요인이다. 하지만 같은 영향도 대부분 상황에서는 풍선에 거의 아무런 효과도 미치지 않는다. 외부 요인이 효과를 발휘하려면 풍선을 크게 부풀리거나 심지어 아주 크게 부풀릴 필요가 있다. 게다가 특정 외부 요인은 그다지 중요하지 않다. 찌르기 전에 풍선을 크게 부풀리는 것이 훨씬 중요하다. 사실, 부풀어 오른 풍선을 터지게 하는 외부 요인은 풍선을 부풀게 한 원인이 아니다. 풍선을 폭발적으로 터지기 쉬운 상태로 만드는 것은 풍선에 일어난 내적 불안정이다.

풍선이 터지는 현상은 파열rupture이라 부르는 다양한 현상 중 하나이다. 파열은 변형력이 작용하는 온갖 종류의 물질에서 일어난다. 파열은 종종 '낙타의 등뼈를 부러뜨리는 마지막 지푸라기' 효과로 생각할 수 있다. 높은 내부 압력(예를 들면 풍선 안의 공기나 흔든 음료 캔 속에서 발생한 가스 때문에, 혹은 낙타 등 위에 쌓인 짐의 무게 때문에 생기는)처럼 물질에 작용하는 변형력은 불안정을 초래하고, 불안정은 그 물질을 폭발적 사건이 일어나기 쉽게 만든다. 흔히 결정적 사건이라 부르는 이러한 폭발이 바로 파열이다. 풍선이 터질 때처럼 파열이 일어나는 물질은 그 상태가 아주 빠르게 변하면서 상당히 많은 에너지를 방출한다. 조금 부풀어 오른 풍선 표면을 핀으로 찌르는 것처럼 평소 같으면 그다지 주목할 만한 효과를 나타내지 않는 사건도 이 상태에서는 연쇄 폭발을 낳으면서 큰 사건을 만들어낸다.

파열 현상에 대한 이해를 넓히는 데 크게 기여한 사람이 바로 디디에 소르네트이다. 소르네트는 놀랍도록 생산성이 높은 연구자이다. 2012년 현재 50대 초반인 그가 지난 30년 동안 발표한 과학 논문은 450편 이상이나 된다. 출간한 책도 네 권 있는데,[3] 한 권은 물리학, 두 권은 금융, 또 한 권은 지프의 법칙에 관한 것이다. 하지만 양보다 더 놀라운 것은 연구 범위이다. 큰 성공을 거둔 사람을 비롯해 대부분의 물리학자는 서로 밀접한 연관이 있는 소수의 분야에서만 연구를 한다. 새로운 분야에서 전문 지식을 다시 쌓기는 몹시 어렵기 때문에 대다수는 평생 그런 시도를 한두 번 해보고 마는 게 보통이다.

하지만 소르네트는 재료공학에서부터 지구물리학, 결정 이론(경제학과 심리학의 한 갈래), 금융시장, 심지어 신경과학(그는 뇌전증 발작의 기원과 예측에 대해 중요한 연구를 했다)에 이르기까지 10개 이상의 분야에서 많은 기여를 했다. 소르네트는 자신을 가장 넓은 의미의 과학자로, 즉 거의 모든 분야의 과학에 정통한 사람으로 생각한다. 그는 젊은 시절에 물리학을 공부했는데, 물리학에 평생을 쏟아붓기 위해서가 아니라 물리학이 모든 과학의 기본이 된다고 생각했기 때문이다. 소르네트는 철학자 데카르트Renê Descartes의 말을 인용하길 좋아한다. 데카르트는 대작인 《방법서설(Discours de la méthode)》에서 과학은 나무와 같다고 말하면서 형이상학은 그 뿌리, 물리학은 줄기, 그리고 나머지 모든 것은 가지라고 했다 (지금은 소르네트는 자신의 교육에 대해 좀더 겸손한 태도를 보인다. 자신이 물리학을 공부한 것은 많은 문제에 접근하기 위한 준비 과정이었다고 생각한다. 하지만 경제학이나 생물학 같은 분야의 지적 도전들은 물리학의 지적 도전들보다 최소한 10배는 더 어렵다고 말한다). 연구 분야가 그토록 다양한 주제에 걸쳐 있는데도 불구하고, 소르네트가 한 연구 중 대부분은 복잡계의 구조가 지닌 고유 패턴을 확인하고, 그 패턴을 사용해 파열, 지진, 대폭락 같은 임계 현상을 예측하는 것에 초점을 맞추고 있다.

소르네트가 초기에 진행한 과학 연구 중 하나는 듀폰이 1965년에 개발한 합성 섬유인 케블라에 생긴 파열에 관한 것이었다. 케블라는 아주 강한 물질이어서 경찰과 군인이 착용하는 방탄조끼의 재료로 쓰이고, 심지어 현수교 케이블에서 강철 대용 물질로도 쓰인다. 케블라는 상온보다 훨씬 낮은 온도에서 더 강하며, 고열에서도 적어도 짧은 시간 동안은 대체로 안정 상태를 유지한다. 케블라는 그야말로 현대 화학의 경이로운 물질이다.

케블라는 이런 성질 때문에 첨단 기술을 응용하는 온갖 분야에서 아주 매력적인 물질로 쓰였다. 소르네트가 케블라 연구에 관여하게 된 계기도 그런 응용 분야 중 하나(우주 비행)에서 연구했기 때문이다. 처음에 우주 경쟁은 미국과 소련 사이의 양자 대결로 진행되었다. 그런데 1960년대 중엽부터 여러 서유럽 국가는 초강대국의 선의만 기대하고 있다간 우주에서 유럽의 경제적, 군사적, 과학적 이익을 제대로 챙길 수 없다는 사실을 깨달았다.[4] 유럽의 우주 경쟁 참여는 처음에는 느리게 진행되었고 노력도 분산되었으나, 1975년에 과거 10여 년 동안 생겨난 다양한 조직들을 통합해 지금의 유럽우주국European Space Agency이 탄생했다. 그 무렵에는 미국과 소련의 우주 경쟁 속도가 조금 느려졌는데, 계속 치열하게 경쟁하기에는 비용이 너무 부담스러웠기 때문이다. 이 기회를 틈타 갓 탄생한 유럽우주국은 재빨리 두 초강대국을 따라잡으면서 우주 산업 분야에서 주요 경쟁자로 떠올랐다. 유럽우주국이 새로 추진한 우주 계획 중에서 야심적인 것은 인공위성 운반 수단으로 설계한 첨단 로켓인 아리안이었다.

1983년, 아직 생겨난 지 얼마 안 된 유럽우주국은 상업용 인공위성, 특히 통신 위성을 쏘아 올릴 목적으로 새로운 종류의 아리안 로켓인 아리안 4호를 개발하기 시작했다(아리안 4호는 아주 큰 성공을 거두었다. 한동안은 전 세계에서 발사된 상업용 인공위성 중 약 절반이 아리안 4호에 실려 지구 궤도로 올라갔다). 새로운 로켓은 프랑스 국립우주연구센터CNES가 설계했지만, 제작은 민간 업체들이 맡았다. 그 민간 업체 중 하나인 아에로스파시알이 소르네트에게 접근했다.

아리안을 포함해 로켓은 연소를 위해 아주 높은 압력에서도 견딜 수 있는 물질이 여러 가지 필요하다. 연소에 필요한 화학 물질은 압력 탱크라는 용기에 담아 저장한다. 압력 탱크는 사실상 첨단 기술로 만든 물풍선이라 할 수 있는데, 큰 변형을 받아도 터지지 않고 높은 압력을 유지할 수 있어야 한다. 소르네트와 접촉한 아에로스파시알의 연구자들은 아리안 4호에 사용할 압력 탱크의 행동을 연구하고 있었는데, 그 압력 탱크는 바로 케블라로 만든 것이었다. 압력 탱크는 보통은 아주 높은 압력에서도 튼튼했지만, 갑자기 폭발할 때가 있었다. 아에로스파시알의 연구팀은 어떤 조건에서 이런 일이 일어나는지 알고 싶었다.

풍선을 충분히 크게 부풀릴 경우, 날카로운 핀으로 찌르면 거의 항상 터진다는 사실은 누구나 잘 안다. 하지만 다른 물질은 그 결과를 예상하기가 훨씬 어렵다. 케블라 같은 물질은 고압 내용물의 변형 때문에 결국 파열하지만, 언제 그리고 왜 그런 일이 일어나는지 알아내는 것은 놀랍도록 어려운 문제이다. 케블라 같은 물질이 큰 변형력을 받으면, 아주 작은 균열이 나타나기 시작한다. 가끔 이러한 균열들이 합쳐져 조금 더 큰 균열로 변한다. 그리고 가끔 조금 더 큰 균열들이 합쳐져 더 큰 균열로 변하고, 그런 일이 단계별로 계속 일어나다가 아주 큰 균열이 생긴다. 이 균열들은 앞에서 우리가 봤던 패턴을 나타낸다. 그것은 바로 가장 작은 균열들이 그보다 큰 균열들과 같은 모습을 한 프랙털이다. 그런데 작은 균열은 압력 탱크의 행동에 아무 영향을 미치지 않지만, 큰 균열은 파국적 결과를 초래할 수 있다. 큰 균열과 작은 균열 사이에 이러한 차이를 빚어내는 원인이 무엇인지는 꼬집어 말하기 어렵다. 적어도 균열의 원인이라는 측면에서 볼 때에는 그렇다. 큰 균열은 작은 균열이 성장을 멈추지 않고 자라난 것이라고 할 수 있다. 아주 크고 파괴적인 균열과 아주 작고 무해한 균열은 서로 종류가 다른 균열이 아니다.

큰 균열과 작은 균열 사이의 이러한 관계는 로켓과학자에게 골치 아픈 문제를 던졌다. 케블라가 대개 안정한 상태로 존재하는 보통의 작업 조건에서도 정상적인 작은 균열이 자연 발생적으로 큰 균열로 성장해 로켓을 파괴할 가능성이 늘 있다는 이야기가 되기 때문이다. 아무리 작은 것이라도 균열은 폭발적으로 변할 가능성이 있다. 소르네트가 그 팀에 합류했을 때, 다른 과학자들은 문제를 어떻게 풀어야 할지 갈피를 잡지 못하고 있었다. 압력 탱크를 잘 사용하려면 안전하게 사용하는 방법을 알아내야 했다. 즉, 파열이 일어나는 조건을 알아낼 필요가 있었다. 하지만 그것은 불가능한 일처럼 보였다. 파열은 그냥 무작위적으로 일어나는 것 같았기 때문이다.

소르네트가 어떤 패턴을 발견하기 전까지는 그랬다.

정상적으로는 압력 탱크를 이루는 부분들은 단체 교섭권이 보장되기 이전의 19세기 노동자처럼 다소 독립적으로 행동한다. 예를 들어 압력 탱크를 발로 차면 약간 진동이 일어나지만, 그 진동은 금방 사라진다. 설사 발이 닿은 부분이 움푹 찌그러진다 하더라도(그럴 가능성은 희박하지만), 나머지 탱크에 그다지 큰 손상이 가진 않는다. 마찬가지로, 이 상황에서 작은 균열이 나타난다 하더라도, 그것이 파열까지 이르지는 않는다. 이 상황은 약간만 부풀어 오른 풍선을 터뜨리려고 하는 것과 비슷하다. 핀으로 찔러도 별 효과가 나타나지 않는다.

하지만 가끔 재료 물질에서 다양한 부분들이 서로 공모할 수 있다. 그리고 거기서 일종의 양 떼 효과가 나타난다. 이런 일이 일어나는 원인은 다양하다. 예컨대 열이나 압력 혹은 다른 외부 효과가 원인이 될 수 있다. 이런 일이 일어날 때에는 마치 재료 물질의 다양한 부분들이 노동조합을 만든 것과 같은 효과가 나타난다. 한 곳을 발로 차면, 그 충격이 탱크 전체로 물결처럼 퍼져가며, 작은 국지적 영향이 극적인 효과를 빚어낸다. 크게 부풀어 오른 풍선을 핀으로 찌르면 빵 하고 터지는 것처럼. 이런 종류의 공모를 가끔 '자기 조직화self-organization'라 부르는데,[5] 처음에는 물질의 각 부분이 아무리 무작위적이고 서로 관계가 없다 하더라도, 변형력을 받게 되면 각 부분의 행동이 조직화되기 시작하기 때문이다. 이것은 마치 물질의 각 부분이 압력을 받아 뒤섞이면서 점차 공동의 목적을 위해 협력하기로 결정하는 것처럼 보인다.

비록 소르네트가 자기 조직화 이론에 대해 누구보다도 많은 연구를 하긴 했지만, 자기 조직화라는 개념을 처음 주장한 사람은 소르네트가 아니다. 대신에 그는 그것과 조금 다른 것을 깨달았다. 마침내 그는 소규모 파업이 파국적인 파업과 어떻게 다른지 이해했다. 모든 파업은 심한 상해, 부당 해고, 임금 삭감처럼 같은 종류의 불씨 때문에 발생한다. 그런 사건 중 어떤 것이 전국적 파업으로 발전하는지 알 길이 없다고 생각하기 쉽다. 대규모 파업은 소규모 파업이 무슨 이유에서건 멈추지 않고 계속 이어진 결과로 보인다. 아주 작은 균열도 이와 마찬가지로 어떤 상황에서 폭발하여 재료 물질을 갈기갈기 찢는 파열로 발전하는 것처럼 보인다. 하지만 대규모 파업이 일어나려면 단순히 불씨만으로는 부족하고, 그 이상의 것이 필요하다. 고도의 조직과 일치단결된 행동력을 지닌 노동 운동이 필요하다. 시스템 전체에 작용하는 피드백과 증폭 기제, 즉 작은 사건을 큰 사건으로 변화시킬 수 있는 요소가 필요하다. 다시 말해서, 대규모 파업을 예측하길 원한다면, 불만이 무엇인지 파악하려는 노력은 별 도움이 되지 않는다. 불만은 늘 존재한다. 노동조합을 유심히 살펴볼 필요가 있다. 자기 조직화 패턴이 뚜렷하게 나타나는지 살펴보라. 결정적 사건을 촉발하는 진짜 원인은 찌르는 바늘보다는 조직화에 있다. 소르네트는 이 통찰을 곧장 은행에 적용했다.

***

소르네트는 파리에서 태어났지만, 프랑스 리비에라(프랑스 남동부 니스에서 이탈리아 라스피차까지 이르는 지중해 연안 지역을 가리킴. 경치 좋은 피한지로 유명함—옮긴이)에 위치한 드라기냥에서 자랐다. 드라기냥은 제트족(제트기로 자주 여행하는 부자)의 휴가지로 유명한 지중해의 아름다운 휴양 도시 생트로페에서 자동차로 한 시간 거리에 있다. 고등학교 시절에 소르네트는 생트로페로 자주 가 요트와 윈드서핑을 즐겼다. 졸업한 뒤에는 니스로 가 그랑제콜 입학시험을 준비하기 위해 예비학교를 다녔다(이 학교는 제2차 세계대전 때 망델브로가 나치를 피해 숨었던 리옹에 있던 학교와 성격이 비슷했다. 리옹은 여기서 북쪽으로 300여 km 떨어져 있다). 소르네트는 시험에서 아주 좋은 성적을 얻어 그랑제콜 중에서도 가장 유명한 고등사범학교에 들어갔다.

1981년에 24세의 나이로 박사 학위를 받고 나서 곧바로 니스대학에서 종신 재직권을 보장받는 교수가 되었다. 처음에 한 연구 분야는 응축 물질 물리학(극한 조건에 놓인 물질을 연구하는 분야)이었다. 하지만 군 복무를 시작한 다음 해부터 다른 분야로 손을 뻗었다. 군 복무 기간에는 교수직을 유지하면서 정부와 계약을 맺은 방위 산업체인 톰슨-신트라에서 근무했다. 군사 부문의 연구를 하던 이 시기에 소르네트는 처음으로 카오스 이론과 복잡계를 연구했는데, 이 연구는 나중에 학제 간 연구를 뒷받침하는 기반이 되었다.

1986년 6월, 소르네트는 젊은 지구물리학자 안 소롱Anne Sauron과 결혼했다. 그 당시 소롱은 오를레앙대학에서 박사 과정을 밟고 있었지만, 결혼 후에는 소르네트가 교수로 자리를 잡은 니스대학으로 옮겼다. 결혼 직후 소르네트는 아내가 자신의 연구팀에 합류할 수 있도록 지원금을 타냈고, 자신이 아내의 박사 과정 지도 교수를 맡았다. 두 사람은 소르네트가 파열에 대해 시작한 연구를 지진의 원인에 관한 문제와 연결 짓는 데 초점을 맞춰 연구를 진행했다.

소르네트는 비록 공식적으로는 소롱의 지도 교수였지만, 두 사람의 연구는 사실상 서로 다른 분야에서 일하는 전문가들 간의 협력 연구나 다름없었다. 두 사람이 함께 연구를 시작할 때만 해도 소르네트는 지진에 대한 기본 지식이 전혀 없었다. 반면에 소롱은 물질 파열에 대해 아는 게 전혀 없었다. 하지만 소르네트는 뭐든지 빨리 배웠다. 두 사람은 지각을 이루는 판들의 연구에 프랙털 기하학을 적용하는 방법을 함께 생각하기 시작했다.[6] 지각이 서서히 움직이는 판들로 이루어져 있다는 판 구조론은 원래 대륙들이 한때 하나로 들러붙어 있었다는 증거(예를 들면, 특정 종류의 식물은 남아메리카 서부와 오스트레일리아 동부에서만 발견된다)를 설명하기 위해 나왔지만, 지금은 지진(두 판이 충돌하거나 서로를 스쳐 지나갈 때 일어나는), 산맥(두 판이 충돌하는 지점이 접혀서 위로 솟아 올라갈 때 생김), 화산(판과 판의 경계에서 지각 아래의 마그마가 솟아오를 때 생김), 해구(산맥 생성과 정반대되는 지질 활동으로 생김)를 설명하는 데에도 쓰인다. 소르네트 부부의 연구는 현재 아시아와 인도 사이를 지나가는 분수령(히말라야산맥과 작은 산맥 여러 개로 이루어진, 미국 대륙만 한 길이의 분수령)의 지질과 지형이 두 대륙이 충돌하면서 수천만 년에 걸쳐 작은 지진이 수많이 일어난 결과로 생겨났을 가능성을 알아보려는 시도로 진행되었다.

지구물리학자는 지구의 내부 구조에 관련된 주제들을 광범위하게 연구한다. 하지만 그들에게 빵과 버터를 주는 연구, 즉 기금을 지원하는 기관들의 관심을 끌 만한 연구는 지진과 화산 폭발 같은 자연재해를 예측하는 분야이다. 지진 예측은 과학적 이유에서건 인도주의적 이유에서건 아주 중요한 문제이다. 지진 예측은 악명 높을 정도로 어렵지만, 그래도 과학자들은 포기하지 않고 철학자나 점성술사보다 훨씬 앞서서 지진을 예측하려고 노력했다. 예를 들면, 고대 로마의 역사학자 아일리아누스Aelianus는 그리스 도시 헬리케가 지진으로 파괴되기 며칠 전에 뱀과 족제비가 도시를 떠났다고 주장하면서 동물들이 지진을 정확하게 예측한다고 암시했다.[7] 고대 인도의 점성술사이자 수학자인 바라하미히라Varahamihira는 특정 구름 패턴이 나타나는 걸 보고서 지진을 예측할 수 있다고 믿었다.[8]

1960년대와 1970년대에 미국과 소련은 지진 예측 기술을 놓고 서로 경쟁을 벌이면서 지구물리학자들에게 많은 예산을 지원했다. 이 연구 계획들에서 뇌우에서부터 방사능 증가, 지진 부재를 비롯해 온갖 것을 미래의 재난 예측에 사용할 수 있다는 주장이 나왔다. 하지만, 이러한 첨단 기술도(특히 1980년대 중엽까지는) 기원전 373년에 헬리케가 지진에 파괴되던 당시에 비해 별로 나은 것이 없었다(사실, 심지어 지금도 동물 행동과 지진 구름이 진행 중인 연구 계획 명단에 올라가 있다). 지진을 정확하게 예측하는 능력은 일종의 성배나 다름없다.

소르네트는 1989년에 아에로스파시알의 연구에 동참했다. 그해에 소르네트는 소롱과 함께 자기 조직화(자신이 연구해온 파열 이론의 바탕을 이루는 개념)와 지진의 연관 관계를 밝힌 논문을 발표했다.[9] 이 둘은 유사성이 아주 컸다. 지각은 파열 가능성이 있는 물질로 볼 수 있고, 케블라 같은 물질에서 일어나는 파열을 설명하는 이론은 원리적으로 암석 같은 물질에서 일어나는 파열도 설명할 수 있다. 마지막 단계는 단순히 큰 재난을 몰고 오는 지진을 임계 사건으로, 즉 판들 사이의 경계면에서 일어나는 파열로 보는 것이었다. 그것은 자기 조직화와 임계성 개념을 지진과 연결 지은 최초의 논문은 아니더라도 초기의 논문 중 하나였다.[10] 그리고 소르네트가 나란히 진행하던 두 연구 계획(압력 탱크와 지진)이 서로 밀접한 관계가 있는 게 아닐까 생각하게 된 것도 바로 이 논문이 계기가 되었다.

반짝이는 영감이 떠오른 것은 2년 뒤인 1991년이었다.[11] 그 무렵에 소르네트는 다른 연구자들과 함께 파열과 균열이 물질 속에서 어떻게 퍼져나가는지 자세히 기술하는 모형을 개발했다. 이 모형은 조직화와 협응의 정도에 따라 어떻게 균열이 증폭되고 작은 원인이 큰 효과로 바뀌는지 설명했다. 소르네트는 이 모형을 생각하던 중에 만약 모든 조각이 임계 사건, 즉 폭발적 파열을 일으킬 준비가 돼 있다면, 파열을 낳는 균열들의 증가 방식에 영향을 미치리란 사실을 깨달았다. 즉, 파열이 일어나기 전에 더 작은 사건들이 매우 특징적이고 가속적인 패턴으로 일어난다는 것이다. 이 패턴을 로그 주기 패턴이라 부르는데, 작은 사건들 사이의 시간 간격이 시간의 로그값과 연관된 특정 방식으로 감소하기 때문이다. 이 패턴은 어떤 계가 파열이 일어날 조건에 이르렀을 때만 나타나기 때문에, 임계 사건이 곧 일어나리란 신호로 간주할 수 있다. 그리고 그 패턴은 시간이 지나면서 가속되기 때문에, 그보다 작은 사건들 몇 개가 연속적으로 나타난다면 그것들이

로그 주기적 행동을 보이는지 판단할 수 있고(사건들 사이의 시간 간격이 점점 짧아질 테니), 그 결과를 시간상으로 연장하여 언제 피크들이 붕괴하여 하나로 뭉치는지 추정함으로써 임계 사건이 일어날 때를 예측할 수 있다.

소르네트는 먼저 압력 탱크를 대상으로 이 이론을 검증해보았다. 그랬더니 정말로 파열이 일어나기 전에 탱크에서 나는 진동('음향 방출'이라 부르는)에 로그 주기 패턴이 나타났다. 기본적으로 압력 탱크는 균열들이 나타날 때 우르릉거리는 소리를 내기 시작한다. 만약 그 소리가 로그 주기 패턴을 나타낸다면, 이것은 곧 임계 사건이 일어날 조짐이다. 아에로스파시알은 로켓의 탱크가 언제 폭발할지 예측하는 방법에 관한 특허를 재빨리 얻었다. 이 방법은 지금도 압력 탱크의 폭발을 예측하고 시험하는 데 쓰이고 있다.

하지만 압력 탱크는 시작에 불과했다. 만약 물질 파열과 지진 사이의 밀접한 관계에 대한 소르네트 부부의 생각이 옳다면, 소르네트의 발견은 아주 중요한 의미를 지닌다. 변형력을 받는 케블라에 생기는 작은 균열들에 해당하는 '작은' 지진이 발생하는 원인은 아주 다양하다. 그런데 만약 소르네트 부부의 주장처럼 큰 재난을 몰고 오는 지진이 파열과 같은 것이라면, 지구물리학 데이터에서 로그 주기 패턴을 찾음으로써 큰 지진이 언제 일어날지 예측할 수 있을 것이다(작은 지진들의 빈발은 큰 지진을 예고한다는 믿음은 오래전부터 있었다. 소르네트의 방법은 작은 지진들의 발생 패턴을 보고 큰 지진이 언제 일어날지 예측함으로써 그 믿음을 더 정확하게 구체화한 것이다).[12] 소르네트의 방법은 배후의 조직화와 협응을 통해 발생하는 큰 지진 외에 다른 것을 예측하는 데에는 아무 소용이 없었다. 하지만 이런 지진은 대개 도시를 완전히 파괴하고 대륙을 갈라지게 하는 가장 큰 규모의 지진이다. 따라서 그 방법은 자연의 대재난을 예측하는 도구로서 충분한 가치가 있다. 진실로 성배라 불릴 만한 자격이 있다.

***

1997년 9월이 끝나고 10월로 접어들 무렵, 소르네트와 르두아는 과외가격 풋 옵션을 사기 시작했다. 둘 다 투자할 큰돈은 없었지만, 옵션 가격이 아주 저렴했다. 그들은 재앙이 코앞에 닥쳤다는 사실을 까마득히 모른 채 세계의 주요 지표들이 무심하게 춤추는 것을 불안한 마음으로 지켜보았다. 소르네트는 자신의 과학이 일러준 대로 가진 돈을 기꺼이 투자할 만큼 자신이 있었다. 하지만 현대사에서 주가 대폭락이 일어난 전례는 손가락으로 꼽을 만큼 드물었다. 이 패턴은 잘못된 경보일 가능성도 있었다. 이 시도는 재정적으로나 학문적으로 소르네트에게는 큰 위험이 따르는 모험이었다.

어느새 10월 중순이 다가오더니 훌쩍 지나갔다. 소르네트의 예측은 완벽하게 정확한 것은 아니었다. 시장의 진동은 대폭락이 10월 말 무렵에 일어난다고 시사했지만, 정확하게 며칠인지는 꼬집어 말하기 어려웠다. 하루하루가 지날수록 대폭락이 일어날 확률은 커졌다(아직 그것이 일어나지 않았다는 사실을 고려하면). 하지만 그런 상태는 단지 잠깐만 지속하다가 그칠지도 몰랐다. 비록 그 확률은 희박하다 하더라도, 이론적으로는 임계점이 시장에서 별다른 공포를 유발하지 않고 그냥 지나갈 가능성도 있었다. 10월 24일 주말이 다가올 때까지도 여전히 대폭락은 일어나지 않았다. 이제 속이 바싹바싹 타 들어갔다. 10월 말이 눈앞에 닥쳤지만, 소르네트는 보여줄 게 아직 아무것도 없었다.

그러다가 마침내 기다리던 일이 일어났다. 1997년 10월 27일 월요일, 다우 지수는 하루 만에 554포인트나 하락해 역사상 여섯 번째로 큰 하락 폭을 기록했다.[13] 나스닥 지수와 S&P 500 지수 역시 비슷한 폭으로 하락했다. 뉴욕증권거래소는 역사상 처음으로 추가 폭락을 막기 위해 장을 일찍 마감했다. 그날 하루 동안에만 뉴욕 금융시장에서 6500억 달러 이상이 증발했다. 런던, 프랑크푸르트, 런던을 비롯해 국제 금융시장 역시 크게 하락했다. 그다음 날, 홍콩 항셍 지수는 14%나 하락했다.

하지만 소르네트와 르두아는 400%의 수익을 얻었다.[14] 그들은 11월에 그것을 입증하기 위해 메릴린치를 통해 거래한 내역을 공개했다. 대폭락은 소르네트가 예측한 바로 그대로 일어났다.

오늘날 역사학자들은 세계적인 금융위기를 반향 효과로 설명한다.[15] 그해 7월에 태국 정부가 고정 환율제를 포기하자 급격한 자본 유출이 일어나면서 태국의 밧화가 폭락했다. 태국은 통화 폭락 이전에 많은 외채를 안고 있었기 때문에 그 후 태국은 사실상 파산 상태에 빠졌다. 태국의 금융위기는 금방 이웃 국가들로 확산되었고, 통화 가치를 하락시키고 주식시장을 폭락시키면서 동남아시아 경제권 전체로 퍼져나간 양상 때문에 '아시아 플루'라는 별명이 붙었다. 이 상황은 세계 경제 전반의 불확실성을 높였고, 유가 증권 가격에 이례적으로 큰 변동성을 초래했다. 10월 26일 하룻밤 사이에 아시아 시장이 폭락하자, 미국 투자자들이 과민한 반응을 보이면서 위기를 증폭시켰다.

10월 27일의 주가 대폭락에서 눈길을 끄는 한 가지 사실이 있는데(이것은 오늘날 사건을 '소규모 주가 폭락'이라 부르는 이유이기도 한데), 바로 그 다음 날 뉴욕시장이 반등했다는 점이다. 28일에 장이 마감될 무렵 다우 지수는 전날에 입었던 손실 가운데 약 60%를 회복했다. 그리고 전날에 역사상 처음으로 장을 일찍 마감한 것과는 너무나도 대조적으로 10월 28일은 뉴욕증권거래소 사상 처음으로 거래량이 10억 주를 돌파했다. 이런 종류의 극적인 널뛰기 현상은 아주 인상적이다. 주가 대폭락과 반등의 누적 효과가 가격에 초래한 변화는 비교적 작았기 때문에, 효율적 시장에서의 가격 결정에 관한 표준적인 추론은 적용되지 않는 것처럼 보인다. 즉, 가격 변화를 기업의 실제 가치로 설명하는 이론들은 모두 주가 대폭락이 실제 가치에 일어난 극적 변화에 상응한다고 예측한다. 하지만 그런 일은 일어나지 않았다. 10월 29일의 주가는 10월 26일과 큰 차이가 없었는데, 이것은 대다수 투자자가 그 사이에 기업의 실제 가치가 크게 변하지 않았다고 생각했음을 시사한다. 대신에 주가 대폭락은 시장 자체에 존재하는 어떤 내부 불안정 때문에 일어난 것으로 보였다.

소르네트와 협력 연구자들의 주장에 따르면, 이것은 많은 시장 붕괴에서 나타나는 특징이다. 소르네트가 즐겨 지적하는 것처럼, 표준적인 경제적 추론은 만약 버블 자체가 실제로 생겨날 수 있다면, 거래 되는 주식의 기업 가치에 실질적 변화를 초래하는 극적인 뉴스가 있어야만 버블이 사라질 수 있다고 이야기한다. 그렇지만 많은 경제학자는 특정 주가 대폭락 사건을 살펴볼 때 그 뉴스가 무엇인지 확인하기 어려울 때가 많다는 사실에 동의한다. 물론 주가 대폭락과 연결 지을 수 있는 나쁜 뉴스들이 항상 있는 것은 사실이다. 하지만 극단적 사건의 원인을 거래 주식의 가치를 그다지 변화시킬 것처럼 보이지 않는 지극히 평범한 외부 요인에서 찾을 때가 많다. 이것만 해도 시사하는 바가 큰데, 적어도 물리학의 임계 현상을 생각하는 데 익숙한 사람에게는 그렇다. 설사 어떤 뉴스가 주가 대폭락을 초래한 직접적 원인이라 하더라도, 시장이 실제로 붕괴할지 아니면 몇 포인트 하락하는 것으로 그칠지 결정하는 것은 시장의 상태 자체에 있음을 의미하기 때문이다. 그리고 파열이나 지진과 마찬가지로, 설사 그 뉴스를 예측할 수 없다 하더라도, 시장이 언제쯤 위험한 상태에 이를지 알아내려고 노력할 수는 있다고 소르네트는 주장한다. 그저 로그 주기 진동을 살펴보기만 하면 된다.

***

임계 현상에서는 물리학자들이 보편 성질이라고 부르는 것이 흔히 나타난다.[16] 이것은 서로 아주 달라 보이는 두 물질(예컨대 케블라 탱크와 지각 판)이 미세 구조상의 큰 차이에도 불구하고 어떤 상황에서는 동일한 대규모 행동을 나타낸다는 뜻이다. 예를 들면, 둘 다 지속적인 변형의 결과로 파열한다. 파열이 어떻게 일어나는지 자세히 들여다보면, 미세 구조상의 차이는 사라지고 서로 극단적으로 다른 두 물질이 거의 똑같은 방식으로 행동하는 걸 발견하게 된다. 따라서 통계적 차원에서 적용되는 것처럼 보이는 어떤 보편 법칙이 있는 게 분명하다. 이런 법칙은 부분들이 무엇인가에 상관없이 부분들 사이의 협응을 지배하는 법칙으로 생각할 수 있다. 소르네트와 협력 연구자들의 개념을 널리 적용할 수 있게 만든 것은 바로 이런 종류의 보편성이다. 세부 내용은 분야마다 다른 경우가 많지만, 주요 기제는 그렇지 않다. 눈사태, 산불, 정치적 혁명, 심지어 뇌전증 발작에 이르기까지 모두 똑같은 현상에 영향을 받는다.

소르네트가 경제학 부문 연구를 처음 한 것은 1994년이었다.[17] 그는 프랑스 물리학자 장-필리프 부쇼Jean-Philippe Bouchaud와 공동으로 논문을 썼다. 같은 해에 소르네트와 부쇼는 시앙스&피낭스라는 연구회사를 함께 세웠는데, 이 회사는 2000년에 파리의 헤지펀드 운용회사인 캐피털 펀드 매니지먼트CFM와 합병했다. 현재 부쇼는 CFM의 회장이자 수석 과학자로 일하고 있는데, CFM은 프랑스에서 가장 큰 헤지펀드 운용회사로 성장했다(그는 아직도 공식적으로는 망델브로가 다녔던 에콜폴리테크니크의 물리학 교수이다. 한편, 소르네트는 1997년에 시앙스&피낭스를 떠났다). 이들의 공동 논문은 설사 기초 주식이 블랙과 숄스가 가정한 것과 같은 종류의 무작위 행보를 따르지 않더라도 옵션 가격을 결정할 수 있는 방법을 보여주었다. 이것은 사실상 옵션 가격 결정 이론을 꼬리가 두꺼운 분포를 가진 것을 포함해 더 복잡한 모형들로 확대했다(오코너는 이미 이 방향으로 연구를 했지만, 이 사실은 널리 알려지지 않았다).

이 논문을 발표한 후, 소르네트는 경제학에 푹 빠졌다. 그 후 몇 년 동안 정통 경제학에 관한 논문을 더 많이 읽었고, 옵션 가격 결정과 위험 같은 문제에 자신이 기여할 수 있는 것을 추가했다(소르네트는 경제학자처럼 생각하는 방법을 터득했다고 자부한다). 초기의 연구 중 상당 부분은 부쇼와 협력해서 했는데, 그 무렵에 부쇼는 거의 전적으로 금융 연구에만 몰두했다.

1996년, 소르네트는 지진에 관한 연구로 UCLA의 지구우주과학과와 지구물리학 및 행성물리학 연구소에서 파트타임으로 초빙 교수 자리를 얻었다. 하지만 이 무렵에 소르네트는 절반 이상의 에너지를 금융 연구에 쏟아부었다. 그해에 소르네트와 부쇼, 그리고 소르네트 밑에서 박사 후 연구원으로 일하던 안데르스 요한센은 소르네트가 이전에 한 지진 예측과 파열 예측에 관한 연구를 시장 붕괴 예측에까지 확대할 수 있다는 사실을 발견했다.[18] 그들은 한 물리학 학술지에 공동으로 논문을 발표했다. 놀랍게도 불과 몇 달 뒤, 소르네트는 자신이 붕괴 이전에 나타날 것이라고 주장한 로그 주기 패턴을 발견했다. 1997년 10월에 거둔 성공으로 그는 자신이 뭔가 중요한 것을 발견했다는 믿음이 더욱 강해졌고, 경제학과 금융 분야에서 모형을 만드는 노력을 한층 배가했다.

물질 파열과 지진에 관한 이론과 마찬가지로 시장 붕괴가 임계 사건으로 일어난다는 가설의 배경을 이루는 중심 개념에는 집단 행동, 즉 양 떼 효과가 포함돼 있다. 이것은 그 자체로는 별로 놀라운 것이 아닌데, 시장 붕괴가 군중 심리와 관계가 있다는 주장은 나온 지 오래되었기 때문이다. 1841년에 찰스 매케이Charles Mackay는 여러 주제와 함께 경제 버블 현상에 관한 책을 썼는데,[19] 그는 경제 버블을 '대중의 미망과 광기Extraordinary Popular Delusions and the Madness of Crowds'라고 불렀으며, 그것을 책 제목으로 삼았다. 이 책에서 매케이는 모든 나라가 일종의 광기에 휩쓸려 투기 버블을 낳은 역사적 사례(가격이 거래되는 상품의 가치와 완전히 따로 노는 시장 상황)를 여러 가지 지적했다.

가장 인상적인 사례는 17세기 초에 네덜란드에서 일어났다.[20] 투기 대상은 튤립 구근이었다. 튤립의 원산지는 터키인데, 16세기 중엽에 오스트리아를 거쳐 서유럽에 전해졌다. 꽃이 아주 아름다워 유럽 귀족들이 귀하게 여겼지만, 정말로 돈이 되는 것은 꽃을 피우는 데뿐만 아니라 새로운 구근을 만드는 데에도 쓸 수 있는 튤립 구근이었다. 결국 튤립은 네덜란드 제국의 힘을 대표하는 상징이 되었다. 네덜란드령 동인도 제도와 서인도 제도에서 교역을 통해 부를 축적한 네덜란드의 새로운 상인 계층은 화려한 화원을 꾸며 자신의 힘과 명성을 과시했는데, 화원에서도 중심을 차지한 꽃 중의 꽃이 바로 튤립이었다.

그래서 튤립 구근은 값비싼 상품이었다. 얼마나 비쌌을까? 1630년대가 되자 그 가격이 급속히 치솟기 시작했다. 1635년에는 튤립 구근 하나가 2500길더(2010년 기준으로 약 3만 달러)에 거래되었다는 기록이 있다. 1500길더에 거래되는 것은 보통이었다. 이에 비해 숙련 노동자가 일 년 동안 버는 돈은 겨우 150길더 정도에 불과했다. 그러자 외국인도 튤립 게임에서 일확천금을 노리면서 외국 자금이 시장에 쏟아져 들어오기 시작했다. 네덜란드 사람들은 흥분했다. 그들은 외국인의 투자를 유럽 전체가 자신들의 튤립 열광에 뒤따라 나선 것으로 여기고 투기에 더욱 열을 올렸다. 보통 사람들도 재산을 팔고 집을 저당 잡히고 예금을 다 털어 튤립 시장에 뛰어들었다.

튤립 구근은 대개 가을에 심어 늦봄에 수확한다. 투기에 가장 좋은 시기는 겨울이었는데, 묵은 구근은 이미 심었지만 새 구근과 꽃은 아직 자라나지 않아 다음 해의 공급에 대한 정보가 가장 적을 때였기 때문이다. 튤립 광풍이 최고조에 이른 때는 1636년과 1637년에 걸친 겨울이었다. 튤립 구근 하나가 최대 5200길더(2010년의 가치로 무려 6만 달러!)에 팔렸다.[21] 그러다가 1637년 2월의 어느 날, 하를럼에서 열린 튤립 경매에서 입찰이 평소보다 너무 일찍 멈추었다. 마치 튤립 시장이 깜빡 잊고서 다음 순번의 튤립 바보들을 초대하지 않은 것처럼 보였다. 그날, 최상질의 튤립은 하루 전에 비해 몇분의 1 가격으로 팔렸다. 공포는 금방 퍼져나가 불과 며칠 만에 가격은 최고가에 비해 1% 아래로 떨어졌다. 밤새 벌었던 부는 다음 날 아침에 허공으로 사라지고 말았다. 네덜란드 경제가 휘청거렸고, 결국에는 정부가 개입하지 않으면 안 되었다.

양 떼 효과와 그 비슷한 현상들(버블을 낳는 행동들)은 인간의 심리에 항상 존재하는 측면처럼 보인다. 우리는 배제되는 걸 원치 않아 서로를 따라 하려는 경향이 있다. 하지만 정상 상황에서는 우리는 레밍(나

그네쥐)처럼 행동하지 않는다. 우리는 다른 사람의 행동을 눈여겨보면서 참고할 만한 것을 찾긴 해도, 맹목적으로 따라 하는 경우는 드물다. 그런데 왜 어떤 상황에서는 사람들이 양 떼 효과에 휩쓸리는 것일까? 어떻게 해서 튤립 광풍 같은 현상이 일어날까? 정상 상황에서는 모든 예금을 튤립 구근에 쏟아붓는 행동을 막는 정신적 브레이크가 풀리는 때는 언제일까? 소르네트는 이 질문에 대한 답은 몰랐지만, 양 떼 효과가 특히 강해지는 상황을 예측하는 모형을 일부 개발했다. 소르네트가 할 수 있는 일은 사람들이 양 떼 효과에 휩쓸리는 때가 언제인지 확인하는 것이었다. 이것은 특정 시장에서 투기 버블이 언제 커지는지 알아내고 정해진 시간(임계점) 전에 버블이 터질 확률을 예측하는 것에 해당한다.

소르네트는 금융 부문의 연구에서 엄청난 생산성을 보여주었지만, 자신이 경제학으로 '전향'했다는 사실을 인정하지 않는다. 2006년부터 그는 취리히에 있는 스위스 연방공과대학(취리히 연방공과대학이라고도 함)에서 사업 위험 평가 교수(그가 학계의 금융 관련 부문에서 맡은 최초의 자리)로 일하고 있지만, UCLA 지구물리학과의 파트타임 교수와 취리히 연방공과대학의 전임 지구물리학자로도 일하고 있다. 그리고 계속해서 양 분야에서 논문을 쓰고 학생들을 지도한다. 그에게 연구의 초점이 바뀐 원인이 무엇이냐고 물으면(1990년대 중엽에 새로운 주제에 대한 연구를 시작하면서 그런 변화가 일어난 게 분명하므로), 그는 약간 당황하면서 자신은 늘 그런 것에 관심이 있었다고 대답한다. 사실, 그는 모든 것에 관심이 있다.

그래도 그는 금융과 경제학에는 뭔가 특별한 것이 있다고 생각한다. 많은 사람은 세계가 어떻게 작용하는지 이해하고 싶은 충동 때문에 과학에 뛰어든다. 하지만 소르네트는 물리적 세계는 전체의 일부에 지나지 않는다고 생각한다. 그는 사회적 세계가 어떻게 작용하는지에 대해서도 관심이 큰데, 어쩌면 이쪽의 관심이 더 클지도 모른다. 중력은 지구가 제 궤도를 돌게 할지 모르지만, 뮤지컬 〈카바레〉에서 사회자가 부르는 노래처럼 돈은 세상을 돌아가게 한다. 그리고 금융시장은 돈이 어떻게 흘러갈지 결정한다. 소르네트의 표현처럼 금융은 '하녀가 아니라 여왕'이다. 금융은 모든 것을 통제한다. 금융시장이 세계의 지정학에서 차지하는 역할에 대한 여러분의 정치적 견해가 무엇이건 간에, 소르네트는 금융시장과 그것을 운영하는 사람들이 큰 사회적 힘을 가졌다는 사실 자체는 그것이 어떻게 돌아가는지 자세히 들여다봐야 할 충분한 이유가 된다고 믿는다.

***

1997년 10월의 주가 대폭락을 처음 예측한 후 소르네트는 시장 붕괴가 언제 일어날지 예측하는 일에서 놀라운 실적을 거두었다.[22] 예를 들면, 그는 2008년 9월의 주가 대폭락이 일어나기 전에 로그 주기 패턴을 발견하여 그 시기를 예측했다. 마찬가지로, 롱텀캐피털 매니지먼트의 파산을 불러온 1998년의 러시아 루블화 폭락도 그전에 위기가 임박했다는 신호가 나타났다. 소르네트는 비록 대다수 사람이 예상하지 못했던 러시아의 채무 불이행이 그해 여름의 시장 혼란을 촉발한 원인이라고 하더라도, 양 떼 효과에 특징적인 로그 주기 신호들이 사전에 나타났다고 주장했다. 이것은 루블화가 폭락하건 하지 않건, 같은 시기에 시장 붕괴가 일어날 가능성이 높았음을 의미한다. 풍선은 이미 터지기 직전의 상태에 있었고, 러시아의 채무 불이행은 그것을 찌른 바늘에 지나지 않았다.

그는 다른 시장 붕괴 예측에서도 성공을 거두었는데, 특히 2000년에 일어난 닷컴회사들의 폭락을 예측한 것이 유명하다. 1990년대 후반의 몇 년 동안 기술 부문 주식들이 크게 치솟았다. 1998년과 1999년에 기술 부문의 S&P 500 지수는 거의 4배나 뛰었는데, 전체 지수가 50% 상승에 그친 데 비하면 괄목할 만한 성장세였다. 기술 부문을 기반으로 한 나스닥 지수는 1998년부터 2000년 초반까지 거의 3배나 뛰었다. 애널리스트들은 컴퓨터 기업들, 그리고 인터넷을 기반으로 한 사업 전략을 추구하는 회사들로 이루어진 소위 신경제에 대해 많이 이야기하기 시작했다. 이 회사들은 이전의 규칙이 적용되지 않았다. 예를 들면, 어떤 회사가 수익을 올리는지 여부는 중요하지 않았다. 장래의 성공 가능성이 높다고 판단되는 회사는 비록 수익이 적자라도 높은 가치를 인정받았다. 많은 점에서 이러한 닷컴 붐은 이전의 투기 시기와 닮은 점이 많았다. 예를 들면, 1920년대에도 투자자들은 '신경제'에 대해 떠들었는데, 다만 당시의 혁신 기술 기업은 AT&T와 제너럴 일렉트릭이었다.

소르네트는 1999년 후반부터 나스닥 데이터에서 로그 주기 진동을 발견했다. 그리고 나스닥 지수가 최고점에 이른 2000년 3월 10일 무렵에는 대폭락이 임박했다고 선언하고, 언제 그런 일이 일어날지 예측할 수 있을 만큼 충분한 데이터를 확보했다. 그는 그 날짜를 3월 31일에서 5월 2일 사이로 예측했다. 실제로 4월 10일 시작해 그 주 동안 나스닥은 25%나 폭락했다. 기술주들은 튤립 구근과 같은 몰락의 길을 걸어갔다.

소르네트가 버블을 확인하고 시장 붕괴가 언제 일어날지 예측하는데 사용한 방법은 소르네트가 반버블anti-bubble이라고 부른 상황을 확인하는 데에도 사용할 수 있다. 이것은 주가가 비정상적으로 낮은 상황을 말한다. 예를 들면, 1999년 1월 25일에 소르네트는 온라인 물리학 아카이브 사이트에 논문 한 편을 게시했는데, 거기서 그는 시장 데이터에서 로그 주기 패턴을 관찰한 결과를 바탕으로 일본 닛케이 지수가 반버블 한가운데에 있다고 주장했다. 그 논문에는 상당히 정확한 예측이 포함돼 있었는데, 소르네트는 연말까지 닛케이 지수가 50% 정도 상승할 것이라고 예측했다.

이 예측이 특히 놀라운 것은 일본 주식시장이 14년째 줄곧 하락하다가, 1999년 1월 5일에 최저점에 이르렀기 때문이다. 모든 지표는 시장이 계속 하락할 것이라고 시사했고, 그 당시 대다수 경제학자의 견해도 같았다. 예를 들면, 노벨 경제학상 수상자이자 〈뉴욕 타임스〉 칼럼니스트인 폴 크루그먼Paul Krugman은 1월 20일에 일본 경제가 비극처럼 보이기 시작한다며 회복에 필요한 수요가 충분치 않다고 썼다. 하지만 시간은 소르네트의 손을 들어주었다. 연말에 닛케이 지수는 회복되었고, 그것도 소르네트가 예측한 대로 정확하게 50%나 상승했다.

**

일부 경제학자는 망델브로의 연구를 바탕으로, 바슐리에나 오스본 같은 사람들이 상상하지 못한 행동을 나타낼 만큼 시장이 거칠게 무작위적이라고 생각할 수 있는 근거를 발견했다. 망델브로의 주장 중 일부 세부 내용이 틀린 것으로 밝혀지긴 했지만, 그래도 그는 꼬리가 두꺼운 분포가 금융시장을 지배한다는 사실을 보여주었다. 극단적인 금융 사건은 전혀 특별한 게 아니다. 그런 사건은 예외가 아니라 일반적이다. 심지어 더 세속적인 사건들과 똑같은 이유로 그런 사건은 늘 일어난다. 주가 대폭락은 기본적으로 더 작은 주가 하락이 멈추지 않고 계속되는 것에 불과하다.

만약 이 말이 옳다면, 파탄을 예측할 방법이 없다고 생각하기 쉽다. 사실, 임계 현상 이론에서 주요 부분을 차지하는 자기 조직화는 대개 극단적 사건의 예측을 몹시 어렵게 만드는 꼬리가 두꺼운 분포와 관련이 있다고 말한다. 자기 조직화 개념을 맨 처음 도입한 세 물리학자 페르 박Per Bak, 차오 탕Chao Tang, 汤超, 커트 와이젠펠드Kurt Wiesenfeld는 자신들의 발견이 극단적 사건을 원리적으로는 더 온건한 사건과 구별할 수 없다는 증거라고 여겼다. 그리고 이것은 그런 사건을 예측하려는 시도가 성공할 가망이 없다는 교훈을 준다고 생각했다.

헤지펀드 매니저인 나심 탈레브가 금융 부문에서 모형을 만드는 것에 반대하는 주장을 펼친 것도 바로 이 점을 염두에 두고서 그런 것이다. 탈레브는《블랙 스완》에서 자신이 '블랙 스완'이라 부른 일부 사건들은 표준적인 정규분포에서 아주 멀리 벗어나 있어서 우리는 그런 일이 일어날 가능성에 대한 질문조차 이해할 수 없다고 설명한다. 그런 사건은 본질적으로 예측 불가능하며, 게다가 그런 사건이 일어나면 모든 것이 크게 변하고 만다. 탈레브는 이 현상은 이런 종류의 극단적 사건, 즉 가장 극적인 결과를 초래하는 사건은 어떤 모형이 설명하는 것보다도 훨씬 자주 일어난다는 망델브로의 주장에서 비롯된 결과라고 생각한다. 그렇다면 금융시장처럼 거칠게 무작위적인 계에서 수학적 모형을 신뢰하는 것은 어리석은 짓이 되고 말 것이다. 모형은 가장 중요한 현상인 파국적 붕괴를 배제하기 때문이다.

최근에 소르네트는 극단적 사건을 가리키는 새 용어를 도입했다. 그는 그것을 블랙 스완 대신에 '드래건 킹$^{dragon\ king}$'이라 부른다.[23] '킹'이란 단어를 쓴 이유는, 파레토 법칙(망델브로가 IBM에서 연구했던 소득 불균형을 지배하는 꼬리가 두꺼운 분포) 같은 것을 군주제 국가들에 적용하려고 해보면, 왕들은 80 대 20 규칙에 들어맞지 않는다는 사실이 드러나기 때문이다. 왕은 두꺼운 꼬리의 기준에서 보더라도 응당 가져야 할 것보다 훨씬 많은 부를 가지고 있다. 이들은 정상에서 크게 벗어난 별종^{outlier} (통계에서는 흔히 '이상치' 또는 '극단치'라고 함—옮긴이)이다. 진정한 통제력을 지닌 자들은 이들 바로 아래에 있는 아주 큰 부자들이 아니라 바로 이들이다. 반면에 '드래건'이란 단어를 선택한 것은 이런 종류의 사건들은 정상적인 동물 우화집에 자연스럽게 집어넣을 자리가 없다는 사실을 강조하기 위해서였다. 이 사건들은 나머지 사건들과는 아주 다르다. 큰 지진은 대개 작은 지진이 어떤 이유로 멈추지 않아서 일어난다. 이 지진들은 소르네트의 방법으로는 예측할 수 없다. 하지만 드래건 킹 지진, 즉 임계 사건이 일어나려면 그것보다 더 많은 것이 필요하다. 파열과 마찬가지로 이런 사건은 모든 종류의 일들이 정확하게 맞아떨어질 때 일어난다. 드래건 킹의 좋은 예로는 프랑스 수도 파리를 들 수 있다. 프랑스의 도시들은 놀랍도록 지프의 법칙을 잘 따른다. 가장 큰 도시들은 다음으로 큰 도시들보다 훨씬 크다는 점에서 프랑스 도시들의 분포는 꼬리가 두껍다. 하지만 프랑스 도시들을 인구순으로 그래프에 나타내 보면, 파리는 커도 너무 크다. 파리는 정상적인 틀에서 벗어난다.

탈레브의 주장은 블랙 스완이 엄청난 결과를 초래할 수 있다는 사실에 근거를 두고 있다. 드래건 킹도 그 영향력은 블랙 스완과 비슷하다. 그리고 나타나면 독재적으로 행동한다. 하지만 블랙 스완과 달리 우리는 드래건 킹이 다가오는 소리를 들을 수 있다. 소르네트는 모든 블랙 스완이 위장한 드래건 킹이라고 주장하지는 않으며, 심지어 모든 시장 붕괴가 예측 가능하다고 주장하지도 않는다. 하지만 블랙 스완처럼 보이는 것 중 많은 것이 실제로 경고 신호를 낸다고 주장한다. 많은 경우, 경고는 로그 주기 패턴의 전조 형태를 띤다. 즉, 일부 데이터 형태의 진동으로 나타나는데, 그러한 진동은 계가 대규모 파국이 일어날 가능성이 있는 특별한 상태에 있을 때에만 나타난다. 이러한 전조는 양성 되먹임과 증폭 과정이 절묘하게 결합할 때, 그리고 그와 함께 폭발을 일으키는 데 필요한 자기 조직화가 일어날 때만 나타난다.

한쪽에서는 프리딕션 컴퍼니가, 다른 쪽에서는 소르네트가, 현재의 표준적인 블랙-숄스 추론에 난 구멍을 메울 수 있는 두 가지 방법을 제시한다. 프리딕션 컴퍼니의 방법은 국지적 방법으로 간주할 수 있는데, 그 전략이 전 세계 시장에서 매 순간 생겨나는 금융 데이터를 세세하게 조사해 일시적으로 예측 능력이 있는 패턴을 찾는 과정을 포함하기 때문이다. 비록 금방 사라지는 패턴이라 하더라도, 그들은 이러한 패턴을 이용해 모형을 만들고 이를 짧은 시간만 사용함으로써 수익을 올리는 거래를 할 수 있었다. 이 방법과 함께 그들은 자신들이 찾는 패턴의 유효성을 평가하고, 그 패턴이 전성기를 지났는지 파악하는 데 필요한 도구를 개발했다. 어떤 면에서 프리딕션 컴퍼니의 접근법은 신중하고 보수적이다. 시장을 더 효율적으로 만드는 힘의 일부로서 그것이 왜 효과가 있는지는 쉽게 알 수 있다.

이와 반대로 소르네트는 더 세계적인 접근법을 택해 가장 큰 사건들, 즉 가장 큰 피해를 가져오는 재앙들과 관련이 있는 규칙성을 찾았고, 그러한 규칙성을 이용해 예측을 하려고 시도했다. 그는 망델브로가 발견한 사실, 즉 극단적 사건은 보통의 무작위 행보가 예측하는 것보다 더 자주 일어난다는 사실에서 출발했다. 소르네트는 파국적 시장 붕괴가 망델브로가 제안한 것보다 '훨씬 더 많이' 일어난다고 믿는다. 다시 말해서, 꼬리가 두꺼운 분포를 받아들인 후에도 극단적 사건이 예외적으로 자주 일어난다는 말이다. 소르네트의 통찰은 정상에서 크게 벗어나는 이런 예외적 사건들을 보고서 가장 큰 파국을 증폭하는 어떤 기제가 있음이(적어도 때로는) 틀림없다는 사실을 깨달은 데 있다. 이것은 더 위험한 가설이다. 하지만 검증이 가능하고, 지금까지는 검증을 통과한 것처럼 보인다.

만약 망델브로의 연구를 무작위적 시장에 대한 이전의 설명을 수정한 것으로(왜 그런 설명이 실패하고 어떻게 실패하는지 지적하면서) 간주한다면, 소르네트의 주장은 두 번째 수정인 셈이다. 그 요지는 비록 시장이 거칠게 무작위적이고 극단적 사건이 항상 일어날 수 있다 하더라도, 무엇을 바라보아야 하는지 알기만 한다면, 최소한 '일부' 극단적 사건을 예측할 수 있다는 것이다. 이 드래건 킹들은 전체 세계 경제를 뒤집어엎을 수 있다. 하지만 우리는 드래건 킹을 연구하고 이해할 수 있다. 드래건 킹은 신화의 소재이지, 미스터리의 소재가 아니다.

1   서두 부분의 이 이야기는 이 장 전체에 걸쳐 이어지는데, 다소 각색한 부분이 있긴 하지만 기본적인 세부 사실은 모두 정확하다. 1997년 늦여름에 소르네트는 미국 금융 시장 데이터에서 어떤 패턴을 발견했는데, 그것은 이전에 자신이 금융위기를 예측하는 데 사용할 수 있다고 주장했던 바로 그것이었다. 그는 동료인 올리비에 르두아와 안데르스 요한센과 접촉하여 본문에서 설명한 것과 같은 행동을 취했다. 이 이야기는 예컨대 Chapman(1998)에서 간략하게 소개된 적이 있고, Sornette(2003)에서 넌지시 암시했다. 추가적인 세부 사실은 소르네트와 나눈 인터뷰 및 여러 차례의 이메일 교환을 통해 얻었다. 소르네트의 생애에 관한 내용은 이 인터뷰와 Sornette(2003)에서 어떻게 해서 금융에 관심을 가지게 되었는지 소르네트가 밝힌 이야기를 바탕으로 했다. 소르네트는 관대하게도 이 장의 원고를 읽고 명료성과 정확성을 위해 유익한 조언을 해주었다.

2   Sornette(2003)에서 소르네트는 시장에서 자기 조직화를 낳는 기제의 설명을 포함해 어떻게 임계 현상을 사용해 주가 대폭락을 이해할 수 있는지 명쾌한 설명을 제시했다. 임계 파열에 관한 소르네트의 연구와 이 개념을 다른 맥락에 적용한 연구에 대해 더 자세한 것은 Sornette(2000)를 참고하라.

3   이 책들은 Sornette(2003), Sornette(2000), Malevergne and Sornette(2006), Saichev et al.(2010)이다.

4   1973년부터 1987년까지 유럽우주국의 역사를 자세하게 다룬 내용은 Krige et al.(2000)에서 볼 수 있다.

5 자기 조직화는 아주 오래된 개념이지만, 현대적인 형태는 1997년에 노벨 화학상
   을 수상한 일리야 프리고진^{Ilya Prigogine}의 연구(Glansdorff and Prigogine 1971; Prigogine
   and Nicolis 1977)에서 유래했다. 본문에서 설명한 개념은 더 구체적으로는 '자기 조직
   화 임계성^{self-organized criticality}'이라 부르는데, 이 개념은 Bak et al.(1987)에서 나왔다.
   Bak(1996)도 참고하라.

6 소롱이 쓴 논문 Sauron(1990)에는 모래, 고무찰흙, 꿀을 사용해 작은 (물리적) 지각 모
   형을 만든 뒤 그걸로 판들이 충돌할 때 지각이 어떻게 구부러지는지 실험을 한 것도
   포함돼 있었다. 소롱과 소르네트는 이러한 충돌에서 특징적인 프랙털 패턴이 나타남
   을 보여주었다. 이 연구는 Davy et al.(1990), Sornette and Sornette(1990), Sornette et
   al.(1990a, b), Sornette(2000)에 실려 있다. 판 구조론 연구의 역사에 대해 더 자세한 것
   은 Oreskes and Le Grand(2003)을 참고하라.

7 아일리아누스는 이 말을 《동물에 관하여》에서 했다. Aelian(1959[200 a.d.]) 참고.

8 Bhat(1981) 참고.

9 이 논문은 Sornette and Sornette(1996)이다.

10 소르네트의 개념에 가장 중요한 선구적 연구는 Vere-Jones(1977), Allegre et al.(1982),
   Smalley and Turcotte(1985), Voight(1988)다.

11 이 순간은 소르네트가 아에로스파시알에서 일할 때 일어났다. 그것은 그다음 몇
   년간에 걸쳐 일련의 논문을 통해 압력 탱크 연구와 함께 발전했다. 그 논문들은
   Sornette and Vanneste(1992)부터 시작하여 차례로 Sornette et al.(1992), Vanneste and
   Sornette(1992), Sornette and Vanneste(1994)로 발표되었다. 임계 파열이 일어나기 전
   에 로그 주기 음향 방출이 나타난다는 발견은 Anifrani(1995)에서 처음으로 자세히 기
   술했다. 그 뒤에 이 개념은 실험적 검증을 거쳤고, 그 결과는 Lamaigneere et al.(1996,
   1997)과 Johansen and Sornette(2000)로 발표되었다.

12 소르네트와 협력 연구자들은 Bufe and Varnes(1993)에서 제안한 개념을 바탕으로
   임계 지진 개념을 Sornette and Sammis(1995)에서 처음 소개했다. 그러고 나서 이
   개념을 Sammis et al.(1996), Saleur et al.(1996a, b), Johansen et al.(1996), Huang et
   al.(1998)에서 더 정교하게 만들었다. 이 개념을 실험적으로 검증한 결과는 Bowman
   et al.(1998)에 실렸다.

13 이 수치들은 미국증권거래위원회(1998)에서 인용했다.

14 Sornette(2003, p. 250) 참고.

15 예컨대 Radelet and Sachs(2000)를 참고하라.

16 임계 현상 연구에서 보편성의 역할을 자세히 설명한 것으로는 예컨대 Batterman

(2002)과 거기에 실린 참고 문헌을 참고하라.

17 부쇼와 함께 쓴 최초의 논문은 Bouchaud and Sornette(1994)이다.

18 이 주제를 다룬 최초의 논문은 Sornette(1996)이다. 이 논문은 다음 해에 크게 증보하여 Sornette and Johansen(1997)으로 발표되었다.

19 이 책은 Mackay(1841)이다.

20 튤립 광풍에 관해 더 자세한 내용은 Dash(1999)와 Goldgar(2007)를 참고하라. 좀 더 의심스러운 관점에서 바라본 연구는 Thompson(2007)을 보라.

21 이 수치들은 Dash(1999)에서 인용했다.

22 그 예측을 다룬 내용은 Sornette(2003)를 보라. 더 최근에 그가 거둔 성공에 대한 이야기는 개인적 대화를 통해 얻은 정보를 바탕으로 쓴 것이다.

23 Sornette(2009) 참고.

8장

새로운 맨해튼 프로젝트

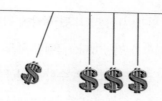

또다시 벌어진 논쟁. 피아 멀레이니Pia Malaney는 테이블 위에 팔을 괴고 몸을 숙이면서 약혼자 에릭 와인스틴Eric Weinstein의 말에 귀를 기울였다.[1] MIT의 박사 후 연구원으로 일하는 와인스틴은 얼마 전에 하버드대학에서 수학 박사 학위를 땄다. 두 사람은 매사추세츠주 케임브리지의 술집에 앉아 이야기를 나누고 있었다. 와인스틴은 자신의 박사 학위 논문에 사용한 개념을 멀레이니의 연구에 어떻게 적용할 수 있는지 설명했다. 문제는 그가 한 연구는 추상기하학을 수리물리학에 응용한 것인 반면, 멀레이니가 하는 연구는 경제학이라는 점이었다. 두 연구 분야는 달라도 너무 달랐다. 멀레이니는 와인스틴을 자기편으로 끌어들이기 전에는 둘 사이의 토론이 얼마나 쉬웠던가를 떠올리고는 아이러니를 느끼며 한숨을 쉬었다.

멀레이니가 와인스틴을 만난 것은 1988년으로, 그 당시 와인스틴은 대학원생이었고, 멀레이니는 보스턴 외곽에 위치한 여자 대학교인 웰즐리대학에서 경제학을 전공했다. 그때만 해도 와인스틴은 경제학을 시시한 것으로 여겼는데, 그것은 수학을 전공하는 그의 동료들이 대부분 공통적으로 가진 견해였다. 그는 경제학을 이루는 이론들은 인간 행동의 모든 복잡성을 제대로 반영한다는 것은 꿈도 꿀 수 없는, 수학적으로 단순한 이론들뿐이라고 생각했다. 그리고 경제학을 비현실적이고 시시한 '칵테일파티 대화'라고 불러 경제학과 친구들의 분노를 사곤 했다. 그는 경제학은 잘 모른다고 기꺼이 인정했는데, 어차피 알아야 할 것도 별로 없다고 생각했기 때문이다.

멀레이니는 약혼자가 자주 내비치는 이런 태도가 마음에 들지 않았다. 그래서 몇 년 동안 와인스틴의 공격에도 굴하지 않고 동료들의 연구를 변호해왔다.

그러던 어느 날, 멀레이니는 와인스틴이 갑자기 긍정적 태도를 보여 깜짝 놀랐다. 와인스틴은 경제학이 쓸모없는 학문이라고 말하는 대신에 함께 협력 연구를 해보자고 제안했다. 자신은 수학과 물리학을 전공했고 멀레이니는 경제학을 전공했으니, 둘이 힘을 합치면 과거에 경제학자들을 좌절시킨 문제들을 모두 풀 수 있다고 말했다. 그때까지는 경제학에도 중요한 것이 있다는 사실을 이해시키려고 와인스틴에게 경제학 문헌을 많이 읽게 하는 게 관건이었다. 그런데 이제는 멀레이니 자신이 수리물리학의 세계로 발을 들여놓아야 했다. 그것은 멀레이니가 기대했던 일이 전혀 아니었다.

하지만 이미 두 사람의 협력에서 결실이 나타나고 있다는 사실은 부인할 수 없었다. 두 사람은 '지수 문제index number problem'에 초점을 맞춰 공동 연구를 시작했다. 이 문제는 다양한 상품의 비용과 질에 대한 정보처럼 세계에 관한 복잡한 정보를 처리하는 방법 및 그것을 비교가 가능한 하나의 수로 바꾸는(예를 들면, 어느 시점에 나타난 한 나라의 경제적 건강과 지위를 다른 시점의 그것과 비교하는 식으로) 방법과 관련이 있다. 우리에게 익숙한 지수의 예로는 다우 지수나 S&P 500 지수 같은 주식시장의 지수가 있다. 이 지수들은 미국 주식시장의 상태를 나타내는 온갖 복잡한 정보를 암호화한 수치로 간주된다. 또 우리가 자주 듣는 지수인 소비자 물가 지수는 어느 도시에 사는 사람이 구매하는 일상적인 상품(예컨대 식품이나 주택)의 비용에 대한 정보를 알려주는 수치이다. 지수는 시간과 장소에 따라 변하는 경제 지표를 비교하는 기준이 되기 때문에, 경제 정책을 세우고 실행하는 데 아주 중요하다(경제 잡지 〈이코노미스트〉는 아주 간단한 지수인 빅맥 지수를 쓰자고 제안했다. 맥도날드 가게에서 파는 빅맥 햄버거 가격이 신뢰할 수 있는 상수여서 나라와 나라끼리 그리고 시간의 흐름에 따라 돈의 가치를 비교하는 데 사용할 수 있다는 데 착안해 나온 제안이었다).

멀레이니와 와인스틴은 수리물리학 중 게이지 이론gauge theory에 쓰이는 도구를 조금 수정하여 지수 문제를 완전히 새로운 방식으로 풀었다 (현대 게이지 이론—와인스타인의 박사 학위 논문 주제—이 초기에 수학적으로 발전하는 데에는 수리물리학자였다가 헤지펀드 관리자로 변신해 1980년대에 르네상스 테크놀로지스를 세운 짐 사이먼스의 공이 컸다). 게이지 이론은 겉보기에 비교 불가능한 물리적 양들을 기하학을 이용해 비교한다. 멀레이니와 와인스틴은 지수 문제에서 쟁점은 바로 이것이라고 주장했다. 비록 지수 문제에서는 비교 불가능한 물리적 양들 대신에 서로 다른 경제적 변수들을 비교하려고 하지만 말이다.

그것은 경제학에 대해 생각하는 방법치고는 아주 특이하고 고도로 기술적인 방법이었다. 이 때문에 멀레이니는 다소 불안했는데, 그런 고등 수학 분석에 익숙지 않은 경제학자들이 어떤 반응을 보일지 알 수 없었기 때문이다. 하지만 멀레이니는 그것을 지도 교수에게 보여 준 뒤에 자신의 박사 학위 논문 주제로 삼기로 결정했다. 지도 교수는 하버드대학 경제학과의 슈퍼스타 에릭 매스킨Eric Maskin이었다(매스킨은 멀레이니를 만나기 전에 이미 이룬 연구 업적으로 2007년에 노벨 경제학상을 받는다). 매스킨은 멀레이니에게 그것이 굉장한 생각이라고 말했다. 그리고 멀레이니가 아주 중요한 주제에 대해 실질적인 진전을 이룰 것이라고 믿으며, 그 연구는 정치적으로나 경제적으로 오랫동안 큰 의미를 지닐 거라고 말했다. 멀레이니는 1996년 여름 동안에 박사 학위 논문을 마친 뒤, 일류 연구 대학에서 종신 재직권을 보장받는 일자리에 지원하려고 생각했다. 획기적인 논문과 지도 교수의 지원이 있으니 모두가 탐내는 그런 자리에 지원할 만한 경쟁력이 있다고 생각했다. 멀레이니는 상아탑의 꿈속에서 살고 있었다.

***

돈의 가치는 얼마일까?[2] 이것은 아주 오래된 질문처럼 보일지 모른다. 대다수 사람들은 돈은 고유 가치가 없다고 생각한다. 돈의 가치는 그걸로 할 수 있는 일에서 나온다. 돈으로 사랑은 살 수 없을지 몰라도, 오렌지 주스나 바지 혹은 새 차는 살 수 있다. 그리고 시간이 지나면 똑같은 오렌지 주스나 바지, 새 차를 사는 데 필요한 돈의 액수가 변한다. 대개 재화는 시간이 지나면 더 비싸진다(가격표만 본다면). 전 세계 모든 곳의 할아버지와 할머니는 초콜릿이나 영화 관람료가 예전에는 얼마나 쌌는지 이야기할 것이다. 할아버지와 할머니는 1950년대에는 5센트로 살 수 있는 것이 지금보다 훨씬 많았다고 말한다. 이렇게 시간이 지남에 따라 돈의 가치가 떨어지는 것을 인플레이션이라 부른다.

그런데 인플레이션은 어떻게 측정할까? 모든 가격이 똑같이 오르는 것은 아니다. 일부 상품은 시간이 지나면 가격이 오르지만, 어떤 상품은 오히려 떨어진다. 최초로 대량 생산된 PC인 애플 II의 가격표를 생각해보라. 애플 II는 1MHz의 프로세서 속도와 48KB의 메모리로 1977년에 처음 시장에 나왔을 때 2638달러에 팔렸다. 약 35년이 지난 지금은 그보다 3000배 이상 빠른 프로세서와 10만 배나 많은 메모리를 가진 데스크탑 컴퓨터를 불과 수백 달러에 살 수 있다. 따라서 설사 초콜릿은 더 비싸졌다 하더라도, 컴퓨터는 1970년대의 기준과 비교하면 지금은 헐값이 되었다.

경제학자들이 이 문제를 다루기 위해 사용하는 한 가지 방법은 광범위한 상품을 대상으로 가격 변화를 살펴보는 것이다. 이것은 소위 표준 장바구니 물가를 추적하는 방법으로, 가상의 쇼핑 카트에 가솔린과 난방유뿐만 아니라 교육비, 의료비, 주거비 같은 서비스 비용까지 온갖 생필품과 일상생활에 필요한 소비재를 가득 담아 그 가격을 분석하는 것이다. 소비자 물가 지수를 계산할 때 바로 이 방법을 사용하는데, 카트에 담긴 다양한 상품과 서비스의 평균 가격을 효과적으로 계산하는 방법이다. 이 방법으로 많은 품목의 가격 변화를 살펴봄으로써 현재 1달러(혹은 1유로나 1엔)로 과거에 비해 얼마나 많은 물건을 살 수 있는지 대략 알게 된다. 가솔린 가격은 몇 달 사이에 크게 치솟을 수 있고, 컴퓨터 가격은 몇 년이 지나는 동안 점점 하락할 수 있지만, 표준 장바구니 물가의 변화는 시간이 지남에 따라 구매력이 얼마나 변했는지 비교적 안정적으로 알려주는 지표로 간주된다.

인플레이션 같은 것을 계산하는 데 소비자 물가 지수가 이렇게 큰 역할을 한다는 사실을 고려한다면, 그것을 제대로 이해하는 게 중요하다. 그런데 불행하게도 그게 그렇게 쉽지가 않다. 무엇보다도 표준 장바구니에 어떤 것들을 포함시켜야 할까? 생활 방식이 다른 사람들은 돈을 쓰는 양상도 서로 다르다. 뉴욕주 북부에서 자녀를 키우며 사는 가족은 캘리포니아주 남부에서(서핑을 즐기며?) 사는 독신 남자와는 아주 다른 것들(예를 들면 겨울철 외투와 난방유)을 살 것이다. 또, 아이오와주의 농부는 웨스트버지니아주의 석탄 광부와는 필요한 것과 선호하는 것이 다를 것이다. 그러니 단일 표준 장바구니로 이렇게 다양한 생활 방식을 제대로 반영하는 방법은 생각하기 어렵다. 이런 이유로 소비자 물가 지수를 계산하는 미국 노동통계청은 종사하는 산업 부문이나 사는 지역 등을 기준으로 그 사람들에게 해당하는 다양한 지수를 계산해 발표한다.

하지만 이러한 가변성은 더 중대한 문제를 암시한다. 만약 소비하는 물건이 개인이나 가족 혹은 지역에 따라 다를 수 있다면, 그런 종류의 선호는 시간에 따라 변할 수도 있을 것이다. 이것은 큰 규모로 나타날 수도 있고, 작은 규모로 나타날 수도 있다. 휴대 전화나 PC가 나오기 전인 1950년의 표준 장바구니를 생각해보자. 그 당시에는 대학에 진학하는 사람이나 휴가 때 비행기를 타고 여행을 떠나는 사람이 현재보다 훨씬 적었다. 만약 그때의 표준 장바구니에 포함된 품목들만을 기준으로 현재의 가격을 살펴본다면, 현재의 생활비를 제대로 반영하지 못할 것이다. 또, 비교적 짧은 기간만을 대상으로 어떤 사람이 소비한 품목들만 살펴보는 것도 적절한 방법이 아니다. 예를 들어 대학을 갓 졸업한 사람의 표준 장바구니와, 몇 년 뒤 자리를 잡고 결혼을 한 사람의 표준 장바구니와, 거기서 몇 년이 더 지나 자녀가 생긴 사람의 표준 장바구니는 큰 차이가 난다. 문화, 인구, 기술에 일어난 변화는 인플레이션이나 생활비 변화에 큰 영향을 미쳐 그것을 수치로 표현하기 어렵게 만든다. 이런 요인들로 지수 문제가 매우 어려워진다. 서로 다른 시대들을 대상으로, 그리고 생활 방식이 서로 아주 다른 사람들을 대상으로 가격을 제대로 비교할 방법이 필요하다.

소비자 물가 지수는 날이 무딘 도구이다. 경제학 부문에서 일하는 사람들은 거의 다 그것을 버릴 방법을 찾는 게 필요하다고 느낀다. 그런데도 소비자 물가 지수는 사실상 예산의 모든 측면에 영향을 미치는 인플레이션을 결정하는 데 핵심 역할을 담당하기 때문에 정책을 정하는 데 아주 중요하다. 예를 들면, 미국에서는 세율 구간의 문턱이 물가 상승률에 연동돼 있다. 공무원 봉급 인상 폭도 마찬가지다. 사회 보장 연금 지출도 인플레이션을 감안해 결정한다. 매년 이 액수들은 생활비 변화에 맞춰 조정하기 위해 전년도 물가 상승률을 바탕으로 다시 계산한다. 1995년 6월, 미국 상원은 소비자물가지수조사자문위원회 위원들을 임명했는데,[3] 그 의장을 맡은 스탠퍼드대학의 경제학 교수 마이클 보스킨Michael Boskin의 이름을 따 흔히 보스킨 위원회라고 부른다. 얼마 후 성추문으로 불명예 사퇴를 하지만 그 당시 상원 재정위원회 위원장이던 밥 팩우드Bob Packwood의 아이디어로 탄생한 보스킨 위원회는 소비자 물가 지수와 거기서 더 나아가 물가 상승률을 계산하는 방법을 개선하는 임무를 부여받았다.[4]

멀레이니와 와인스틴에게 보스킨 위원회는 하늘이 내린 선물처럼 보였다. 자신들이 해결하려고 선택했던 문제를 상원이 임명한 위원회가 해결하라는 임무를 부여받았으니, 멀레이니와 와인스틴의 연구는 즉시 빛을 볼 기회를 얻었다. 그것은 두 사람이 중요한 기여를 할 완벽한 기회였다. 그 기여는 단지 경제학 이론뿐만 아니라 공공 정책에도 잠재적으로 도움이 되는 것이었는데, 팩우드는 보스킨 위원회의 조사 결과를 당장 실행에 옮기기로 계획을 세웠기 때문이다. 게다가 위원회 위원으로 임명된 사람 중에는 하버드대학 경제학과 교수인 데일 조겐슨Dale Jorgenson이 있었다.

헤르만 바일Hermann Weyl은 불과 27세 때인 1913년에 취리히 연방공과대학(현재 디디에 소르네트가 강의를 하는 곳)에서 수학과 교수 자리를 제의받았다.[5] 그는 1920년대에 국제 수학계에서 최정상의 위치를 자랑하던 독일의 괴팅겐대학에서 취리히로 옮겨왔다. 괴팅겐대학에서 그의 지도 교수였던 다비트 힐베르트David Hilbert는 당대 최고의 수학자로 널리 인정받았다. 괴팅겐대학에서 힐베르트에게 배웠던 바일은 수학계의 중심에 서 있었던 셈이다.

취리히의 환경은 영 딴판이었다. 취리히 연방공과대학도 나름의 명성이 있었지만, 그 명성은 얼마 전에 생겨난 것이었다. 취리히 연방공과대학이 공학에 중점을 두어 교육을 펼치던 과거를 청산하고 대학원 과정을 갖춘 명실상부한 대학으로 환골탈태한 것은 1911년부터였다. 같은 도시에 있던 또 하나의 대학인 취리히대학은 스위스에서 가장 큰 대학이었지만, 괴팅겐대학에 비할 바가 못 되었다.

취리히 연방공과대학이 그 무렵에 새로 영입한 교수는 바일뿐만이 아니었다. 대대적인 혁신의 일환으로 물리학과에 우수한 인재를 여러 명 초빙했는데, 그렇게 영입한 젊은 물리학자 중에는 그 대학 출신의 알베르트 아인슈타인도 있었다.[6] 아인슈타인은 취리히대학으로 옮겨 물리학 박사 과정을 밟고 1905년에 졸업했다. 같은 해에 브라운 운동을 수학적으로 설명한 논문(바슐리에가 먼저 설명한 바 있는), 광전 효과를 설명한 논문(이 연구로 1921년에 노벨 물리학상을 수상한다), $E = mc^2$이라는 유명한 공식을 포함하면서 특수 상대성 이론을 다룬 논문을 발표했다. 하지만 이러한 연구 업적들은 당장은 아인슈타인에게 별다른 영광을 가져다주지 못했다. 대학원을 졸업한 뒤, 아인슈타인은 취리히에서 약 150km 떨어진 베른으로 옮겨가 특허청의 말단 공무원으로 일했다. 그것도 친구의 소개로 겨우 구한 일자리였다. 그리고 가끔 그 지역의 대학에서 강의했다.

하지만 아인슈타인이 1905년에 발표한 논문들의 중요성을 더 많은 물리학자가 알게 되면서 아인슈타인의 명성은 점점 높아졌다. 1911년에는 프라하에 있던 독일대학에서 교수 자리를 제의받았고, 다음 해에는 그의 모교에서 제의가 왔다. 취리히로 돌아가던 무렵에는 아인슈타인은 이미 물리학계에서 찬란하게 빛나는 별이 되어 있었다. 그의 명성은 불과 몇 년 만에 폭발하듯이 온 사방으로 퍼졌다. 아인슈타인은 취리히에 오래 머물진 않았지만(1914년에 베를린에 있던 카이저빌헬름연구소 소장으로 임명되어 그리로 옮겨갔다), 그와 함께 보낸 한 해는 바일의 연구 경로를 확 바꿔놓기에 충분했다. 바일은 원래는 순수 수학자였지만, 아인슈타인의 연구에 큰 매력을 느꼈다. 두 사람이 만났을 때 아인슈타인이 자신의 이론에서 뛰어난 위력을 발휘하는 현대 기하학의 중요성을 막 인식하던 무렵이기 때문에 더욱 그랬다.

일반 상대성 이론의 기본 개념은 물질(자동차나 사람, 별 등등)이 시간과 공간의 기하학적 성질에 영향을 미친다는 것이다.[7] 한편, 이 시공간의 기하학은 물체의 움직임에 영향을 미친다. 우리가 평소에 중력(우리를 지구 표면에 붙어 살아가게 하고, 지구를 태양 주위에서 타원 궤도를 돌게 하는 물리적 현상)이라고 생각하는 것은 물질의 질량 때문에 구부러진 시공간의 기하학에서 나타나는 효과이다. 일반 상대성 이론이 보여주는 그림은 뉴턴의 중력 이론이 보여주는 그림과는 아주 다르다. 뉴턴의 중력 이론에서는 시간과 공간이 정적이고, 그 성질은 우주 공간에 퍼져 있는 물질의 존재와 무관하다. 물체들은 아무리 먼 거리에서도 순간적으로 작용하는 설명 불가능한 힘을 통해 서로 끌어당긴다.

반면에 아인슈타인의 이론에서는 물질은 시간과 공간에 영향을 미쳐 시공간의 곡률을 만들어낸다. 수학자와 물리학자가 무엇을 '구부러졌다'라고 말할 때, 그것은 우리가 생각하는 것과는 의미가 좀 다르다. 탁자 윗면이나 똑바로 펼친 종이는 편평하고, 농구공이나 종이 타월 롤은 구부러져 있다. 하지만 수학자의 관점에서 볼 때, 탁자 윗면과 농구공의 차이점은 농구공은 굴러가지만 탁자는 굴러가지 않는다거나, 탁자 위에는 서기가 쉽지만 농구공 위에 서기는 쉽지 않다는 것이 아니다. 수학자에게 곡률을 나타내는 특징은 어떤 물체의 표면 위에서 화살표를 움직이면서 계속 같은 방향을 가리키도록 하기가 얼마나 쉬운가 혹은 어려운가 하는 것이다. 물체가 편평할 경우는 그러기가 아주 쉽지만, 구부러져 있을 때에는 그러기가 쉽지 않다.

이 이야기는 다소 기묘하게 들릴 것이다. 하지만 다음 설명을 들으면 쉽게 이해할 수 있을 것이다. 여러분이 대도시의 인도 위에 서 있다고 상상해보라. 그러니까 맨해튼 한복판처럼 거리들이 격자 모양으로 뻗어 있는 장소 말이다. 여기서 만약 자신의 몸을 계속 같은 방향(예컨대 브롱크스가 있는 북쪽)으로 향한 채 한 블록 주위를 시계 방향으로 돌면 어떤 일이 일어날까? 여기서 여러분이 향한 방향은 수학자가 사용하는 화살표에 해당한다. 앞으로 죽 걸어가는 동안에는 정면을 바라보고 갈 수 있다. 그러다가 모퉁이를 만나면 동쪽으로 방향을 틀어야 한다. 하지만 계속 북쪽을 바라보아야 하므로 모퉁이를 돌더라도 몸을 돌려서는 안 된다. 그러니까 옆걸음질을 치며 오른쪽으로 계속 나아가야 한다. 그러다가 다음번 모퉁이를 만나면, 이번에는 남쪽으로 방향을 틀어야 하므로 뒷걸음질을 치며 나아가야 한다. 이런 식으로 몸을 전혀 돌리지 않은 채 블록을 시계 방향으로 한 바퀴 돌아 출발점에 도착하면, 여러분은 처음과 똑같은 방향을 바라보고 있을 것이다.

여기에는 놀라울 게 전혀 없다. 블록을 한 바퀴 도는 동안 몸의 방향을 전혀 돌리지 않았으니 출발점으로 돌아왔을 때 처음과 똑같은 방향을 바라보는 건 지극히 당연한 일이 아닌가? 그렇다면 이번에는 조금 더 먼 여행을 해보자. 블록 주위를 한 바퀴 도는 대신에 몸을 지구 위에서 똑같은 방향(이번에도 북쪽이라고 하자)을 향한 채 여행을 한다고 상상해보자. 먼저 뉴욕에서 출발해 동쪽으로 유럽을 향해 나아간다. 프랑스에 도착한 뒤 계속 옆걸음질로 나아가 아시아에 도착한다. 그리고 거기서 태평양에 도착해 캘리포니아주로 향한다. 그렇게 해서 마침내 뉴욕으로 돌아왔을 때, 여행하는 동안 몸의 방향을 조금도 틀지 않았다면, 여러분은 여전히 북쪽을 향하고 있을 것이다.

이번에는 조금 다른 경로를 거쳐 출발점으로 돌아오는 여행을 해보자. 이번에도 뉴욕에서 동쪽으로 나아간다. 하지만 카자흐스탄에 도착했을 때 거기서 중국 쪽으로 나아가는 대신에 북쪽으로 러시아를 향해 나아가는데, 적어도 이제는 앞을 바라보고 똑바로 걸어간다. 이렇게 북극권까지 몸을 돌릴 필요 없이 곧장 나아간다. 북극점에 도착하니 앞쪽(북극점에서 남쪽이긴 하지만)에 뉴욕이 보인다. 그래서 그대로 곧장 앞으로 나아가 캐나다 북부를 지나고 허드슨강을 따라 내려가다가 마침내 뉴욕에 도착한다. 그런데 이번에는 출발점에 도착하고 보니, 여러분은 출발 때와는 다른 방향, 즉 남쪽을 바라보고 있다! 뭐가 잘못된 것일까? 여행 도중에 몸의 방향을 튼 적은 한 번도 없었는데도, 종착점에 도착해보니 출발 때와는 완전히 반대 방향을 바라보고 있다.

두 번째 세계 일주 여행을 한 뒤에 출발할 때와 다른 방향을 바라보는 결과가 나온 것은 지구 표면이 구부러져 있기 때문이다('그림 5' 참고). 반면에 도시의 블록은 편평하다(물론 도시 블록도 구부러진 지구 표면 위에 있기 때문에 사실은 구부러져 있다고 말할 수 있지만, 곡률의 효과는 짧은 거리에서는 거의 나타나지 않으므로 편평한 거나 다름없다). 식탁 위에서 똑같은 실험을 하는 개미를 상상해보라. 그러면 개미가 어떤 경로를 택해 여행을 하더라도 항상 똑같은 방향을 향한 채 출발점으로 돌아오는 결과가 나타날 것이다. 수학자가 어떤 표면이나 형태가 편평하다고(혹은 평탄하다고) 말하는 것은 바로 이런 의미에서이다. 그런 표면이나 형태는 '평행 이동의 경로 독립성'을 나타낸다(평행 이동이라 부르는 이유는 여행의 목표가 마지막 순간까지 몸의 방향을 평행하게 유지하는 것이기 때문이다). 반면에 구부러진 표면 위에서는 여행이 끝난 뒤에 화살표가 향하는 방향이 '경로 종속적'이다. 구부러진 표면 위에서는 경로에 따라 결과

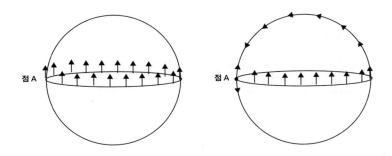

그림 5 구부러진 표면 위에서 화살표가 항상 똑같은 방향을 가리키도록 하면서 어떤 경로를 따라 화살표를 이동시킬 경우, 여행을 끝내고 출발점으로 돌아왔을 때 화살표가 가리키는 방향은 어떤 경로를 택했느냐에 따라 달라진다. 수학자들은 구부러진 표면의 이 성질을 '평행 이동의 경로 종속성'이라 부른다. 위 그림에는 구면 위로 지나가는 두 가지 경로가 표시돼 있다. 첫 번째 경로는 화살표가 점 A에서 출발하여 적도를 따라 한 바퀴 돈 뒤에 출발점으로 돌아온다. 여행에 끝난 뒤에 화살표가 가리키는 방향은 출발할 때와 똑같다. 두 번째 여행도 점 A에서 출발하여 적도를 따라 나아가지만, 반 바퀴만 돌고 나서 북극점을 향해 나아간 뒤에 계속 앞으로 나아가 점 A로 돌아온다. 이 여행이 끝난 뒤에 화살표가 가리키는 방향은 출발할 때와 정반대이다. 바일은 화살표의 '방향'뿐만 아니라 '길이'까지 경로 종속성을 지닌 물리학 이론을 만드는 것이 가능하다는 사실을 발견했다. 물리 세계는 실제로는 그런 식으로 작용하지 않지만, 바일이 처음 이 이론(그가 '게이지 이론'이라 이름 붙인)을 주장하고 나서 세월이 한참 지난 뒤에 많은 물리학자와 수학자는 바일이 발명한 수학을 다른 문제들에 적용하여 훨씬 큰 성공을 거두었다.

가 달라질 수 있다.

수학자가 아닌 사람에게는 경로 종속성과 곡률 사이의 관계가 낯설 것이다. 하지만 경로 종속성이라는 기본 개념 자체는 그렇지 않다. 일상생활 속의 사물 사이에도 경로 종속성과 경로 독립성이 나타나는 사례를 쉽게 발견할 수 있다. 식료품을 사러 가게에 갔을 때, 거기서 사는 우유의 양은 경로 독립적이다. 집에서 가게로 가는 경로를 바꿔도 우유의 양이 변하지는 않기 때문이다. 하지만 자동차 연료 탱크에 들어 있는 가솔린의 양은 경로 종속적이다. 가게로 갔다가 집으로 곧장 오는 길을 선택했다면, 경치가 좋은 길을 선택한 경우보다 집에 도착했을 때 연료 탱크에 더 많은 가솔린이 남아 있을 것이다. 평행 이동의 경로 종속성은 어디서 출발하여 어디에 도착했느냐뿐만 아니라 그 과정에서 어떤 경로를 선택했느냐에 따라서도 가끔 결과가 달라지는, 더 일반적인 사실의 특수한 경우이다.

아인슈타인의 일반 상대성 이론은 시간과 공간이 구부러져 있다는 사실을 필수 개념으로 사용하는데, 시간이 공간이 구부러져 있다는 사실은 평행 이동이 경로 종속적이라는 점을 근거로 판단한다. 하지만 바일은 아인슈타인이 모든 것을 충분히 고려하지 못했다고 생각했다. 일반 상대성 이론에서는 한 장소에서 화살표를 가지고 출발해 어떤 경로를 따라 여행한 뒤에 다시 출발점으로 돌아왔을 때, 화살표가 처음과 다른 방향을 향할 수 있다. 하지만 화살표의 길이는 항상 똑같다. 바일은 이것은 물리적 의미가 없는 자의적 특징이라고 생각하여, 길이 역시 경로 종속적인 대체 이론을 만들었다. 즉, 서로 다른 경로를 따라 자를 이동시킨 뒤에 출발점으로 돌아오면, 경로에 따라 자의 길이가 달라질 수 있다는 것이다.

바일은 자신이 만든 이 이론을 게이지 이론이라고 불렀다.[8] 게이지 이론이란 이름은 바일이 처음 사용했고, 자의 길이를 확실하게 '게이지'하는, 즉 측정하는 보편적 방법이 없다는 개념을 바탕으로 한다. 아침에 여러분과 이웃 사람이 집 앞에서 각자 차를 몰고 일터로 떠난다고 가정해보자. 두 사람 다 똑같은 자동차를 몰고, 일하는 곳도 같은 곳이라고 하자. 만약 두 사람이 일터에 도착했을 때, 어느 쪽 자동차에 기름이 더 많이 남아 있겠느냐고 묻는다면, 여러분은 뭐라고 대답하겠는가? 자기 자동차의 유량계를 보고 기름이 가득 차 있는 걸 확인한 뒤에 이웃 사람에게 기름이 얼마나 남았느냐고 물어볼 수도 있다. 하지만 이 방법은 충분한 답이 될 수 없다. 그 답은 여러분과 이웃 사람이 일터까지 자동차를 몰고 간 경로에 따라 달라진다. 예컨대 여러분은 곧장 일터로 달려갔지만, 이웃 사람은 경치가 좋은 길을 따라 돌아갔을 수도 있다. 혹은 이웃 사람은 고속도로로 달렸지만, 여러분은 시내 도로를 달렸을 수도 있다. 어느 경우건 여행이 끝난 뒤 연료 탱크에 남아 있는 기름의 양은 각자가 택한 경로에 따라 다를 것이다. 이처럼 경로 종속적 양들을 비교하는 문제는 간단한 답을 얻기가 어렵다.

바일의 이론에서 자를 측정하는 보편적 방법은 없다고 한 것은 바로 이런 의미에서였다. 서로 다른 장소에 있는 두 자를 비교할 수 있는 경로 독립적 방법이 없기 때문이다. 하지만 바일은 이것이 반드시 문제가 되진 않는다는 사실을 깨달았다. 시카고에 있는 자의 길이를 코펜하겐이나 화성에 있는 자의 길이와 비교하고 싶다면, 그 자들을 서로 나란히 놓고 비교할 수 있도록 모두 같은 장소에 갖다 놓는 방법을 찾기만 하면 된다. 그 방법은 경로 독립적인 것이 아닐 수 있지만, 그래도 상관없다. 길이 변화가 선택한 경로에 따라 어떻게 일어나는지 알아낼 수만 있다면 말이다. 다시 말해서, 바일은 자신의 이론에서 정말로 중요한 것은 길이를 비교할 수 있는 수학적 기준(설사 길이가 경로 종속적이라 하더라도, 자들을 비교할 수 있도록 다른 점들을 '연결하는' 방법)을 확인하는 것임을 깨달았다. 바일이 발견한 것은 서로의 성질(이 경우에는 길이)을 직접 비교할 수 있는 공통 장소로 옮김으로써 다른 방법으로는 비교 불가능한 양들을 비교하는 방법을 수학적으로 보여준 것에 해당한다.

바일의 이론은 성공작은 아니었다. 아인슈타인은 금방 그것이 잘 알려진 실험 결과들과 일치하지 않음을 지적했고, 얼마 후 그 이론은 과학사의 쓰레기통으로 들어가고 말았다. 하지만 훗날 바일이 생각한 게이지 이론의 기본 개념(즉, 물리 이론에서 두 양이 똑같은지 같지 않은지 결정하려면, 가능한 경로 종속성을 고려한 비교 기준이 필요하다는)은 그것을 바탕으로 만든 이론보다 훨씬 중요하게 받아들여졌다. 게이지 이론은 1950년대에 브룩헤이븐 국립연구소에서 일하던 두 젊은 연구자 양C. N. Yang(중국어명 양전닝楊振寧)과 로버트 밀스Robert Mills가 부활시켰다. 양과 밀스는 바일의 이론을 한 단계 더 발전시켰다. 만약 길이가 경로 종속적 성질을 가지는 이론을 만드는 게 가능하다면, 다른 양들 역시 경로 종속적 성질을 가지는 이론을 만드는 게 가능하지 않을까? 두 사람은 그 답이 '그렇다'라는 사실을 알아냈다. 그것을 바탕으로 두 사람은 바일이 상상했던 것보다 훨씬 복잡한 게이지 이론을 위한 일반적 틀을 발전시켰다.

오늘날 양-밀스 이론으로 알려진 이 이론들은 가끔 게이지 혁명이라 부르는 사건을 낳았다. 1961년에 시작하여 기초물리학은 게이지 이론을 바탕으로 다시 쓰게 되었다. 이 과정은 1960년대 후반에 양이 르네상스의 짐 사이먼스와 함께 양-밀스 게이지 이론과 현대 기하학 사이에 깊은 관계가 있다는 사실을 밝혀냄으로써 그 발전 속도에 더욱 불이 붙었다.[9] 게이지 이론은 물리학에 특히 중요한 것으로 드러났는데, '통일' 이론을 찾기에 적절한 자연적 배경을 제공했기 때문이다. 통일 이론이 통일하려고 한 것은 물리학 이론들에 나오는 서로 다른 양들을 비교할 수 있는 기준이었다. 1973년 무렵에는 자연의 기본적인 힘 중 세 가지(전자기력, 약한 상호작용, 강한 상호작용)가 하나의 게이지 이론의 틀 안에서 통합된 것처럼 보였다. 이 틀은 입자물리학의 표준 모형이라 부른다.[10] 오늘날 이 표준 모형은 지금까지 모든 분야에서 발견된 단일 이론 중 가장 잘 검증된 이론이며, 현대 물리학의 핵심을 이루고 있다.

* * *

학계의 일자리, 특히 종신 재직권이 보장되는 교수처럼 가장 바람직한 일자리는 정해진 일정에 따라 채용한다. 매년 여름이 끝날 무렵이면 박사 학위 논문을 거의 다 마친 학생들은 그해에 적당한 자리에 지원할지 말지 결정한다. 만약 학생과 지도 교수가 학위 논문이 충분하다고 판단하면, 학생은 교수들의 추천서와 학위 논문에 들어갈 연구 사례, 관심이 있는 연구 분야를 설명한 자기소개서를 포함해 필요한 서류들을 준비하기 시작한다. 가을이 오면 신규 교수를 채용하려는 학과들은 공개 임용 계획을 발표하는데, 신청 마감은 11월 말경이다. 운이 좋다면 임용 계획이 있는 학과에 가서 면접을 보게 되고, 일이 잘 풀리면 자신에게 관심을 보이는 대학을 방문해 박사 학위 논문 연구를 설명하는 강연을 한다. 경제학과를 포함해 많은 학과에서는 이 과정을 '출시going on the market'라고 부르는데, 사실상 학계의 집단 오디션을 가리키는 표현으로 아주 적절해 보인다. 이 과정에는 심한 스트레스가 따른다. 무엇보다도 시장에서의 성공 여부가 그 사람의 향후 경력을 좌우하기 때문이다.

학계에서 일자리를 얻는 데에는 지원자의 연구 이력과 박사 학위 논문의 질이 중요하다. 하지만 그보다 더 중요한 것은 교수들이 써준 추천서의 영향력이다. 만약 유명하고 존경받는 교수가 학생의 연구가 훌륭하거나 중요하다고 말한다면, 그것은 임용 결정에 큰 힘을 발휘한다. 매년 하버드대학 경제학과는 전체 교수 회의를 열어 명성 높은 교수들이 그해에 배출되는 학생 중 누구를 전폭적으로 지지할지 결정한다. 모든 후보를 한 사람씩 검토하면서 해당 학생의 지도 교수가 나머지 교수들에게 그 학생의 연구와 장래 전망에 대한 정보를 제공한다. 이 과정은 비공개로 진행되기 때문에, 그 사정을 정확하게 아는 사람은 오직 경제학과 교수들뿐이다. 하지만 회의가 끝나고 나면, 일부 학생은 든든한 후원자를 얻게 된다. 교수 임용을 원하는 학과들이 지원자에게 연락하기 시작할 때, 이 학생들은 특별한 대우를 받는다. 다른 학생들은 그런 운이 따르지 않는다.

피아 멀레이니는 자신이 한 연구의 중요성과 지도 교수의 강력한 지지를 고려하면 이 과정을 무난히 통과할 것이라고 믿었다. 무엇 하나 부족한 게 없어 보였다. 마침내 10월의 교수 회의가 다가왔다. 회의가 끝난 뒤, 멀레이니는 매스킨과 만나 회의의 결정을 바탕으로 향후 진로 전망에 대해 이야기를 나누었다.[11] 하지만 전망은 그다지 밝지 않았다.

회의에 들어갈 때 매스킨은 멀레이니의 논문이 아주 훌륭하다고 확신했다. 하지만 모든 교수가 그 견해에 동의하진 않았다. 특히 한 사람은 유보적 태도를 보였는데, 바로 하버드대학을 대표해 보스킨 위원회에 참여한 두 사람 중 한 명이자 지수 문제 전문가인 데일 조겐슨이었다. 멀레이니의 연구 계획은 보스킨 위원회가 조사하기로 계획한 것과 정확하게 똑같은 영역을 다루었다. 그리고 보스킨 위원회가 풀어야 할 문제를 다룰 수 있는 우아한 수학적 틀을 개발했다. 그래서 멀레이니는 조겐슨이 보스킨 위원회 위원으로 임명되었다는 소식을 듣고 그에게 면담을 신청했다. 그리고 잔뜩 흥분하여 자신의 연구를 설명하면서 이 중요한 문제에 게이지 이론을 어떻게 응용할 수 있는지 보여주었다. 조겐슨이 보인 반응은 멀레이니를 사무실에서 내쫓은 것이었다.[12] "쓸 만한 게 하나도 없어"라고 말하면서.

그 당시 멀레이니는 낙담했지만 포기하지 않았다. 첫 번째 시도에서 조겐슨을 설득하지 못했다고 해서 기가 죽을 이유는 없다고 생각했다. 지도 교수인 매스킨은 자신의 생각을 마음에 들어 했고 기꺼이 논문을 지도해주기로 했으니까. 결국에는 연구 결과가 말해줄 것이라고 믿었다. 하지만 멀레이니가 일자리에 지원하려고 준비할 때, 이러한 장밋빛 전망이 무너져 내리기 시작했다. 교수 회의를 통해 조겐슨은 멀레이니의 연구에 강한 거부감을 나타냈다. 몇 달 뒤, 보스킨 위원회가 조사 결과를 발표했을 때, 조겐슨이 왜 그토록 멀레이니의 연구에 거부감을 보였는지 분명히 드러났다.

***

멀레이니가 와인스틴에게 경제학을 진지하게 생각하도록 설득하는 데에는 몇 년이 걸렸다. 그러기 위해 안 해본 짓이 없었다. 유명한 경제학자들의 예를 들기도 하고, 그들이 발견한 영향력이 아주 큰 이론들을 설명하기도 하고, 중요한 실험 결과를 소개하기도 했다. 하지만 와인스틴은 요지부동이었다. 그는 경제학에서 쓰는 수학은 너무 단순한 반면, 다루는 문제는 너무 복잡하다고 믿었다. 경제학은 쓸모없는 것을 추구하는 사이비과학이라고 생각했다. 포기하기 직전에 멀레이니는 마지막으로 한 번만 더 노력해보기로 했다. 와인스틴에게 문제를 하나 풀어보라고 던졌는데, 그 답은 경제학에서 코스의 정리Coase's theorem로 알려진 고전적인 연구 결과였다.[13]

로널드 코스Ronald Coase는 영국의 경제학자이지만, 전체 경력 중 대부분을 미국의 시카고대학에서 보냈다. 그는 자신이 '사회적 비용social cost'이라고 부른 것에 큰 관심이 있었다. 여러분이 농촌 사회의 보안관이라고 상상해보라. 두 주민이 여러분을 찾아와 두 사람 사이에 벌어진 분쟁을 해결해달라고 요구한다. 한 사람은 소를 키우는 목장 주인이고, 또 한 사람은 이웃에서 콩을 재배하는 농부이다. 분쟁은 목장 주인이 키우는 소 때문에 발생하는데, 소가 종종 농부의 밭으로 들어가 농작물을 망쳐놓기 때문이다. 최근 들어 문제가 더 심각해졌는데, 농부가 소를 더 키우려는 목장 주인의 계획을 알아챘기 때문이다. 자, 여러분이라면 이 분쟁을 어떻게 해결하겠는가?

코스는 이것과 같은 사회적 비용 문제에 대한 답을 공식화하려고 시도했다가 놀라운 결론을 얻었다. 세 가지 조건만 충족된다면, 보안관이 어떤 해결책을 내놓든지 그것은 아무 문제가 되지 않았다. 적어도 장기적 관점에서 보면 그랬다. 세 가지 조건이란, 일어나는 피해를 적절히 계량화할 수 있고, 잘 정의된 재산 개념이 있고, 협상은 공짜여야 한다는 것이다. 왜 그런지 이해하려면, 만약 보안관이 목장 주인에게 원하는 만큼 소를 얼마든지 키워도 되지만, 소가 일으킨 피해에 대해 철저히 변상해야 한다고 말하면 어떤 일이 일어날지 생각해보라. 그러면 목장 주인은 사실상 소를 키우는 데 추가 비용이 드는 셈이다. 발생하는 피해 정도와 콩값에 따라 목장 주인은 농부에게 피해를 본 콩을 변상해줘도 소를 더 키우는 게 이익일 수도 있다. 만약 목장 주인이 콩값을 제대로 지불한다면, 농부는 자신이 얻는 수입이 재배한 콩을 팔아서 나온 것이건 목장 주인에게 받는 변상에서 나온 것이건 상관하지 않을 것이다. 사실, 그렇게 되면 농부는 목장 주인을 소가 짓밟은 콩을 사는 고객으로 생각할 수 있다. 결국 목장 주인과 농부는 쌍방에게 최대의 이익이 되는 결과를 기준으로 소를 몇 마리 키워야 할지 합의에 도달할 것이다. 그런데 만약 보안관이 다른 선택을 한다면 어떻게 될까? 만약 소들이 농작물을 해치지 않도록 막아주는 대가로 농부가 목장 주인에게 돈을 지불한다고 결정해도, 먼젓번과 정확하게 똑같은 타협에 이를 것이다. 코스의 정리는 최종 결과는 항상 똑같다고 말한다. 즉, 쌍방은 모두에게 최대의 이익이 돌아가는 협상안에 합의하게 된다.

멀레이니가 이 문제를 던지자, 와인스틴은 진지하게 그것을 풀려고 노력했다. 단순한 수학적 가정(코스가 한 것과 비슷한)을 몇 가지 한 뒤에 곧장 답을 찾아냈는데, 그것은 바로 코스가 얻었던 그 답이었다. 그런데 그 결과를 보고서 와인스틴은 놀라움을 느꼈다. 적어도 이 경우만큼은 수학이 제대로 효과를 발휘하는 것처럼 보였고, 실제로 그 방법은 직관에 반하는 것처럼 보이지만 무시할 수 없는 중요성을 지닌 결과를 이끌어냈다. 단순화를 위한 가정을 몇 가지 한 뒤에 다른 방법으로는 도저히 풀 수 없는 문제에 대해 수학을 사용해 직관을 얻는 그 과정은 물리학에서 수학을 사용하는 방법과 놀랍도록 비슷했다. 무엇보다도, 만약 와인스틴이 직접 문제를 풀기 전에 누가 코스의 정리를 알려주었더라면, 와인스틴은 그 해는 정부의 간섭을 최소화해야 한다는 주장을 뒷받침하려는 정치적 의도가 숨어 있고, 엄밀성을 가장하기 위해 수학으로 포장한 것으로 여겼을 가능성이 높았다. 하지만 직접 그것을 풀어본 그는 문제가 그렇게 단순하지 않음을 알게 되었다.

흥미가 동한 와인스틴은 경제학에서 수학을 사용해 직관에 반하는 결과를 얻은 사례들을 찾기 시작했다. 그리고 그런 사례를 여러 가지 발견할 수 있었다. 블랙-숄스 방정식도 그중 하나였다. 옵션을 만들고 거래하는 게 의미하는 본질을 파악하기 위해 상당히 복잡한 수학을 사용하기 때문이다. 또 하나는 애로의 정리Arrow's theorem (흔히 애로의 불가능성 정리라고 함—옮긴이)였다. 이 정리는 사회 선택 이론에서 유명한 결과로, 투표자들에게 세 가지 이상의 대안 중 하나를 선택하라고 할 때, 공동체 내의 모든 개인의 선호 순위를 공동체 전체의 선호 순위로 전환할 수 있는 투표 제도는 존재하지 않는다고 말한다.

와인스틴은 그동안 자신의 경제학 비판이 잘못되었음을 깨달았다. 이제 그는 경제학 문제를 이해하는 데 수학을 생산적으로 사용할 수 있다고 믿었다. 그것은 아주 신나는 깨달음이었다. 수학적 감각과 물리학 지식 배경이 있다면 경제학 문제를 푸는 데 중요한 진전을 이룰 가능성이 있음을 의미했기 때문이다. 곧 와인스틴과 멀레이니는 수학이 경제학에서 생산적으로 사용된 사례를 찾는 대신에 그런 식으로 사용된 적이 없는(적어도 아직까지는) 사례를 찾기 시작했다. 그러다가 우연히 지수 문제를 발견했다. 어떤 소비자가 느끼는 돈의 가치처럼 복잡한 것에 수치를 부여하는 과정과 관련된 어려움을 고려하면, 소비자 물가 지수의 바탕을 이루는 수학은 놀랍도록 단순하다. 지수 문제는 첫 번째 도전 대상으로 완벽했다.

바일이 발견한 혁신은 개념적으로 말하면, 다른 방법으로는 비교 불가능한 양들을 비교할 수 있는 수학 이론을 발견하는 것이었다. 그의 이론에서 비교 불가능한 양은 서로 다른 장소에 있는 자들의 길이였다. 그리고 그가 발견한 해법은 자들을 같은 장소로 모을 방법을 발견해 그것들을 서로 나란히 놓고 그 관계를 알아내는 것이었다.

이번에는 서로 다르고 비교 불가능한 양들을 비교하는 문제가 그 중심에 자리 잡고 있는 지수 문제를 생각해보자. 서로 다른 두 사람 (특히 생활 방식이 극단적으로 다를 경우)이 느끼는 돈의 가치를 어떻게 이해할 수 있을까? 그리고 1950년에 적절해 보인 표준 장바구니를 1970년 혹은 2010년에 적절해 보인 표준 장바구니와 어떻게 비교할 수 있을까? 이 문제들은 처음에는 와인스틴과 멀레이니에게 해결할 수 없는 것처럼 보였다. 하지만 바일과 그 후계자들이 개발한 수학적 틀의 맥락에서 가능한 해법이 최소한 한 가지 나타났다. 어떤 두 사람 (예컨대 1950년에 살았던 벌목꾼과 1995년에 살았던 컴퓨터 프로그래머)을 선택해 그들의 선호와 가치를 직접 비교할 수 있도록 똑같은 환경에 갖다 놓을 방법을 생각하기만 하면 되었다. 벌목꾼과 프로그래머 사이의 대화는 다소 어색할 테니 그것은 제안하기에 좀 이상한 것이었지만, 바일의 수학이라는 관점에서 보면 세상에서 가장 자연스러운 일이었다. 와인스틴과 멀레이니는 지수 문제를 풀려면 경제학의 게이지 이론이 필요하다고 주장했다.[14]

***

2005년 후반의 어느 날, 리 스몰린Lee Smolin은 특이한 이메일을 받았다.[15] 그것은 경제학에 관한 내용 같았는데, 스몰린은 경제학의 '경' 자도 몰랐기 때문에 예상 밖의 이메일이었다. 스몰린은 물리학자였다. 지금도 그렇지만 주로 한 연구는 양자중력이라는 첨단 물리학 분야였다. 양자중력은 20세기 물리학의 두 가지 혁명이라 할 수 있는 양자역학(전자처럼 아주 작은 대상을 설명하는)과 아인슈타인의 일반 상대성 이론(별이나 은하처럼 아주 큰 물체를 설명하는)을 결합해 일관성 있는 하나의 체계로 만드는 방법을 연구하는 분야이다. 이런 연구가 경제학과 무슨 관계가 있을 리 없었다. 적어도 스몰린은 그렇게 생각했다.

몇 달 전에 스몰린은 〈피직스 투데이(Physics Today)〉라는 잡지에 글을 하나 썼다.[16] 〈피직스 투데이〉는 물리학 분야에서 일어난 최신 발견을 해당 분야의 전문가가 아닌 물리학자나 물리학도에게 소개하는 데 중점을 둔 간행물로, 과학에 관심 있는 일반인도 많이 본다. 스몰린이 쓴 글은 왜 양자중력 분야에서는 기존 틀에서 완전히 벗어난 사고를 함으로써 물리학에 혁명을 일으킨 아인슈타인 같은 연구자가 나오지 않았는지 설명하려고 시도했다. 그가 얼마 전에 집필을 끝낸 《The Trouble with Physics(물리학의 문제)》라는 책을 사전에 간략하게 소개한 글이었다.[17] 이 글과 책에서 스몰린은 물리학 혹은 더 적절하게는 양자중력 연구는 사회학적 문제에 직면해 있다고 주장했다. 끈 이론(중력 이론을 양자물리학과 결합하는 방법의 기본 문제를 풀기 위한 한 가지 접근법)을 연구하는 물리학자들이 이 분야를 지배하는 상황이 되었는데, 이 때문에 물리학과에 새 교수를 임용하거나 연구 기금을 배분해야 할 때, 끈 이론가들은 양자중력에 대해 대안 접근법을 연구하는 사람들보다는 다른 끈 이론가들을 선호하는 경향이 있다고 주장했다.

예상치 못한 이메일이 날아온 것은 바로 〈피직스 투데이〉에 실린 글 때문이었다. 이메일을 보낸 사람은 그 무렵에 맨해튼에서 헤지펀드 매니저 겸 금융 컨설턴트로 일하던 에릭 와인스틴이었다. 와인스틴은 하버드대학과 MIT에서 수리물리학자로 일한 경험을 바탕으로 스몰린의 물리학계 평가에 동의했다. 하지만 그는 사회학이 어떻게 학계 연구의 발전을 훨씬 광범위하게 왜곡할 수 있는지에 대해 더 강조하고 싶은 말이 있었다. 와인스틴이 보기에 물리학의 사회학적 문제는 아무것도 아니었다. 경제학은 그보다 10배는 더 나빴다.

스몰린은 더 자세한 이야기를 듣고 싶었다. 그래서 자신이 일하는 온타리오주 워털루의 페리미터연구소로 와인스틴을 초대했다. 페리미터연구소는 1999년에 블랙베리 장비를 공급하는 리서치 인 모션을 창립한 기업가 마이크 라자리디스Mike Lazaridis가 세웠다. 이 연구소는 기초물리학 연구를 장려했다. 기본적인 질문에 대해 다양한 접근 방법 사이의 공개 대화와 토론을 적극 장려하는 것으로 명성이 높은데, 초창기부터 리 스몰린이 이 연구소에 심은 문화의 영향이 컸다. 어떤 면에서 페리미터연구소는 스몰린의 책과 글에서 지적한 사회학적 문제에 답을 제시하려는 시도로 볼 수 있다. 와인스틴과 같은 배경과 관심을 가진 사람이 경제 문제의 이해를 위해 새로운 접근 방법을 제시하기에 아주 이상적인 곳이었다.

와인스틴은 2006년 5월에 페리미터연구소를 방문했다. 그리고 몇 년 전에 멀레이니와 함께 한 연구를 소개하면서 게이지 이론 개념이 새로운 경제 이론에 중요하게 쓰일 방법에 대해 강연을 했다.[18] 그리고 나서 그는 그곳을 떠났다. 스몰린과 그 밖의 연구소 사람들은 와인스틴의 생각이 설득력이 있다고 생각했다. 하지만 이들은 원래 그런 생각에 공감하는 성향이 있었다. 이들은 설득이 필요한 사람들이 아니었다.

와인스틴과 스몰린은 그 뒤에도 계속 연락을 주고받았다. 스몰린은 게이지 이론이 어떻게 도움을 줄 수 있는지 이해하기 위해 경제학에 관련된 글을 많이 찾아 읽었다. 그 무렵에 스몰린은 프리딕션 컴퍼니를 설립하기 전의 도인 파머와 노먼 패커드, 그리고 마이크로소프트의 초대 최고 재무 책임자이자 나스닥 이사회 의장을 지낸 마이크 브라운Mike Brown, SEC에서 일하는 회계학 교수 조-보나 팜로즈Zoe-Vonna Palmrose, 샌타페이연구소에서 복잡계 이론을 연구한 스튜어트 카우프만Stuart Kauffman을 포함해 물리학 개념을 경제학에 적용하는 데 관심을 가진 다른 연구자들과도 함께 연구하기 시작했다.

2008년 9월, 와인스틴은 21세기 과학을 주제로 연 회의에 참석하기 위해 페리미터연구소를 두 번째로 방문했다. 강연들은 새로운 자금원, 블로그나 온라인 회의처럼 개념을 퍼뜨리는 새로운 방법, 전통적인 연구 중심지인 대학을 벗어나 페리미터연구소와 샌타페이연구소 같은 곳이 새로운 연구 중심지로 떠오르면서 연구 장소 개념에 변화가 생김에 따라 일어나는 과학 연구의 변화 양상에 초점을 맞춰 진행되었다.

하지만 그해 9월에 와인스틴의 마음을 사로잡은 주제는 과학의 미래가 아니었다. 와인스틴이 페리미터연구소에서 강연을 하고 나서 불과 일주일 뒤, 미국에서 네 번째로 큰 투자은행인 리먼 브러더스가

150년의 역사를 마감하고 문을 닫았다. 거의 같은 시기에 세계 20대 상장회사에 포함되던 AIG는 악성 부채가 늘어나면서 유동성 위기에 직면했다. 만약 미국 정부가 개입하지 않았더라면 AIG도 파산하고 말았을 것이다. 9월 초에 세계 경제는 이미 위기 상황에 접어들었다. 헤지펀드 매니저이자 컨설턴트인 와인스틴은 금융 산업, 그리고 더 일반적으로는 경제 분야의 위기와 공포에 주의를 집중했다. 그가 알기로는 이 위기를 예상한 사람은 아무도 없었다(소르네트는 예상했지만, 그 예상을 널리 알리지 않았다).

와인스틴은 미국 금융 시스템이 예상 밖의 극적인 실패를 보여준 이 사건은 현대 경제학의 발전에서 이제 다음 걸음을 내디뎌야 할 때가 왔음을 보여주는 또 하나의 증거라고 보았다. 이제 부실 유가 증권에 잘못된 것이 무엇인지 반성하고, 경제학에 새로운 도구들이 필요하다는 사실을 인식할 때가 되었다. 한 세대 전에 물리학자들이 그런 것처럼 경제학자들도 더 다양한 현상을 설명할 수 있도록 이론적 틀을 넓힐 필요가 있었다. 경제학에는 현대 세계의 복잡성에 맞춰 새로운 세대의 이론과 모형이 필요했다. 와인스틴은 금융위기를 금융과 경제학 부문의 다양한 접근법들 사이에 존재하는 과거의 차이들을 일소할 기회로 삼아야 한다고 생각했다. 그는 경제학자와 물리학 및 그 밖의 분야에 종사하는 연구자들에게 새로운 형태의 대규모 협력을 요구했다. 그는 그것은 경제학 분야의 맨해튼 계획에 해당하는 것이라고 말했다.

미국의 사회 보장 제도(정식 명칭은 미국 연방 노령·유족·장해 보험 제도)는 1935년에 뉴딜 정책의 일환으로 처음 법으로 제정되었다.[19] 알다시피, 뉴딜은 루스벨트 대통령이 대공황을 극복하려는 시도에서 경기 부양을 위한 지출을 늘리고 복지 제도를 대폭 확대한 정책이다. 사회 보장 제도는 노인, 취업 연령이 되기 전에 고아가 된 어린이, 신체 장애로 일을 할 수 없는 사람들에게 연방 정부가 지원을 제공하는 방법이다. 이 제도는 실제 보험이 그렇듯이 수혜자가 스스로 그 비용을 지불하도록 설계되었다. 노동자들은 강제적 세금을 통해 사회 보장 제도 비용을 지불하며, 이렇게 모은 기금은 각종 사회 보장 제도의 수당을 지불하는 데 쓰인다.

그런데 이 제도는 많은 논란을 낳았다. 초기부터 대법원이 여러 차례 사회 보장 제도의 적법성에 이의를 제기했다(성공하진 못했지만). 하지만 시간이 지나면서 여러 세대가 평생 노동을 하면서 기금 축적에 기여하자, 대부분의 미국인은 사회 보장 제도를 노후 대책과 장애 대책으로 의지하게 되었다. 1960년대에 이르자 사회 보장 제도는 미국인의 삶에 일부로 포함되어, 은퇴가 가까워진 노동자들은 사회 보장 연금을 당연히 누려야 할 권리로 인식하게 되었다. 그러자 저성장과 높은 인플레이션이 계속된 1970년대에 사회 보장 제도의 문제점이 분명히 드러났을 때, 근본적인 문제를 정치적으로 해결하기가 어려워졌다. 앞날을 내다본 정치인과 경제학자는 향후 수십 년 동안 은퇴하는

베이비 붐 세대 인구가 점점 늘어남에 따라 그들에게 사회 보장 제도 혜택을 제공하는 비용이 크게 늘어 축적된 기금이 빠른 속도로 고갈될 것이라고 예상했다.

하지만 손쓸 방법은 거의 없었다. 정치인이 사회 보장 제도의 문제점을 부각해 사람들의 관심을 촉구하는 것은 자살행위나 다름없었다. 연기금 문제를 해결하려면 꼭 실행에 옮겨야 할 것으로 보이는 두 가지 방법(연금 지급액을 낮추고 세금을 올리는 것) 역시 정치인이 선택하기 쉬운 길이 아니었다. 사회 보장 제도는 이러지도 저러지도 못하는 일종의 정치적 딜레마가 되었다. 그런데 1990년대 중엽에 상원 재정위원회 위원이던 대니얼 패트릭 모이니핸Daniel Patrick Moynihan과 밥 팩우드가 묘안을 생각해냈다.[20] 아무도 눈치채지 못하게 1조 달러의 돈을 마련하는 방법이었는데, 그것은 바로 돈의 가치를 바꾸는 것이었다.

그 계획은 다음과 같다. 사회 보장 제도의 장래 비용은 예상 물가 상승률을 바탕으로 추정하는데, 물가 상승률은 소비자 물가 지수를 바탕으로 계산한다. 모이니핸과 팩우드는 만약 공식 물가 상승률을 낮추면, 사회 보장세 수입은 오르지만 지출은 줄일 수 있다는 사실에 착안했다. 화폐의 실질 구매력을 기준으로 본다면, 이것은 세금을 더 거두고 지급액을 줄이는 효과로 나타난다. 그것도 사람들이 알아채지 못하는 사이에 그런 효과를 거둘 수 있다. 문제는 물가 상승률 계산 방법을 '왜' 바꾸어야 하는지 설득할 논리를 찾는 것이었다. 보스킨 위원회가 바로 이 일에 관여했다. 그것은 실로 교묘한 속임수였다. 사회 보장 제도를 제대로 굴러가게 하기 위해 필요하다고 생각한 1조 달러라는 수치로부터 역산하여 두 사람은 물가 상승률을 1.1%로 줄여야 한다는 결론을 내렸다.

노스웨스턴대학의 경제학자로 보스킨 위원회 위원으로 일한 로버트 고든Robert Gordon이 쓴 메모에 따르면,[21] 데일 조겐슨(멀레이니를 자기 사무실에서 내쫓은 하버드대학의 경제학자)이 처음부터 사회 보장 제도에서 향후 10년간 1조 달러 절감을 목표로 한다고 보고했는데, 그 목표를 달성하려면 물가 상승률을 끌어내리는 것이 필수적이었다. 그런 다음, 위원회는 두 팀으로 나뉘어 선호 변화와 질 변화가 소비자 물가 지수에 영향을 미치는 다양한 방식을 연구했다. 고든은 자기 팀의 한 사람과 함께 한 가지 수치를 얻었다. 조겐슨과 보스킨이 포함된 다른 팀은 다른 수치를 얻었다. 그러고 나서 두 팀이 각자 얻은 결과를 합치자, 고든의 표현대로 '어떻게 하여' 위원회의 최종 권고안에서는 물가 상승률이 정확하게 1.1%로 '수정'되었다.

보스킨 위원회가 내린 결론은 사방에서 비판을 받았다. 나중에 고든이 보고했듯이, 그 일은 성급하고 경솔하게 추진되었다. 고든과 그의 협력자는 위원회가 상원에 보고서를 제출하기 며칠 전에 자신들이 맡은 일을 마쳤다. 그 계산은 물리학자와 경제학자가 '봉투 뒷면에 써서 한 계산back of the envelope'이라고 부를 만큼 개략적인 비공식 추정치에 불과했다. 보고서는 상원에 제출하기 전에 동료 심사를 거치지도 않았다. 위원회의 다른 위원들도 자기 팀이 어떻게 그런 수치를 얻었는지 혹은 다른 팀은 또 어떻게 그런 수치를 얻었는지 물어본 사람이 아무도 없었다. 그런 질문에 답하기가 매우 불편했을 것이다 (결국 보스킨 위원회의 권고안 중 많은 것은 미국은퇴자협회와 기타 이해 당사자의 효과적인 로비로 무산되었다.[22] 약 5년이 지난 뒤, 국립과학원과 노동통계청은 소비자 물가 지수를 계산하는 문제를 더 엄밀한 접근법으로 다시 다루어 미묘한 차이가 더 드러나는 결과를 얻었다).

멀레이니는 보스킨 위원회가 생긴 직후에 와인스틴과 함께 연구한 지수 문제의 결과를 가지고 조겐슨을 찾아갔다. 조겐슨은 멀레이니와 와인스틴의 제안에 매우 비판적인 견해를 가졌는지도 모른다. 어쩌면 그 비판은 건전한 것이었을 수도 있다. 하지만 만약 계산하라고 맡긴 문제를 정확하게 계산할 수 있는, 새롭고 엄밀한 수학적 방법이 나타날 경우, 보스킨 위원회가 무척 곤란한 입장에 처하게 되었으리라는 추측을 억누르기 어렵다. 그런 상황에서는 멀레이니와 와인스틴을 그냥 돌려보내는 게 가장 쉬운 길이었을 것이다.

***

게이지 이론이나 물리학의 다른 개념을 경제학에 응용하는 것은 아직도 쉽지 않은 일로 남아 있다. 2008년 후반은 경제학자들이 세계를 생각하는 방식(그리고 경제학이 지배하는 세계)을 변화시키고자 하는 사람에게 다시없는 기회였다는 와인스틴의 생각이 옳았다. 전 세계의 금융과 경제학에 종사하는 사람들과 일반인 중 다수가 공포에 사로잡혔다. 많은 사람이 분명히 이해했다고 생각한 것들이 변하고 믿을 수 없는 것으로 드러났다. 한편, 물리학이나 수학처럼 다른 분야에서 연구하는 사람들은 궁지에 몰린 분야에 뭔가 기여할 기회를 발견했다. 현대 경제학의 주요 이론들과 방법들을 재평가할 때가 되었다는 주장에 스몰린과 페리미터연구소에서 일하던 다수의 물리학자를 포함해 많은 사람이 공감했다.

여가 시간에 경제학 문헌을 틈틈이 읽은 스몰린은 경제학을 좀 더 진지하게 연구해보기로 마음먹었다. 와인스틴과 멀레이니의 주장에 대한 자신의 의견을 포함해 다양한 주제에 대해 자신이 쓴 메모를 모아 하나의 논문으로 종합한 뒤, 물리학자들이 새로운 연구를 게시하는 온라인 아카이브에 올렸다. 그 논문은 기초 경제학을 물리학자들에게 설명하고 나서 물리학자들이 잘 아는 개념을 이 이질적인 과학 분야에 응용하는 방법을 보여주는 일종의 번역 사전이었다.

한편, 스몰린과 와인스틴은 페리미터연구소에서 개최할 회의를 조직하기 위해 스몰린의 협력자들인 마이크 브라운, 조-보나 팜로즈, 스튜어트 카우프만과 함께 일하기 시작했다. 회의 날짜는 2009년 5월로 잡혔다. 계획은 경제학계의 대표들을 초청해 다양하고 이질적인 집단들을 한자리에 모아놓고 최근의 위기를 겪은 뒤 경제학을 더 발전시킬 방법을 토론하는 것이었다. 조직을 맡은 사람들 외에 도인 파머와 이매뉴얼 더먼도 참석했다. 나심 탈레브 외에 뉴욕대학의 누리엘 루비니Nouriel Roubini와 하버드대학의 리처드 프리먼Richard Freeman 같은 주류 경제학자도 일부 참석했다. 유명한 진화생물학자 리처드 알렉산더Richard Alexander도 생물학과 인간 행동에 대한 연구가 경제학에 어떤 도움을 줄 수 있는지 설명해달라고 초청했다. 계획은 아주 단순했다. 현명한 사람들을 한 방에 모아놓고 경제학에 명백한 문제가 있음을 보여준 뒤, 머리를 맞대고 새로운 이론을 내놓으라고 설득할 참이었다. 그리고 이 회의를 새로운 맨해튼 계획을 출범하는 계기로 삼으려고 했다.[23]

회의 자체는 성공적이었다. 물리학자, 생물학자, 경제학자, 금융 전문가 등 다양한 집단이 모인 이 회의에서는 토론할 것과 논의할 것이 많았다. 하지만 회의가 끝나자, 참석자들은 뿔뿔이 흩어져 자기 분야로 돌아갔다. 스몰린이 나중에 설명했듯이, 경제학계의 아웃사이더들조차 완고한 태도가 너무 강해 생산적인 협력을 이끌어내기 어려웠다. 경제학 이론이 큰 문제에 맞닥뜨렸다는 사실에는 모두가 동의했지만, 문제가 무엇인지에 대해 합의점을 찾기가 불가능했으며, 문제를 해결하는 방법은 말할 것도 없었다. 참석자 중 많은 사람은(그리고 경제학과 금융 부문의 다른 비평가들도) 심지어 경제학 모형을 만드는 방법을 더 정교하게 개선하기 위해 집중적인 노력을 기울이는 게 필요하다는 주장에도 동의하지 않았다. 그 배경에는 기금 지원과 배분에 대한 의문(만약 그 계획에 기금을 지원한다면, 그 자금을 참석자들에게 어떻게 배분할 것인가 하는)도 있었다. 이런 의문 때문에 관련 당사자들은 자신에게 정당한 몫이 돌아오지 않는 결과를 우려하여 거대한 계획을 지지하길 주저했다. 그래서 원래 회의의 큰 목표는 서로 다른 분야의 연구자들로 새로운 공동체를 만들어 그 집단에 경제학의 문제들을 새로운 방향에서 다루게 하는 것이었지만, 그것은 실패로 돌아갔다. 몇 달 뒤, 스몰린은 경제학 연구를 포기하고 관심을 다시 물리학으로 돌렸다. 이제 그는 남는 시간이 생기면 기후과학을 연구한다. 경제학은 결코 쉽게 다룰 수 없는 분야라고 결론 내렸다. 그것은 경제학의 문제들 때문이 아니라, 이 분야가 새로운 사고방식에 열린 태도를 보이지 않기 때문이었다. 와인스틴의 생각이 옳았다. 경제학은 물리학보다 10배는 더 나빴다.

2012년 현재 와인스틴과 멀레이니는 경제 이론의 수학적 기초를 확대하는 연구를 계속하고 있다. 소르네트는 자신의 예측 도구를 발전시키는 일에 몰두하고 있다. 파머는 샌타페이연구소로 돌아가 복잡성 과학과 경제 모형을 새롭게 연결하는 방법을 개발하고 있다. 이렇게 뛰어난 사람들의 노력에도 불구하고, 세계 경제는 갈기갈기 찢긴 채 2007~2008년의 위기 때 입은 상처에서 여전히 헤어나지 못하고 있다. 무슨 방법이 없을까?

주석

1 이 장의 서두 부문 역시 내가 약간 각색한 것이지만, 본질적인 내용은 모두 사실이다. 멀레이니와 와인스틴의 이야기는 이전에 소개된 적이 없다. 이 책에서 소개한 이야기는 그들의 관점(일부 주요 관련 인물들의 동기에 대한 그들의 추측을 포함해)을 위주로 서술되었으며, 주로 와인스틴과 나눈 여러 차례의 인터뷰를 바탕으로 했고, 또 멀레이니와 한 차례, 그리고 리 스몰린과 한 차례 나눈 인터뷰도 참고했다. 멀레이니와 와인스틴은 이 장의 초고를 읽고 논조와 정확성 면에서 유익한 비평을 해주었다.

2 지수에 대한 배경 지식을 원하면 Mankiw(2012)와 Krugman and Wells(2009)를 참고하라. 더 자세하게 다룬 것을 알고 싶으면 Turvey(2004), Barnett and Chauvet(2010), Handa(2000), Allen(1975)을 참고하라.

3 최종 보고서는 Boskin et al.(1996)과 Boskin et al.(1998)을 참고하라. 보스킨 위원회의 역사는 Sheehan(2010), Baker(1998), Baker and Weisbrot(1999), Gordon(2006)에서 볼 수 있다. 보스킨 위원회의 보고서에 대한 노동통계청의 반응은 Greenlees(2006)에서 볼 수 있다.

4 팩우드는 성추문에 시달리다가 1995년 9월 7일에 상원 의원 자리에서 물러났다.

5 바일의 생애와 기하학에 기여한 연구에 대해 더 자세한 것은 Atiyah(2003)와 Scholz(1994)를 참고하라.

6 아인슈타인의 생애에 대해 더 자세한 것은 Isaacson(2007), Galison(2003), Pais(1982)를 참고하라.

7 일반 상대성 이론에 대해 더 자세한 것은 Misner et al.(1973)과 Wald(1984)를 참고하

라. 일반인을 위해 쓴 최고의 입문서는 Geroch(1981)다.

8 바일이 초기에 기여한 연구를 포함해 게이지 이론의 역사에 대해 더 자세한 내용은 O'Raifeartaigh(1997)를 보라.

9 사이먼스와 양은 자신들의 협력 연구를 Zimmerman(2009)에서 설명했다. 유명한 《우-양 사전》(Wu and Yang 1975)도 참고하라.

10 표준 모형에 대해 더 자세한 역사는 Hoddeson et al.(1997)을, 그리고 더 자세한 물리학 내용은 Cottingham and Greenwood(2007)를 참고하라.

11 여기서 소개한 사건들은 와인스틴과 멀레이니의 이야기를 바탕으로 쓴 것이다. 나는 이야기의 진위를 확인하기 위해 매스킨에게 연락했지만, 그는 사건들의 순서가 정확하게 기억나지 않아 뭐라고 평할 수 없다고 대답했다.

12 이것 역시 와인스틴과 멀레이니가 한 이야기이다. 두 사람은 조겐슨이 멀레이니가 단순히 디비지아 지수$^{Divisia\ index}$를 도출하는 새로운 방법을 발견한 것에 불과하다고 멀레이니의 논문 계획을 비판한 것으로 기억했다. 디비지아 지수는 인플레이션 같은 경제적 변수를 측정하는 대안을 제공한다. 이 방법은 이미 잘 알려져 있었지만(널리 사용되진 않았어도), 멀레이니가 조겐슨에게 그 개념을 제시했을 때, 디비지아 지수를 도출하는 멀레이니와 와인스틴의 새로운 방법은 이미 상당히 새로운 결과들을 낳았다. 디비지아 지수에 대해 더 자세한 내용은 Divisia(1925), Barnett and Chauvet(2010), Handa(2000)를 참고하라. 또, 미국의 금융 정책이 부적절한 통계 측정 방법의 사용에서, 그리고 특히 디비지아 지수를 더 광범위하게 사용하지 않는 데에서 비롯된 심각한 문제들을 안고 있다고 주장한 Barnett(2012)을 보라. 바꿔 말하면, 디비지아 지수에는 보스킨 위원회가 조사한 문제와 밀접한 관련이 있는 정치적 문제가 있다.

13 코스의 정리는 Coase(1960)에서 맨 처음 다루었다. Krugman and Wells(2009)도 참고하라.

14 이 주장은 멀레이니의 논문(Malaney, 1996)과 (약간 변형된 형태로) Smolin(2009)에 자세히 나온다. 게이지 이론을 경제학에 적용하는 데 조금 다른 접근법을 취한 Illinski(2001)와 소르네트가 일린스키의 책을 비판한 것(Sornette, 1998)도 참고하라.

15 이 이야기 중 일부 내용은 스몰린과 나눈 인터뷰를 바탕으로 했다.

16 그 글은 Smolin(2005)이다.

17 이 책은 Smolin(2006)이다.

18 이 강연과 그 회의에서 와인스틴이 한 강연 텍스트는 페리미터연구소의 온라인 문서보관소에서 찾아볼 수 있다. Weinstein(2006, 2008, 2009) 참고.

19 사회 보장 제도를 둘러싸고 펼쳐진 정치의 역사는 Beland(2005), Altman(2005), Baker

and Weisbrot(1999)를 참고하라.

20 보스킨 위원회의 기원에 대한 다양한 관점은 Sheehan(2010), Moynihan(1996), Katzmann(2008)을 참고하라.

21 내가 언급한 메모는 Gordon(2002)이다. 고든은 또한 보스킨 위원회와 그 비판자들에 관한 이야기를 Gordon(2006)에서 했는데, 다만 이야기하듯이 서술한 이 글에는 모이니핸의 역할에 대한 언급이 빠져 있다.

22 노동통계청이 보스킨 위원회의 일부 권고안을 어떻게 받아들였는지 다룬 내용은 Greenlees(2006)를 참고하라. 국립과학원의 보고서는 Schultze and Mackie(2002)로 발표되었다.

23 와인스틴이 직접 한 평과 함께 와인스틴의 아이디어에 대한 논의는 Brown et al.(2008)을 참고하라. Weinstein(2009)도 참고하라.

금융과 물리학은 결국 답을 찾을 것이다

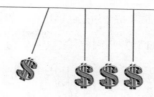

　내가 이 책을 써야겠다고 생각한 것은 금융위기가 한창 진행되던 2008년 가을이었다. 그 당시 나는 물리학 박사 과정을 마치기까지 여덟 달이 남아 있었다. 몇 주일 동안 조사를 한 뒤 내가 발견한 것을 논문 지도 교수에게 이야기했는데, 그의 반응에 나는 깜짝 놀랐다. 물리학의 개념이 금융시장을 이해하는 데 어떻게 사용돼왔는지 내가 든 사례를 보고 교수님은 양 분야 사이에 강한 연관 관계가 있다는 사실을 받아들였는데, 경험한 바로는 물리학자는 대부분 이런 반응을 보였다. 하지만 그것만으로는 지도 교수의 마음을 움직이진 못했다. 대신에 그는 아무리 많은 물리학자가 금융에 영향을 미쳤다 하더라도, 월스트리트에서 과학을 한다는 것은 불가능하다고 말했다.

　이것을 표현을 조금 바꾸어 이야기해보자. 과학은 단순히 하나의 지식 체계에 불과한 것이 아니다. 과학은 세계를 배우는 방법으로, 발견과 검증과 수정이 계속 일어나는 과정이다. 논문 지도 교수가 월스트리트에서는 이런 과정이 일어날 수 없다고 생각한 것은 주로 사회학적 이유에서였다. 투자은행과 헤지펀드는 대개 아주 비밀스럽게 행동한다. 이 때문에 이런 회사에서 새로운 개념을 개발해도 과학 분야에서 일어나는 발견과 같은 방식으로 공개되고 토론을 거치는 일이 드물다. 물리학자나 생물학자는 새로운 발견을 하면, 그것을 논문으로 써서 전문 학술지에 제출한다. 그러면 그것은 동료 심사(새로운 과학적 발견을 학술지에 발표하기 전에 다른 과학자들이 검토하는 과정)를 거친다. 만약 논문이 첫 번째 장애물을 통과해 학술지에 발표되면, 더 많은 과학자 집단의 검토를 거치게 된다. 많은 발견은 이 검증 과정에서 살아남지 못한다. 아예 발표조차 되지 않거나, 발표되더라도 인정을 받지 못하고 묻혀버리고 만다. 설사 과학계에 받아들여져 그 유용성을 인정받아도, 신성불가침한 것으로 간주되지는 않는다. 대신에 다음 세대의 이론과 모형의 탄생을 위한 출발점이 된다.

다시 말해서 물리학자처럼 생각한다는 것은 (단순히) 수학적 모형이나 물리학 이론을 사용하는 것과는 다르다. 중요한 것은 모형을 어떻게 이해하느냐 하는 것이다. 물리학자 출신으로 1980년대와 1990년대에 골드만삭스에서 피셔 블랙과 함께 일했던 이매뉴얼 더먼은 옥스퍼드대학에서 계량금융 과정을 만든 폴 윌멋Paul Wilmott과 함께 2009년 초에 〈금융 모형을 만드는 사람들의 선언(Financial Modeler's Manifesto)〉을 작성했다.[1] 그들은 이 선언을 통해 금융과 경제학 부문의 사고에 수학적 모형이 필수적이라는 사실을 옹호하는 동시에, 어떤 모형도

에필로그

시장이 반드시 따라야 할 법칙을 기술하지 않는다는 사실을 망각한 '금융 교사들'을 나무랐다. 그들의 표현을 빌리면, "모형은 근사적 사고를 위한 기본 도구에 불과하다". 모형은 결코 최종적인 답이 아니다. 모형은 완벽하게 성립하는 것도 아니고 때로는 완전히 빗나가기도 하는 가정들에 의존한다. 모형을 제대로 사용하려면 풍부한 상식과 함께 사용하는 모형이 어떤 것이건 한계가 있다는 인식이 필요하다. 이렇게 보면, 모형은 여느 도구와 똑같다. 대형 해머는 철도 건설현장에서는 큰 쓸모가 있을지 모르지만, 액자를 고정할 못을 박는 데에는 어울리지 않는다는 사실을 알 필요가 있다.

나는 이 책에서 소개한 역사가 금융 부문에서 모형은 특정 종류의 목적을 위한 도구로 생각하는 게 가장 좋으며, 또 이 도구는 모형을 개발하고, 모형이 언제 왜 어떻게 실패하는지 추측하는(그래야 다음 세대의 모형이 낡은 모형보다 더 나아진다) 반복적 과정의 맥락에서만 효과가 있다는 주장을 뒷받침한다고 믿는다.

이런 관점에서 볼 때, 통계물리학의 새로운 개념들을 완전히 다른 문제들에 적용하려고 처음 시도한 바슐리에는 최초의 공격에 나선 인물이다. 그는 시장을 혁명적으로 바라보는 사고방식의 기초를 놓았다. 하지만 그의 연구에는 문제점이 많았다. 새뮤얼슨과 오스본의 관점에서 볼 때, 가장 명백한 문제점은 바슐리에가 주가를 기술하는 데 사용한 정규분포가 가격 변동이 아주 적었던 그 당시 파리증권거래소의 특별한 상황에서만 성립했다는 점이다. 이 문제를 바로잡자, 가격이 아니라 수익률이 정규분포를 나타낸다는 오스본의 가설이 나왔다.

망델브로는 정규분포와 로그 정규분포로는 금융시장의 거친 변동성을 완전히 나타낼 수 없다는 사실을 깨달았지만, 그의 이론 역시 자신과 여러 사람의 주장에도 불구하고, 금융 이론의 기반에 일어나는 일부 위기를 제대로 기술하지 못했다(대신에 그것은 오스본이 만든 무작위 행보 가설 버전이 어떻게 실패할 수 있는지 최초로 보여주었다). 오늘날 대부분의 경제학자들(그리고 이 주제에 관심을 가진 물리학자들)이 망델브로 역시 완전히 옳은 것은 아니라고 믿는다는 사실은 전체 이야기에서 또 하나의 반복 과정에 지나지 않는다.

소프와 블랙은 바슐리에와 오스본, 망델브로가 개발한 도구들을 일상 거래에 사용하는 방법(물리학에서 빌려온 더 복잡한 개념들에 의지하여)을 투자자에게 보여주었다. 어떤 의미에서 이 두 과학자야말로 이 책에서 가장 중요한 인물이다. 첨단 이론을 실제로 투자에 이용하는 방법을 개발하는 데 핵심 역할을 했을 뿐만 아니라, 한 집단의 모형들을 사용해 다른 집단의 모형들을 만드는 데 어떤 과정이 필요한지 밝혀냈기 때문이다. 소프와 블랙과 숄스가 개발한 옵션 가격 결정 모형은 망델브로가 아니라 오스본이 만든 무작위 행보 가설 버전을 바탕으로 했다. 이것은 처음부터 이 옵션 가격 결정 모형을 적용 범위가 한정적인 도구로 인식했음을 의미한다. 물리학자나 공학자의 관점에서 보면, 오스본의 모형으로 시작하는 것은 지극히 합당한 선택으로 보인다. 오스본의 모형은 망델브로의 모형보다 이해하기가 훨씬 쉬웠고, 그래서 소프와 블랙과 숄스는 시장의 수익률이 실제로 어떻게 움직이는지 나타내는 데 더 단순한 근사를 채택함으로써 몹시 어려운 문제를 다루기 쉬운 문제로 만들었다.

하지만 망델브로의 연구를 고려할 때, 초기의 이 옵션 가격 결정 모형들이 실패할 때가 있다는 것은 처음부터 의심의 여지가 없었다. 이 모형들은 극단적 사건이 일어나면 실패할 수밖에 없었다(블랙은 누구보다도 자기 모형의 단점을 잘 알고 있었던 것으로 보인다. 1988년에 쓴 〈블랙–숄스 모형의 구멍〉이라는 논문에서 블랙은 자신의 공식을 유도하는 데 도입된 비현실적 과정들을 분명히 열거하고, 이 각각이 어떻게 오류를 낳을 수 있는지 기술했다). 오코너의 마이클 그린바움과 클레이 스트루브처럼 신중한 투자자들은 블랙–숄스 모형이 언제 실패할지 예측하는 지식을 잘 활용했고, 그 덕분에 1987년 주가 대폭락 때 피해를 줄일 수 있었다.

아직도 이 과정은 계속 진행되고 있다. 프리딕션 컴퍼니를 지탱하는 과학자들과 디디에 소르네트는 물리학의 새로운 발견을 블랙–숄스 모형의 배경을 이루는 무작위 행보와 효율적 시장 가설의 틈을 메우는 데 사용할 수 있는 방법을 보여주었다. 프리딕션 컴퍼니는 블랙박스 모형을 사용해 국지적 단기 비효율성을 확인하고 그것을 최대한 빨리 활용하는 방법으로 이 일을 해냈다. 물리학을 사용함으로써 시장에서 가장 정교한 투자자가 된 것이다. 한편, 소르네트는 거칠게 무작위적인 시장에서는 시장 붕괴 같은 극단적 사건이 지배적 효과를 미친다고 한 망델브로의 주장을 받아들여, 그러한 파국을 예측하는 게 가능한가라는 질문을 던졌다. 그가 지진학에서 가져와 변형한 도구들은 드래건 킹을 멀리서 볼 수 있음을 보여주는 데 도움을 주었다.

역사를 다루는 책을 쓸 때에는 단편적인 사실들을 꿰어 맞춰 모든 것을 꿰뚫는 그럴듯한 이야기로 만들고 싶은 유혹이 든다. 나는 여기에도 그런 이야기가 있다고 생각하지만, 그런 걸 지나치게 추구하면 잘못된 길로 빠지기 쉽다. 프리딕션 컴퍼니와 소르네트는 아직도 지배적인 블랙-숄스 스타일의 사고방식에서 앞으로 나아갈 수 있는 자연스럽고도 중요한 두 가지 길을 대표한다. 하지만 그런 모형들이 거둔 성공에도 불구하고, 이것들은 결코 이야기의 끝이 될 수 없다. 대신에 이것들은 단지 금융시장에 대한 개념 중 특별히 큰 성공을 거둔 두 가지 사례에 불과하며, 이 개념들 자체도 신중한 검증과 분석을 거쳐야만 한다. 다음번의 큰 발전이 어떤 모습일지 말하기는 쉽지 않다. 그것은 극단적 사건을 이해하고 예견하는 새 방법일지도 모른다. 혹은 모형의 예측이 시장의 본질적인 불확실성을 극복하고 믿을 만한 것이 되는 때가 언제인지 검증하는 새 방법일지도 모른다. 또 시장의 데이터에 숨어 있는 근원적인 카오스 패턴을 확인하는 능력을 크게 높이는 것이 될 수도 있다. 확실한 것은 다음번의 큰 발전이 일어나리라는 사실, 그리고 소르네트의 모형이 실패하거나 프리딕션 컴퍼니가 개발한 것과 같은 종류의 블랙박스 모형이 실패하는 지점이 어디인지 알아낼 때, 우리는 지금보다 시장을 더 분명하게 이해하리라는 사실이다.

***

만약 물리학자들이 금융에 대한 이해를 높이는 데 성공했다면, 그것은 그들이 물리학과 공학에서 상식으로 통하고 사실상 모든 것을 연구하는 데 유용한 방법론적 통찰을 사용해 새로운 방법으로 문제에 접근했기 때문이다. 이 책에 소개한 이야기들은 그런 방법론을 실제로 어떻게 사용하는지 보여준다. 즉, 단순화 가정들을 사용해 문제를 다루기 쉽게 만든 뒤에 푸는 것이다. 그러고 나서 그 답이 실제로 효과가 있는지 확인한 다음, 다시 처음으로 되돌아가 가정들을 이리저리 바꾸면 어떤 일이 일어나는지 살펴본다. 때로는 처음에 얻은 답이 무리한 가정에 지나치게 의존했기 때문에 아무 쓸모가 없다는 사실을 발견한다. 때로는 답이 훌륭하지만 간단한 방법으로 더 개선할 여지가 있다는 사실을 발견한다. 또 얻은 답이 어떤 상황에서는 아주 훌륭하지만, 다른 상황에서는 어떻게 해야 할지 생각할 필요가 있다는 사실을 깨닫는다.

세계를 이런 식으로 생각하는 사람들이 물리학자뿐인 것은 아니다. 이런 종류의 모형 만들기는 경제학과 그 밖의 과학 분야에서 많이 쓰인다. 당연한 말이지만, 경제학에서 일어나는 발전은 대부분 경제학자가 주도한다. 하지만 물리학자들은 이런 식으로 생각하는 데 아주 (아마도 특별히) 뛰어나다. 그리고 그들은 가끔 경제학자들의 발목을 잡는 정치적 또는 지적 부담 없이 특정 종류의 경제학 문제를 푸는 데 도움이 되는 방식의 훈련을 평소에 늘 한다. 게다가 물리학자는 경제학자와는 다른 지식과 배경을 가지고 이런 문제들에 다가가기 때문에 어떤 경우에는 새로운 각도에서 문제를 바라볼 수 있다.

하지만 내가 과학이 과정이라고 말할 때, 특히 금융 모형 만들기를 그런 과정의 한 예로 이해해야 한다고 말할 때, 그것은 금융 모형을 만드는 사람들이 금융의 '최종 이론'을 향해 꾸준히 다가가는 과학적 발전의 길을 걸어간다는 뜻은 아니다. 그 목표는 모든 시장 상황에 정답을 제시하는 최종 이론을 발견하는 것이 아니다. 그것보다는 훨씬 소박한 것이다. 가끔은 정답을 제시하는 일부 방정식을 찾으려고 노력하고, 언제 그것을 믿을 수 있는지 알아내려고 노력할 뿐이다.

더먼과 윌멋은 그들의 선언에서 이 점을 분명히 했다. 훌륭한 금융시장 모형을 '진리'로 착각해서는 절대 안 된다. 가장 중요한 이유는 시장 자체가 변화하는 경제 현실과 새로운 규정 그리고 (아마도 가장 중요한 요소인) 혁신에 반응하면서 진화한다는 점이다. 예를 들면, 블랙-숄스 모형은 옵션시장의 작용 방식을 완전히 변화시켰다. 모형 사용이 증가하면서 모형으로 기술하려고 한 시장 자체에 혁명이 일어났다. 이것은 되먹임 고리를 만들어냈는데, 1987년 금융위기가 일어나기 전까지는 아무도 그것을 제대로 알아채지 못했다. 사회학자 도널드 매켄지Donald MacKenzie가 지적한 것처럼, 금융 모형은 마치 자신을 찍을 수 있는 카메라처럼 시장 뒤에서 시장을 움직이는 엔진이다.[2] 즉, 금융 모형이 파악하려고 하는 시장이 움직이는 표적이라는 뜻이다.

시장이 계속 진화한다는 사실 때문에 시장을 이해하는 노력에서 모형의 유용성이 줄어드는 것은 아니다. 다만, 내가 지금까지 강조한 반복 과정의 중요성이 더욱 커질 뿐이다. 소르네트의 시장 붕괴 모형이 현재의 시장에 완벽하게 적용된다고 가정해보자. 그렇다 하더라도 방심해서는 안 된다. 만약 전 세계의 투자자들이 그의 방법을 사용해 시장 붕괴를 예측하기 시작한다면 어떤 일이 일어날까? 그러면 시장 붕괴가 일어나는 것을 막을 수 있을까? 아니면, 금융위기를 더 크게 만들거나 예측하기 더 어렵게 만들까? 나는 이 질문에 대한 답은 아무도 모른다고 생각한다. 그것은 우리가 계속 연구해야 하는 종류의 문제라는 뜻이다. 수학적 모형을 만드는 사람들에게 가장 큰 위험은 바로 오늘의 모형이 시장에 대한 최종적인 답이라고 믿는 것이다.

* * *

와인스틴과 멀레이니의 제안은 이 책에서 소개한 나머지 개념들과 차이가 있다. 다른 장들은 모두 금융에 관한 이야기이거나 금융 모형을 만드는 것에 관한 이야기이다. 내가 다룬 나머지 물리학자들은 많은 통계 자료(주가, 시장의 움직임, 연간 수익률)를 보면서 그 수치들이 미래에 어떻게 변할지 예측하려고 노력했다. 물론 그 예측에는 시장의 작용 방식에 관한 세부 내용도 필요하지만, 오스본이 지적한 것처럼 통계 자료를 해석하는 데에는 물리학자로 훈련받은 사람이 훨씬 뛰어나다. 하지만 와인스틴과 멀레이니는 물리학에서 개발된 개념에 영감을 얻어 복지경제학 분야에서 새로운 이론을 제안했다. 이것은 훨씬 야심 찬 계획이자 이해하기 훨씬 어려운 계획이다.

그럼에도 불구하고 물리학과 금융 사이의 연관 관계를 제대로 이해한다면, 물리학을 경제학에서 더 광범위한 진전을 이루는 수단으로 사용하려는 시도는 조금도 이상할 게 없다. 금융시장이 물리학의 주제와 특별한 연관 관계가 있거나, 물리학과 수학을 금융처럼 수치를 주로 다루는 경제학 분야에 확실하게 적용할 수 있고 다른 분야에는 적용할 수 없어서 그런 게 아니다. 물리학자들이 세계에 대한 사고방식을 일부 경제학 분야에 적용하는 데 성공했고, 그런 방법이 다른 분야에서도 도움이 되리라고 충분히 기대하기 때문에 그렇다. 실제로 그런 방법은 이미 다른 경제학 분야에 큰 도움이 되고 있는데, 경제학자들이 금융과 아무 관련이 없는 온갖 종류의 대상에 수학적 모형을 사용하고 있기 때문이다. 와인스틴과 멀레이니의 개념은 수학적 도구가 정책 결정(나쁜 결과를 낳은 보스킨 위원회가 보여준 것처럼)을 포함해 경제적 사고의 '모든' 분야에 사용되고 있다는 사실을 분명히 보여준다.

이런 관점에서 볼 때, 와인스틴과 멀레이니의 제안은 더 강력한 수학을 사용하면 사람과 시장에 대해 무리한 가정을 해야 하는 필요성을 피함으로써 모형을 개선하는 방법이 있다는 주장에 지나지 않는다. 게이지 이론에 의존한 방법은 막다른 길로 드러날지도 모른다. 하지만 자세한 연구를 하기도 전에 그것을 배제할 이유는 없다. 어쨌든 물리학에서 새로운 세대의 이론들이 필요하다는 사실이 분명해졌을 때, 게이지 이론은 그 유용성을 입증했다. 그러니 게이지 이론이 경제학에서도 그와 같은 일을 할 수 있을지 없을지 두고 보는 편이 좋을 것이다. 와인스틴과 멀레이니와 스몰린은 그것이 가능함을 보여주었다.

물리학의 방법이 경제학에 유용하게 쓰일 수 있다는 개념은 중요하다. 와인스틴과 멀레이니의 개념을 경제학자나 정책 결정자가 진지하게 받아들인 적이 없다는 사실 또한 중요하다. 인플레이션처럼 경제에서 중요한 개념을 이해하는 방법을 크게 변화시킬 수 있는 중요한 발견을 사회와 금융계의 기득권이 억압했다는 주장도 염려스럽게 들린다. 이런 사실을 고려할 때, 와인스틴의 새로운 맨해튼 계획은 단순히 투자자를 위해 새로운 도구가 필요하다는 주장으로 받아들여서는 안 된다. 소수의 회사가 이익을 얻는 데 도움을 줄 새로운 옵션 모형을 찾는 데 공적 자원을 투입해야 한다고 생각할 사람은 아무도 없을 것이다. 대신에 이 제안은 주류 경제학계가 경제학을 왜곡하는 정치와 금융 분야의 강력한 힘들을 배제하고 현대 물리학과 수학이 개발한 도구들을 사용하는 것을 목표로 삼는다.

1965년에 연방 대법원이 언론의 자유에 대해 내린 결정에서 윌리엄 브레넌William Brennan 대법관은 자유롭고 투명한 공적 담론에서 중요한 통찰이 어떻게 나올 수 있는지 표현하기 위해 '사상의 시장 marketplace of ideas'이란 용어를 사용했다.[3] 만약 이 말이 사실이라면, 경제학에서 훌륭한 새 개념들이 계속 나타날 것이라고 기대할 수 있다― 설령 힘을 가진 경제학자들이 그것을 거부한다 하더라도. 금융 분야의 개념은 특히 그래야 할 것으로 보이는데, 훌륭한 개념은 큰 수익을 낳기 때문이다. 이 점에서 이 앞의 세 장에서 다룬 물리학자들 대부분이, 특히 파머와 패커드와 와인스틴이, 경제학자들에게 퇴짜를 맞았을 때 자신의 개념을 금융시장으로 직접 가져갔다는 점이 흥미롭다. 그 개념들이 실제로 수익을 낳았다는 사실은 그 중요성을 입증하는 하나의 증거이다. 하지만 정부 정책을 결정하는 사람들을 포함해 많은 경제학자는 지금까지 이 개념들을 인정하길 거부해왔다. 브레넌의 주장처럼 설사 사상의 시장이 있다 하더라도, 그것은 매우 비효율적이어서 나머지 사람들에게 도움이 되지 못하는 것으로 보인다. 스몰린은 자신의 말에 주류 경제학자들이 귀를 기울이지 않는다는 사실을 알고는 다른 일로 발길을 돌렸다. 주류 경제학자들이 이해하고 제대로 평가할 수 있는 방식으로 자신의 개념을 제시하려고 끊임없이 노력했던 소르네트조차 주류 경제학계에서는 별로 환영을 받지 못했다. 그의 말에 귀를 기울인 사람들은 대부분 금융 실무자였다.

나는 경제학계의 사회학을 변화시키는 방법은 알지 못한다. 하지만 와인스틴이 생각한 학제 간 연구 계획이 훌륭한 출발점이 되리라고 본다. 다만, 경제학계 전체를 하나로 묶어 일사불란하게 나아가게 하려면 제도와 정부의 강력한 뒷받침이 있어야 한다. 원조 맨해튼 계획은 군사적 계획이었는데, 그것은 물리학자들이 자신들의 분야에 대해 생각하는 방식을 확 바꾸어놓음으로써 물리학에 혁명을 가져왔다. 정부나 비영리 단체가 새로운 세대의 경제 모형을 위해서 더 헌신적인 노력을 기울인다면, 분명히 그와 비슷한 효과를 낳을 것이다. 더 중요하게는, 그것은 절실히 필요한 새로운 통찰의 원천이 될 것이다. 불황과 활기 없는 성장이 오래 지속된 현시점에서는 창조적인 발상이 필요하다.

* * *

와인스틴이 경제학을 더 잘 이해하기 위해 새로운 맨해튼 계획을 처음 제안했을 때, 그의 목소리는 수학적 모형을, 그리고 더 일반적으로는 금융 부문에서 물리학자들이 담당하는 담당하는 역할을 비난하는 목소리에 금방 묻혀버리고 말았다. 사실, 2008년 시장 붕괴 이후에 우리는 금융과 경제학에서 물리학자들이 담당하는 역할에 대한 비난이 계속 쏟아져 나오는 것을 목격했다. '퀀트', '파생상품', '모형'과 같은 단어들은 뭔가 부정적인 어감으로 들리기 시작했다. 지금까지 이 개념들의 역사를 소개했으니 비판론자들의 생각도 좀 더 자세히 살펴볼 필요가 있다. 만약 수학적 모형을 제대로 이해한다면, 이러한 비판들은 잘못되었다고 본다. 왜 그런지 이해하는 게 특히 중요한데, 이 비판들의 문제점은 우리가 왜 와인스틴의 제안을 다시 고려해야 하는지 말해주기 때문이다.

금융 부문에 수학적 모형을 사용하는 것에 대한 한 가지 주요 반론은 심리학과 인간 행동을 근거로 한 주장으로 간주할 수 있다.[4] 그 기본 논지는 물리학에서 나온 개념들은 시장을 마치 쿼크나 도르래 같은 요소로 이루어진 것으로 다루기 때문에 금융에서 실패할 수밖에 없다는 것이다. 이들은 물리학은 당구공이나 빗면을 다루는 데에는 훌륭하고, 심지어 우주여행이나 원자로를 다루는 데에도 훌륭하지만, 뉴턴이 말했듯이 인간의 광기는 제대로 예측할 수 없다고 주장한다. 이런 종류의 비판은 심리학과 사회학에 의존해 경제학을 이해하려고 시도하는 행동경제학 분야의 개념에 과도하게 의존하고 있다. 이 관점에서 보면, 시장은 인간의 기묘한 행동에 좌우되는 곳이어서 물리학이나 수학 공식으로 환원할 수 없다.

행동경제학 자체는 아무 문제가 없다. 경제가 어떻게 작용하는지 이해하려면 개인들이 서로 간에 그리고 시장과 어떻게 상호작용하는지 잘 이해하는 게 필수적이다. 하지만 행동경제학을 바탕으로 수학적 모형을 비판하는 것은 오해를 바탕으로 부당한 공격을 하는 것과 같다.

물리학을 금융에서 새로운 개념을 얻기 위한 도약대로 사용하려는 시도는 사람들을 쿼크나 진자처럼 기술하는 단계를 포함하지 않는다. 이 책에서 논의한 개념들이 물리학에서 금융 모형을 만드는 과정으로 어떻게 옮겨왔는지 생각해보라. 망델브로와 오스본 같은 일부 물리학자는 단순히 익숙한 통계학 지식을 바탕으로 시장과 위험을 새롭게 생각하는 방법을 알아내 시장을 이해하는 데 진전을 이루었다. 파머와 패커드 같은 사람들은 잡음이 많은 원천 자료에서 정보를 추출하는 전문 지식을 사용해 트레이딩에 유용한 국지적 패턴을 알아냈다. 또 블랙과 더먼, 소르네트 같은 사람들은 시장의 세부 사실 관찰을 물리학에서 습득한 이론적 전문 지식과 결합해 시장에서 쉽게 관찰되는 특징(주가나 주가 요동 같은)과 더 불투명한 특징(옵션 가격이나 임박한 시장 붕괴 같은)의 관계를 기술하는 수학적 표현을 내놓았다. 이 사례 중 투자자를 쿼크 집단과 같다고 보거나 기업이 폭발하는 별처럼 행동한다는 가정을 포함한 것은 하나도 없다.

하지만 여기에는 더 큰 쟁점이 있다. 인간 행동을 자세히 연구한 결과는 수학적 모형을 사용해 시장을, 더 넓게는 경제를 연구한 결과와 일치하지 않는 게 아니다. 사실, 주가의 수학적 모형을 만들던 초기에 심리학은 베버-페히너 법칙의 형태로 중요한 역할을 했다. 오스본은 그것을 사용해 주가가 왜 정규분포가 아니라 로그 정규분포를 나타내는지 설명했다. 더 최근에 소르네트는 양 떼 효과(인간 심리학에서 또 하나의 중요한 측면이자 행동경제학에서 한 기둥을 차지하는)의 설명이 금융위기 예측에 어떻게 유용하게 쓰이는지 수학적 방법으로 보여주었다. 이 두 경우 모두 심리학에 대한 이해가 수학적 모형을 개발하고 개선하는 데 중요한 역할을 했다. 따라서 일반적으로 심리학과 인간 행동 연구가 경제학에 대한 수학적 접근 방법과 공생하리라고 기대할 수 있다.

두 번째 종류의 비판(이 책에서 이미 소개한 바 있는)을 대표하는 인물은 나심 탈레브이다.[5] 탈레브는《블랙 스완》이라는 책에서 시장은 너무 거칠어서 물리학자가 길들일 수 없다고 주장했다. 기억할지 모르겠지만, 블랙 스완은 전례가 없어서 예측이 절대 불가능한 사건을 말한다. 탈레브는 블랙 스완이야말로 정말로 중요한 사건이며, 최선의 수학적 모형으로도 예상할 수 없다고 주장한다. 이는 금융 모형에서 특별한 문제라고 말한다. 그는 자신의 책과 많은 글에서 물리학은 '메디오크리스탄Mediocristan(평범한 세계)'에 사는 반면, 금융은 '엑스트레미스탄Extremistan(극단의 세계)'에 산다고 주장했다. 메디오크리스탄에서는 무작위성이 온순하게 행동하고 정규분포로 기술할 수 있지만, 엑스트레미스탄에서는 정규분포를 적용했다가는 낭패를 보게 된다. 이런 이유로 탈레브는 물리학 개념을 금융에 적용하는 것은 헛수고라고 주장한다.

어떤 면에서는 탈레브의 말이 분명히 옳다. 그리고 그것을 인식하는 게 절대적으로 필요하다─특히 수학적 모형에 의존해 현실 세계의 결정을 내리는 사람들에게는. 우리가 일어날 수 있는 모든 일을 다 예측하는 것은 불가능하다. 이런 이유로 모형을 성공적으로 사용하려고 노력할 때에는 신중함과 상식이 아주 중요하다. 하지만 우리가 모든 것을 다 예측할 수 없다는 사실을 인정해야 하고, 일어날 수 있는 일과 일어날 수 없는 일에 대해 모형이 심오한 진실을 알려준다고 가정해서는 안 된다는 것은 지금까지 내가 물리학자처럼 사고하는 것이 어떤 것인지 설명한 이야기의 핵심 내용이다. 이것은 모형에 안주하는 행동에 의심을 품는 태도에 해당한다. 사실, 소르네트는 (예컨대) 오스본의 무작위 행보 모형 관점에서 보면 블랙 스완처럼 보일 수 있는 종류의 사건을 예측하는 방법을 생각하려고 노력하다가 드래건 킹에 대한 생각을 시작했다. 블랙 스완이 전부 다 드래건 킹이 위장한 것이 아님은 분명하다. 하지만 그렇다고 해서 되도록 많은 종류의 블랙 스완 후보들을 예측하고 이해하는 방법을 찾으려는 노력을 포기할 필요는 없다.

그런데 탈레브는 여기서 한발 더 나아가려 한다. 그는 금융 부문과 그 밖의 부문에 쓰이는 수학적 모형을 근본적으로 믿을 수 없다는 사실을 블랙 스완이 보여준다고 믿는다. 드래건 킹을 예측하는 방법을 생각해내거나 꼬리가 두꺼운 분포를 사용해 극단적 사건이 정규분포가 가리키는 것보다 훨씬 자주 일어난다는 사실을 설명하는 것만으로는 충분하지 않다. 내가 보기에는 어떤 모형에 결함이 있다는 사실은 누구라도 성공적으로 주장할 수 있다(다만, 대개는 모형을 만든 사람이 처음부터 인식한 방식으로). 하지만 이것을 다음 단계로 가져가 모형을 만드는 일 자체가 전반적으로 잘못되었다고 주장하는 것은 전혀 다른 문제이다.

내가 여기서 설명한 것처럼 모형을 만들고 수정하는 과정은 '모든' 과학과 공학 분야의 바탕을 이루는 기본 방법론이라는 사실을 생각해 보라. 이것은 세계를 이해하기 위해 우리가 가진 최선의 기본 도구이다. 우리는 근본적으로 같은 수학적 모형을 사용해 다리를 만들고, 비행기 엔진을 설계하고, 전력망 설치 계획을 세우고, 우주선을 발사한다. 이 모형들의 기반을 이루는 방법론에 결함이 있다는 주장은 무엇을 의미하는가? 일어날 수 있는 모든 사건을 다 예측할 수 없으니, 이 모형들을 다 버려야 한다는 뜻인가? 만약 수학적 모형에 대한 탈레브의 주장이 옳다면, 우리는 절대로 조지 워싱턴 다리나 후버 댐 위로 자동차를 몰고 가면 안 된다. 다리를 설계한 사람의 모형이 예상치 못한 미증유의 지진이 일어나거나, 자동차들의 무게를 못 이겨 다리가 무너지는 일이 어느 순간 일어날 수도 있지 않은가? 또 언제 운석이 떨어져 충돌할지 모르니, 초고층 건물도 절대로 지어서는 안 될 것이다. 또 블랙 스완이 언제 엔진과 충돌할지 모르니, 비행기도 절대로 타서는 안 될 것이다.

탈레브는 금융은 토목공학이나 로켓과학과는 아주 다른 분야여서 극단적 사건이 훨씬 예측 불가능하고 훨씬 위험하게 일어난다고 주장하고 싶을 것이다. 하지만 왜 그런지 그 이유를 찾기 어렵다. 파국적 사건은 대개 사전 경고 없이 찾아온다. 삶의 모든 측면에서 이런 일이 일어난다. 하지만 그렇다고 해서 알려지지 않은 미지의 사건을 최대한 많이 길들이기 위해 우리가 예측할 수 있는 위험이 무엇인지 알려고 최선을 다하지 말아야 한다고 결론 내려서는 안 된다. 불가능한 것과 그저 몹시 어려운 것을 구별하는 게 중요하다. 금융위기를 제어하는 게 엄청나게 어려운 일임은 의심의 여지가 없는 사실이다(소르네트는 물리학 문제를 푸는 것보다 훨씬 더 어렵다고 말할 것이다). 하지만 내가 이 책에서 설명한 과정은 우리가 지금까지 아주 큰 도전 과제들을 다루기 위해 발견한 것 중 최선의 방법이다. 여기서 그것을 포기해서는 안 된다.

*　*　*

금융 모형에 대한 세 번째 종류의 비판도 가끔 들려온다. 조금 더 심오한 이 비판은 워런 버핏의 말을 통해 큰 영향력을 떨쳤는데, 그는 '공식으로 무장한 괴짜 전문가'를 경계하라는 유명한 말로 경고했다.[6] 이 견해는 금융 혁신은 금융시장을 본질적으로 더 위험하게 만들기 때문에 위험하다는 주장이다. 현재의 금융위기를 낳은 2000년대의 과잉 행동은 자신들이 하는 일이 실제 세계에 어떤 결과를 가져올지 이해하지 못한 물리학자들과 수학자들, 그리고 이익에만 눈이 멀어 이들 퀀트들이 마음대로 날뛰게 방치한 은행들 때문에 일어났다고 주장한다.

이 비판은 충분히 일리가 있다. 옵션을 포함한 파생상품이 제조된 '금융 상품'이라는 개념은 아주 강력한 힘을 발휘했고 높은 수익성도 낳았다. 지난 50년 동안 금융공학자들은 점점 더 독창적이고 때로는 매우 복잡한 파생상품을 내놓았는데, 이 상품들은 아주 다양한 상황에서 돈을 벌도록 설계되었다. 동태적 헤징(블랙-숄스 모형의 기반을 이루는 개념)은 이 새로운 종류의 금융 사업에 쓰이는 기본 도구인데, 은행이 겉보기에 위험이 전혀 없는 그런 상품을 팔게 해주기 때문이다. 은행 부문이 새로운 금융 상품을 점점 더 강조하는 쪽으로 진화함에 따라 이 상품들을 뒷받침하는 수학적 모형의 실패가 초래할 파장이 점점 커졌다. 그리고 실제로 이 독창적인 금융 상품 중 일부가 2008년 금융위기의 핵심 원인이었다. 따라서 물리학자들과 수학자들이 은행 측에 새로운 종류의 위험 부담을 만들어낸 것도 사실이고, 우리가 지금 그 결과로 위기를 겪고 있는 것도 사실이다.

그렇다 하더라도, 시장 붕괴나 투기 버블은 새로운 현상이 아니다.[7] 사실, 현대에 일어난 최대 규모의 시장 붕괴는 파생상품이 중요한 금융 상품으로 떠오르기 전인 1929년에 일어났다. 게다가 사실상 금융 혁신이 가장 중요했던 시기인 지난 40년 동안 금융 서비스 부문은 서구 경제를 떠받쳤다. 예를 들면, 미국에서는 금융 서비스 산업이 전체 경제보다 6배나 빠른 속도로 성장했다. 이러한 급성장은 제조업을 비롯해 다른 산업들이 침체에 빠지거나 훨씬 느리게 성장한 시기에 일어났다. 따라서 금융 혁신은 다른 기술 혁신과 마찬가지로 30년 이상 미국과 그 밖의 서구 경제를 떠받치는 데 중요한 역할을 했다. 게다가 경제학자들은 거대 금융 부문의 발전은 일반적으로 다른 경제 부문의 성장을 촉진한다는 데(적어도 어느 수준까지는) 대체로 의견을 같이한다. 또한, 금융 부문이 '너무' 비대해지면(실제로 그런 것처럼) 다른 부문의 성장에 부정적 영향을 미친다는 증거도 일부 있는데, 금융 부문이 다른 산업에 대한 통제력을 너무 많이 행사하는 것이 주된 이유이다. 이 주장은 옳을 수도 있으며, 또 금융 개혁을 추진해야 할 이유일 수도 있다. 하지만 소뿔을 바로잡으려다 소를 죽이는 우를 범하지 않도록 주의해야 한다. 어떤 실제적 이유에도 불구하고, 경제 성장은 좋은 것이기 때문이다. 그리고 미국과 유럽의 금융 부문이 너무 비대해졌다는 우려에 사로잡힌 나머지, 파생상품 및 그와 연관된 블랙과 숄스의 통찰이 그러한 성장을 낳는 데 필수적 역할을 했다는 기본 사실을 망각해서는 안 된다. 만약 금융 실무가 1975년에 발전을 멈추었더라면, 세계 경제는 지금보다 훨씬 뒤처져 있을 것이다.

그렇긴 하지만, 금융 혁신에는 많은 측면이 있다. 일부 파생상품이 성장을 촉진하긴 했지만, 많은 사람이 너무 복잡하고 이해하기 어렵다는 이유로 파생상품이 너무 많이 넘쳐나는 상황을 비판했다. 이 주장은 치밀하지 못한 투자자를 혼란스럽게 만들거나 심지어 속이려고 의도적으로 만든 파생상품이 적어도 일부는 있다고 암시하는 것처럼 보인다. 예를 들면, 이 비판은 2008년 금융위기를 촉발하는 데 중요한 역할을 한 부채담보부증권collateralized debt obligations, CDO처럼 가계 대출을 기반으로 한 특정 파생상품을 겨냥해 제기되었다. 이 상품들은 담보 대출과 기타 대출을 위험과 수익률을 신중하게 설계해 만들었다는 파생상품으로 재포장한 것이다. 이러한 특정 유가 증권들이 심한 비판을 받은 것은 일부 주요 투자은행을 비롯해 많은 투자자들이 그 가치가 급락할 때(즉, 미국과 유럽 은행들을 괴롭힌 '부실 자산'으로 변할 때) 방심하고 있다가 허를 찔렸기 때문이다. 이 상품들의 실제 위험 평가에 대한 혼란이 아주 컸는데, 주요 이유는 개인 투자자들이 위험 자체를 평가할 역량이 부족한 반면, 무디스와 스탠더드앤드푸어스 같은 신용 평가 회사는 이 유가 증권들의 등급을 실제보다 훨씬 안전한 것으로 매겼기 때문이다. 엎친 데 덮친 격으로 미국 증권거래위원회는 골드만삭스 평가 등급이 시사하는 것보다 가치가 떨어질 확률이 훨씬 높은 CDO를 외부 헤지펀드인 폴슨이 발행하도록 허용했다는(그럼으로써 폴슨이 위험한 대출채권담보부증권의 가치가 떨어지는 쪽에 투기를 할 수 있게 했다는) 이유로 골드만삭스를 고소했다.[8]

이 이야기는 파생상품과 관련된 특정 실무에 내재하는 큰 위험을 분명히 보여준다. 하지만 실제로 우리가 당면한 문제는 이런 파생상품과 아무 관계가 없다. 만약 일부 규제 당국과 사람들의 주장처럼 은행들이 주요 투자자들에게 반대쪽에 베팅하게 하려고 실제보다 가치가 더 높아 보이는 금융 상품을 정말로 만들었다면, 그것은 분명히 비윤리적이다. 하지만 사기꾼들은 대출채권담보부증권이 없었던 오래전부터 투자자들을 사취해왔다. 나는 대출채권담보부증권을 포함해 모든 파생상품은 그것을 만드는 데 사용된 모형과 비슷하게 도구로 보는 게 좋다고 생각한다. 예를 들면, 곡물 선물은 수천 년 동안 농부들에게 파종기에 자금을 제공하고 위험 제어에 도움을 주면서 중요한 역할을 해왔다. 최근에 통화 선물은 국제 거래의 위험을 크게 줄임으로써 국제 경제의 성장을 도왔다. 어떤 도구라도 한 가지 이상의 목적으로 쓰일 수 있다. 예를 들면, 망치는 못을 박는 데 쓸 수도 있지만, 자동차 문을 부수는 데 쓸 수도 있다. 논란의 여지는 있지만 총은 경찰의 손에 있으면 사회의 안전과 질서를 유지하는 데 중요하게 쓰이지만, 다른 상황에서는 위험한 무기로 변한다. 파생상품을 적절하게 규제하고 제어하는 방법을 찾는 것은 계속 고민해야 할 중요한 정책적 관심사이다. 하지만 그 본질은 다른 규제 문제와 조금도 다르지 않다.

***

하지만 파생상품과 관련 모형이 도구라는 사실을 인정해도, 그것이 사려 깊게 사용될지 아니면 다르게 사용될지 알 수 없다는 우려가 남아 있다. 너무 위험하여 차라리 없는 것이 나았을 도구도 분명히 있다. 예컨대 수소폭탄이 그렇다(만약 수소폭탄을 하나의 도구로 생각한다면). 어쩌면 파생상품은 버핏의 표현대로 '금융 부문의 대량 파괴 무기'일지도 모른다.⁹ 아주 파괴적인 방식으로 사용되거나 오용될 때 발생하는 위험은 어떤 경제 성장으로도 상쇄할 수 없는 대량 파괴 무기이다. 심지어 2008년 금융위기는 금융 부문에 사용된 수학적 모형의 위험이 얼마나 큰지 보여주는 증거라고 생각할 수도 있다. 하지만 내 생각은 다르다. 왜 그런지 그 이유를 알려면, 2007~2008년에 실제로 어떤 일이 일어났는지 자세히 살펴볼 필요가 있다.

에필로그

영화 〈멋진 인생〉에서 주인공 조지 베일리는 저축 은행을 운영한다. 이것은 상당히 표준적인 은행으로, 고객은 예금 계좌에 돈을 저축하고 그 대가로 안전성과 이자를 보장받는다. 은행은 그 돈을 주로 담보 대출이나 사업 자금 대출의 형태로 빌려준다. 예금 고객들이 돈을 은행에 맡겨두는 데 대체로 만족하는 한 이 시스템은 잘 굴러간다. 그런데 결혼식 날, 베일리는 아내와 함께 차를 몰고 자기 은행 앞을 지나가다가 사람들이 서로 은행으로 들어가려고 난장판이 벌어진 광경을 목격한다. 은행이 위험하다는 소문이 퍼지면서 베드퍼드폴스(베일리가 사는 곳) 주민들이 서로 먼저 예금을 인출하려고 몰려온 것이다.

베일리는 자기 은행에 뱅크런bank run(예금주들이 한꺼번에 돈을 찾아가려고 몰려와 일어나는 대규모 예금 인출 사태—옮긴이)이 일어났음을 알아차리고는 황급히 차에서 내린다. 그리고 모여든 사람들에게 그들이 저축한 돈이 은행 건물 안에 있지 않다는 사실을 설명한다. 그 돈은 이웃들의 집과 지역 사회의 가게와 회사들에 투자돼 있다. 만약 모든 사람이 한꺼번에 예금을 인출하려고 몰려오면 이 시스템은 무너질 수밖에 없는데, 모든 예금 금액을 지불할 만큼 많은 돈이 은행에 보관돼 있지 않기 때문이다. 베일리는 자신의 수중에 신혼여행에서 쓸 현금이 많이 있다는 사실을 깨닫고는, 너무 많은 돈을 요구하지 않는다면 일부 고객에게 그 돈을 나눠주겠다고 제의한다. 그렇게 하여 그날 업무 시간이 끝날 무렵, 은행은 잔고를 단 1달러만 남긴 채 지급 불능 상태에 빠지지 않고 무사히 마감할 수 있었다. 베일리는 뱅크런 사태를 무사히 넘겼지만, 세계 여행의 꿈은 날아가고 말았다.

대공황 시절에는 뱅크런이 빈번하게 일어났고, 19세기에는 더 자주 일어났다. 뱅크런은 경제 상황이 불확실하여 어떤 은행이 살아남을지 알 수 없는 금융 공황 시기에 잘 일어난다. 작은 소문이라도 은행이 위험하다는 이야기가 나돌면 실제로 그 은행은 문을 닫는 사태가 발생하곤 했다. 오늘날 미국에서는 뱅크런은 과거의 유물이 되었다. 1934년에 미국 정부가 연방예금보험공사를 만들어 모든 은행 예금의 원금을 보장했기 때문이다.[10] 지금은 설사 은행이 파산하더라도, 예금을 인출하러 은행으로 달려가 긴 줄을 설 필요가 없다. 어떤 일이 일어나더라도, 연방 정부가 고객의 예금을 보호해주기 때문이다.

나는 프롤로그에서 2007년 8월에 뚜렷한 이유 없이 주요 퀀트 펀드들이 일제히 폭락한 퀀트 위기에 대해 이야기했다. 이것은 세계 금융 시장에 다가올 파국을 예고하는 최초의 조짐이었다. 그런데 퀀트 위기를 가져온 원인은 무엇이었을까?[11] 사실, 퀀트 펀드는 그해 여름에 시작되어 15개월 이상 지속되면서 규모가 커진 은행 공황의 초기 희생자였다. 이 공황은 연방예금보험공사가 지급을 보증하는 고객 예금에는 아무 영향을 미치지 않았다. 대신에 지난 30년 사이에 미국에서 발전한 그림자 금융 시스템shadow banking system에 영향을 미쳤다. 그림자 금융 시스템은 원리적으로는 정상 금융 시스템과 똑같지만 규모가 훨씬 크고 감독과 규제가 전혀 없이 돌아간다. 이것은 은행과 대기업(다른 은행을 포함해) 간에 일어나는 대출로 이루어진다.

어떤 기업이 많은 현금(예를 들어 수억 달러라고 하자)을 보유하고 있으면, 개인에게 현금을 맡길 곳이 필요한 것처럼 그것을 맡길 곳이 필요

에필로그

하다. 그냥 가지고 있으면 이자가 전혀 붙지 않기 때문에 돈의 가치 하락을 감수해야 한다. 그래서 기업은 보유한 현금을 다른 회사에 맡긴다. 이것은 기본적으로 한 은행 또는 기업이 다른 은행 또는 기업에 단기 대출을 해주는 것에 해당한다. 그 대신에 돈을 맡긴 측은 일종의 담보물을 요구한다. 대표적인 담보물로는 정부가 발행하는 국채가 있는데, 국채는 사실상 위험이 없는 반면에 이자율이 낮다. 세상에 존재하는 국채의 종류는 정부의 수만큼밖에 없으므로, 많은 사람들(그리고 다른 나라 정부들)은 안전한 장기 투자를 위해 국채를 사려고 한다. 그래서 기업들이 돈을 맡길 곳을 많이 찾게 되자, 은행들은 담보물로 사용할 수 있는 다른 자산을 내놓아야 할 동기를 강하게 느끼게 되었다.

회사가 발행한다는 점만 다를 뿐 국채와 비슷한 회사채(사채社債라고도 함)는 아주 좋은 선택은 아닌데, 그 가치가 그 회사의 주가와 연계돼 움직이는 경향이 있기 때문이다. 변동성이 심한 담보물이나 더 나쁘게는 주가 변화를 살피면서 그 가치를 '조작'할 수 있는 담보물을 원하는 사람은 아무도 없을 것이다. 그래서 그림자 금융 부문에 참여하는 기업들은 채권과 동일한 효력을 지니면서 정보를 쉽게 얻을 수 있는 요소 때문에 그 가치가 좌우되지 않는 새로운 종류의 자산을 원했다. 그들이 우연히 발견한 해결책은 담보 대출, 학자금 융자, 신용 카드 부채 같은 소비자 부채였다. 지금은 소비자 부채 자체는 훌륭한 선택이 아닌데, 특정 개인의 이력을 보고서 그 사람이 채무 불이행 상태에 빠질 가능성을 예측할 수 있기 때문이다. 그래서 은행들은 소비자 부채를 담보물로 직접 사용하지 않고 이를 '증권화'했다. 이것은 많은 수의 대출을 하나의 풀로 묶은 뒤 그 풀을 잘게 쪼개 그 조각들을 증권으로 판매하는 것이다. 이렇게 생겨난 새로운 자산(대출채권담보부증권을 포함해)은 비록 위험성은 더 높지만 국채와 똑같은 효력을 지니도록 설계되었다. 여기에는 이자가 붙기 때문에 기업들이 돈을 맡길 때 그 돈의 가치가 떨어질 염려가 없었다.

퀀트 위기는 이 그림자 금융 시스템의 모든 것이 제대로 굴러가는 게 아님을 보여준 최초의 신호였다. 전체 시스템은 미국의 주택시장이 하락하지 않으리라는 가정 위에서 굴러갔다. 하지만 2006년부터 주택시장이 하락하자 시스템이 무너지기 시작했고, 2007년에 주택시장 침체가 가속화되자 공황이 시작되었다. 채무 불이행 사태가 일어나기 시작했는데, 주로 서브프라임 모기지 론subprime mortgage loan(비우량주택담보대출, 신용도가 낮은 사람에게 주택을 담보로 높은 금리로 빌려주는 대출—옮긴이)을 받아 이미 고위험군으로 분류돼 있던 주택 소유자들을 중심으로 일어났다. 갑자기 채무 불이행 비율이 높아지자, 서브프라임 모기지에 기반을 둔 유가 증권들의 가치가 급락했는데, 약속된 이자가 지급될지 아무도 알 수 없었기 때문이다. 퀀트 위기는 소수의 헤지펀드들이 투자를 위해 끌어온 대출에 대해 담보물을 더 제공하라는 요구를 받자, 현금을 확보하기 위해 주식과 유가 증권을 급히 매도하면서 일어났다. 대다수 퀀트 펀드는 비슷한 방법을 사용했고, 이 때문에 서로 아주 비슷한 포트폴리오를 구성한 경우가 많았다. 그래서 한 펀드가 빚을 청산하기 위해 가진 주식을 매각하기 시작하면, 보험 역할을 해주리라 생각한 것까지 포함해 그들이 가진 모든 보유 주식의

에필로그

가격을 끌어내렸다. 이렇게 예상치 못한 손실이 급작스럽게 발생하자, 다른 펀드들도 매도에 나섰고, 결국 관련 당사자들 모두가 큰 손실을 입는 악순환이 생겨났다. 이것은 소르네트의 양 떼 효과가 시장붕괴로 이어지는 과정을 잘 보여주는 예이다.

퀀트 위기와 그것이 2007년 후반에 미친 반향은 시작에 불과했다. 다음번 희생자는 85년의 역사를 자랑하는 투자은행 베어스턴스였다. 베어스턴스는 그림자 금융 시스템의 주역으로, 담보물 역할을 하는 증권화 대출 상품을 많이 만들었다. 그 기초가 되는 담보 대출의 채무불이행 비율이 높아지자, 베어스턴스의 고객들은 불안을 느끼기 시작했다. 2008년 3월 중순부터 베어스턴스에 돈을 맡긴 일부 주요 고객들이 동시에 인출해달라고 요구했다. 인출을 맨 먼저 요구한 고객은 제임스 사이먼스의 회사인 르네상스로, 맡긴 돈 50억 달러를 돌려달라고 요구했다.[12] 또 다른 헤지펀드인 D. E. 쇼도 50억 달러를 인출해갔다. 그러자 곧이어 모든 고객이 현금을 요구하는 전형적인 뱅크런이 일어났다. 피해를 줄이기 위해 베어스턴스는 정부의 지원을 받는 조건으로 다른 투자은행인 JP모간에 인수 합병되는 데 동의할 수밖에 없었다.

하지만 위기는 점점 더 커져갔다. 위기의 절정은 여름이 끝날 무렵에 찾아왔는데, 역시 오랜 역사를 자랑하는 투자은행 리먼 브러더스가 파산했다. 이번에는 정부도 긴급 구제에 나서지 않아 투자자들의 공황 심리가 더욱 고조되었다. 그리고 9월 들어 며칠 지나지 않아 힘겹게 버티던 투자은행 메릴린치는 뱅크오브아메리카에 인수되었다.

거대 보험회사인 AIG도 파산 직전에 이르렀다. 어떤 은행도 돈을 빌려주려 하지 않았는데, 특히 그 운명이 불확실한 다른 은행에는 절대로 빌려주지 않았다. 그림자 금융 시스템 전체가 얼어붙었고, 금융시장은 그 압력을 견디지 못하고 붕괴했다. 10월까지 미국 주식시장은 시가 총액 40%가 공중으로 증발했다.

수학적 모형을 잘못 사용한 것이 이 위기에 어떤 역할을 했다는 것은 틀림없는 사실이다. 서브프라임 모기지를 채권처럼 운용할 수 있게 새로운 상품으로 전환한 증권화 절차는 데이비드 리$^{David X. Li}$라는 통계학자가 개발한 모형을 기반으로 삼았다.[13] 그런데 리의 모형에는 근본적인 결함이 있었는데, 한 모기지에 채무 불이행이 발생하더라도 다른 모기지의 채무 불이행 위험에 아무 변화가 없다고 가정했기 때문이다. 이것은 채무 불이행 비율이 낮을 때에는 훌륭한 가정이었다. 격리된 소수의 채무 불이행은 주택시장에 별다른 효과를 미치지 않았다. 하지만 2006년 무렵에 채무 불이행 비율이 치솟자, 모형은 더 이상 들어맞지 않았다. '많은' 사람들이 채무 불이행 상태에 빠지자, 이번에는 채무 불이행 비율이 높은 주택 이웃에 있는 주택들의 가격이 급락하면서 채무 불이행을 더 양산했다. 게다가 채무 불이행 비율 상승은 경제에 더 깊은 문제가 있음을 암시했다.

하지만 2007~2008년 위기의 모든 책임을 리의 모형이나 심지어 증권화 소비자 대출에 돌리는 것은 잘못이다. 수학적 모형의 실패가 위기를 초래한 하나의 원인임은 분명하다. 하지만 더 큰 원인은 아주 정교한 금융 기관 중 일부가 물리학자처럼 사고하지 못한 데 있다. 모형은 어떤 조건에서는 잘 성립하지만, 다른 수학적 모형과 마찬가지로 가정이 들어맞지 않을 때에는 성립하지 않는다. 그리고 위기 관리에 관한 결정권이 있는 사람들이 리의 모형이 실패할 경우를 충분히 생각하지 않았던 것으로 보인다. 모두가 돈을 벌자, 그들은 경계심을 늦추고 말았다. 하지만 이마저도 너무 간단한 설명이다. 정부 정책과 규제가 제 역할을 하지 못한 것도 위기를 초래한 한 가지 원인이다. 결국 무너지고 만 그림자 금융 시스템이 사실상 아무런 감독 없이 방치된 상태였기 때문이다. 규제 당국은 무슨 일이 일어나는지도 모른 채위기를 제대로 이해하지 못했거나 금융 산업이 자율적으로 스스로를 규제하리라고 믿은 게 분명하다. 이처럼 위기는 총체적 실패에서 비롯되었다.

오코너가 모형을 다른 사람들보다 조금 더 정교하게 사용함으로써 1987년의 위기에서 살아남았던 것처럼, 짐 사이먼스의 르네상스는 경쟁자들보다 더 현명하게 행동함으로써 2008년에 80%의 수익률을 올렸다는 사실을 또 한 번 강조하고 싶다. 르네상스는 나머지 헤지펀드들과 어떤 차이가 있을까? 르네상스는 내 논문 지도 교수가 불가능하다고 주장했던 것을 할 방법을 생각해냈다. 그것은 바로 월스트리트에서 과학을 하는 것이다. 그런데 이 방법에는 그 개념을 공개적으로 발표하는 과정이 포함돼 있지 않다. 사실, 르네상스는 대다수 헤지펀드보다 더 비밀스럽게 활동한다. 하지만 그 직원들은 물리학자처럼 사고하는 법과, 가정에 의문을 품고 모형에 빈틈이 없는지 늘 살펴보는 법을 잊지 않았다. 이 회사의 이점 중 많은 것은 거기서 일하는 사람들의 자질에서 나온다. 어느 모로 보나 그들은 대다수 퀀트보다 훨씬 똑똑하다. 하지만 회사의 조직 방식도 그에 못지않게 중요하다. 이 회사에는 헌신적인 연구자 집단이 있는데, 이들은 조직에 구속받지 않는 일주일 40시간의 근무 시간 동안 자신의 아이디어를 마음대로 추구할 수 있다. 르네상스는 무엇보다도 그 뿌리가 되는 정신을 소중하게 여기는데, 다른 회사들이 고전을 면치 못할 때 승승장구한 주요 원인은 여기에 있지 않나 싶다. 르네상스는 정교한 수학적 사고가 병이 아니라 치료법임을 보여준다.

***

2012년 초에 이 책을 마칠 무렵에도 세계 경제는 2008년의 위기에서 아직 회복하지 못했다. 오히려 또 다른 시장 붕괴가 일어날 위험이 도사리고 있다.[14] 조만간 문제가 나아질 것이라고 예상하는 사람은 아무도 없다. 오바마 행정부는 2012년 말까지 실업률이 8%대에 머물고 GDP 성장률도 낮으리란 예상을 내놓았다. 민주당과 공화당은 모두 한 세대 동안 이미 시도해보고 실패한 정책 제안들을 되풀이해서 내놓고 있다. 미국만 그런 게 아니다. 대부분의 남유럽 국가들은 국가 부채의 채무 불이행 상태 직전에 와 있다. 그리고 독일이 최선의 노력을 기울이는데도 불구하고, 유로화의 미래는 불투명하다. 중국과 인도도 성장이 둔화되는 조짐이 보인다. 세계 경제 전망은 어둡기만 하다. 무엇보다 놀라운 것은 문제를 해결할 방법을 아는 사람이 아무도 없는 것처럼 보인다는 사실이다.

　"엑스트레미스 말리스 엑스트레마 레메디아Extremis malis extrema
remedia"라는 라틴어 격언이 있다. 극단적 상황에서는 극단적 방법이
필요하다는 뜻이다. 지금 우리에게 필요한 것은 무엇보다도 새로운
경제 개념의 원천이다. 와인스틴이 제안한 대규모 학제 간 연구 계획
을 진지하게 검토해야 하는 이유는 이 때문이다. 우리는 이전에 미국
과 유럽의 과학계를 총동원한 전례가 있으며, 그 결과는 세계를 완전
히 다르게 변화시켰다. 내가 이 책에서 보여준 것처럼 물리학 개념을
금융에 적용해 입증된 실적과 와인스틴과 멀레이니의 연구가 시사하
는 유망한 방향을 고려한다면, 다시 과거와 같은 위대한 노력을 기울
일 때가 되었다. 하지만 이번 계획의 목표는 새로운 무기가 아니다. 그
목표는 세계 경제가 제대로 돌아가게 하는 데 필요한 새 도구들이다.

　지난 수십 년 동안, 특히 2007~2008년 위기 때 주요 규제 당국들
을 포함해 미국 정부가 정교함 면에서 가장 떨어진 은행이나 투자은
행보다도 항상 한 발 늦었다는 사실을 고려할 필요가 있다. 그리고 진
정한 혁신가들보다는 세 걸음이나 뒤처졌다. 위기의 조짐이 나타날
때, 은행들은 증권화 대출에 관련된 위험을 제대로 파악하지 못했고,
그림자 금융 시스템이 모래 위에 쌓은 성이라는 사실을 아무도 지적
하지 않았다. 금융위기가 닥치고 난 다음에야 새로운 금융 규제 법안
이 의회를 통과했지만, 그것은 소 잃고 외양간 고치는 격이었다. 새로
운 규제 법안은 지나간 위험에 대비하도록 설계된 기초적인 정책 변
화에 불과했다.

이 상황을 완전히 뒤집지 않으면 안 된다. 우리는 정보 수집과 대테러 활동에 막대한 자원을 기꺼이 투입한다. 그러나 2008년 시장 붕괴가 초래한 경제적 손실은 적어도 9 · 11 테러 사건과 맞먹는다. 그러니 경제적 재난을 막는 데에도 다른 위험에서 우리를 보호하기 위해 투입하는 것과 맞먹는 자원을 투입할 필요가 있다. 연방준비제도이사회와 증권거래위원회, 그리고 심지어 세계은행 같은 조직은 게임에서 가장 정교한 참가자여야 한다. 만약 이 조직들이 제 역할을 할 능력이 없다면, 이들을 돕기 위해 학제 간 경제 연구에 전념하는 새로운 연구 조직이 필요하다. 세계 경제를 책임진 사람들은 르네상스만큼 뛰어나야 한다. 아니, 사실은 그보다 더 뛰어나야 한다.

주석

1   이 선언은 Derman and Wilmott(2009)이다.

2   여기서 나는 MacKenzie(2006)의 제목인 'An Engine, Not a Camera(카메라가 아닌 엔진)'
     에 빗대 서술했다. 매켄지의 핵심 요지는 금융시장이 우리가 시장을 이해하기 위해
     사용하는 모형들 때문에 변할 수 있다는 것이다. 나는 이 주장이 옳다고 생각하는데,
     이것은 시장을 연구하려고 시도하는 과학자와 수학자에게 특별한 어려움을 던진다.

3   이 결정은 '라몬트 대 체신부 장관' 사건에 대해 내린 것으로, Sepinuck and Treuthart
     (1999, Ch. 2)에서 볼 수 있다. 표현의 자유에 대한 브레넌의 생각에 대해 더 자세한 것
     은 앞의 책에 소개된 다른 의견들이나 Hopkins(1991)를 참고하라.

4   이 견해의 한 예로는 Brooks(2010)를 참고하라. (예컨대) Ariely(2008), Akerlof(2009),
     Shiller(2005)에서 볼 수 있듯이, 이것은 행동경제학에 관한 주장들과 밀접한 관련이
     있다. 행동금융에 관해 더 학문적인 연구를 보고 싶다면, Thaler(1993, 2005)를 참고하
     는 것으로 시작할 수 있다. 하지만 본문에서 분명히 드러나듯이, 나는 학문으로서의
     행동경제학(경제적 정책 결정의 심리학과 사회학을 이해하는 데 큰 진전을 이룬)과, 행동경제
     학의 일부 결과를 바탕으로 금융 부문에서 수학적 모형을 만드는 것은 불가능하거나
     브룩스의 표현대로 경제학은 '과학이 아닌 예술'이 되어야 한다는 취지로 펼치는 특정
     주장을 구별하고자 한다. 내가 여기서 반대하는 것은 후자의 주장이다. 더 일반적인
     행동경제학은 합리적 행동에 관한 특정 가정이 어떻게 비현실적인지 확인하는 데 중
     요한 역할을 하며, 실제 투자자들의 '예측 가능한 비합리적' 행동을 설명할 수 있는(혹
     은 그러리라고 기대하는) 선물 모형을 만드는 방식을 안내한다.

5   특히 Taleb(2004, 2007a)를 참고하라. 하지만 탈레브가 좀 더 온건한 입장을 보인(적어도 내게는) Taleb(2007b)도 참고하라.

6   버핏은 이 견해를 심심찮게 표명하지만, '공식으로 무장한 괴짜 전문가'라는 이 표현은 Buffett(2008, p. 14)에 나온다.

7   실제로 금융위기는 경제가 생겨난 이래 계속 일어났다. 금융위기의 역사를 훌륭하게 다룬 문헌으로는 Reinhart and Rogoff(2009)와 Kindleberger and Aliber(2005)를 참고하라.

8   미국 증권거래위원회의 고소와 골드만삭스와 타결한 합의에 대한 자료는 U.S. Securities and Exchange Commission(2010a, b)을 참고하라.

9   이 표현은 Buffett(2002, p. 15)에 나온다.

10   연방예금보험공사의 역사와 미국의 금융 규제에 일어난 그 밖의 변화에 대해 더 자세한 것은 Markham(2002)을 참고하라.

11   퀀트 위기를 포함해 금융위기의 원인에 대해서는 많은 의견이 있다. 예컨대 Shiller(2008), Krugman(2008), Zandi(2008), McLean and Nocera(2010), Financial Crisis Inquiry Commission(2011)을 참고하라. 이 책에서 제시한 분석은 Gorton(2010)에 많이 의존했다.

12   이 이야기 중 일부는 Patterson(2010)에서 인용했다.

13   그 모형은 Li(2000)에 나온다. Salmon(2009)도 참고하라.

14   세계 경제의 표면 아래에 잠복해 있는 심각한 금융과 경제 문제를 잘 소개한 것은 Rajan(2010)을 참고하라

참고 문헌

Aelian, Claudius. 1959 (200a.d.). *On the Characteristics of Animals [De animalium natura]*, ed. A. F. Scholfield. London: Heinemann.

Ahrens, Frank. 2007. "For Wall Street's Math Brains, Miscalculations." *Washington Post*, August 21.

Akerlof, George A. 2009. *Animal Spirits: How Human Psychology Drives the Economy, and Why It Matters for Global Capitalism*. Princeton, NJ: Princeton University Press.

Allegre, C. J., J. L. Le Moule, and A. Provost. 1982. "Scaling Rules in Rock Fracture and Possible Implications for Earthquake Predictions." *Nature* 297: 47–49.

Allen, R.G.D. 1975. *Index Numbers in Economic Theory and Practice*. Piscataway, NJ: Transaction Publishers.

Allen, Robert Loring. 1993. *Irving Fisher: A Biography*. Cambridge, MA: Wiley-Blackwell.

Allison, David K. 1985. "U.S. Navy Research and Development Since World War II." In *Military Enterprise and Technological Change: Perspectives on the American Experience*, ed. Merritt Roe Smith. Cambridge, MA: MIT Press.

Altman, Nancy. 2005. *The Battle for Social Security: From FDR's Vision to Bush's Gamble*. Hoboken, NJ: John Wiley and Sons.

Anderson, P. W., K. Arrow, and D. Pines. 1988. *The Economy as an Evolving Complex System*. Reading, MA: Addison-Wesley.

Anifrani, J. C. 1995. "Universal Log-Periodic Correction to Renormalization Group Scaling for Rupture Stress Prediction From Acoustic Emissions." *Journal de Physique I* 5 (6):

631.

Ansbacher, Max. 2000. *The New Options Market.* Hoboken, NJ: John Wiley and Sons.

Ariely, Dan. 2008. *Predictably Irrational.* New York: HarperCollins.

Arthur, W. B., S. N. Durlauf, and D. A. Lane, eds. 1997. *The Economy as a Complex Evolving System II.* Reading, MA: Addison-Wesley.

Atiyah, M. 2003. "Hermann Weyl: November 9, 1885–December 9, 1955." *Biographical Memoirs National Academy of Sciences* 82: 320–35.

Bachelier, Louis. 1900. "Théorie de la spéculation." *Annales Scientifiques de l'École Normale Supérieure* 19: 21–86.

— — — . 1914. *Le jeu, la chance et le hasard.* Paris: Ernest Flammarion.

— — — . 1937. *Les lois des grands nombres du calcul des probabilités.* Paris: Gauthier-Villars.

— — — . 1941. "Probabilités des oscillations maxima." *Comptes-rendus hebdomadaires des séances de l'Académie des Sciences,* May, 836–38.

Baggott, Jim. 2009. *Atomic: The First War of Physics and the Secret History of the Atom Bomb: 1939–49.* London: Icon Books.

Bak, P. 1996. *How Nature Works: The Science of Self-Organized Criticality.* New York: Springer-Verlag.

Bak, Per, Chao Tang, and Kurt Wiesenfeld. 1987. "Self-Organized Criticality: An Explanation of the $1/f$ Noise." *Physical Review Letters* 59 (4, July): 381–84.

Baker, Dean, ed. 1998. *Getting Prices Right: The Debate Over the Consumer Price Index.* New York: M. E. Sharpe, Inc.

Baker, Dean, and Mark Weisbrot. 1999. *Social Security: The Phony Crisis.* Chicago: University of Chicago Press.

Baldwin, Roger R., Wilbert E. Cantey, Herbert Maisel, and James P. McDermott. 1956. "The Optimum Strategy in Blackjack." *Journal of the American Statistical Association* 51 (275): 429–39.

Barcellos, Anthony. 1985. "Benoît Mandelbrot." In *Mathematical People,* ed. Donald J. Albers and G. L. Alexanderson. Boston: Birkhäuser.

Barnett, W. A. 2012. *Getting It Wrong: How Faulty Monetary Statistics Undermine the Fed, the Financial System, and the Economy.* Cambridge, MA: MIT Press.

Barnett, William A., and Marcell Chauvet. 2010. *Financial Aggregation and Index Number Theory.* Singapore: World Scientific Publishing.

Bass, Thomas A. 1985. *The Eudaemonic Pie.* Boston: Houghton Mifflin.

———. 1999. *The Predictors: How a Band of Maverick Physicists Used Chaos Theory to Trade Their Way to a Fortune on Wall Street.* New York: Henry Holt.

Batterman, Robert. 2002. *The Devil in the Details: Asymptotic Reasoning in Explanation, Reduction, and Emergence.* Oxford: Oxford University Press.

Beland, Daniel. 2005. *Social Security: History and Politics From the New Deal to the Privatization Debate.* Lawrence: University Press of Kansas.

Bernstein, Jeremy. 2010. *Physicists on Wall Street and Other Essays on Science and Society.* New York: Springer Business + Media.

Bernstein, Peter. 1993. *Capital Ideas: The Improbable Origins of Modern Wall Street.* New York: Free Press.

———. 1998. *Against the Gods: The Remarkable Story of Risk.* Hoboken, NJ: John Wiley and Sons.

Bhat, M. R. 1981. *Varahamihira's Brhat Samhita.* Delhi: Motilal Banarsidass.

Billingsley, P. 1995. *Probability and Measure.* New York: John Wiley and Sons.

Bird, Kai, and Martin J. Sherwin. 2005. *American Prometheus: The Triumph and Tragedy of Robert Oppenheimer.* New York: Random House.

Black, Fischer. 1987. *Business Cycles and Equilibrium.* Hoboken, NJ: John Wiley and Sons.

———. 1989. "How We Came Up With the Option Formula." *Journal of Portfolio Management* 15 (2): 4–8.

———. 1992. "The Holes in Black-Scholes." In *From Black-Scholes to Black Holes: New Frontiers in Options*, 51–56. London: Risk Magazine.

———. 2010. *Exploring General Equilibrium.* Cambridge, MA: MIT Press.

Black, Fischer, and Myron Scholes. 1972. "The Valuation of Option Contracts and a Test of Market Efficiency." *Journal of Finance* 27 (2): 399–418.

———. 1973. "The Pricing of Options and Corporate Liabilities." *Journal of Political Economy* 81 (3): 637–54.

———. 1974. "From Theory to a New Financial Product." *Journal of Finance* 19 (2): 399–412.

Blume, L. E., and Steven N. Durlauf, eds. 2006. *The Economy as an Evolving Complex System III: Current Perspectives and Future Directions* (Santa Fe Institute Studies in the Science of Complexity). New York: Oxford University Press.

Bookstaber, Richard. 2007. *A Demon of Our Own Design: Markets, Hedge Funds and the*

Perils of Financial Innovation. Hoboken, NJ: John Wiley and Sons.

Boskin, Michael J., E. Dullberger, R. Gordon, Z. Griliches, and D. Jorgenson. 1996. "Towards a More Accurate Measure of the Cost of Living." Final Report to the Senate Finance Committee, December 4.

— — —. 1998. "Consumer Prices, the Consumer Price Index, and the Cost of Living." *Journal of Economic Perspectives* 12 (1, Winter): 3–26.

Bosworth, Barry P. 1997. "The Politics of Immaculate Conception." *The Brookings Review,* June, 43–44.

Bouchaud, Jean-Philippe, and Didier Sornette. 1994. "The Black-Scholes Option Pricing Problem in Mathematical Finance: Generalization and Extensions for a Large Class of Stochastic Processes." *Journal de Physique* 4 (6): 863–81.

Bower, Tom. 1984. *Klaus Barbie, Butcher of Lyons.* London: M. Joseph.

Bowman, D. D., G. Ouillion, C. G. Sammis, A. Sornette, and D. Sornette. 1998. "An Observational Test of the Critical Earthquake Concept." *Journal of Geophysical Research* 103: 24359–72.

Broad, William J. 1992. "Defining the New Plowshares Those Old Swords Will Make." *The New York Times,* February 5.

Brooks, David. 2010. "The Return of History." *The New York Times,* March 26, A27.

Brown, Mike, Stuart Kauffman, Zoe-Vonna Palmrose, and Lee Smolin. 2008. "Can Science Help Solve the Economic Crisis?" Available, with a response from Weinstein, at http://www.edge.org/3rd culture/brown08/brown08 index.html.

Brown, Robert. 1828. "A Brief Account of Microscopical Observations Made on the Particles Contained in the Pollen of Plants." *Philosophical Magazine* 4: 161–73.

Bruck, Connie. 1994. *Master of the Game: Steve Ross and the Creation of Time Warner.* New York: Simon & Schuster.

Bufe, Charles G., and David J. Varnes. 1993. "Predictive Modeling of the Seismic Cycle of the Greater San Francisco Bay Region." *Journal of Geophysical Research* 98 (B6): 9871–83.

Buffett, Warren. 2002. "Annual Shareholder Letter." Available at http://www.berkshirehathaway.com/letters/2002pdf.pdf.

— — —. 2008. "Annual Shareholder Letter." Available at http://www. berkshirehathaway.com/letters/2008ltr.pdf.

— — —. 2010. "Annual Shareholder Letter." Available at http://www. berkshirehathaway.

com/letters/2010pdf.pdf.

Cadbury, Deborah. 2006. *Space Race: The Epic Battle Between America and the Soviet Union for Dominion of Space.* New York: HarperCollins.

Cardano, Girolamo. 1961 (1565). *The Book on Games of Chance [Liber de ludo aleae],* trans. Sydney Henry Gould. New York: Holt, Rinehart and Winston.

———. 1929 (1576). *The Book of My Life [De vita propria liber],* trans. Jean Stoner. New York: E. P. Dutton.

Casella, George, and Roger L. Berger. 2002. *Statistical Inference.* 2nd ed. Pacific Grove, CA: Duxbury.

Cassidy, John. 2007. "The Blow-Up Artist." *The New Yorker,* October 15, 56–69.

———. 2010a. "After the Blowup." *The New Yorker,* January 11, 28–33.

———. 2010b. *How Markets Fail.* New York: Farrar, Straus and Giroux.

Cervantes, Miguel de. 1881. *The Exemplary Novels of Cervantes,* ed. Walter K. Kelly. London: George Bell and Sons.

Chalmers, Alan. 2009. *The Scientist's Atom and the Philosopher's Stone: How Science Succeeded and Philosophy Failed to Gain Knowledge of Atoms.* New York: Springer-Verlag.

———. 2011. "Drawing Philosophical Lessons From Perrin's Experiments on Brownian Motion: A Response to van Fraassen." *British Journal of the Philosophy of Science* 62 (4): 711–32.

Chapman, Toby. 1998. "Speculative Trading: Physicists' Forays Into Finance." *Europhysics Notes,* January/February, 4.

Cirillo, Renato. 1979. *The Economics of Vilfredo Pareto.* New York: Frank Cass and Company.

Coase, Ronald H. 1960. "The Problem of Social Cost." *Journal of Law and Economics III,* October, 1–44.

Cole, K. C. 2009. *Something Incredibly Wonderful Happens: Frank Oppenheimer and the World He Made Up.* Boston: Houghton Mifflin Harcourt.

Collins, Martin. 1999. *Space Race: The U.S.-U.S.S.R. Competition to Reach the Moon.* Rohnert Park, CA: Pomegranate Communications.

Compton, Arthur Holly. 1956. *Atomic Quest.* New York: Oxford University Press.

Conant, Jennet. 2005. *109 East Palace: Robert Oppenheimer and the Secret City of Los Alamos.* New York: Simon & Schuster.

Cone, Edward. 1999. "Got Risk?" *Wired* 7 (12).

Cont, R. 2001. "Empirical Properties of Asset Returns: Stylized Facts and Statistical Issues." *Quantitative Finance* 1: 223–36.

Cootner, Paul, ed. 1964. *The Random Character of Stock Prices.* Cambridge, MA: MIT Press.

Cottingham, W. N., and D. A. Greenwood. 2007. *An Introduction to the Standard Model of Particle Physics.* Cambridge: Cambridge University Press.

Courtault, Jean-Michel, and Youri Kabanov. 2002. *Louis Bachelier: Aux origines de la finance mathématique.* Paris: Presses Universitaires Franc-Comtoises.

Cox, John C., and Mark Rubinstein. 1985. *Options Markets.* Englewood Cliffs, NJ: Prentice Hall.

Dash, Mike. 1999. *Tulipomania: The Story of the World's Most Coveted Flower and the Extraordinary Passions It Aroused.* New York: Three Rivers Press.

David, F. N. 1962. *Games, Gods & Gambling: A History of Probability and Statistical Ideas.* New York: Simon & Schuster.

Davis, Mark, and Alison Etheridge. 2006. *Louis Bachelier's Theory of Speculation: The Origins of Modern Finance.* Princeton: Princeton University Press.

Davis, Monte. 1984. "Benoît Mandelbrot." *Omni Magazine* 6 (5): 64.

Davy, P. H., A. Sornette, and D. Sornette. 1990. "Some Consequences of a Proposed Fractal Nature of Continental Faulting." *Nature* 348 (November): 56–58.

Derman, Emanuel. 2004. *My Life as a Quant.* Hoboken, NJ: John Wiley and Sons.

———. 2011a. "Emanuel Derman on Fischer Black." Available at https://www. quant-net.com/emanuel-derman-fischer-black/.

———. 2011b. *Models Behaving Badly.* New York: Free Press.

Derman, Emanuel, and Iraj Kani. 1994. "The Volatility Smile and Its Implied Tree." Goldman Sachs Quantitative Strategies Research Note.

Derman, Emanuel, and Nassim Nicholas Taleb. 2005. "The Illusions of Dynamic Replication." *Quantitative Finance* (4): 323–26.

Derman, Emanuel, and Paul Wilmott. 2009. "The Financial Modelers' Manifesto." Available at Social Science Research Network (SSRN), http://ssrn.com/ abstract=1324878 or http://dx.doi.org/10.2139/ssrn.1324878.

Devlin, Keith. 2008. *The Unfinished Game: Pascal, Fermat, and the Seventeenth- Century Letter That Made the World Modern.* New York: Basic Books.

Dimand, Robert W., and Hichem Ben-El-Mechaiekh. 2006. "Louis Bachelier." In *Pioneers of Financial Economics*, vol. 1, ed. Geoffrey Poitras. Northampton, MA: Edward Elgar Publishing.

Divisia, François. 1925. "L'Indice monétaire et la théorie de la monnaie." *Revue d'Économie Politique* 3: 842–64.

Duffus, R. L. 1972. *The Santa Fe Trail.* Albuquerque: University of New Mexico Press.

Dwork, Deborah, and Robert Jan van Pelt. 2002. *Holocaust: A History.* New York: W. W. Norton.

Eichengreen, Barry. 2008. *Globalizing Capital: A History of the International Monetary System.* 2nd ed. Princeton, NJ: Princeton University Press.

Eichenwald, Kurt. 1989a. "Jury Selection Begins Today in Princeton/Newport Case." *The New York Times,* June 19.

———. 1989b. "Six Guilty of Stock Conspiracy." *The New York Times,* August 1.

Einstein, Albert. 1905a. "Über einen die Erzeugung und Verwandlung des Lichtes betreffenden heuristischen Gesichtspunkt." *Annalen der Physik* 17: 132–48.

———. 1905b. "Über die von der molekularkinetischen Theorie der Wärme geforderte Bewegung von in ruhenden Flüssigkeiten suspendierten Teilchen." *Annalen der Physik* 17: 549–60.

———. 1905c. "Zur Elektrodynamik bewegter Körper." *Annalen der Physik* 17: 891–921.

———. 1905d. "Ist die Trägheit eines Körpers von seinem Energiegehalt abhängig?" *Annalen der Physik* 18, 639–41.

———. 1946. *The Meaning of Relativity.* 2nd ed. Princeton, NJ: Princeton University Press.

Falconer, Kenneth. 2003. *Fractal Geometry: Mathematical Foundations and Applications.* 2nd ed. Hoboken, NJ: John Wiley and Sons.

Fama, Eugene. 1964. "Mandelbrot and the Stable Paretian Hypothesis." In *The Random Character of Stock Prices,* ed. Paul Cootner, 297–306. Cambridge, MA: MIT Press.

———. 1965. "The Behavior of Stock Market Prices." *Journal of Business* 38 (1).

Farmer, J. Doyne, and John J. Sidorowich. 1987. "Predicting Chaotic Time Series." *Physical Review Letters* 59 (8): 845–48.

Figlewski, Stephen. 1995. "Remembering Fischer Black." *The Journal of Derivatives* 3 (2): 94–98.

Financial Crisis Inquiry Commission. 2011. *The Financial Crisis Inquiry Report, Authorized Edition: Final Report of the National Commission on the Causes of the Financial and Economic Crisis in the United States.* New York: Public Affairs.

Fischel, Jack R. 1998. *The Holocaust.* Westport, CT: Greenwood Press.

Forbes, Catherine, Merran Evans, Nicholas Hastings, and Brian Peacock. 2011. *Statistical Distributions.* 4th ed. Hoboken, NJ: John Wiley and Sons.

Forbes magazine. 2011. "The World's Billionaires 2011." Available at http://www.forbes.com/lists/2011/10/billionaires_2011.html.

Forfar, David O. 2007. "Fischer Black." Available at http://www.history.mcs.standrews.ac.uk/Biographies/Black_Fischer.html.

Fox, Justin. 2009. *The Myth of the Rational Market.* New York: Harper Business.

French, Craig W. 2003. "The Treynor Capital Asset Pricing Model." *Journal of Investment Management* 1 (2): 60–72.

Galison, Peter. 1997. *Image and Logic: A Material Culture of Microphysics.* Chicago: University of Chicago Press.

———. 2003. *Einstein's Clocks, Poincaré's Maps: Empires of Time.* New York: W. W. Norton.

Galison, Peter, and Bruce Hevly, eds. 1992. *Big Science.* Stanford, CA: Stanford University Press.

Gebhard, Louis A. 1979. *Evolution of Naval Radio-Electronics and Contributions of the Naval Research Laboratory.* Washington, DC: Naval Research Laboratory. NRL Report 8300.

Geroch, Robert. 1981. *General Relativity From A to B.* Chicago: University of Chicago Press.

Girlich, Hans-Joachim. 2002. "Bachelier's Predecessors." Available at http://www.mathematik.uni-leipzig.de/preprint/2002/p5-2002.pdf.

Glansdorff, Paul, and Ilya Prigogine. 1971. *Thermodynamic Theory of Structure, Stability and Fluctuations.* London: Wiley Interscience.

Gleick, J. 1987. *Chaos: Making a New Science.* New York: Viking.

———. 2011. *The Information: A History, a Theory, a Flood.* Toronto: Pantheon Books.

Goldgar, Anne. 2007. *Tulipmania: Money, Honor, and Knowledge in the Dutch Golden Age.* Chicago: University of Chicago Press.

Gordon, Robert J. 2002. "The Boskin Report vs. NAS *At What Price*: 'The Wild vs. the

Mild.'" Slides presented at the 2002 Conference on Research in Income and Wealth. Available at http://faculty-web.at.northwestern.edu/economics/gordon/ BoskinvsNAS. ppt.

———. 2006. "The Boskin Commission Report: A Retrospective One Decade Later." *International Productivity Monitor* 12 (June): 7–22.

Gorton, Gary. 2010. *Slapped by the Invisible Hand: The Panic of 2007.* New York: Oxford University Press.

Gray, Robert M. 2011. *Entropy and Information Theory.* New York: Springer-Verlag.

Greenlees, John S. 2006. "The BLS Response to the Boskin Commission Report." *International Productivity Monitor* 12 (June): 23–41.

Greer, John F. Jr. 1996. "Simons Doesn't Say." *Financial World*, October 21.

Groves, Leslie R. 1962. *Now It Can Be Told.* New York: Harper & Row.

Guggenheimer, J., and P. Holmes. 1983. *Nonlinear Oscillations, Dynamical Systems, and Bifurcation of Vector Fields.* Berlin: Springer-Verlag.

Hacking, Ian. 1975. *The Emergence of Probability.* New York: Cambridge University Press.

———. 1990. *The Taming of Chance.* New York: Cambridge University Press.

Hájek, Alan. 2012. "Interpretations of Probability." *The Stanford Encyclopedia of Philosophy,* Spring 2012 edition, ed. Edward N. Zalta. Palo Alto, CA: Center for the Study of Language and Information. Available at http://plato.stanford.edu/ archives/spr2012/ entries/probability-interpret/.

Hald, Anders. 2003. *A History of Probability and Statistics and Their Applications Before 1750.* Hoboken, NJ: John Wiley and Sons.

Handa, Jagdish. 2000. *Monetary Economics.* New York: Taylor and Francis.

Handley, Susannah. 2000. *Nylon: The Story of a Fashion Revolution.* Baltimore, MD: Johns Hopkins University Press.

Hastings, Charles Sheldon. 1909. *Biographical Memoir of Josiah Willard Gibbs 1879–1903.* Washington, DC: National Academy of Sciences.

Haug, Espen Gaarder, and Nassim Nicholas Taleb. 2011. "Option Traders Use (Very) Sophisticated Heuristics, Never the Black-Scholes-Merton Formula." *Journal of Economic Behavior and Organization* 77 (2): 97–106.

Hendry, David F., and Mary S. Morgan. 1996. "Obituary: Jan Tinbergen 1903–1994." *Journal of the Royal Statistics Society: Series A* 159 (3): 614–18.

Hoddeson, Lillian, Laurie Brown, Michael Riordan, and Max Dresden. 1997. *The Rise of *the Standard Model: Particle Physics in the 1960s and 1970s.* Cambridge: Cambridge University Press.

Hopkins, W. Wat. 1991. *Mr. Justice Brennan and Freedom of Expression.* New York: Praeger Publishers.

Hounshell, David A. 1992. "Du Pont and the Management of Large-Scale Research and Development." In *Big Science,* ed. Peter Galison and Bruce Hevly. Stanford, CA: Stanford University Press.

Hounshell, David A., and John Kenly Smith Jr. 1988. *Science and Corporate Strategy: Du Pont R&D, 1902–1980.* New York: Cambridge University Press.

Huang, Y., H. Saleur, C. Sammis, and D. Sornette. 1998. "Precursors, Aftershocks, Criticality and Self-Organized Criticality." *Europhysics Letters* 41: 44–48.

Hull, John C. 2011. *Options, Futures, and Other Derivatives.* 8th ed. Upper Saddle River, NJ: Prentice Hall.

Hunsaker, Jerome, and Saunders MacLane. 1973. *Edwin Bidwell Wilson: 1879–1964.* Washington, DC: National Academy of Sciences.

Illinski, K. 2001. *The Physics of Finance: Gauge Modelling in Non-equilibrium Pricing.* New York: John Wiley and Sons.

Isaacson, Walter. 2007. *Einstein: His Life and Universe.* New York: Simon & Schuster.

Johansen, A., and D. Sornette. 2000. "Critical Ruptures." *The European Physical Journal B — Condensed Matter and Complex Systems* 18 (1): 163–81.

Johansen, Anders, Didier Sornette, Hiroshi Wakita, Urumu Tsunogai, William I. Newman, and Hubert Saleur. 1996. "Discrete Scaling in Earthquake Precursory Phenomena: Evidence in the Kobe Earthquake, Japan." *Journal de Physique I* 6 (10): 1391–1402.

Jones, Vincent C. 1985. *Manhattan, the Army and the Atomic Bomb.* Washington, DC: Government Printing Office.

Jovanovic, Frank. 2000. "L'origine de la théorie financière: Une réévaluation de l'apport de Louis Bachelier." *Revue d'économie politique* 110 (3): 395–418.

———. 2006. "A Nineteenth-Century Random Walk: Jules Regnault and the Origins of Scientific Financial Economics." In *Pioneers of Financial Economics,* vol. 1, ed. Geoffrey Poitras. Northampton, MA: Edward Elgar Publishing.

Jung, Jayne. 2007. "The Right Time." *Risk Magazine,* September 1.

Kahn, David. 1967. *The Code-Breakers: The Comprehensive History of Secret Communication From Ancient Times to the Internet.* New York: Scribner.

Kaplan, Ian. 2002. "*The Predictors* by Thomas A. Bass: A Retrospective." This is a comment on *The Predictors* by a former employee of the Prediction Company. Available at http://www.bearcave.com/bookrev/predictors2.html.

Karlin, Samuel, and Howard M. Taylor. 1975. *A First Course in Stochastic Processes*. 2nd ed. San Diego, CA: Academic Press.

———. 1981. *A Second Course in Stochastic Processes*. San Diego, CA: Academic Press.

Katzmann, Robert A. 2008. *Daniel Patrick Moynihan: The Intellectual in Public Life*. Washington, DC: Woodrow Wilson Center Press.

Kelly, J. Jr. 1956. "A New Interpretation of Information Rate." *IRE Transactions on Information Theory* 2 (3, September): 185–89.

Kelly, Kevin. 1994a. "Cracking Wall Street." *Wired* 2 (7).

———. 1994b. *Out of Control: The Rise of Neobiological Civilization*. Reading, MA: Addison-Wesley.

Kendall, M. G. 1953. "The Analysis of Economic Time-Series, Part 1: Prices." *Journal of the Royal Statistical Society* 116 (1): 11–34.

Khandani, Amir E., and Andrew W. Lo. 2011. "What Happened to the Quants in August 2007? Evidence From Factors and Transactions Data." *Journal of Financial Markets* 14 (1): 1–46.

Kindleberger, Charles P., and Robert Aliber. 2005. *Manias, Panics, and Crashes*. Hoboken, NJ: John Wiley and Sons.

Kolmogorov, Andrei. 1931. "Über die analytischen Methoden in der Wahrscheinlichkeitsrechnung." *Mathematische Annalen* 104: 415–58.

Krige, J., A. Russo, and L. Sebesta. 2000. *The Story of ESA 1973–1987*, vol. 2 of *A History of the European Space Agency 1958–1987*. Noordwijk: ESA Publications Division.

Krugman, Paul. 2008. *The Return of Depression Economics and the Crisis of 2008*. New York: W. W. Norton.

———. 2009. "How Did Economists Get It So Wrong?" *The New York Times Magazine*, September 6.

Krugman, Paul, and Robin Wells. 2009. *Economics*. 2nd ed. New York: Worth Publishers.

Lahart, Justin. 2007. "Behind the Stock Market's Zigzag." *The Wall Street Journal*, August 11, B1.

Laing, Jonathan R. 1974. "Playing the Odds." *The Wall Street Journal*, September 23, 1.

Lamaignère, Laurent, François Carmona, and Didier Sornette. 1996. "Experimental Realization of Critical Thermal Fuse Rupture." *Physical Review Letters* 77 (13, September): 2738–41.

———. 1997. "Static and Dynamic Electrical Breakdown in Conducting Filled- Polymers." *Physica A: Statistical Mechanics and Its Applications* 241(1–2): 328–33.

Lehmann, Bruce N., ed. 2005. *The Legacy of Fischer Black.* New York: Oxford University Press.

Lehmann, P. J. 1991. *La Bourse de Paris.* Paris: Dunod.

———. 1997. *Histoire de la Bourse de Paris.* Paris: Presses Universitaires France.

Li, David X. 2000. "On Default Correlation: A Copula Function Approach." *Journal of Fixed Income* 9 (4): 43–54.

Li, Tien-Yien, and James A. Yorke. 1975. "Period Three Implies Chaos." *The American Mathematical Monthly* 82 (10): 985–92.

Lim, Kian-Guan. 2006. "The Efficient Market Hypothesis: A Developmental Perspective." In *Pioneers of Financial Economics,* vol. 2., ed. Geoffrey Poitras. Northampton, MA: Edward Elgar Publishing.

Lintner, John. 1965. "The Valuation of Risk Assets and the Selection of Risky Investments in Stock Portfolios and Capital Budgets." *Review of Economics and Statistics* 47: 13–37.

Lorenz, Edward. 1993. *The Essence of Chaos.* Seattle: University of Washington Press.

———. 2000. "Predictability: Does the Flap of a Butterfly's Wings in Brazil Set Off a Tornado in Texas?" In *The Chaos Avant-Garde: Memories of the Early Days of Chaos Theory,* ed. Ralph Abraham and Yoshisuke Ueda. Singapore: World Scientific Publishing.

Lowenstein, Roger. 2000. *When Genius Failed: The Rise and Fall of Long-Term Capital Management.* New York: Random House.

Lucretius. 2008 (60b.c.). *Nature of Things [De rerum natura],* trans. David R. Slavitt. Berkeley, CA: University of California Press.

Lux, Hal. 2000. "How Does This Prize-Winning Mathematician and Former Code Breaker Rack Up His Astonishing Returns? Try a Little Luck and a Firm Full of Ph.D.s." *Institutional Investor,* November 1.

Mackay, Charles. 1841. *Extraordinary Popular Delusions and the Madness of Crowds.* London: Richard Bentley.

MacKenzie, Donald. 2006. *An Engine, Not a Camera.* Cambridge, MA: MIT Press.

MacLean, Leonard C., Edward O. Thorp, and William T. Ziemba. 2011. *The Kelly Capital Growth Investment Criterion.* Singapore: World Scientific Publishing.

Maddy, Penelope. 1997. *Naturalism in Mathematics.* New York: Oxford University Press.

———. 2001. "Naturalism: Friends and Foes." *Philosophical Perspectives* 15: 37–67.

———. 2007. *Second Philosophy.* New York: Oxford University Press.

Mahwin, Jean. 2005. "Henri Poincaré. A Life in the Service of Science." *Notices of the AMS* 52 (9): 1036–44.

Malaney, Pia. 1996. "The Index Number Problem: A Differential Geometric Approach." Dissertation defended at Harvard University.

Malevergne, Y., and D. Sornette. 2006. *Extreme Financial Risks: From Dependence to Risk Management.* Berlin: Springer-Verlag.

Malkiel, Burton G. 1973. *A Random Walk Down Wall Street: The Best Investment Advice for the New Century.* New York: W. W. Norton & Company.

Mallaby, Sebastian. 2010. *More Money Than God: Hedge Funds and the Making of a New Elite.* New York: Penguin Press.

Mandelbrot, Benoît. 1964. "The Variation of Certain Speculative Prices." *The Random Character of Stock Prices,* ed. Paul Cootner, 307–32. Cambridge, MA: MIT Press.

———. 1967. "How Long Is the Coast of Britain? Statistical Self-Similarity and Fractional Dimension." *Science* 156 (3775) : 636–38.

———. 1975. *Les objets fractals: Forme, hasard et dimension.* Paris: Flammarion.

———. 1977. *Fractals: Form, Chance, and Dimension.* San Francisco: W. H. Freeman.

———. 1982. *Fractal Geometry of Nature.* New York: W. H. Freeman.

———. 1987. "Exiles in Pursuit of Beauty." *The Scientist,* March 23, 19.

———. 1997. *Fractals and Scaling in Finance: Discontinuity, Concentration, Risk.* New York: Springer-Verlag.

———. 1998. "Personal Narrative Recorded by Web of Stories." Video available at http://www.webofstories.com/play/9596.

———. 2004a. "A Maverick's Apprenticeship." In *The Wolf Prize in Physics,* ed. David Thouless. Singapore: World Scientific Publishing.

———. 2004b. *Fractals and Chaos: the Mandelbrot Set and Beyond.* New York: Springer-Verlag.

———. 2010. "Interview with bigthink.com." Video available at http://bigthink.com/ideas/19207.

Mandelbrot, Benoît, and Richard L. Hudson. 2004. *The Misbehavior of Markets.* New York: Basic Books.

Mankiw, Gregory. 2012. *Principles of Economics.* 6th ed. Mason, OH: South-Western, Cengage Learning.

Mantegna, Rosario N., and H. Eugene Stanley. 2000. *An Introduction to Econophysics: Correlations and Complexity in Finance.* New York: Cambridge University Press.

Markham, Jerry W. 2002. *A Financial History of the United States.* Armonk, NY: M. E. Sharpe.

Marrus, Michael R., and Robert O. Paxton. 1995. *Vichy France and the Jews.* Stanford, CA: Stanford University Press.

McKale, Donald M. 2012. *Nazis After Hitler: How Perpetrators of the Holocaust Cheated Justice and Truth.* Plymouth, UK: Rowman & Littlefield.

McLean, Bethany, and Joe Nocera. 2010. *All the Devils Are Here: The Hidden History of the Financial Crisis.* New York: Portfolio/Penguin.

Mehrling, Perry. 2005. *Fischer Black and the Revolutionary Idea of Finance.* Hoboken, NJ: John Wiley and Sons.

Melamed, Leo. 1993. *Leo Melamed on the Markets.* New York: John Wiley and Sons.

Merton, Robert C. 1973. "Theory of Rational Option Pricing." *Bell Journal of Economics and Management Science* 4 (1): 141–183.

Merton, Robert C., and Myron S. Scholes. 1995. "Fischer Black." *Journal of Finance* 50 (5): 1359–70.

Michie, Ranald C. 1999. *The London Stock Exchange: A History.* New York: Oxford University Press.

Mishkin, Frederic S., and Stanley G. Eakins. 2009. *Financial Markets and Institutions.* 6th ed. Boston, MA: Pearson Education.

Misner, Charles W., Kip S. Thorne, and John Archibald Wheeler. 1973. *Gravitation.* New York: W. H. Freeman and Company.

Mitchell, Melanie. 1998. *An Introduction to Genetic Algorithms.* Cambridge, MA: MIT Press.

Morehead, Albert H. 1967. *Complete Guide to Winning Poker.* New York: Simon & Schuster.

Morgan, Mary S. 1990. *The History of Econometric Ideas.* New York: Cambridge University Press.

———. 2003. "Economics." In *The Cambridge History of Science,* 275–305. New York: Cambridge University Press.

Morley, Henry. 1854. *The Life of Girolamo Cardano, of Milan, Physician.* London: Chapman and Hall.

Moynihan, Daniel P. 1996. *Miles to Go: A Personal History of Social Policy.* Cambridge, MA: Harvard University Press.

Nasar, Sylvia. 1998. *A Beautiful Mind: The Life of Mathematical Genius and Nobel Laureate John Nash.* New York: Touchstone.

Ndiaye, Pap A. 2007. *Nylon and Bombs.* Baltimore, MD: Johns Hopkins University Press.

Niederhoffer, Victor. 1998. *The Education of a Speculator.* Hoboken, NJ: John Wiley & Sons.

Niederhoffer, Victor, and M.F.M. Osborne. 1966. "Market Making and Reversals on the Stock Exchange." *Journal of the American Statistical Association* 61 (316): 897–916.

Nocera, Joe. 2007. "Markets Quake, and a Neutral Strategy Slips." *The New York Times,* August 18, C1.

O'Connor, J. J., and E. F. Robertson. 2005. "Szolem Mandelbrojt." Available at http://www-history.mcs.st-andrews.ac.uk/Biographies/Mandelbrojt.html.

O'Raifeartaigh, Lochlann. 1997. *Dawning of Gauge Theory.* Princeton, NJ: Princeton University Press.

Ore, Øystein. 1953. *Cardano, the Gambling Scholar.* Princeton, NJ: Princeton University Press.

Oreskes, N., and H. Le Grand. 2003. *Plate Tectonics: An Insider's History of the Modern Theory of the Earth.* 2nd ed. Boulder, CO: Westview Press.

Osborne, M.F.M. 1951. "Aerodynamics of Flapping Flight, With Applications to Insects." *Journal of Experimental Biology* 28 (2): 221–45.

———. 1959. "Brownian Motion in the Stock Market." *Operations Research* 7: 145–73.

———. 1961. "The Hydrodynamical Performance of Migratory Salmon." *Journal of Experimental Biology* 38: 365–90.

———. 1962. "Periodic Structure in the Brownian Motion of Stock Prices." *Operations Research* 10 (3): 345–79.

———. 1967. "Some Quantitative Tests for Stock Price Generating Mechanisms and Trading Folklore." *Journal of the American Statistical Association* 62 (318): 321–40.

———. 1973. "The Observation and Theory of Fluctuation in Deep Ocean Currents." *Ergänzungsheft zur Deutschen Hydrographischen Zeitschrift* 8 (13): 1–58.

———. 1977. *The Stock Market and Finance From a Physicist's Viewpoint.* Minneapolis,

MN: Crossgar Press.

———. 1987a. "Autobiographical Recollections of M. F. Maury Osborne." Courtesy of the Osborne family.

———. 1987b. "Osborne Family History: Recollections of M.F.M. Osborne." Courtesy of the Osborne family.

Osborne, M.F.M., and Albert Einstein. 1946. Unpublished correspondence. Courtesy of the Osborne family.

Packard, N. H. 1988. "Adaptation Toward the Edge of Chaos." *Dynamic Patterns in Complex Systems,* ed. J.A.S. Kelso, A. J. Mandell, and M. F. Shlesinger. Singapore: World Scientific Publishing.

———. 1990. "A Genetic Learning Algorithm for the Analysis of Complex Data." *Complex Systems* 4 (5): 543–72.

Packard, N. H., J. P. Crutchfield, J. D. Farmer, and R. S. Shaw. 1980. "Geometry From a Time Series." *Physical Review Letters* 45 (9): 712–16.

Pais, Abraham. 1982. *Subtle Is the Lord: The Science and Life of Albert Einstein.* Oxford: Oxford University Press.

———. 2006. *J. Robert Oppenheimer: A Life.* New York: Oxford University Press.

Patterson, Scott. 2010. *The Quants.* New York: Crown Business.

Patterson, Scott, and Anita Raghavan. 2007. "How Market Turmoil Waylaid the 'Quants.'" *The Wall Street Journal,* September 7, A1.

Paxton, Robert O. 1972. *Vichy France: Old Guard and New Order, 1940–1944.* New York: Knopf.

Peltz, Michael. 2008. "James Simons." *Absolute Return + Alpha,* June 20.

Poitras, Geoffrey. 2006. *Pioneers of Financial Economics,* vol. 1. Northampton, MA: Edward Elgar Publishing.

———. 2009. "The Early History of Option Contracts." In *Vinzenz Bronzin's Option Pricing Models,* 487–518. Berlin: Springer-Verlag.

Poundstone, William. 2005. *Fortune's Formula: The Untold Story of the Scientific Betting System That Beat the Casinos and Wall Street.* New York: Hill and Wang.

Poznanski, Renée. 2001. *Jews in France During World War II,* trans. Nathan Bracher. Hanover, NH: Brandeis University Press.

Prigogine, I., and G. Nicolis. 1977. *Self-Organization in Nonequilibrium Systems.* New York: John Wiley and Sons.

Pynchon, Thomas. 1973. *Gravity's Rainbow.* New York: Viking Press.

Radelet, Steven, and Jeffrey D. Sachs. 2000. "The Onset of the East Asian Financial Crisis." In *Currency Crises,* ed. Paul Krugman,105–62. Chicago: University of Chicago Press.

Rajan, Raghuram G. 2010. *Faultlines.* Princeton, NJ: Princeton University Press.

Reinhart, Carmen M., and Kenneth Rogoff. 2009. *This Time Is Different: Eight Centuries of Financial Folly.* Princeton, NJ: Princeton University Press.

Rhodes, Richard. 1995. *The Making of the Atomic Bomb.* New York: Simon & Schuster.

Rogers, Simon. 2010. "NASA Budgets: US Spending on Space Travel Since 1958." *The Guardian,* February 1. Available at http://www.guardian.co.uk/news/ datablog/2010/feb/01/nasa-budgets-us-spending-space-travel.

Rossel, Seymour. 1992. *The Holocaust: The World and the Jews, 1933–1945.* Springfield, NJ: Behrman House.

Rukseyer, Muriel. 1988. *Willard Gibbs.* Woodbridge, CT: Ox Bow Press.

Saichev, Alexander, Yannick Malevergne, and Didier Sornette. 2010. *Theory of Zipf's Law and Beyond.* Berlin: Springer-Verlag.

Saleur, H., C. G. Sammis, and D. Sornette. 1996a. "Discrete Scale Invariance, Complex Fractal Dimensions, and Log-Periodic Fluctuations in Seismicity." *Journal of Geophysical Research* 101 (B8): 17661–77.

———. 1996b. "Renormalization Group Theory of Earthquakes." *Nonlinear Processes in Geophysics* 3 (2): 102–9.

Salmon, Felix. 2009. "Recipe for Disaster: The Formula That Killed Wall Street." *Wired,* 17 (3, October).

Sammis, C. G., D. Sornette, and H. Saleur. 1996. "Complexity and Earthquake Forecasting." In *Reduction and Predictability of Natural Disasters,* ed. J. B. Rundle, W. Klein, and D. L. Turcotte, 143–56. Reading, MA: Addison-Wesley.

Samuelson, Paul. 1947. *Foundations of Economic Analysis.* Cambridge, MA: Harvard University Press.

———. 1948. *Economics.* New York: McGraw-Hill.

———. 2000. "Modern Finance Theory Within One Lifetime." In *Mathematical Finance: Bachelier Congress 2000,* ed. Helyette Geman, Dilip Madan, Stanley R. Pliska, and Ton Vorst. Berlin: Springer-Verlag.

Sauron, Anne Sornette. 1990. "Lois d'echelle dans les milieux fissures: Application a la lithosphere." Dissertation defended at University of Paris-11.

Scholz, Erhard. 1994. "Hermenn Weyl's Contributions to Geometry in the Years 1918 to 1923." In *The Intersection of History and Mathematics,* ed. J. Dauben, S. Mitsuo, and C. Saski. Basel: Birkhäuser.

Schultze, Charles, and Christopher Mackie, eds. 2002. *At What Price? Conceptualizing and Measuring Cost-of-Living and Price Indexes.* Washington, DC: The National Academies Press.

Schwager, Jack D. 2012. *Market Wizards: Interviews With Top Traders.* Hoboken, NJ: John Wiley and Sons.

Seed magazine. 2006. "James Simons: The Billionaire Hedge Fund Manager Discusses the Impact of Mathematics on His Former Life in Academia and His New One in Finance." *Seed,* September 19.

Sepinuck, Stephen L., and Mary Pat Treuthart, eds. 1999. *The Conscience of the Court: Selected Opinions of Justice William J. Brennan Jr. on Freedom and Equality.* Carbondale, IL: Southern Illinois University Press.

Sewell, Martin. 2011. "A History of the Efficient Market Hypothesis." University College London Department of Computer Science Research Note. Available at http://www-typo3.cs.ucl.ac.uk/fileadmin/UCL-CS/images/Research_Student_ Information/RN_11_04.pdf.

Shannon, Claude Elwood, and Warren Weaver. 1949. *A Mathematical Theory of Communication.* Champaign: University of Illinois Press.

Sharpe, William. 1964. "Capital Asset Prices: A Theory of Market Equilibrium Under Conditions of Risk." *Journal of Finance* 19 (3): 425–42.

Sheehan, Frederick J. 2010. *Panderer to Power: The Untold Story of How Alan Greenspan Enriched Wall Street and Left a Legacy of Recession.* New York: McGraw-Hill.

Shiller, Robert J. 2005. *Irrational Exuberance.* 2nd ed. Princeton, NJ: Princeton University Press.

— — — . 2008. *The Subprime Solution: How Today's Global Financial Crisis Happened, and What to Do About It.* Princeton, NJ: Princeton University Press.

Simons, James. 2010. "Mathematics, Common Sense, and Good Luck: My Life and Careers." A talk delivered at MIT on December 9. Video available at http://video.mit.edu/watch/ mathematics-common-sense-and-good-luck-my-life-and-careers-9644.

Siraisi, Nancy G. 1997. *The Clock and the Mirror: Girolamo Cardano and Renaissance Medicine.* Princeton, NJ: Princeton University Press.

Skyrms, Brian. 1999. *Choice and Chance*. 4th ed. Belmont, CA: Wadsworth.

Smalley, R. F. Jr., and D. L. Turcotte. 1985. "A Renormalization Group Approach to the Stick-Slip Behavior of Faults." *Journal of Geophysical Research* 90 (B2, February): 1894–1900.

Smolin, Lee. 2005. "Why No 'New Einstein'?" *Physics Today* 6: 56–57.

———. 2006. *The Trouble With Physics: The Rise of String Theory, the Fall of a Science, and What Comes Next*. New York: Houghton Mifflin.

———. 2009. "Time and Symmetry in Models of Economic Markets." Available at http://arxiv.org/abs/0902.4274.

Sornette, Didier. 1996. "Stock Market Crashes Precursors and Replicas." *Journal de Physique I* 6: 167–75.

Sornette, Didier. 1998. "Gauge Theory of Finance?" *International Journal of Modern Physics* 9 (3): 505–8.

———. 2000. *Critical Phenomena in Natural Sciences: Chaos, Fractals, Self- Organization and Disorder: Concepts and Tools*. Berlin: Springer-Verlag.

———. 2003. *Why Stock Markets Crash: Critical Events in Complex Financial Systems*. Princeton, NJ: Princeton University Press.

———. 2009. "Dragon Kings, Black Swans and the Prediction of Crises." *International Journal of Terraspace Science Engineering* 2 (1): 1–18.

Sornette, A., P. Davy, and D. Sornette. 1990a. "Growth of Fractal Fault Patterns." *Physical Review Letters* 65 (18, October): 2266–69.

———. 1990b. "Structuration of the Lithosphere in Plate Tectonics as a Self- Organized Critical Phenomenon." *Journal of Geophysical Research* 95 (B11): 17353–61.

Sornette, Didier, and Anders Johansen. 1997. "Large Financial Crashes." *Physica A: Statistical Mechanics and Its Applications* 245 (3–4): 411–22.

Sornette, Didier, and Charles Sammis. 1995. "Complex Critical Exponents From Renormalization Group Theory of Earthquakes: Implications for Earthquake Predictions." *Journal de Physique I* 5 (5): 607–19.

Sornette, A., and D. Sornette. 1990. "Earthquake Rupture as a Critical Point: Consequences for Telluric Precursors." *Tectonophysics* 179 (34): 327–34.

———. 1996. "Self-Organized Criticality and Earthquakes." *Journal de Physique I* 6: 167–75.

Sornette, Didier, and Christian Vanneste. 1992. "Dynamics and Memory Effects in Rupture of Thermal Fuse." *Physical Review Letters* 68: 612–15.

———. 1994. "Dendrites and Fronts in a Model of Dynamical Rupture With Damage." *Physical Review E* 50 (6, December): 4327–45.

Sornette, D., C. Vanneste, and L. Knopoff. 1992. "Statistical Model of Earthquake Foreshocks." *Physical Review A* 45: 8351–57.

Sourd, Véronique Le. 2008. "Hedge Fund Performance in 2007." EDHEC Risk and Asset Management Research Centre.

Spence, Joseph. 1820. *Observations, Anecdotes, and Characters, of Books and Men.* London: John Murray.

Stewart, James B. 1992. *Den of Thieves.* New York: Simon & Schuster.

Stigler, Stephen M. 1986. *The History of Statistics: The Measurement of Uncertainty Before 1900.* Cambridge, MA: Harvard University Press.

Stiglitz, Joseph E. 2010. *Freefall.* New York: W. W. Norton.

Strasburg, Jenny, and Katherine Burton. 2008. "Renaissance Clients Pull $4 Billion From Biggest Hedge Fund." *Bloomberg,* January 10.

Strogatz, Steven H. 1994. *Nonlinear Dynamics and Chaos.* Cambridge, MA: Perseus Books.

Sullivan, Edward J., and Timothy M. Weithers. 1991. "Louis Bachelier: The Father of Modern Option Pricing Theory." *The Journal of Economic Education* 22 (2): 165–71.

Swan, Edward J. 2000. *Building the Global Market: A 4000 Year History of Derivatives.* London: Kluwer Law International.

Taleb, Nassim Nicholas. 2004. *Fooled by Randomness.* New York: Random House.

———. 2007a. *The Black Swan.* New York: Random House.

———. 2007b. "Black Swans and the Domains of Statistics." *The American Statistician* 61 (3, August): 198–200.

Taqqu, Murad S. 2001. "Bachelier and His Times: A Conversation With Bernard Bru." *Finance and Stochastics* 5 (1): 3–32.

Thaler, Richard H., ed. 1993. *Advances in Behavioral Finance,* vol. 1. New York: Russell Sage Foundation.

———, ed. 2005. *Advances in Behavioral Finance,* vol. 2. Princeton, NJ: Princeton University Press.

Thompson, Earl. 2007. "The Tulipmania: Fact or Artifact?" *Public Choice* 130 (1): 99–114.

Thorp, Edward O. 1961. "A Favorable Strategy for Twenty-One." *Proceedings of the National Academy of Sciences* 47 (1): 110–12.

———. 1966. *Beat the Dealer: A Winning Strategy for the Game of Twenty One.* New York: Vintage Books.

———. 1984. *The Mathematics of Gambling.* Secaucus, NJ: Lyle Stuart.

———. 1998. "The Invention of the First Wearable Computer." *Digest of Papers. Second International Symposium on Wearable Computers, 1998,* 4–8.

———. 2004. "A Perspective on Quantitative Finance: Models for Beating the Market." In *The Best of Wilmott 1: Incorporating the Quantitative Finance Review,* ed. Paul Wilmott, 33–38. Hoboken, NJ: John Wiley and Sons.

———. 2006. "The Kelly Criteria in Blackjack, Sports Betting, and the Stock Market." In *Theory and Methodology,* vol. 1 of *The Handbook of Asset and Liability Management,* ed. S. A. Zenios and W. T. Ziemba. Amsterdam: North Holland.

Thorp, Edward O., and Sheen T. Kassouf. 1967. *Beat the Market.* New York: Random House.

Treynor, Jack. 1961. "Towards a Theory of Market Value of Risky Assets." Unpublished manuscript.

Triplett, Jack E. 2006. "The Boskin Commission Report After a Decade." *International Productivity Monitor* (12): 42–60.

Turvey, Ralph. 2004. *Consumer Price Index Manual: Theory and Practice.* Geneva: International Labour Organization.

U.S. Securities and Exchange Commission. 1998. "Trading Analysis of October 27 and 28, 1997." Study available at http://www.sec.gov/news/studies/tradrep.htm.

———. 2010a. "Goldman Sachs to Pay Record $550 Million to Settle SEC Charges Related to Subprime Mortgage CDO." Press release available at http://www.sec.gov/news/press/2010/2010-123.htm.

———. 2010b. "SEC Charges Goldman Sachs with Fraud in Structuring and Marketing of CDO Tied to Subprime Mortgages." Press release available at http://www.sec.gov/news/press/2010/2010-59.htm.

van Fraassen, Bas. 2009. "The Perils of Perrin, in the Hands of Philosophers." *Philosophical Studies* 143: 5–24.

Vanneste, C., and Didier Sornette. 1992. "Dynamics of Rupture in Thermal Fuse Models." *Journal de Physique I* 2: 1621–44.

Vere-Jones, D. 1977. "Statistical Theories of Crack Propagation." *Mathematical Geology* 9: 455–81.

Voight, B. 1988. "A Method for the Prediction of Volcanic Eruptions." *Nature* 332: 125–30.

Wald, Robert M. 1984. *General Relativity.* Chicago: University of Chicago Press.

Walker, Donald. 2001. "A Factual Account of the Functioning of the Nineteenth- Century Paris Bourse." *European Journal of the History of Economic Thought* 8 (2): 186–207.

Wallis, Michael. 2007. *Billy the Kid: The Endless Ride.* New York: W. W. Norton & Company.

Wang, Zuoyue. 2008. *In Sputnik's Shadow: The President's Science Advisory Committee and Cold War America.* Piscataway, NJ: Rutgers University Press.

Weinstein, Eric. 2006. "Gauge Theory and Inflation: Enlarging the Wu-Yang Dictionary to a Unifying Rosetta Stone for Geometry in Application." A talk delivered at the Perimeter Institute on May 24. Video is available at http://pirsa. org/06050010/.

——— . 2008. "Sheldon Glashow Owes Me a Dollar (and 17 Years of Interest): What Happens in the Marketplace of Ideas When the Endless Frontier Meets the Efficient Frontier?" A talk delivered at the Perimeter Institute on September 11. Video is available at http://pirsa.org/08090036/.

——— . 2009. "A Science Less Dismal: Welcome to the Economic Manhattan Project." A talk delivered at the Perimeter Institute on May 1. Video is available at http://pirsa. org/09050047/.

Weron, Rafal. 2001. "Lévy-Stable Distributions Revisited: Tail Index > 2 Does Not Exclude the Levy-Stable Regime." *International Journal of Modern Physics C* 12 (1).

Wheeler, John A. 2011. Letter to Dave Dennison, January 21, 1956. In *The Everett Papers Project,* ed. Jeffrey Barrett, Peter Byrne, and James Owen Weatherall. UCIspaceThe Libraries. Available at http://ucispace.lib.uci.edu/ handle/10575/1164.

Wheeler, Lynde Phelps. 1988. *Josiah Willard Gibbs: The History of a Great Mind.* Woodbridge, CT: Ox Bow Press.

Willoughby, Jack. 2008. "Scaling the Heights: The Top 75 Hedge Funds." *Barron's,* April 14.

——— . 2009. "The Hedge Fund 100: Acing a Stress Test." *Barron's,* May 11.

Wilson, E. B. 1901. *Vector Analysis.* New York: Charles Scribner's Sons.

——— . 1912. *Advanced Calculus.* Boston: Ginn and Company.

——— . 1931. "Reminiscences of Gibbs by a Student and Colleague." *Bulletin of the American Mathematical Society* 37 (6).

Wolfe, Thomas. 1987. *Bonfire of the Vanities.* New York: Farrar, Straus and Giroux.

Wood, John Cunningham, and Michael McClure. 1999. *Vilfredo Pareto: Critical Assessments of Leading Economists*. London: Routledge.

Wu, Tai Tsun, and Chen Ning Yang. 1975. "Concept of Nonintegrable Phase Factors and Global Formulation of Gauge Fields." *Physical Review D* 12 (12, December): 3845–57.

Wyner, A. D., and Neil J. A. Sloane, eds. 1993. *Claude Elwood Shannon: Collected Papers*. Piscataway, NJ: IEEE Press.

Yahil, Leni. 1987. *The Holocaust: The Fate of European Jewry, 1932–1945*. Tel Aviv: Schocken Publishing House.

Zandi, Mark. 2008. *Financial Shock: A 360 Look at the Subprime Mortgage Implosion, and How to Avoid the Next Financial Crisis*. Upper Saddle River, NJ: Financial Times Press.

Zimmerman, Bill. 2009. "James Simons and C. N. Yang: Stony Brook Masters Series." Joint interview performed as part of the Stony Brook Masters Series. Video available at http://www.youtube.com/watch?v=zVWlapujbfo.

Zimmermann, Heinz, and Wolfgang Hafner. 2006. "Vincenz Bronzin's Option Pricing Theory: Contents, Contribution and Background." In *Pioneers of Financial Economics*, vol. 1., ed. Geoffrey Poitras. Northampton, MA: Edward Elgar Publishing.

Zolotarev, V. M. 1986. *One-Dimensional Stable Distributions*. Providence, RI: American Mathematical Society.

Zuckerman, Gregory. 2005. "Renaissance's Man: James Simons Does the Math on Fund." *The Wall Street Journal*, July 1, C1.

돈의 물리학

초판 1쇄 2020년 12월 10일
　　　3쇄 2024년 8월 30일

지은이　제임스 오언 웨더롤
옮긴이　이충호

펴낸곳　에프엔미디어
펴낸이　김기호
편집　　양은희, 오경희
기획관리 문성조
디자인　최우영, 이도영

신고　　2016년 1월 26일 제2018-000082호
주소　　서울시 용산구 한강대로 295, 503호
전화　　02-322-9792
팩스　　0303-3445-3030
이메일　fnmedia@fnmedia.co.kr
홈페이지 http://www.fnmedia.co.kr
ISBN　　979-11-88754-34-2 (03320)